21世纪高等院校教材

弹性动力学简明教程

张伯军　刘　财　冯　晅
王　典　刘洋　编著

科学出版社
北　京

内 容 简 介

弹性动力学是理论物理学的重要分支学科之一，其任务是在力学实验定律的基础上，进一步引进数学方法来研究弹性物体受力与变形间的静、动态关系问题，被广泛应用于地震勘探、建筑工程、海洋勘测以及爆破技术等众多领域，成为某些新学科的支撑点.

本书共 9 章，系统地阐述了应力分析、应变分析、应力与应变的关系以及弹性波动方程、弹性波的传播、弹性波的激发等重要基础理论，并对地震中经常遇到的主应力、主应变、平面波、球面波、柱面波、瑞利波、洛夫波等给予了特殊的强调，同时介绍了上述理论的具体应用及有关前沿问题.

本书可用作高等院校地球物理学、地球探测与信息技术等专业本科生教材，也可供相关专业的科技人员参考.

图书在版编目(CIP)数据

弹性动力学简明教程/张伯军等编著. —北京：科学出版社，2010. 4

21 世纪高等院校教材

ISBN 978-7-03-027025-2

Ⅰ. ①弹… Ⅱ. ①张… Ⅲ. ①弹性动力学-高等学校-教材 Ⅳ. ①O347

中国版本图书馆 CIP 数据核字(2010)第 044903 号

责任编辑：郭 森 / 责任校对：张怡君

责任印制：张 伟 / 封面设计：耕者设计工作室

科学出版社出版

北京东黄城根北街 16 号

邮政编码：100717

http://www.sciencep.com

北京凌奇印刷有限责任公司 印刷

科学出版社发行 各地新华书店经销

*

2010 年 4 月第 一 版 开本：B5(720×1000)

2023 年 6 月第九次印刷 印张：14 3/4

字数：295 000

定价：58.00 元

(如有印装质量问题，我社负责调换)

前　言

弹性动力学是理论物理学的重要分支学科，其任务是在力学实验定律的基础上，进一步引进数学方法来研究弹性物体受力与变形间的静、动态关系问题，被广泛应用于地震勘探、建筑工程、海洋勘测以及爆破技术等众多领域，成为某些新学科的支撑点．为了适应学科的发展和高等学校教学及科技人员的需要，特地编写此书，作为弹性动力学的基础教材，旨在深入地讨论弹性动力学的基本概念、原理和方法．

本书是以地球物理等专业的学生和科技人员为主要对象而编写的专业基础理论教材．书中系统地阐述了应力分析、应变分析、应力和应变的关系以及弹性波动方程、弹性波的传播、弹性波的激发等重要基础理论，并对地震中经常遇到的主应力、主应变、平面波、球面波、柱面波、瑞利波、洛夫波等给予了特殊的强调，同时对上述理论的具体应用及有关前沿问题进行了必要的介绍．限于课时及专业等原因，本书只对弹性动力学固体部分进行了讨论，未涉及其他部分．

本书采用近年来国内外参考书及有关文献中较为常用的哑指标规则，并对其作了较为详细的论述．本书按照高等学校工科教学大纲的要求，内容介绍由浅入深，循序渐进，突出基本理论、基本概念与基本分析方法；使学生在有限的学时内，掌握基本知识；并在每章配有相应的讨论内容，以便学生自学和提高；每章末还配有相应的习题与参考答案，以加强学生对理论的理解和应用；书后还设有主要参考文献和附录．

本书是作者在总结多年教学、科研经验的基础上编写而成的．参考教学时数为60学时．全书共9章，第1、2、3、4章由张伯军、刘财编写，第5章由冯晅、张伯军编写，第6、7章由刘财、刘洋、张伯军编写，第8、9章由刘财、王典、冯晅编写．王世煜对全书的图稿进行了整理和绘制．

本书在编写构思和选材中，参考了书后所列文献的一些编写思想，采用了其中一些内容、例题和习题，在此向这些文献的作者表示诚挚的感谢！

由于作者水平有限，书中难免有不足之处，欢迎广大读者批评指正．欢迎读者反馈宝贵意见和建议，交流教学体会和经验，以便使我们不断修正错误、汲取经验，使本书进一步完善和提高．

作　者
2010年3月

前言

目　　录

第 1 章

基础知识

本章主要叙述哑指标规则和材料力学中关于应力、应变的概念以及弹性力学的基本假设,为进一步学习奠定基础.特别是哑指标规则,在以后的运算中会经常遇到,应该予以足够的重视.

1.1 哑指标和克罗内克符号

1.1.1 哑指标

在通常表达式中,习惯以 x、y、z 表示坐标轴,以 $\boldsymbol{A}$ 表示某一向量(一阶张量),以 $\boldsymbol{B}$ 表示二阶张量,以 $\sum$ 表示求和等.

若采用哑指标规则,则将以 $x_i(i=1,2,3)$表示坐标轴,以 $A_i(i=1,2,3)$表示向量 $\boldsymbol{A}$ 在 x_i 坐标轴上的 3 个分量,以 $B_{ji}(j,i=1,2,3)$表示二阶张量 $\boldsymbol{B}$ 在 x_i 坐标系中的 9 个分量,求和时省略求和符号 $\sum$,如以 a_ix_i 表示 $\sum_{i=1}^{3}a_ix_i$ 等.

由此可见,采用哑指标规则,就是用一些添加角标(指标)的符号,代替直接表明自身意义的符号.这样的代换会给运算与书写带来方便.

按照上述对应关系,矢量式

$$\boldsymbol{C}=\boldsymbol{A}\cdot\boldsymbol{B}+\boldsymbol{D} \tag{1.1}$$

可写成

$$C_i=A_jB_{ji}+D_i \tag{1.2}$$

由于式(1.1)的展开式为

$$\begin{aligned}\boldsymbol{C}&=C_1\boldsymbol{i}_1+C_2\boldsymbol{i}_2+C_3\boldsymbol{i}_3\\&=(A_1\boldsymbol{i}_1+A_2\boldsymbol{i}_2+A_3\boldsymbol{i}_3)[B_{11}\boldsymbol{i}_1\boldsymbol{i}_1+B_{12}\boldsymbol{i}_1\boldsymbol{i}_2+B_{13}\boldsymbol{i}_1\boldsymbol{i}_3+B_{21}\boldsymbol{i}_2\boldsymbol{i}_1+B_{22}\boldsymbol{i}_2\boldsymbol{i}_2\\&\quad+B_{23}\boldsymbol{i}_3+B_{31}\boldsymbol{i}_3\boldsymbol{i}_1+B_{32}\boldsymbol{i}_3\boldsymbol{i}_2+B_{33}\boldsymbol{i}_3\boldsymbol{i}_3]+(D_1\boldsymbol{i}_1+D_2\boldsymbol{i}_2+D_3\boldsymbol{i}_3)\\&=(A_1B_{11}+A_2B_{21}+A_3B_{31})\boldsymbol{i}_1+(A_1B_{12}+A_2B_{22}+A_3B_{32})\boldsymbol{i}_2\\&\quad+(A_1B_{13}+A_2B_{23}+A_3B_{33})\boldsymbol{i}_3+(D_1\boldsymbol{i}_1+D_2\boldsymbol{i}_2+D_3\boldsymbol{i}_3)\end{aligned}$$

即

$$
\begin{aligned}
C_1 &= A_1B_{11} + A_2B_{21} + A_3B_{31} + D_1 \\
C_2 &= A_1B_{12} + A_2B_{22} + A_3B_{32} + D_2 \\
C_3 &= A_1B_{13} + A_2B_{23} + A_3B_{33} + D_3
\end{aligned}
\tag{1.3}
$$

而式(1.2)的意义应为

$$
C_i = \sum_{j=1}^{3} A_jB_{ji} + D_i
$$

将其展开，则得

$$
\begin{aligned}
C_1 &= \sum_{j=1}^{3} A_jB_{j1} + D_1 = A_1B_{11} + A_2B_{21} + A_3B_{31} + D_1 \\
C_2 &= A_1B_{12} + A_2B_{22} + A_3B_{32} + D_2 \\
C_3 &= A_1B_{13} + A_2B_{23} + A_3B_{33} + D_3
\end{aligned}
\tag{1.4}
$$

可见式(1.3)与式(1.4)完全一致，故 C_i 与 $\boldsymbol{C}$ 是同一矢量的不同表示形式.

对于式(1.2)，如果将其改写为如下形式，即

$$
C_l = A_kB_{kl} + D_l,\ l,k = 1,2,3 \tag{1.5}
$$

则根据式(1.2)的展开过程可知，式(1.5)与式(1.2)完全相同，不同的只是 k、l 代换了 j、i.

至此，对哑指标规则可归纳如下：

(1) 表达式中某一项出现重复指标［如式(1.2)中的 j］，则意味着对该指标求和(从 1 到 3). 而对其他单独出现的指标［如式(1.2)中的 i］，则意味着可分别取 1、2、3.

(2) 同一等式中的不同项，单独出现的指标数目和符号必须相同［如式(1.2)中的每一项单独出现的指标都只有一个，并且符号都是 i］.

(3) 同一等式中的某项出现的重复指标，将其都换记为别的符号，并不影响结果［如式(1.5)中 k 代换式(1.2)中的 j］.

(4) 同一等式中所有项内单独出现的某一指标，都换记为别的符号，并不影响结果［如式(1.5)中的 l 代换式(1.2)中的 i］.

例 1－1　试按哑指标规则展开下列各式：

(1) $\varepsilon = e_{ji}n_jn_i$；

(2) $\dfrac{\partial \sigma_{ji}}{\partial x_j} + \rho f_i = \rho \dfrac{\partial^2 u_i}{\partial t^2}$.

解　(1) 从式中可以看出，等式右端的指标 j 和 i 都为重复出现的指标. 根据哑指标规则可知，应对 j 和 i 分别从 1 到 3 求和. 为清楚起见，先对 j 求和，将 i 视为不变，有

$$
\varepsilon = e_{1i}n_1n_i + e_{2i}n_2n_i + e_{3i}n_3n_i
$$

再将 i 从 1 到 3 求和，得

$$\varepsilon=e_{11}n_1n_1+e_{12}n_1n_2+e_{13}n_1n_3+e_{21}n_2n_1+e_{22}n_2n_2+e_{23}n_2n_3+e_{31}n_3n_1+e_{32}n_3n_2+e_{33}n_3n_3$$

如果求和式中存在 3 个或更多个重复指标（如 $\varepsilon=e_{ji}n_{ik}n_{kj}$ 等）时，则依旧按上述规律，逐一对重复指标求和即可.

(2) 从式中可以看出，等式左端的第一项有重复指标 j，其他各项均有单独指标 i，根据哑指标规则可知，对 j 应从 1 到 3 求和，对 i 分别取 1、2、3. 如此，当 i 取 1 时，有

$$\frac{\partial\sigma_{j1}}{\partial x_j}+\rho f_1=\rho\frac{\partial^2u_1}{\partial t^2}$$

再对 j 求和，得

$$\frac{\partial\sigma_{11}}{\partial x_1}+\frac{\partial\sigma_{21}}{\partial x_2}+\frac{\partial\sigma_{31}}{\partial x_3}+\rho f_1=\rho\frac{\partial^2u_1}{\partial t^2}$$

同理，当 $i=2$ 时，有

$$\frac{\partial\sigma_{12}}{\partial x_1}+\frac{\partial\sigma_{22}}{\partial x_2}+\frac{\partial\sigma_{32}}{\partial x_3}+\rho f_2=\rho\frac{\partial^2u_2}{\partial t^2}$$

当 $i=3$ 时，有

$$\frac{\partial\sigma_{13}}{\partial x_1}+\frac{\partial\sigma_{23}}{\partial x_2}+\frac{\partial\sigma_{33}}{\partial x_3}+\rho f_3=\rho\frac{\partial^2u_3}{\partial t^2}$$

由此可知，表达式中的某一项，只要存在重复指标，则无论该项是乘式形式还是除式形式，是代数形式还是微分形式，都应予以求和. 对表达式中出现的单独指标，则应分别取 1、2、3.

1.1.2　克罗内克符号 $\boldsymbol{\delta_{ji}}$

如果用二阶张量 δ_{ji} 表示一特殊形式的二阶张量即二阶单位张量，则根据二阶张量 δ_{ji} 的矩阵表示

$$\begin{bmatrix}\delta_{11} & \delta_{21} & \delta_{31}\\ \delta_{12} & \delta_{22} & \delta_{32}\\ \delta_{13} & \delta_{23} & \delta_{33}\end{bmatrix}\tag{1.6}$$

和二阶单位张量的矩阵表示

$$\begin{bmatrix}1 & 0 & 0\\ 0 & 1 & 0\\ 0 & 0 & 1\end{bmatrix}\tag{1.7}$$

知

$$\delta_{ji}=\begin{cases}1, & \text{当 } i=j \text{ 时}\\ 0, & \text{当 } i\neq j \text{ 时}\end{cases}\tag{1.8}$$

此式即克罗内克(Kronecker)符号的定义式. 根据此定义知,δ_{ji} 的矩阵表示式具有与任意矩阵相乘时得原矩阵的性质(参线性代数). 正是这样的性质,决定了 δ_{ji} 在运算过程中的特殊性.

首先,使 δ_{ji} 作用于任意矢量 A_i 上,成为 $\delta_{ji}A_i$. 根据哑指标规则,i 为重复指标,故应有

$$\delta_{ji}A_i = \delta_{j1}A_1 + \delta_{j2}A_2 + \delta_{j3}A_3$$

当 $j=1$ 时,有

$$\delta_{1i}A_i = \delta_{11}A_1 + \delta_{12}A_2 + \delta_{13}A_3 = A_1$$

同理 $j=2$ 时,有

$$\delta_{2i}A_i = A_2$$

当 $j=3$ 时,有

$$\delta_{3i}A_i = A_3$$

这与 $A_j(j=1,2,3)$完全一致. 因此可建立等式

$$\delta_{ji}A_i = A_j \tag{1.9}$$

其次,再使 δ_{ji} 作用于任意二阶张量 B_{ik} 上成为 $\delta_{ji}B_{ik}$,按哑指标规则,i 为重复指标,故应有

$$\delta_{ji}B_{ik} = \delta_{j1}B_{1k} + \delta_{j2}B_{2k} + \delta_{j3}B_{3k}$$

因为 $j \neq i$ 时,$\delta_{ji}=0$,因此,当 j 取 1 时,等式右端只有第一项不为零,且当 k 取 1、2、3 时,得 3 个分量 B_{11}、B_{12}、B_{13};而当 j 取 2 时,等式右端第二项不为零,对应 k 取 1、2、3,得 3 个分量 B_{21}、B_{22}、B_{23};同理,j 取 3 时,得 3 个分量 B_{31}、B_{32}、B_{33}. 这 9 个分量与二阶张量 B_{ik} 的 9 个分量完全一致. 因此,可建立如下关系式:

$$\delta_{ji}B_{ik} = B_{jk} \tag{1.10}$$

从式(1.9)与式(1.10)可以看出,二阶单位张量 δ_{ji} 作用于任意阶张量时,只需将任意阶张量中与 δ_{ji} 对应出现的重复指标用 δ_{ji} 内的另一单独指标替换而省略 δ_{ji} 即可. 比如,

$$\delta_{ji}B_{jl} = B_{il}$$

$$\delta_{ji}B_{iklm} = B_{jklm}$$

$$\delta_{ji}B_{ji} = B_{jj} = B_{ii} \quad (\text{缩并})$$

等,反过来,如果见到 B_{jk},应该立即想到它可以写成 $\delta_{ji}B_{ik}$ 等.

1.1.3　缩环符号 δ_{klm}

为按哑指标规则进行矢量叉乘运算,引入一特殊的三阶张量 δ_{klm}(循环符号),使其为

$$\delta_{klm} = \begin{cases} 0, & \text{当 } klm \text{ 有任意两个或三个相等时} \\ 1, & \text{当 } klm \text{ 为 } 123,231,312 \text{ 排列时} \\ -1, & \text{当 } klm \text{ 为 } 132,321,213 \text{ 排列时} \end{cases} \tag{1.11}$$

如 $\delta_{112}=\delta_{111}=\delta_{232}=\delta_{331}=0,\delta_{231}=1,\delta_{132}=-1$ 等. 为记忆方便，可将角标 1、2、3 分别标在圆周的对称位置上(图 1-1)，由图与定义式(1.11)可以看出，无论以 1、2、3 哪一个数字指标为起点，按其顺时循环排列(或称偶序)时，δ_{klm} 为 $+1$，逆时循环排列(或称奇序)时为 -1，出现重复数字指标排列时为 0.

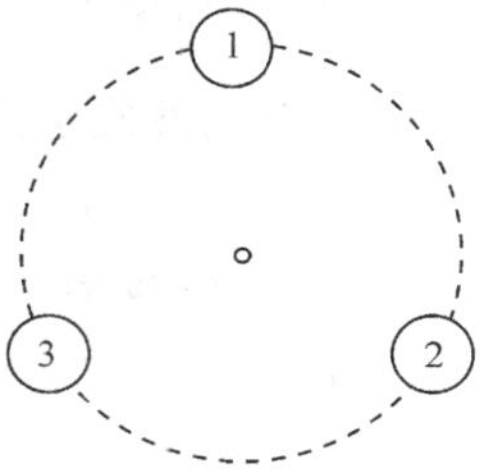

图 1-1

根据 δ_{klm} 的定义，可以证明矢量式

$$\boldsymbol{A}=\boldsymbol{B}\times\boldsymbol{C}$$

可以写成

$$A_k=\delta_{klm}B_lC_m \tag{1.12}$$

的形式，因为按哑指标规则，当式(1.12)中单独指标 k 取 1 时，有

$$\begin{aligned}A_1&=\delta_{111}B_1C_1+\delta_{112}B_1C_2+\delta_{113}B_1C_3+\delta_{121}B_2C_1+\delta_{122}B_2C_2\\&\quad+\delta_{123}B_2C_3+\delta_{131}B_3C_1+\delta_{132}B_3C_2+\delta_{133}B_3C_3\\&=\delta_{123}B_2C_3+\delta_{132}B_3C_2\\&=B_2C_3-B_3C_2\end{aligned}$$

同理有

$$A_2=B_3C_1-B_1C_3$$
$$A_3=B_1C_2-B_2C_1$$

而对 $\boldsymbol{A}=\boldsymbol{B}\times\boldsymbol{C}$ 按叉乘法则展开，可得

$$\begin{aligned}\boldsymbol{A}&=A_1\boldsymbol{i}_1+A_2\boldsymbol{i}_2+A_3\boldsymbol{i}_3\\&=\begin{vmatrix}\boldsymbol{i}_1&\boldsymbol{i}_2&\boldsymbol{i}_3\\B_1&B_2&B_3\\C_1&C_2&C_3\end{vmatrix}\\&=(B_2C_3-B_3C_2)\boldsymbol{i}_1+(B_3C_1-B_1C_3)\boldsymbol{i}_2+(B_1C_2-B_2C_1)\boldsymbol{i}_3\end{aligned}$$

式中，分量 A_1、A_2、A_3 与式(1.12)展开的结果完全相同.

1.1.4　微分符号

利用上述符号规则，微分算符∇ 的分量形式可以用$\dfrac{\partial}{\partial x_i}$来表示. 例如，对空间任意标量 Φ 求梯度，则由梯度的定义知

$$\nabla\Phi=\frac{\partial\Phi}{\partial x_1}\boldsymbol{i}_1+\frac{\partial\Phi}{\partial x_2}\boldsymbol{i}_2+\frac{\partial\Phi}{\partial x_3}\boldsymbol{i}_3$$

如果将$\nabla\Phi$ 换记为$\dfrac{\partial\Phi}{\partial x_i}$，当 i 取 1、2、3 时，有

$$\left(\frac{\partial\Phi}{\partial x_1},\frac{\partial\Phi}{\partial x_2},\frac{\partial\Phi}{\partial x_3}\right)$$

这 3 个值正是$\nabla\Phi$的 3 个分量. 由矢量合成与分解知，一个矢量的 3 个分量被确定，则这个矢量也被确定. 因此可以说$\nabla\Phi$与$\frac{\partial \Phi}{\partial x_i}$是同一矢量的不同表示形式.

与此对应，对某一矢量场 **A** 求散度，则可将$\nabla \cdot \boldsymbol{A}$写成$\frac{\partial A_i}{\partial x_i}$，因为

$$\nabla \cdot \boldsymbol{A}=\frac{\partial A_1}{\partial x_1}+\frac{\partial A_2}{\partial x_2}+\frac{\partial A_3}{\partial x_3}$$

与

$$\frac{\partial A_i}{\partial x_i}=\frac{\partial A_1}{\partial x_1}+\frac{\partial A_2}{\partial x_2}+\frac{\partial A_3}{\partial x_3}$$

完全一致.

对某一矢量场 **A** 求旋度时，$\nabla \times \boldsymbol{A}$的 3 个分量可以用$\delta_{klm}\frac{\partial A_m}{\partial x_l}$表示，如当$k=1$时，有

$$\delta_{klm}\frac{\partial A_m}{\partial x_l}=\delta_{1lm}\frac{\partial A_m}{\partial x_l}=\delta_{123}\frac{\partial A_3}{\partial x_2}+\delta_{132}\frac{\partial A_2}{\partial x_3}=\frac{\partial A_3}{\partial x_2}-\frac{\partial A_2}{\partial x_3}$$

同理

$$\delta_{2lm}\frac{\partial A_m}{\partial x_l}=\frac{\partial A_1}{\partial x_3}-\frac{\partial A_3}{\partial x_1}$$

$$\delta_{3lm}\frac{\partial A_m}{\partial x_l}=\frac{\partial A_2}{\partial x_1}-\frac{\partial A_1}{\partial x_2}$$

此结果与$\nabla \times \boldsymbol{A}$展开时的 3 个分量相同.

类似地，$\nabla^2\Phi$可记为

$$\frac{\partial}{\partial x_i}\frac{\partial}{\partial x_i}\Phi$$

$$\oint_S \boldsymbol{A}\cdot\boldsymbol{n}\mathrm{d}S=\int_V \nabla\cdot\boldsymbol{A}\mathrm{d}V \quad（高斯定理）$$

可记为

$$\oint_S \boldsymbol{A}_i\cdot\boldsymbol{n}_i\mathrm{d}S=\int_V \frac{\partial A_i}{\partial x_i}\mathrm{d}V$$

$$\oint_l \boldsymbol{A}\cdot\mathrm{d}\boldsymbol{l}=\int_S \nabla\times\boldsymbol{A}\cdot\boldsymbol{n}\mathrm{d}S \quad（斯托克斯定理）$$

可记为

$$\oint_l A_k\mathrm{d}x_k=\int_S \delta_{klm}\frac{\partial A_m}{\partial x_l}n_k\mathrm{d}S$$

等. 值得注意的是，采用上述符号规则表达一个具有矢量性的结果时，它仅仅表达

了该矢量在 x_i 坐标轴上的分量值的大小. 当然,只要知道一个矢量在各坐标轴上的分量值,这个矢量即被确定.

1.2　应力的概念

为了从分子结合力的角度讨论应力的概念,给出分子与分子之间结合力的数学表达式,即

$$F(r)=\frac{a'}{r^{m+1}}-\frac{b'}{r^{n+1}} \tag{1.13}$$

式中,a'、b'、m、$n(n>m)$为与材料有关的常数,r 为两个分子间的距离. $F(r)$随 r 变化的情形如图 1-2 所示.

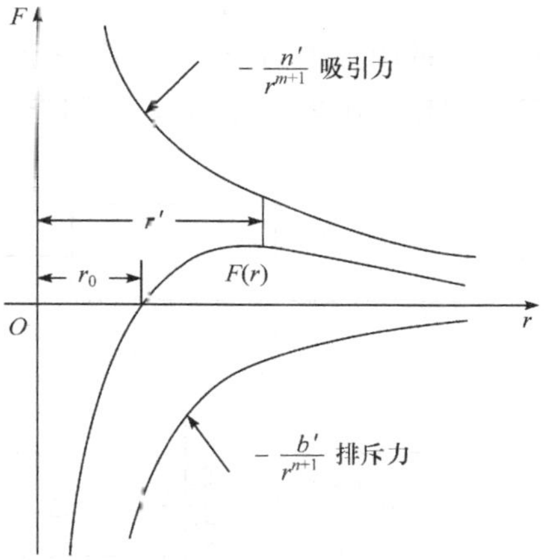

图 1-2

从图 1-2 中可以看出,构成宏观物体的分子与分子之间同时存在着吸引力与排斥力,当 $r=r_0$ 时,吸引力与排斥力相互抵消,分子处于平衡位置. 如果设想某宏观物体是由大量的处于平衡位置的分子所组成的,那么称宏观物体所处的状态为自然状态. 由式(1.13)知,自然状态的宏观物体也有内力作用,但此内力没有改变物体自身形态的能力,对外不显力的作用. 如果对此处于自然状态的物体施加外力,如某一方向施加拉力,则此拉力在物体内部的微观表现相当于各分子之间在这个方向上增加了排斥力,它将使分子之间的距离增大($r>r_0$),直到这个排斥力与分子间由于 $r>r_0$ 而产生的吸引力相等时为止;反之,如果物体受的是某一方向上的压力,则相当于物体内各分子之间在这个方向上增加了吸引力,它将使分子之间距离减小($r<r_0$),直至分子之间由于 $r<r_0$ 而产生的排斥力与此吸引力相等时为止. 这些由于 $r>r_0$ 或 $r<r_0$ 而产生的吸引力与排斥力都具有使物体恢复自然状态

的性质，它们直接反映了外力的作用效果. 所以称这种在外力作用下物体内部由于 $r>r_0$ 或 $r<r_0$ 而产生的力为附加内力.

有了附加内力的概念，再来看一个简单的受力情形. 设有一处在自然状态的矩形柱体，在两端施加拉力 F(图 1 - 3)，由于拉力的作用，柱体内将产生由 $r>r_0$ 而引起的附加内力. 如果在 M 处沿垂直于 x_1 轴(轴线)方向截取一正截面 ab 使柱体分成甲、乙两块，在截面两侧分别用力线表示质点间的相互作用，那么当外力 $F=0$ 时，由于甲乙两块各自平衡，故该截面上没有附加内力. 如果 $F\neq 0$，则从它们所处的新的平衡状态［图 1 - 3(b)］知，截面上应有一附加内力 F，它的方向与外力 F 相反. 把此附加内力 F 与所截取的截面面积(设为 A)的比值称为 M 点在该截面上的应力，以 σ_{11} 表示，其数学表示式为

$$\sigma_{11}=\frac{F}{A} \tag{1.14}$$

即应力为所取截面单位面积上的附加内力. σ_{11} 中的第一个角标表示所取截面的法线方向与 x_1 轴平行；第二个角标表示力的方向与 x_1 轴平行.

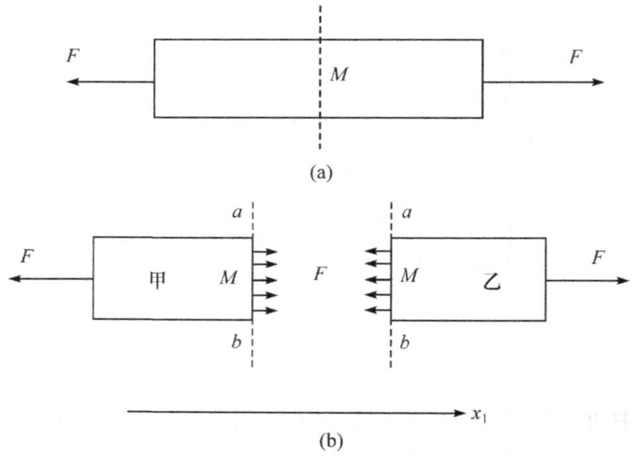

图 1 - 3

如果上述物体的受力情形不变，而改变截面的选取方向，使其法线方向 n 与 x_1 轴成 θ 角(图 1 - 4)，则斜截面 cd 的面积为 $A_n=A/\cos\theta$. 从甲乙两块柱体的平衡得知，作用在 cd 截面上的总附加内力仍然是 F，且平行于 x_1 轴. 根据应力的定义，cd 截面上的应力为

$$P_n=\frac{F}{A/\cos\theta}=\sigma_{11}\cos\theta \tag{1.15}$$

式中，$\sigma_{11}=F/A$ 表示正截面 ab 上的应力，P_n 表示法线方向为 $\boldsymbol{n}$ 的斜截面 cd 上的应力，其方向与截面上的合力 F 相同. 从式(1.15)可以看出，过 M 点选取不同的截

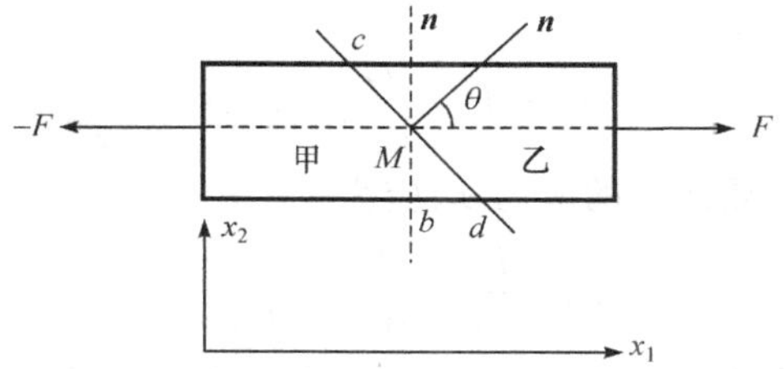

图 1-4

面，会得到不同的应力值.随着 θ 的增长，应力值变小，当 $\theta=90°$ 时，$P_n=0$. 由此可见斜截面上的应力 P_n 不但与力 F 的大小有关，还与斜截面的方向有关.因此，笼统地说"物体内某点的应力"其含义是不清的.

为了便于对某些具体问题进行力学分析，常把上述 P_n（也称总应力）分解为垂直于截面和平行于截面的两个分量.由图 1-4 可知，垂直于截面即沿截面外法线方向 $\boldsymbol{n}$ 的分量为

$$\sigma_n = P_n\cos\theta = \sigma_{11}\cos^2\theta \tag{1.16}$$

σ_n 称为正应力分量.平行于截面的分量为

$$\sigma_\tau = P_n\sin\theta = \sigma_{11}\cos\theta\sin\theta \tag{1.17}$$

σ_τ 称为剪应力分量（也称扭应力）.

根据解析几何可知，图 1-4 中外法向单位矢量 $\boldsymbol{n}$ 的方向余弦分别为

$$\begin{aligned} n_1 &= \cos(\boldsymbol{n},\boldsymbol{i}_1) = \cos\theta \\ n_2 &= \cos(\boldsymbol{n},\boldsymbol{i}_2) = \sin\theta \end{aligned} \tag{1.18}$$

式中，$\boldsymbol{i}_1$、$\boldsymbol{i}_2$ 分别为 x_1、x_2 轴向上的单位矢量，将 n_1、n_2 代入正应力与剪应力的表示式中，得

$$\begin{aligned} \sigma_n &= \sigma_{11} n_1^2 \\ \sigma_\tau &= \sigma_{11} n_1 n_2 \end{aligned} \tag{1.19}$$

这样代换是为了与后面所讲问题的表示相一致.关于正应力与剪应力的正负号问题，做如下规定：正应力以拉应力为正；剪应力以使物体产生顺时针转动趋势的剪应力为正.

例 1-2 根据应力的定义求解一横截面积为 A，高为 h，上端受压力 P，在自重作用下的柱体各横截面上的应力（图 1-5）.已知材料的容重（单位体积内的质量）为 $(\rho g/1000)\mathrm{kg/cm^3}$.

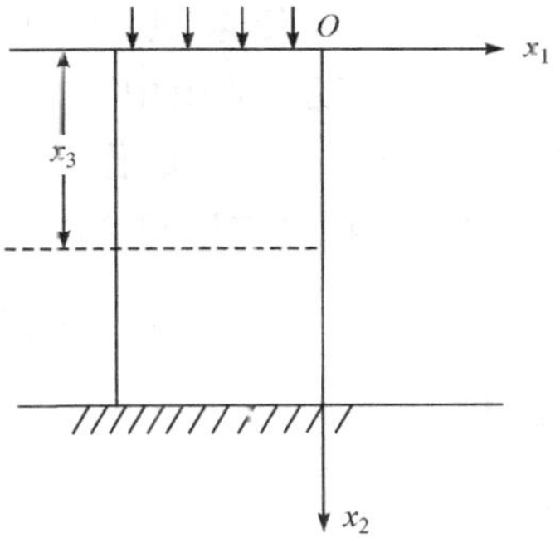

图 1-5

解 选如图 1-5 所示的坐标系，取任一横截面距顶端的距离为 x_3，则在 x_3 处的横截面上所受

合力 F_3 应为

$$F_3=P+\frac{\rho g}{1000}(Ax_3)$$

根据应力的定义，在此截面上的应力 σ_{33} 应为

$$\sigma_{33}=\frac{F_3}{A}=\frac{P}{A}+\frac{\rho g}{1000}x_3$$

因为 x_3 处横截面所受的是压应力，所以体现在数学表示式上应为

$$\sigma_{33}=-\left(\frac{P}{A}+\frac{\rho g}{1000}x_3\right)$$

当 $x_3=0$ 时，有

$$\sigma_{33}=-\frac{P}{A}$$

当 $x_3=h$ 时，有

$$\sigma_{33}=-\left(\frac{P}{A}+\frac{\rho g}{1000}h\right)$$

例 1-3　参看图 1-6(a)，有一个半径为 a，壁厚为 h 的柱状气缸，受内压力 P 的作用，试求该气缸壁沿圆周方向上的应力.

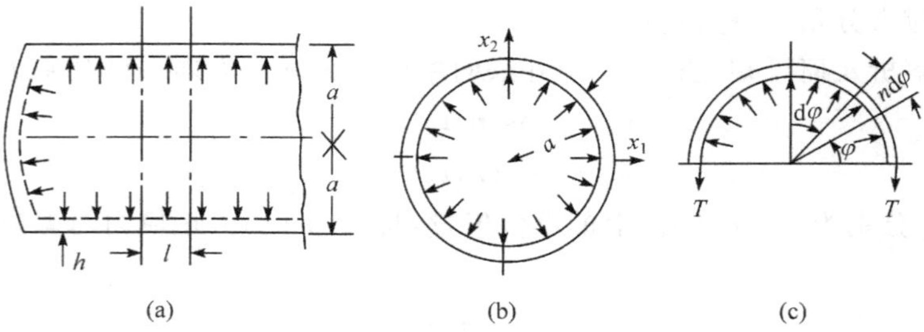

图 1-6

解　为方便起见，在柱状气缸上截取一单位长度的圆环，其正视图如图 1-6(b)所示. 从图中可以看出，在压力 P 的作用下，圆环任意横截面上均受一拉力 T [图 1-6(c)]的作用. 根据圆环所处的新的平衡状态知，P 在竖直方向上的投影(半环内的)应该与 $2T$ 的量值相等. 采用极坐标系，可列如下方程：

$$-2T+\int_0^n Pa\cdot l\cdot\sin\varphi\mathrm{d}\varphi=0$$

于是有

$$T=\frac{1}{2}Pa\int_0^n\sin\varphi\mathrm{d}\varphi=Pa$$

因为 T 作用的面积为 $h\cdot l$，所以圆环切线方向的应力为

$$\sigma_\varphi = \frac{T}{h \cdot l} = \frac{Pa}{h} \quad (拉力)$$

由此可见，当半径 a 比厚度 h 大得多时，σ_φ 也比 P 大得多. 地质学家李四光曾用一个圆球壳受内压力 P 作用的情况，说明地球表面上的水平应力的主导性.

1.3　应变的概念

与讨论应力时一样，为了说明应变的概念，仍选取一矩形柱体. 设其长度为 L，横截面积为 A，当两端施加拉力 F 的作用时(图 1－7)，由 1.2 节的讨论可知，柱体内各分子与分子之间水平方向上的距离将增大，尽管这种分子与分子之间的距离改变极其微小，但体现在宏观效果上却相当于柱体伸长了 ΔL，将此 ΔL 与原长 L 之比称为水平方向上的线应变，写成数学形式则为

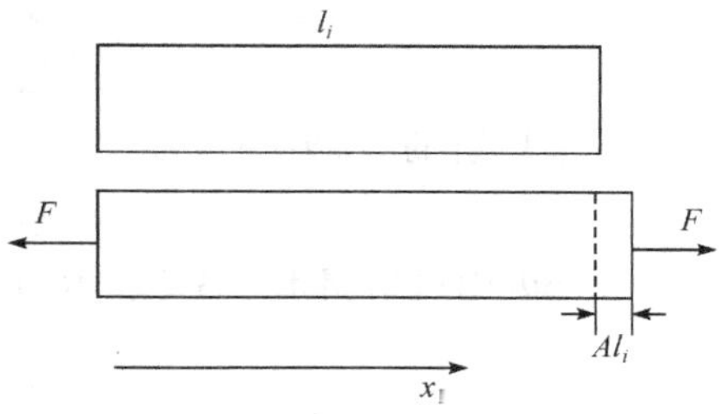

图 1－7

$$e_{11} = \frac{\Delta L}{L} \tag{1.20}$$

式中，e_{11} 中的第一个角标表示 L(或水平方向上的任意线段)与 x_1 轴平行，第二个角标表示 ΔL 也与 x_1 轴平行. 由此可见，所谓线应变即为某一线段单位长度内的伸长量. 它的量纲为 1，一般取拉伸线应变为正，压缩线应变为负.

以上定义的仅仅是沿 x_1 轴方向上的线应变，它描述的不过是在外力作用下沿 x_1 轴方向上某一线段的变形情况. 在实际问题中，通常要求解沿任意方向上某一线段的变形问题. 为此，如图 1－8 所示，设图中 OA 为任意选取的线段，其长度为 r，与 x_1 轴成 θ 角，A 点与 O 点的水平距离为 $a\,(AD)$，在外来拉力 F 的作用下，如

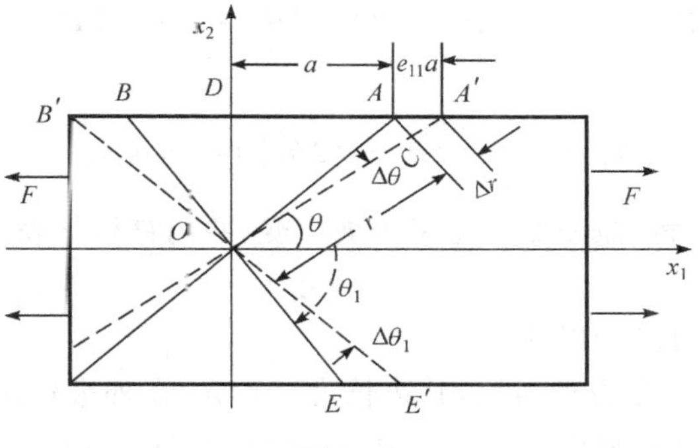

图 1－8

果设 OD 线的位置不动，由于水平方向上存在线应变 e_{11}，于是 DA 成为 DA'，其伸长量 AA'应该等于 $e_{11}a$. 与之对应，OA 成为 OA'，OA'相对于 OA 除在线量上伸长了 Δr 外，还在角量上改变了 $\Delta\theta$，Δr 与 $\Delta\theta$ 便是线段 OA 在变形过程中的改变量. 其中 Δr 可通过$\triangle ACA'$求得

$$\Delta r = e_{11}a\cos(\theta - \Delta\theta)$$

在小变形(这是弹性力学的基本假设之一)的情况下，$\Delta\theta$ 相对 θ 可忽略不计，于是

$$\Delta r = e_{11}a\cos\theta$$

此外，从$\triangle OAD$ 知 $r = a/\cos\theta$，因此线段 OA 沿 r 方向上的线应变为

$$e_r = \frac{\Delta r}{r} = \frac{e_{11}a\cos\theta}{a/\cos\theta} = e_{11}\cos^2\theta$$

应用 1.2 节所讲的 $\cos\theta = n_1$，则

$$e_r = e_{11}n_1^2 \tag{1.21}$$

对于 $\Delta\theta$，则可由扇形 OAC 表示如下：

$$\Delta\theta = -\frac{\overline{AC}}{r}$$

式中，加负号是因为 $\Delta\theta$ 的方向与 θ 相反(θ 以逆时针转角为正). 再由$\triangle ACA'$知

$$\overline{AC} = e_{11}a\sin\theta$$

所以

$$\Delta\theta = -\frac{e_{11}a\sin\theta}{a/\cos\theta} = -e_{11}\sin\theta\cos\theta$$

如果将 $\Delta\theta$ 用 $e_{r\theta}$表示，并考虑到 $n_1 = \cos\theta$，$n_2 = \sin\theta$，则

$$e_{r\theta} = -e_{11}n_1n_2 \tag{1.22}$$

将 $e_{r\theta}$称为与 x_1 轴成 θ 角的线段 OA 沿 θ 方向的剪应变，它是一条线段上的剪应变. 通常所定义的剪应变，是指物体内任意两条相互成直角的线段在变形后角度减小值的一半. 对上述问题来说，相当于线段 OA 与线段 OE(图 1-8)之间角度减小值 $\Delta\theta$ 与 $\Delta\theta_1$ 之和的一半. 利用式(1.22)，$\Delta\theta_1 = -e_{11}\sin(-\theta_1)\cdot\cos(-\theta_1) = e_{11}n_1n_2$. 因此有

$$e_{r\theta} = \frac{1}{2}[\,|\Delta\theta| + |\Delta\theta_1|\,] = e_{11}n_1n_2 \tag{1.23}$$

除此之外，有的教材将$(\Delta\theta + \Delta\theta_1)$定义为剪应变，并用符号 γ 表示，因此有

$$\gamma = 2e_{r\theta} \tag{1.24}$$

这在参考其他教材时应予以注意.

例 1-4 设有一立方形岩块，其边长为$L = 1\text{m}$，在外来作用下发生变形，变形后某一面上水平方向的线应变为 $e_{11} = 0.01$，竖直方向的线应变为 $e_{22} = -0.01$，如图 1-9 所示，试求该平面内与水平成 30°角方向上的线应变与剪应变(设应变是均

匀的).

解　根据题中所给线应变的数值,知在水平方向上的伸长量为 $\Delta L_1 = Le_{11} = 0.01\text{m}$,竖直方向上的伸长量为 $\Delta L_2 = Le_{22} = -0.01\text{m}$(缩短了 0.01m).为解题方便,可以将此应变想象为一个仅仅由水平拉力而引起的线应变(图 1-8)与一个仅仅由竖直压力而引起的线应变的叠加.这样,应用式(1.21)可得与水平成 30°角方向上的线应变,即

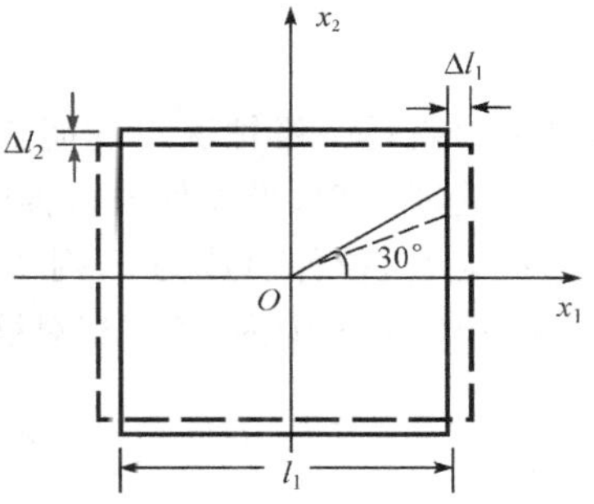

图 1-9

$$e_r = e_{11}n_1^2 + e_{22}n_2^2 = 0.01 \times \frac{3}{4} + (-0.01) \times \frac{1}{4} = 0.005$$

对剪应变来说,由于水平拉应变与竖直压应变均使原 30°角变小,即 $\Delta\theta$ 为负值,应用式(1.22),得

$$e_{r\theta} = (-e_{11}n_1n_2) + (e_{22}n_1n_2) = -0.01 \times \frac{\sqrt{3}}{4} - 0.01 \times \frac{\sqrt{3}}{4} = -0.005\sqrt{3}$$

1.4　应力-应变曲线

当对处在自然状态下的矩形柱体施加拉力为 F 的作用时,柱体内将同时存在应力与应变,而当撤除外力时,柱体内应力与应变同时为零.这表明应力与应变之间存在着一定的关系.这种关系可由对标准试件进行简单拉伸试验的结果给出.

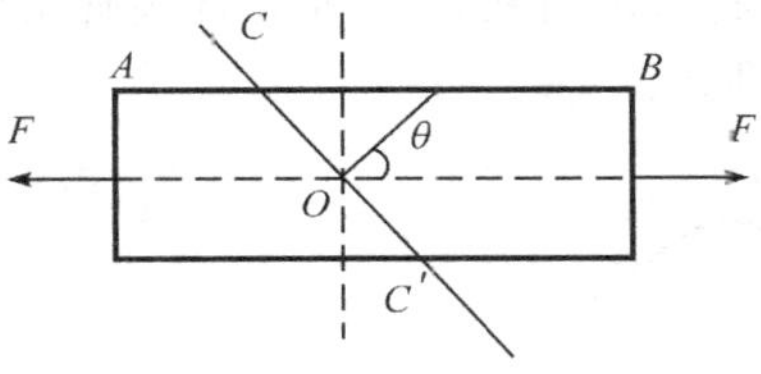

图 1-10

为此,看一矩形柱体试件,设试件的两定点 A、B 间的原长为 L_0(图 1-10),截面积为 S_0.施加拉力 F 后,A、B 间长度变为 L.令 $\Delta L = L - L_0$,根据前面所讲的应力与应变的定义可知

$$\sigma_{11} = \frac{F}{S_0}$$

$$e_{11} = \frac{\Delta L}{L_0}$$

试验表明,对大多数固体材料来说,在一定的拉伸应力范围内,拉伸应力与拉伸应变之比为常数.写成数学形式则为

$$E = \frac{\sigma_{11}}{e_{11}} = \frac{FL_0}{S_0 \Delta L}$$

或

$$\sigma_{11} = Ee_{11} \tag{1.25}$$

式(1.25)就是一维情况下的胡克定律. E 称为杨氏模量.

试验还发现,当试件被拉伸时,其横截面积会缩小. 设试件的横截面为正方形,原边长为 b_0,拉伸后成为 b,则 $\Delta b = b - b_0$. 试验表明,对大多数固体材料来说,在一定的拉伸应力范围内,横向相对缩短 $\Delta b/b$. 与纵向相对伸长 $\Delta L/L_0$ 之比为常数,即

$$\nu = -\frac{\Delta b/b_0}{\Delta L/L_0} = -\frac{e_{22}}{e_{11}} \tag{1.26}$$

式中,ν 为泊松比,e_{22} 为与 x_1 垂直的 x_2 轴方向上的线应变,负号表示横向相对缩短.

在试验中,如果选取任意斜截面 CC',则由前面的讨论可知,斜截面上同时存在剪应力 σ_τ 与剪应变 $e_{r\theta}$. 试验表明,对大多数固体材料来说,剪应力与剪应变之比也为常数,写成数学形式为

$$\frac{\sigma_\tau}{e_{r\theta}} = 2\mu$$

若考虑到 $\gamma = 2e_{r\theta}$,则

$$\mu = \frac{\sigma_\tau}{\gamma} \tag{1.27}$$

μ 称为刚性系数.

为了进一步表达应力与应变之间的关系,我们给出材料试验机上直接画出的曲线,即应力-应变曲线(或拉伸图),如图 1-11 所示.

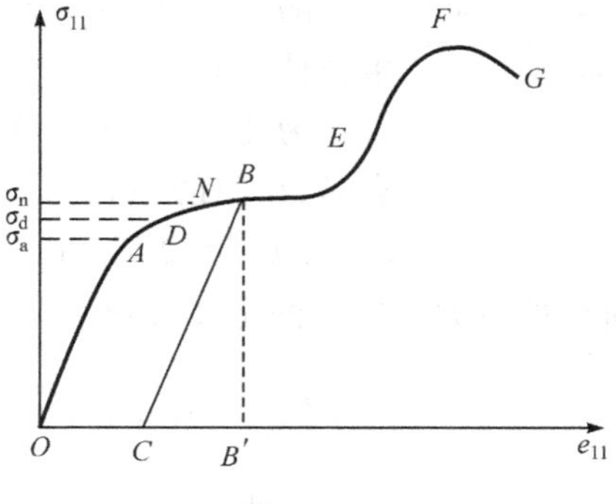

图 1-11

由图 1-11 可见,当 $\sigma_{11} < \sigma_a$ 时,σ_{11} 与 e_{11} 保持线性关系,σ_a 称为比例极限.

当 $\sigma_a < \sigma_{11} < \sigma_d$ 时,σ_{11} 与 e_{11} 不保持线性关系,但当外力撤除后,σ_{11} 与 e_{11} 按原来的曲线返回零点,σ_d 称为弹性极限.

当 $\sigma_{11} > \sigma_d$ 时,材料失去弹性,外力撤除后,材料不能恢复原状,而留有剩余

形变.

当 $\sigma_{11} > \sigma_n$ 时, σ_{11} 几乎不增加而 e_{11} 则不断增加, 图上 NE 段为屈服阶段, σ_n 称为屈服极限.

在 EF 段, 当 e_{11} 增加时, σ_{11} 也有显著增加, 这一阶段称为硬化阶段. 过 F 点以后, 当 e_{11} 再增加时 σ_{11} 减小直至断裂.

对材料施加剪切力后, 剪切应力与剪切应变的关系类似于图 1－11 的曲线.

1.5　弹性力学的基本假设

弹性力学对所研究的对象也和其他有关学科一样, 首先是建立一个"理想化模型", 用以突出主要矛盾, 简化分析过程, 反映事物的本质. 弹性力学的理想模型由如下 5 个基本假设构成.

1.5.1　连续性假设

连续性是指物体内部完全被组成这个物体的连续介质所充满, 物体内部没有任何空隙. 这样, 物体中任何部分的应力、应变、位移等量才可能都是连续的. 因而可以用坐标的连续函数来表示它们的变化规律, 而且各点的位移是坐标的单值连续函数. 位移的单值性反映物体运动和变形不会发生破裂. 实际上, 一切物体都是由原子组成的, 严格来说, 并不符合这种假定. 但是, 弹性力学所研究的宏观物体的变化远比原子间的距离大得多, 微观结构可以略去不计, 故可作此假设.

1.5.2　完全弹性假设

完全弹性是指当物体在外载作用下, 产生变形, 而当外载移去后, 物体立即恢复到原来形状而没有任何残余变形. 如前所述, 这要求物体必须完全处于"弹性阶段". 此时物体在外载作用下, 物体的应力和变形状态就完全取决于该瞬时所受的外力, 而与加载的历史无关. 同时还假定材料服从胡克定律, 即应力与应变成正比, 因而弹性常数不随应力或应变的大小而改变.

1.5.3　小变形假设

小变形是指物体受力后, 所发生于各点的形变位移远小于物体的原有尺寸, 其一阶导数远小于 1, 或线应变和剪应变远小于 1. 这样, 在研究物体受力变形后的平衡方程时, 由于变形位移很小, 可用变形以前的几何形状来代替变形以后的几何形状, 而不致有显著的误差. 由于变形很小, 物体的应力不可能超过比例极限, 因而满足胡克定律. 在研究形变与位移关系时, 由于变形位移的一阶导数远小于 1, 它们的二次幂或乘积都可以略去不计. 于是, 小变形假设导致弹性力学基本方程的线性化.

1.5.4　均匀性和各向同性假设

均匀性是指构成物体的材料,在整个物体的内部各点处都具有相同的弹性,即物体的弹性不随位置坐标而改变.

各向同性是指物体的弹性在所有各个方向上都有相同.这样,物体的弹性常数,才不随方向而改变.

有了这两种假设,就可以从物体中取出任意一个小微分体来加以分析,然后把分析的结果用于整个物体.

1.5.5　无初始应力假设

无初始应力是指物体受外载作用前是处于自然状态的,也即弹性力学所求得的应力,仅是荷载所产生的.若物体中有初始应力存在,则由弹性理论所求得的应力加上初始应力才是物体中的实际应力.

以上述基本假设为根据的弹性理论,称为线性弹性理论.

如果物体中的应力超过弹性极限,物体将处于塑性状态.此时应力和应变不是线性关系,而是非线性关系.研究物体处于塑性状态时的应力和应变的学科,称为塑性理论.

如果物体的变形不是很微小的,因此不能忽略形变的乘积和平方项,这就构成了几何上的非线性.在弹性理论中将得到非线性微分方程.研究这种问题的弹性理论,称为非线性弹性理论.

如果除上述基本假设外,还引用某些补充的假设.这样的弹性理论称为应用弹性理论.

习题与参考答案

1. 利用哑指标规则,判定下列表达式的正误:

(1) $\nabla \cdot u=\dfrac{\partial u_i}{\partial x_i}$;

(2) $\sigma n_i-\sigma_{ji}n_i=0$;

(3) $\left(\dfrac{\partial u_i}{\partial x_j}\right)\left(\dfrac{\partial u_j}{\partial x_i}\right)=\left(\dfrac{\partial u_i}{\partial x_l}\right)\left(\dfrac{\partial u_l}{\partial x_i}\right)$;

(4) $\nabla\Phi=\dfrac{\partial \Phi}{\partial x_i}$.

2. 试对下列用哑指标表示的各式进行展开:

(1) $u=a_{ij}x_{ij}$;

(2) $W=\frac{\sigma_{ji}e_{ji}}{2}$;

(3) $g_{ij}=\left(\frac{\partial x_i}{\partial x_k}\right)\left(\frac{\partial x_j}{\partial u_k}\right)$;

(4) $\sigma'_{kl}=a_{kj}\sigma_{ii}\sigma_{ji}$.

3. 试对下列用哑指标和克罗内克符号表示的各式进行展开：

(1) $\delta_{ji}a_ib_j$;

(2) $a_{ik}b_{kj}=\delta_{ji}$;

(3) $(e_{ji}-e\delta_{ji})n_j=0$;

(4) $\sigma_{ji}=\lambda\theta\delta_{ji}+2\mu e_{ji}$.

4. 证明矢量式 $\boldsymbol{u}=\nabla\times\boldsymbol{A}$ 可以写成 $u_k=\delta_{klm}\frac{\partial A_m}{\partial x_l}$ 的形式.

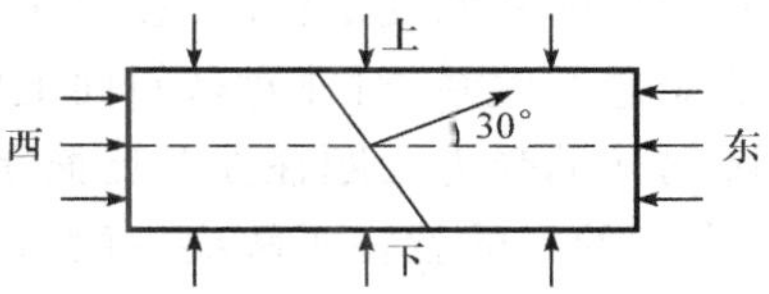

图 1－12

5. 如图 1－12 所示，某地块受东西方向水平应力 500kg/cm^2，垂直方向压应力 100kg/cm^2，求倾向正东，倾角 60°的断层上的正应力与剪应力.

答案：$\sigma_n=-400\text{kg/cm}^2$，$\sigma_\tau=-100\sqrt{3}\text{kg/cm}^2$.

6. 在例 1－2 中，根据已求得的 σ_{33}，进一步求解柱体内的应变与柱体的总变形量.

答案：$e_{33}=-\left(\frac{P}{AE}+\frac{\rho g}{1000E}x_3\right)$，总形变量 $\delta=-\left(\frac{P}{AE}h+\frac{\rho g}{1000E}h^2\right)$.

7. 有一直径为 9cm，长为 100m 的实心钢质钻杆，在提起钻杆和放下钻杆时两者长度相差多少？已知 $\rho g=(7.8/1000)\text{kg/cm}^3$，$E=2\times10^6\text{kg/cm}^2$.

答案：长度相差 0.39cm.

第 2 章

应 力 分 析

对物体进行力学分析，总的说来，就是寻求在外力作用下物体内部各处的应力分布和伴随着的变形情况. 在第 1 章中，叙述了物体在简单拉伸情况下的应力与应变的概念及关系，对任意截斜面上的总应力、正应力、剪应力等下了明确的定义. 但实际物体的受力问题往往要比简单拉伸模型复杂得多. 因此，有必要做进一步的讨论. 本章的目的就在于解决一般情况下物体受力产生应力的问题.

2.1 应 力 张 量

将 1.2 节的讨论推广至三维空间，如图 2 - 1 所示，取 mn 为任意截面，在 mn 截面上选取一小面积 $\mathrm{d}S$ 包围 Q 点，若在外力作用下该小面积上总的附加内力为 $\mathrm{d}\boldsymbol{F}$，则根据应力的定义知 Q 点的应力为

$$\boldsymbol{P}_n = \frac{\mathrm{d}\boldsymbol{F}}{\mathrm{d}S} \tag{2.1}$$

$\boldsymbol{P}_n$ 即前面所讲过的总应力. 它在截面 $\mathrm{d}S$ 法线方向上的投影为正应力，在切线方向上的投影为剪应力. 由前面的讨论可知，$\boldsymbol{P}_n$ 不仅与外来作用有关，而且与截面的法线方向选取有关，当外来作用一定的情况下，因为 Q 点截面的取向可以是任意

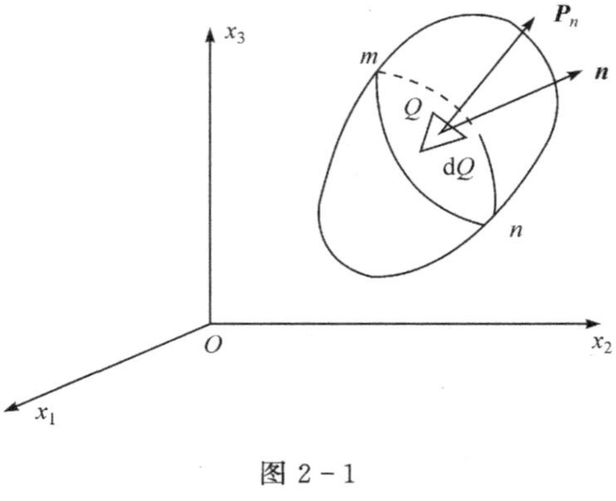

图 2 - 1

的，所以对应物体内 Q 点的应力也应有无数多的取值. 这样，对于某一点 Q 来说，似乎需用无穷多个量来描述它的应力状态，只需 3 个矢量或 9 个标量即可完全确定.

为了说明这一点，将 $\mathrm{d}S(ABC)$ 放大，并在极近点建立坐标系如图 2-2 所示. 设 $\mathrm{d}S$ 的外法线方向为 $\boldsymbol{n}$[图 2-2(a)]，$\boldsymbol{n}$ 的方向余弦为

$$
\begin{aligned}
n_1 &= \cos(\boldsymbol{n},\boldsymbol{i}_1) \\
n_2 &= \cos(\boldsymbol{n},\boldsymbol{i}_2) \\
n_3 &= \cos(\boldsymbol{n},\boldsymbol{i}_3)
\end{aligned}
\tag{2.2}
$$

式中，$\boldsymbol{i}_1$、$\boldsymbol{i}_2$、$\boldsymbol{i}_3$ 分别为 x_1、x_2、x_3 轴上的单位矢量. 根据解析几何知识可知，图中面

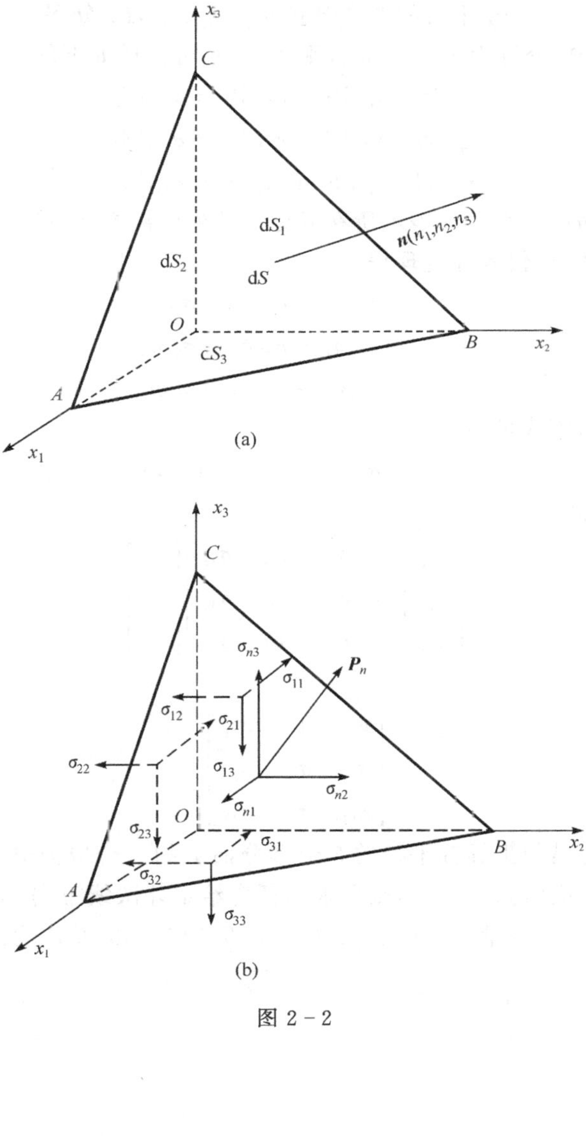

图 2-2

积$\mathrm{d}S_1(OBC)$、$\mathrm{d}S_2(OAC)$、$\mathrm{d}S_3(OAB)$，分别是 $\mathrm{d}S$ 面在 Ox_2x_3、Ox_1x_3、Ox_1x_2 面上的投影，即

$$\mathrm{d}S_1 = n_1\mathrm{d}S, \quad \mathrm{d}S_2 = n_2\mathrm{d}S, \quad \mathrm{d}S_3 = n_3\mathrm{d}S \tag{2.3}$$

假如在外来作用下，四面微分体 $\mathrm{d}S$ 面上作用有总应力 $\boldsymbol{P}_n$[图 2-2(b)]，$\mathrm{d}S_1$ 面上作用有总应力 $\boldsymbol{P}_1$，$\mathrm{d}S_2$ 面上作用有总应力 $\boldsymbol{P}_2$，$\mathrm{d}S_3$ 面上作用有总应力 $\boldsymbol{P}_3$($\boldsymbol{P}_1$、$\boldsymbol{P}_2$、$\boldsymbol{P}_3$ 图中未画出，只画出其分量)，则因为应力是单位面积上所受的力，所以 $\mathrm{d}S$、$\mathrm{d}S_1$、$\mathrm{d}S_2$、$\mathrm{d}S_3$ 各面上所受的合力分别为 $\boldsymbol{P}_n\mathrm{d}S$、$\boldsymbol{P}_1\mathrm{d}S_1$、$\boldsymbol{P}_2\mathrm{d}S_2$、$\boldsymbol{P}_3\mathrm{d}S_3$. 当四面微分体处于平衡状态时，根据力的平衡条件，必有

$$\boldsymbol{P}_n\mathrm{d}S + \boldsymbol{P}_1\mathrm{d}S_1 + \boldsymbol{P}_2\mathrm{d}S_2 + \boldsymbol{P}_3\mathrm{d}S_3 = 0 \tag{2.4}$$

将 $\boldsymbol{P}_n$ 分解为与 x_1、x_2、x_3 平行的 3 个分量 σ_{n1}、σ_{n2}、σ_{n3}，$\boldsymbol{P}_1$ 分解为 σ_{11}、σ_{12}、σ_{13}，$\boldsymbol{P}_2$ 分解为 σ_{21}、σ_{22}、σ_{23}，$\boldsymbol{P}_3$ 分解为 σ_{31}、σ_{32}、σ_{33}，则式(2.4)可写成如下的分量形式：

$$\begin{aligned}\sigma_{n1}\mathrm{d}S&=\sigma_{11}\mathrm{d}S_1+\sigma_{21}\mathrm{d}S_2+\sigma_{31}\mathrm{d}S_3\\ \sigma_{n2}\mathrm{d}S&=\sigma_{12}\mathrm{d}S_1+\sigma_{22}\mathrm{d}S_2+\sigma_{32}\mathrm{d}S_3\\ \sigma_{n3}\mathrm{d}S&=\sigma_{13}\mathrm{d}S_1+\sigma_{23}\mathrm{d}S_2+\sigma_{33}\mathrm{d}S_3\end{aligned} \tag{2.5}$$

式中，各分量中的第一个角标表示所在微分面的外法线方向，第二个角标表示力的作用方向. 将式(2.3)代入并整理得

$$\begin{aligned}\sigma_{n1} &= \sigma_{11}n_1 + \sigma_{21}n_2 + \sigma_{31}n_3\\ \sigma_{n2} &= \sigma_{12}n_1 + \sigma_{22}n_2 + \sigma_{32}n_3\\ \sigma_{n3} &= \sigma_{13}n_1 + \sigma_{23}n_2 + \sigma_{33}n_3\end{aligned} \tag{2.6}$$

利用哑指标规则，该式可写成

$$\sigma_{ni} = \sigma_{ji}n_j, \quad i,j = 1,2,3 \tag{2.7}$$

也可写成矩阵形式

$$\begin{bmatrix}\sigma_{n1}\\ \sigma_{n2}\\ \sigma_{n3}\end{bmatrix}=\begin{bmatrix}\sigma_{11} & \sigma_{21} & \sigma_{31}\\ \sigma_{12} & \sigma_{22} & \sigma_{32}\\ \sigma_{13} & \sigma_{23} & \sigma_{33}\end{bmatrix}\begin{bmatrix}n_1\\ n_2\\ n_3\end{bmatrix} \tag{2.8}$$

式中

$$\begin{bmatrix}\sigma_{11} & \sigma_{21} & \sigma_{31}\\ \sigma_{12} & \sigma_{22} & \sigma_{32}\\ \sigma_{13} & \sigma_{23} & \sigma_{33}\end{bmatrix} \tag{2.9}$$

称为应力张量，它是与坐标轴平行的 3 个微分面上的 9 个应力分量. 由式(2.6)可以看出，若一点的应力张量已知，则可求出任意给定外法线方向(n_1，n_2，n_3)的微分面上的总应力的 3 个分量 σ_{n1}、σ_{n2}、σ_{n3}. 根据解析几何可知，总应力的模值为

$$|\boldsymbol{P}_n| = \sqrt{\sigma_{n1}^2 + \sigma_{n2}^2 + \sigma_{n3}^2} \tag{2.10}$$

总应力的方向为

$$n_{p1}=\frac{\sigma_{n1}}{|\boldsymbol{P}_n|}$$

$$n_{p2}=\frac{\sigma_{n2}}{|\boldsymbol{P}_n|} \tag{2.11}$$

$$n_{p3}=\frac{\sigma_{n3}}{|\boldsymbol{P}_n|}$$

由此可见，一点的应力状态，只需 9 个应力分量便可以完全确定.

如果上述四面微分体不是取在物体内部而是取在物体表面，且 dS 面为表面元，此时，σ_{n1}、σ_{n2}、σ_{n3} 表示作用于该处单位面积上的外力在各坐标轴上的投影. 为与物体内部的应力描述加以区别，用 $\bar{F}_1$、$\bar{F}_2$、$\bar{F}_3$ 表示 σ_{n1}、σ_{n2}、σ_{n3}，则方程式(2.6)成为

$$\begin{aligned}\bar{F}_1&=\sigma_{11}n_1+\sigma_{21}n_2+\sigma_{31}n_3\\ \bar{F}_2&=\sigma_{12}n_1+\sigma_{22}n_2+\sigma_{32}n_3\\ \bar{F}_3&=\sigma_{13}n_1+\sigma_{23}n_2+\sigma_{33}n_3\end{aligned} \tag{2.12}$$

式(2.12)表示物体表面单位面积上的外力与物体表面内部应力之间的关系，称为边界条件. 其哑指标表示式为

$$\bar{F}_i=\sigma_{ji}n_j \tag{2.13}$$

当物体处于平衡状态时，除合外力为零的条件外，还应有合外力矩为零的条件. 仍以上述处于平衡状态的四面微分体作为研究对象.

如图 2－3 所示，设 x_3' 是通过微分截面 dS 的重心 C 且平行于 x_3 轴的直线. 由于点 C 在其他 3 个面上的投影均与这 3 个面的重心重合，所以 dS 面的重心 C 至其他各面的垂直距离分别为 $dx_1/3$、$dx_2/3$、$dx_3/3$. 若以 x_3' 为转轴，则四面微分体各面上的 12 个分力，除 σ_{12} 与 σ_{21} 外，其他各量要不是与 x_3' 轴平行，就是通过 x_3' 轴. 因此，对轴线 x_3' 的力矩方程应为

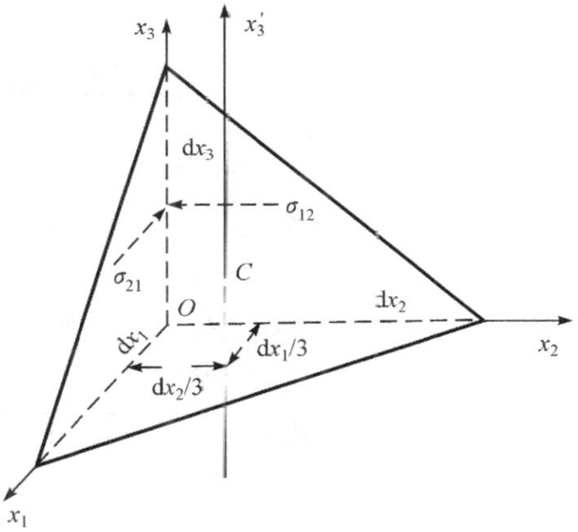

图 2－3

$$\sigma_{21}\cdot\frac{1}{2}dx_1dx_3\cdot\frac{dx_2}{3}-\sigma_{12}\cdot\frac{1}{2}dx_2dx_3\cdot\frac{dx_1}{3}=0$$

于是有

$$\sigma_{12}=\sigma_{21}$$

类似地可导出下列方程的后二式，即

$$\sigma_{12}=\sigma_{21}$$
$$\sigma_{23}=\sigma_{32}$$

$$\sigma_{31} = \sigma_{13} \tag{2.14}$$

其哑指标表示式为

$$\sigma_{ji} = \sigma_{ij}, \quad i \neq j \tag{2.15}$$

式(2.15)称为剪应力的互易定律.它表明应力张量是对称张量.也即一点的应力状态,实际上只需要 6 个分量便可确定.

例 2-1 已知物体内某点的应力分量为 $\sigma_{11}=200a$,$\sigma_{22}=0$,$\sigma_{33}=-100a$,$\sigma_{12}=400a$,$\sigma_{23}=0$,$\sigma_{31}=300a$,试求作用在通过此点且平行于方程 $x_1+2x_2+2x_3=6$ 平面上的总应力.

解 首先由平面方程求平面法向的方向余弦.根据解析几何知识,可得

$$n_1=\frac{1}{\sqrt{1^2+2^2+2^2}}=\frac{1}{3}$$

$$n_2=\frac{2}{\sqrt{1^2+2^2+2^2}}=\frac{2}{3}$$

$$n_3=\frac{2}{\sqrt{1^2+2^2+2^2}}=\frac{2}{3}$$

再据式(2.6),求出总应力分量 σ_{n1}、σ_{n2}、σ_{n3},即

$$\begin{aligned}
\sigma_{n1} &= \sigma_{11}n_1+\sigma_{21}n_2+\sigma_{31}n_3 \\
&= 200a\cdot\frac{1}{3}+400a\cdot\frac{2}{3}+300a\cdot\frac{2}{3} \\
&\approx 533a \\
\sigma_{n2} &= \sigma_{12}n_1+\sigma_{22}n_2+\sigma_{32}n_3 \\
&\approx 133a \\
\sigma_{n3} &= \sigma_{13}n_1+\sigma_{22}n_2+\sigma_{33}n_3 \\
&\approx 33a \\
|\boldsymbol{P}_n| &= \sqrt{\sigma_{n1}^2+\sigma_{n2}^2+\sigma_{n3}^2} \\
&\approx 551a
\end{aligned}$$

其方向余弦为

$$n_{p1}=\frac{\sigma_{n1}}{|\boldsymbol{P}_n|}=0.967$$

$$n_{p2}=\frac{\sigma_{n2}}{|\boldsymbol{P}_n|}=0.241$$

$$n_{p3}=\frac{\sigma_{n3}}{|\boldsymbol{P}_n|}=0.060$$

如果该点位于物体表面上,则所求得的 $\boldsymbol{P}_n$ 即为该点单位面积上所受的外力,σ_{n1}、σ_{n2}、σ_{n3} 为单位面积上所受外力的分量.

2.2 正应力、剪应力、主应力

一般来说，2.1节所讲的总应力 $\boldsymbol{P}_n$ 不与所取截面 dS 的外法线方向 $\boldsymbol{n}$ 重合. 如图 2-4 所示，由正应力与剪应力的定义知，$\boldsymbol{P}_n$ 在 dS 面上的法线方向投影为该面上的正应力，以 σ_n 表示；$\boldsymbol{P}_n$ 在 dS 面上的切向投影为该面上的剪应力，以 σ_τ 表示.

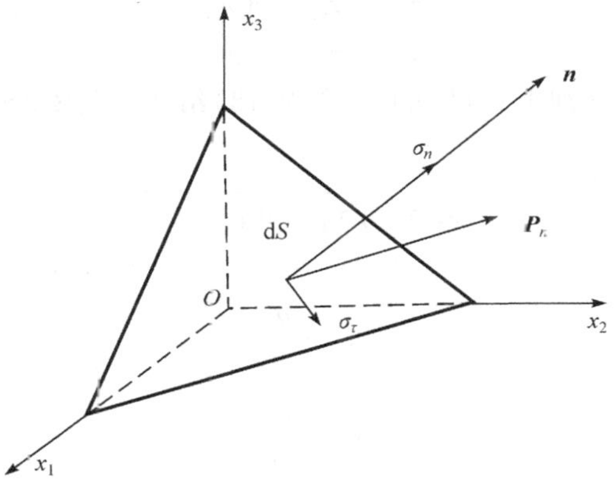

图 2-4

根据矢量运算法则，正应力 σ_n 可表示为

$$\sigma_n = \boldsymbol{P}_n \cdot \boldsymbol{n} \tag{2.16}$$

因为 $\boldsymbol{P}_n$ 的分量表示式为 σ_{ni}，$\boldsymbol{n}$ 的分量表示式为 n_i，所以其哑指标表示为

$$\sigma_n = \sigma_{ni} n_i \tag{2.17}$$

将式(2.7)代入得

$$\sigma_n = \sigma_{ji} n_j n_i \tag{2.18}$$

其展开式为

$$\sigma_n = \sigma_{11} n_1^2 + \sigma_{22} n_2^2 + \sigma_{33} n_3^2 + 2\sigma_{12} n_1 n_2 + 2\sigma_{23} n_2 n_3 + 2\sigma_{31} n_1 n_3 \tag{2.19}$$

式(2.18)或式(2.19)即三维空间中给定某点应力张量 σ_{ji} 时过该点某一微分截面 dS 上的正应力的表示式.

若将其写成矩阵形式，则为

$$[\sigma_n] = [n_1 \quad n_2 \quad n_3] \begin{bmatrix} \sigma_{11} & \sigma_{21} & \sigma_{31} \\ \sigma_{12} & \sigma_{22} & \sigma_{32} \\ \sigma_{13} & \sigma_{23} & \sigma_{33} \end{bmatrix} \begin{bmatrix} n_1 \\ n_2 \\ n_3 \end{bmatrix} \tag{2.20}$$

同样，对于剪应力来说，根据矢量运算法则，有

$$\boldsymbol{\sigma}_\tau = \boldsymbol{P}_n - \boldsymbol{\sigma}_n \tag{2.21}$$

因为 σ_n 的大小为 σ_n，方向为 $\boldsymbol{n}$，所以 $\boldsymbol{\sigma}_n$ 可以用 $\boldsymbol{\sigma}_n\boldsymbol{n}$ 表示，代入式(2.21)得

$$\boldsymbol{\sigma}_{\tau} = \boldsymbol{P}_{n} - \sigma_{n}\boldsymbol{n} \tag{2.22}$$

如果用 $\sigma_{\tau i}$ 表示 $\boldsymbol{\sigma}_{\tau}$ 在各坐标轴上的分量，则因为 $\boldsymbol{P}_n$ 的分量为 σ_{ni}，$\boldsymbol{n}$ 的分量为 n_i，所以有

$$\sigma_{\tau i} = \sigma_{ni} - \sigma_{n} n_{i} \tag{2.23}$$

其分量展开式为

$$\begin{aligned} \sigma_{\tau 1} &= \sigma_{n1} - \sigma_{n} n_{1} \\ \sigma_{\tau 2} &= \sigma_{n2} - \sigma_{n} n_{2} \\ \sigma_{\tau 3} &= \sigma_{n3} - \sigma_{n} n_{3} \end{aligned} \tag{2.24}$$

式中，σ_{n1}、σ_{n2}、σ_{n3}、σ_{n} 分别由式(2.6)与式(2.18)给出. 显然 dS 面上的剪应力的量值为

$$\sigma_{\tau} = \sqrt{\sigma_{\tau 1}^{2} + \sigma_{\tau 2}^{2} + \sigma_{\tau 3}^{2}} \tag{2.25}$$

其方向为

$$\begin{aligned} n_{\tau 1} &= \frac{\sigma_{\tau 1}}{\sigma_{\tau}} \\ n_{\tau 2} &= \frac{\sigma_{\tau 2}}{\sigma_{\tau}} \\ n_{\tau 3} &= \frac{\sigma_{\tau 3}}{\sigma_{\tau}} \end{aligned} \tag{2.26}$$

求解剪应力量值的另一种方法，是根据图 2－4 中 P_n、σ_n、σ_τ 之间的三角函数关系，直接给出剪应力的量值表示式，即

$$\sigma_{\tau} = \sqrt{P_{n}^{2} - \sigma_{n}^{2}} \tag{2.27}$$

该式在事先求得 P_n 与 σ_n 的情况下，用起来是十分方便的.

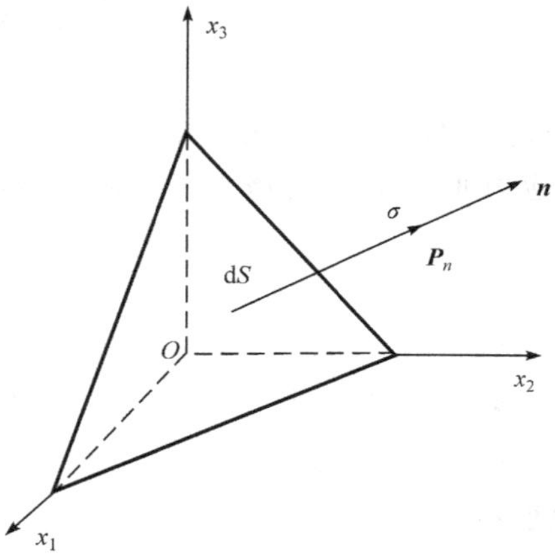

图 2－5

下面讨论主应力. 由前面的讨论可知，对空间某点来说，微分截面 dS 可有无穷多的取向. 如果适当选取微分截面，使该面上只作用有正应力而无剪应力，则此时该面上的正应力就是总应力. 把这样特殊取向的微分截面称为主微分面，而把主微分面上的总应力(或正应力)称为主应力，用 σ 表示.

如图 2－5 所示，主应力 σ 在 x_i 各轴上的投影为 σn_i，它应该等于主微分面上总应力 $\boldsymbol{P}_n$ 在各坐标轴上的分量 σ_{ni}，即

$$\sigma n_{i} - \sigma_{ni} = 0 \tag{2.28}$$

代入式(2.7),得

$$\sigma n_i - \sigma_{ji} n_j = 0 \tag{2.29}$$

将其按哑指标规则展开,有

$$\begin{aligned}(\sigma_{11}-\sigma)n_1+\sigma_{21}n_2+\sigma_{31}n_3&=0\\ \sigma_{12}n_1+(\sigma_{22}-\sigma)n_2+\sigma_{32}n_3&=0\\ \sigma_{13}n_1+\sigma_{23}n_2+(\sigma_{33}-\sigma)n_3&=0\end{aligned} \tag{2.30}$$

式中,n_1、n_2、n_3 之间存在如下关系:

$$n_1^2 + n_2^2 + n_3^2 = 1 \tag{2.31}$$

由式(2.30)与式(2.31)可知,若一点的应力张量 σ_{ji} 为已知,则可由此二式求出该点的主应力 σ 及主方向 n_1、n_2、n_3.值得注意的是,齐次方程组(2.30)不能有 $n_1=n_2=n_3=0$ 的解答,因为该解答与式(2.31)相抵.要使方程组(2.30)有别的解答,则必须是这方程组的系数行列式等于零,即

$$\begin{vmatrix}(\sigma_{11}-\sigma) & \sigma_{21} & \sigma_{31}\\ \sigma_{12} & (\sigma_{22}-\sigma) & \sigma_{32}\\ \sigma_{13} & \sigma_{23} & (\sigma_{33}-\sigma)\end{vmatrix}=0 \tag{2.32}$$

将行列式展开并整理得

$$\sigma^3 - J_1\sigma^2 + J_2\sigma - J_3 = 0 \tag{2.33}$$

式中,

$$\begin{aligned}J_1&=\sigma_{11}+\sigma_{22}+\sigma_{33}\\ J_2&=\begin{vmatrix}\sigma_{11}&\sigma_{12}\\ \sigma_{21}&\sigma_{22}\end{vmatrix}+\begin{vmatrix}\sigma_{22}&\sigma_{23}\\ \sigma_{32}&\sigma_{33}\end{vmatrix}+\begin{vmatrix}\sigma_{33}&\sigma_{31}\\ \sigma_{13}&\sigma_{11}\end{vmatrix}\\ J_3&=\begin{vmatrix}\sigma_{11}&\sigma_{21}&\sigma_{31}\\ \sigma_{12}&\sigma_{22}&\sigma_{32}\\ \sigma_{13}&\sigma_{23}&\sigma_{33}\end{vmatrix}\end{aligned} \tag{2.34}$$

三次方程组(2.33)称为特征方程式.对于弹性力学问题,可以证明式(2.33)有3个实根,通常以 σ_1、σ_2、σ_3 表示.σ_1、σ_2、σ_3 就是所要求解的主应力.表示式(2.34)中的 J_1、J_2、J_3 分别称为应力张量的第一、第二、第三不变量.

若将所求得的主应力值 σ_1 代入式(2.30),并考虑到 $n_1^2+n_2^2+n_3^2=1$,则可求出对应 σ_1 的方向余弦(或主方向)n_1、n_2、n_3.同样,将 σ_2、σ_3 代入式(2.30),可求得对应主应力 σ_2、σ_3 的方向余弦 n'_1、n'_2、n'_3 和 n''_1、n''_2、n''_3.

σ_1、σ_2、σ_3 所对应的方向余弦之间存在着一个特殊的关系,即当 $\sigma_1\neq\sigma_2\neq\sigma_3$ 时,它们之间彼此是相互垂直的.因为将 σ_1、σ_2 代入

$$\sigma n_i - \sigma_{ji} n_j = 0$$

得

$$\sigma_1 n_i - \sigma_{ji} n_j = 0$$
$$\sigma_2 n'_i - \sigma_{ji} n'_j = 0$$

将前式乘以 n'_i，后式乘以 n_i，则有

$$\sigma_1 n_i n'_i - \sigma_{ji} n_j n'_i = 0$$
$$\sigma_2 n_i n'_i - \sigma_{ji} n'_j n_i = 0$$

按哑指标规则 3，有 $\sigma_{ji} n'_j n_i = \sigma_{ij} n'_i n_j$，因为应力张量是对称张量，所以有 $\sigma_{ji} n'_j n_i = \sigma_{ji} n_j n'_i$，于是后式减前式得

$$(\sigma_2 - \sigma_1) n_i n'_i = 0 \tag{2.35}$$

因为 $\sigma_2 \neq \sigma_1$，所以必有

$$n_i n'_i = n_1 n'_1 + n_2 n'_2 + n_3 n'_3 = 0 \tag{2.36}$$

由解析几何知，$n_i \perp n'_i$同理可证 $n'_i \perp n''_i$，$n''_i \perp n_i$. 如果 $\sigma_1 = \sigma_2 \neq \sigma_3$，则由前面证明可知，$\sigma_1 \perp \sigma_3$，$\sigma_2 \perp \sigma_3$，但 σ_1 与 σ_2 并不一定垂直，它们之间的夹角可以是任意数值. 如果 $\sigma_1 = \sigma_2 = \sigma_3$，则很容易看出，空间任意方向都可以是主方向.

如果选用应力主轴为正交坐标系的 3 个坐标轴，则因为此时应力张量中的剪应力分量均为零，正应力分量即为 3 个主应力值，因此应力张量成为

$$\begin{bmatrix} \sigma_1 & 0 & 0 \\ 0 & \sigma_2 & 0 \\ 0 & 0 & \sigma_3 \end{bmatrix}$$

相应地，应力张量的不变量式(2.34)成为

$$\begin{aligned} J_1 &= \sigma_1 + \sigma_2 + \sigma_3 \\ J_2 &= \sigma_1\sigma_2 + \sigma_2\sigma_3 + \sigma_3\sigma_1 \\ J_3 &= \sigma_1\sigma_2\sigma_3 \end{aligned} \tag{2.37}$$

例 2-2　已知地质体内某点的应力张量为 $\sigma_{11} = 50a$，$\sigma_{22} = 80a$，$\sigma_{33} = -70a$，$\sigma_{12} = -20a$，$\sigma_{23} = 60a$，$\sigma_{31} = 0$. 计算该点的主应力及主方向.

解　为求主应力，首先由应力分量求出应力张量的不变量，即

$$J_1 = \sigma_{11} + \sigma_{22} + \sigma_{33} = 60a$$

$$J_2 = \begin{vmatrix} \sigma_{11} & \sigma_{12} \\ \sigma_{21} & \sigma_{22} \end{vmatrix} + \begin{vmatrix} \sigma_{22} & \sigma_{23} \\ \sigma_{32} & \sigma_{33} \end{vmatrix} + \begin{vmatrix} \sigma_{33} & \sigma_{31} \\ \sigma_{13} & \sigma_{11} \end{vmatrix} = -9100a^2$$

$$J_3 = \begin{vmatrix} \sigma_{11} & \sigma_{21} & \sigma_{31} \\ \sigma_{12} & \sigma_{22} & \sigma_{32} \\ \sigma_{13} & \sigma_{23} & \sigma_{33} \end{vmatrix} = -432000a^3$$

将其代入式(2.33)，得

$$a^3 - 60a\sigma^2 - 9100a^2\sigma + 432000a^3 = 0$$

为方便起见，引进 $x = \sigma/100a$，则上式化为

$$x^3-0.6x^2-0.91x+0.432=0$$

再对其进行变量替换,用 $x=y+0.6/3=y+0.2$ 消去二次项,得

$$y^3-1.03y+0.234=0$$

上式的判别式为

$$\begin{aligned}\Delta&=\left(\frac{q}{2}\right)^2+\left(\frac{p}{3}\right)^3\\&=\left(\frac{0.234}{2}\right)^2+\left(-\frac{1.03}{3}\right)^3\\&=-0.0267<0\end{aligned}$$

故应有 3 个实根

$$\begin{aligned}y_1&=2\sqrt[3]{\gamma}\cos\theta\\y_2&=2\sqrt[3]{\gamma}\cos(\theta+120°)\\y_3&=2\sqrt[3]{\gamma}\cos(\theta+240°)\end{aligned}$$

式中,

$$\gamma=\sqrt{-\left(\frac{p}{3}\right)^3}=0.201$$

$$\theta=\frac{1}{3}\arccos\left(-\frac{q}{2\gamma}\right)=41°52'$$

代入得

$$\begin{aligned}y_1&=0.873\\y_2&=-1.11\\y_3&=0.241\end{aligned}$$

由此得

$$\begin{aligned}x_1&=1.073\\x_2&=-0.914\\x_3&=0.441\end{aligned}$$

如令 $\sigma_1>\sigma_2>\sigma_3$,则

$$\begin{aligned}\sigma_1&=107.3a\\\sigma_2&=44.1a\\\sigma_3&=-91.4a\end{aligned}$$

这便是所求的主应力. 将 σ_1 代入式(2.30)中前二式,则有

$$(50a-107.3a)n_1-20an_2=0$$

$$-20an_1+(80a-107.3a)n_2+60an_3=0$$

因为

$$n_1^2+n_2^2+n_3^2=1$$

联立求解得

$$n_1=0.314$$
$$n_2=-0.900$$
$$n_3=0.303$$

上式是对应主应力 σ_1 的主方向. 同理,可得对应 σ_2 及 σ_3 的主方向为

$$n_1'=0.948,\quad n_1''=-0.047$$
$$n_2'=0.282,\quad n_2''=0.337$$
$$n_3'=0.146,\quad n_3''=-0.940$$

主应力及主方向是一个极为重要的概念. 在地震预测问题中,求解地应力主要就是求解主应力,并根据主应力求解最大正应力与最大剪应力,以判定地质体是否会产生破裂与滑移. 同时,地应力的改变还会引起地质体内部磁化强度、电导率以及弹性波的传播速度等的改变,它是间接测量地应力的理论根据.

2.3　最大正应力与最大剪应力

2.3.1　最大正应力

据式(2.19),任一截斜面上的正应力为

$$\sigma_n=\sigma_{11}n_1^2+\sigma_{22}n_2^2+\sigma_{33}n_3^2+2\sigma_{12}n_1n_2+2\sigma_{23}n_2n_3+2\sigma_{31}n_1n_3$$

为求解最大正应力,设正交坐标系中的各轴分别与该点的 3 个主方向(相互垂直)相互重合. 由于主微分面上只有正应力面无剪应力,所以,此时应力张量中的剪应力分量均为零,即

$$\sigma_{12}=\sigma_{21}=\sigma_{23}=\sigma_{32}=\sigma_{31}=\sigma_{13}=0$$

又因为主微分面上的正应力即为主应力,所以有

$$\sigma_{11}=\sigma_1,\sigma_{22}=\sigma_2,\sigma_{33}=\sigma_3$$

将其代入正应力的表达式中,得

$$\sigma_n=\sigma_1n_1^2+\sigma_2n_2^2+\sigma_3n_3^2 \tag{2.38}$$

式(2.38)是以应力主轴为坐标轴时,任意截面上的正应力的表达式.

为求最大正应力,首先求最大正应力所对应的方向. 为此利用 $n_1^2+n_2^2+n_3^2=1$,消去式(2.38)中三个方向余弦之一. 例如,消去 n_1,得

$$\sigma_n=(1-n_2^2-n_3^2)\sigma_1+n_2^2\sigma_2+n_3^2\sigma_3 \tag{2.39}$$

令

$$\frac{\partial\sigma_n}{\partial n_2}=0,\quad \frac{\partial\sigma_n}{\partial n_3}=0$$

代入 σ_n,得

$$-2\sigma_1 n_2 + 2\sigma_2 n_2 = 0$$
$$-2\sigma_1 n_3 + 2\sigma_3 n_3 = 0$$

当 $\sigma_1 \neq \sigma_2 \neq \sigma_3$ 时，必有

$$n_2 = 0, \quad n_3 = 0$$

故

$$n_1 = \pm 1$$

将 n_1、n_2、n_3 代回式(2.38)，得

$$\sigma_n = \sigma_1 \tag{2.40}$$

即正应力的一个极值等于 σ_1. 用同样的方法，可求得正应力 σ_n 的另外两个极值分别为 σ_2 与 σ_3. 也就是说，对应某点的应力状态，正应力有 3 个极值，而这 3 个极值恰是该点在给定外载情况下的 3 个主应力. 主应力中量值最大的称为最大正应力. 例如，例 2－2 中，考察点的最大正应力为 $\sigma_1 = 107.3a$.

2.3.2 最大剪应力

与讨论最大正应力相仿，设正交坐标系的各轴分别与 3 个主方向重合. 此时应力张量中剪应力分量均为零，正应力分量即为主应力，将其代入总应力的表示式

$$P_n = \sqrt{\sigma_{n1}^2 + \sigma_{n2}^2 + \sigma_{n3}^2}$$

得

$$P_n = \sqrt{\sigma_1^2 n_1^2 + \sigma_2^2 n_2^2 + \sigma_3^2 n_3^2}$$

因为此时的正应力为

$$\sigma_n = \sigma_1 n_1^2 + \sigma_2 n_2^2 + \sigma_3 n_3^2$$

所以有

$$\sigma_\tau^2 = \sigma_1^2 n_1^2 + \sigma_2^2 n_2^2 + \sigma_3^2 n_3^2 - (\sigma_1 n_1^2 + \sigma_2 n_2^2 + \sigma_3 n_3^2)^2 \tag{2.41}$$

同样，用关系式 $n_1^2 + n_2^2 + n_3^2 = 1$ 消去该式中的 n_1，可得

$$\sigma_\tau^2 = (1 - n_2^2 - n_3^2)\sigma_1^2 + n_2^2\sigma_2^2 + n_3^2\sigma_3^2 - [(1 - n_2^2 - n_3^2)\sigma_1 + n_2^2\sigma_2 + n_3^2\sigma_3]^2$$

为求剪应力极值所对应的方向，令

$$\frac{\partial \sigma_\tau^2}{\partial n_2} = 0, \quad \frac{\partial \sigma_\tau^2}{\partial n_3} = 0$$

将 σ_τ 代入并整理得

$$\begin{aligned} n_2(\sigma_2 - \sigma_1)\left[(\sigma_2 - \sigma_1)n_2^2 + (\sigma_3 - \sigma_1)n_3^2 - \frac{1}{2}(\sigma_2 - \sigma_1)\right] = 0 \\ n_3(\sigma_3 - \sigma_1)\left[(\sigma_2 - \sigma_1)n_2^2 + (\sigma_3 - \sigma_1)n_3^2 - \frac{1}{2}(\sigma_3 - \sigma_1)\right] = 0 \end{aligned} \tag{2.42}$$

考虑到 $n_1^2 + n_2^2 + n_3^2 = 1$，则上述两个方程的解为

$$\begin{aligned}&(n_2=0,\quad n_3=0,\quad n_1=\pm 1)\\&\left(n_2=0,\quad n_3=\pm\frac{1}{\sqrt{2}},\quad n_1=\pm\frac{1}{\sqrt{2}}\right)\\&\left(n_3=0,\quad n_2=\pm\frac{1}{\sqrt{2}},\quad n_1=\pm\frac{1}{\sqrt{2}}\right)\end{aligned}\tag{2.43}$$

将这三组解分别代入式(2.41)中,可得对应此3个方向的剪应力极值为

$$\left[0,\quad \pm\frac{1}{2}(\sigma_3-\sigma_1),\quad \pm\frac{1}{2}(\sigma_2-\sigma_1)\right]\tag{2.44}$$

如果不是消去 n_1,而是消去 n_2 则仿前得对应剪应力极值方向的方程为

$$\begin{aligned}&n_1(\sigma_1-\sigma_2)\left[(\sigma_1-\sigma_2)n_1^2+(\sigma_3-\sigma_2)n_3^2-\frac{1}{2}(\sigma_1-\sigma_2)\right]=0\\&n_3(\sigma_3-\sigma_2)\left[(\sigma_1-\sigma_2)n_1^2+(\sigma_3-\sigma_2)n_3^2-\frac{1}{2}(\sigma_3-\sigma_2)\right]=0\end{aligned}\tag{2.45}$$

此方程满足关系式 $n_1^2+n_2^2+n_3^2=1$ 的解为

$$\begin{aligned}&(n_1=0,\quad n_3=0,\quad n_2=\pm 1)\\&\left(n_3=0,\quad n_1=\pm\frac{1}{\sqrt{2}},\quad n_2=\pm\frac{1}{\sqrt{2}}\right)\\&\left(n_1=0,\quad n_3=\pm\frac{1}{\sqrt{2}},\quad n_2=\pm\frac{1}{\sqrt{2}}\right)\end{aligned}\tag{2.46}$$

对应剪应力极值为

$$\left[0,\quad \pm\frac{1}{2}(\sigma_1-\sigma_2),\quad \pm\frac{1}{2}(\sigma_3-\sigma_2)\right]\tag{2.47}$$

同样,若消去 n_3,则有

$$\begin{aligned}&n_1(\sigma_1-\sigma_3)\left[(\sigma_1-\sigma_3)n_1^2+(\sigma_2-\sigma_3)n_2^2-\frac{1}{2}(\sigma_1-\sigma_3)\right]=0\\&n_2(\sigma_2-\sigma_3)\left[(\sigma_1-\sigma_3)n_1^2+(\sigma_2-\sigma_3)n_2^2-\frac{1}{2}(\sigma_2-\sigma_3)\right]=0\end{aligned}\tag{2.48}$$

极值方向的解为

$$\begin{aligned}&(n_1=0,\quad n_2=0,\quad n_3=\pm 1)\\&\left(n_2=0,\quad n_1=\pm\frac{1}{\sqrt{2}},\quad n_3=\pm\frac{1}{\sqrt{2}}\right)\\&\left(n_1=0,\quad n_2=\pm\frac{1}{\sqrt{2}},\quad n_3=\pm\frac{1}{\sqrt{2}}\right)\end{aligned}\tag{2.49}$$

对应的剪应力极值为

$$\left[0,\quad \pm\frac{1}{2}(\sigma_3-\sigma_1),\quad \pm\frac{1}{2}(\sigma_2-\sigma_3)\right] \tag{2.50}$$

上述结论可综合列于表 2-1 中. 由表可见,前三组解对应于 3 个主应力方向,相应地剪应力为零,为剪应力绝对值的极小值. 后三组解对应与主应力成 45°的 3 个截面,最大剪应力就是这 3 个面上主应力之差最大的那个面上的数值. 例如,例 2-2 中,最大剪应力就应该是 $\sigma_{max}=\frac{1}{2}(\sigma_1-\sigma_3)=99.4a$,而最大剪应力面元的法线方向应该是与 σ_2 垂直且与 σ_1、σ_3 成 45°的方向,余者类推.

表 2-1

变量	n_1	n_2	n_3	σ_{max} σ_{min}
一	0	0	± 1	0
二	0	± 1	0	0
三	± 1	0	0	0
四	0	$\pm\frac{1}{\sqrt{2}}$	$\pm\frac{1}{\sqrt{2}}$	$\pm\frac{1}{2}(\sigma_2-\sigma_3)$
五	$\pm\frac{1}{\sqrt{2}}$	0	$\pm\frac{1}{\sqrt{2}}$	$\pm\frac{1}{2}(\sigma_3-\sigma_1)$
六	$\pm\frac{1}{\sqrt{2}}$	$\pm\frac{1}{\sqrt{2}}$	0	$\pm\frac{1}{2}(\sigma_1-\sigma_2)$

上述关于剪应力极值的讨论是当 $\sigma_1\neq\sigma_2\neq\sigma_3$ 的一般情况. 如果主应力值中有两个相等,如 $\sigma_1=\sigma_3\neq\sigma_2$,则可由式(2.42)的前式或式(2.48)的后式求得 $n_2=0$ 或 $n_2=\pm\frac{1}{\sqrt{2}}$,当 $n_2=0$ 时,代入式(2.41),得 $\sigma_\tau=0$;当 $n_2=\pm\frac{1}{\sqrt{2}}$时,得 $\sigma_\tau=\frac{1}{2}(\sigma_2-\sigma_3)$. 所以最大剪应力对应的面元的法线方向为与 x_2 轴成 45°角的圆锥面,如图 2-6 所示.

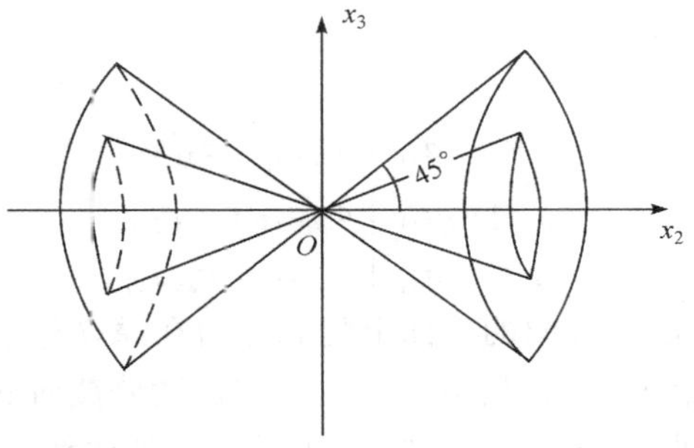

图 2-6

如果 3 个主应力的量值均相等，则由式(2.41)知，剪应力的各个方向上均为零.

2.4　应力张量的坐标变换公式

如果在正交坐标系 x_i 中的一点应力张量 σ_{ji} 为已知，当坐标系旋转任意角度后，如何用旋转后坐标系中的应力张量表达原坐标系中的应力张量(或者相反)，这便是应力张量的坐标变换. 换句话说，所谓应力张量的坐标变换，就是在不同坐标系中，描述同一应力状态时应力张量不同表示之间的变换关系.

为推导应力张量的坐标变换公式，设所考察的空间任意点 Q 与原坐标系 x_i 的原点 O 及新坐标系 x'_i 的原点 O' 重合(图 2－7)，同时设新坐标系 x'_i 的各轴对原坐标系 x_i 各轴的方向余弦如表 2－2 所示. 这样一来，新坐标系 x'_i 可视为原坐标系 x_i 旋转而成，且新坐标系的各轴分别表示原坐标系中的 3 个方向. 假设我们以这 3 个方向为外法向，在 O 点的极近处截取 3 个微分截面，则此 3 个微分截面的外法向分别为(a_{11}、a_{12}、a_{13})、(a_{21}，a_{22}，a_{23})、(a_{31}，a_{32}，a_{33}). 图中 dS 面是以新坐标系 x'_1 轴为外法线方向截取的微分截面. 根据 2.1 节所讲的任意截斜面上总应力的分量式(2.6)可知，以(a_{11}，a_{12}，a_{13})为外法线方向的微分截面上的总应力分量为

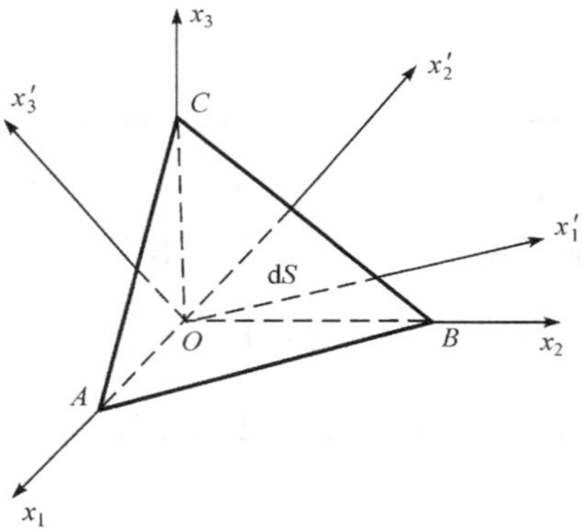

图 2－7

表 2－2

变量	x_1	x_2	x_3
x'_1	a_{11}	a_{12}	a_{13}
x'_2	a_{21}	a_{22}	a_{23}
x'_3	a_{31}	a_{32}	a_{33}

$$
\begin{aligned}
\sigma_{n1} &= \sigma_{11}a_{11}+\sigma_{21}a_{12}+\sigma_{31}a_{13}\\
\sigma_{n2} &= \sigma_{12}a_{11}+\sigma_{22}a_{12}+\sigma_{32}a_{13}\\
\sigma_{n3} &= \sigma_{13}a_{11}+\sigma_{23}a_{12}+\sigma_{33}a_{13}
\end{aligned}
\tag{2.51}
$$

式(2.51)是以 x'_1 为外法线方向的截面上的总应力在原坐标系 x_1、x_2、x_3 轴上的分量. 因为 x'_1、x'_2、x'_3 轴相互垂直，所以 x'_2、x'_3 一定在微分截面 dS 上. 故此，若将 σ_{n1}、σ_{n2}、σ_{n3} 投影在新坐标轴 x'_1、x'_2、x'_3 上，便得以 x'_1 轴为外法线方向的截面上的 3 个相

互垂直的分量 σ'_{11}、σ'_{12}、σ'_{13}，即

$$
\begin{aligned}
\sigma'_{11} &= \sigma_{n1}a_{11}+\sigma_{n2}a_{12}+\sigma_{n3}a_{13} \\
&= \sigma_{11}a_{11}^2+\sigma_{21}a_{11}a_{12}+\sigma_{31}a_{11}a_{13} \\
&\quad +\sigma_{12}a_{11}a_{12}+\sigma_{22}a_{12}^2+\sigma_{32}a_{13}a_{12} \\
&\quad +\sigma_{13}a_{11}a_{13}+\sigma_{23}a_{12}a_{13}+\sigma_{33}a_{13}^2 \\
\sigma'_{12} &= \sigma_{n1}a_{21}+\sigma_{n2}a_{22}+\sigma_{n3}a_{23} \\
&= \sigma_{11}a_{11}a_{21}+\sigma_{21}a_{12}a_{21}+\sigma_{31}a_{13}a_{21} \\
&\quad +\sigma_{12}a_{11}a_{22}+\sigma_{22}a_{12}a_{22}+\sigma_{32}a_{13}a_{22} \\
&\quad +\sigma_{13}a_{11}a_{23}+\sigma_{23}a_{12}a_{23}+\sigma_{33}a_{13}a_{23} \\
\sigma'_{13} &= \sigma_{n1}a_{31}+\sigma_{n2}a_{32}+\sigma_{n3}a_{33} \\
&= \sigma_{11}a_{11}a_{31}+\sigma_{21}a_{12}a_{31}+\sigma_{31}a_{13}a_{31} \\
&\quad +\sigma_{12}a_{11}a_{32}+\sigma_{22}a_{12}a_{32}+\sigma_{32}a_{13}a_{32} \\
&\quad +\sigma_{13}a_{11}a_{33}+\sigma_{23}a_{12}a_{33}+\sigma_{33}a_{13}a_{33}
\end{aligned}
$$

式中，σ'_{11} 是以 x'_1 轴为外法线方向的截面上的正应力，σ'_{12} 是该面上沿 x'_2 方向的剪应力，σ'_{13} 是该面上沿 x'_3 方向上的剪应力. 这 3 个分量也就是用新坐标系表达原坐标系的应力张量 σ_{ji} 时，在以 x'_1 轴为外法线方向的截面上的 3 个应力分量.

若将其写为哑指标形式，则为

$$\sigma'_{1l}=a_{1j}a_{li}\sigma_{ji} \tag{2.52}$$

同理，还可以求出以 x'_2 轴为外法线方向的微分截面上的正应力与剪应力分量的哑指标形式为

$$\sigma'_{2l}=a_{2j}a_{li}\sigma_{ji} \tag{2.53}$$

以 x'_3 轴为外法线方向的微分截面上的应力分量为

$$\sigma'_{3l}=a_{3j}a_{li}\sigma_{ji} \tag{2.54}$$

归纳式(2.52)～式(2.54)，得

$$\sigma'_{kl}=a_{kj}a_{li}\sigma_{ji} \tag{2.55}$$

或写成矩阵形式为

$$
\begin{bmatrix} \sigma'_{11} & \sigma'_{21} & \sigma'_{31} \\ \sigma'_{12} & \sigma'_{22} & \sigma'_{32} \\ \sigma'_{13} & \sigma'_{23} & \sigma'_{33} \end{bmatrix}
=
\begin{bmatrix} a_{11} & a_{12} & a_{13} \\ a_{21} & a_{22} & a_{23} \\ a_{31} & a_{32} & a_{33} \end{bmatrix}
\begin{bmatrix} \sigma_{11} & \sigma_{21} & \sigma_{31} \\ \sigma_{12} & \sigma_{22} & \sigma_{32} \\ \sigma_{13} & \sigma_{23} & \sigma_{33} \end{bmatrix}
\begin{bmatrix} a_{11} & a_{21} & a_{31} \\ a_{12} & a_{22} & a_{32} \\ a_{13} & a_{23} & a_{33} \end{bmatrix}
\tag{2.56}
$$

式(2.55)、式(2.56)即为应力张量的坐标变换公式.

前面已经证明，原坐标系中的应力张量 σ_{ji} 为对称张量，下面证明 σ'_{kl} 也为对称

张量.将

$$\sigma'_{kl}=a_{kj}a_{li}\sigma_{ji}$$

利用哑指标规则 3,改写成

$$\sigma'_{kl}=a_{ki}a_{lj}\sigma_{ij}$$

式中,i、j 均系重复指标,故 a_{ki} 与 a_{lj} 可互换位置,同时用 σ_{ji} 代换 σ_{ij},则上式变为

$$\sigma'_{kl}=a_{lj}a_{ki}\sigma_{ji}$$

再将该式与 $\sigma'_{kl}=a_{kj}a_{li}\sigma_{ji}$ 进行比较可知,两式之间的不同仅在于等式右端交换了角标 k 与 l,而 k 与 l 互换并不影响结果.因此,σ'_{kl} 可以写成 σ'_{lk},即

$$\sigma'_{kl}=\sigma'_{lk} \tag{2.57}$$

从而证明了 σ'_{kl} 也是对称张量.

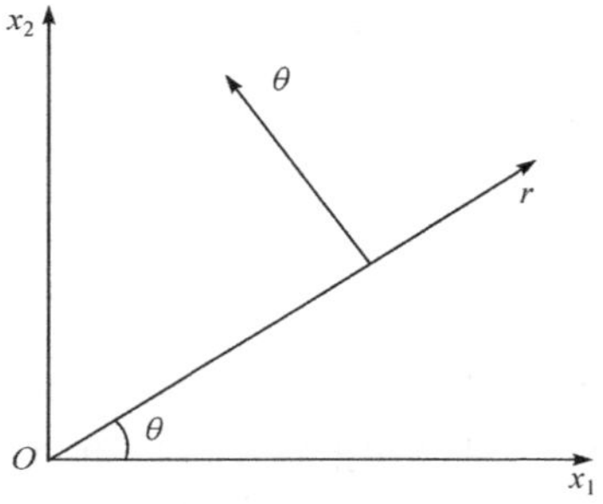

图 2-8

例 2-3　已知物体内某点的应力状态以正交坐标系 x_i 表示时的应力分量为 σ_{11}、σ_{22}、σ_{33}、σ_{12}、σ_{23}、σ_{31},试求以柱坐标系表示时的应力分量 σ_r、σ_θ、σ_z、$\sigma_{r\theta}$、$\sigma_{\theta z}$、σ_{zr}.

解　为方便起见,选柱坐标系的原点与直角坐标系的原点重合,且使柱坐标系的 z 轴与直角坐标系的 x_3 轴重合(图 2-8).此时,柱坐标系中 r、θ、z 对于直角坐标系 x_1、x_2、x_3 的方向余弦如表 2-3 所示.若将 r、θ、z 看成是前述的 x'_1、x'_2、x'_3,则表 2-3 变为表 2-4.利用式(2.56),得

$$\begin{bmatrix}\sigma'_{11} & \sigma'_{21} & \sigma'_{31}\\ \sigma'_{12} & \sigma'_{22} & \sigma'_{32}\\ \sigma'_{13} & \sigma'_{23} & \sigma'_{33}\end{bmatrix}=\begin{bmatrix}\sigma_r & \sigma_{\theta r} & \sigma_{xr}\\ \sigma_{r\theta} & \sigma_\theta & \sigma_{x\theta}\\ \sigma_{rz} & \sigma_{\theta z} & \sigma_x\end{bmatrix}$$

$$=\begin{bmatrix}\cos\theta & \sin\theta & 0\\ -\sin\theta & \cos\theta & 0\\ 0 & 0 & 1\end{bmatrix}\begin{bmatrix}\sigma_{11} & \sigma_{21} & \sigma_{31}\\ \sigma_{12} & \sigma_{22} & \sigma_{32}\\ \sigma_{13} & \sigma_{23} & \sigma_{33}\end{bmatrix}\begin{bmatrix}\cos\theta & -\sin\theta & 0\\ \sin\theta & \cos\theta & 0\\ 0 & 0 & 1\end{bmatrix}$$

上式便是以柱坐标系表示时的应力张量的矩阵表示式.将其展开或利用式(2.55),可得应力分量的表达式为

表 2-3

变量	x_1	x_2	x_3
r	$\cos\theta$	$\sin\theta$	0
θ	$-\sin\theta$	$\cos\theta$	0
z	0	0	1

表 2－4

变量	x_1	x_2	x_3
$x'_1(r)$	$a_{11}(\cos\theta)$	$a_{12}(\sin\theta)$	$a_{13}(0)$
$x'_2(\theta)$	$a_{21}(-\sin\theta)$	$a_{22}(\cos\theta)$	$a_{23}(0)$
$x'_3(z)$	$a_{31}(0)$	$a_{32}(0)$	$a_{33}(1)$

$$\sigma_r=\sigma_{11}\cos^2\theta+\sigma_{22}\sin^2\theta+2\sigma_{12}\sin\theta\cos\theta$$
$$\sigma_\theta=\sigma_{11}\sin^2\theta+\sigma_{22}\cos^2\theta-2\sigma_{12}\sin\theta\cos\theta$$
$$\sigma_z=\sigma_{33}$$
$$\sigma_{r\theta}=(\sigma_{22}-\sigma_{11})\sin\theta\cos\theta+\sigma_{12}(\cos^2\theta-\sin^2\theta)$$
$$\sigma_{\theta z}=\sigma_{23}\cos\theta-\sigma_{31}\sin\theta$$
$$\sigma_{zr}=\sigma_{23}\sin\theta-\sigma_{31}\cos\theta$$

因为应力张量是对称张量，所以非对角元素中的 6 个分量用 3 个分量表示即可.

2.5　运动方程、平衡方程

2.1～2.4 节讲述了静力平衡条件下总应力、正应力、剪应力、主应力以及最大正应力、最大剪应力的求解方法，没有涉及物体的运动问题. 事实上，当物体所受的合外力不为零时，物体将沿合外力的方向产生加速度. 连接合外力与加速之间关系的是牛顿第二定律. 下面我们就从牛顿第二定律入手讨论物体在外力作用下的运动方程.

如图 2－9 所示，设想在弹性介质中，取任意一闭合面 S，S 面内包围的体积为 V. 如果 V 内单位体积的介质受到的体力（如重力等）为 ρf_i，其中 ρ 为介质密度，f_i

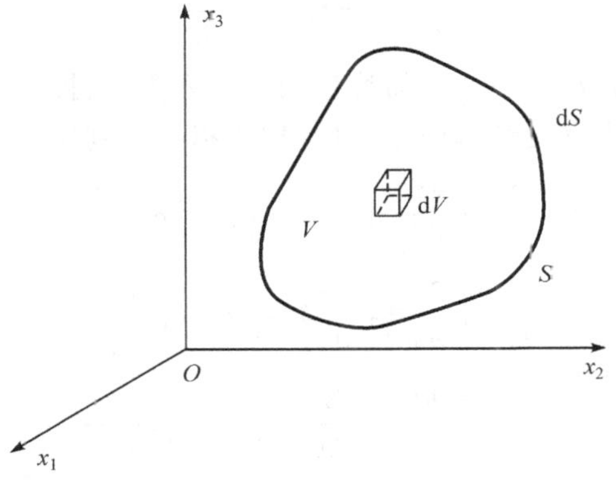

图 2－9

为单位质量的介质上所受到的外力，则 V 内介质所受的总的体力为

$$F_{Pi} = \int_V \rho f_i \mathrm{d}V$$

除体力外，闭合面内的介质还将受到面力的作用. 设在闭合曲面上的任意点选取一面元 $\mathrm{d}S$，如果 $\mathrm{d}S$ 上的总应力（单位面积上的力）分量为 σ_{ni}，则 $\mathrm{d}S$ 面上外介质对内介质的作用力就应该是 $\sigma_{ni}\mathrm{d}S$. 而整个闭曲面上外介质对内介质的作用力为

$$F_{si} = \oint_S \sigma_{ni} \mathrm{d}S$$

因此，闭合曲面内的介质所受的合力为

$$F_i = F_{Pi} + F_{Si} = \int_V \rho f_i \mathrm{d}V + \oint_S \sigma_{ni} \mathrm{d}S$$

如果介质内各点的位移用 u_i 表示，则根据牛顿第二定律，有

$$\oint_S \sigma_{ni} \mathrm{d}S + \int_V \rho f_i \mathrm{d}V = \int_V \rho \frac{\partial^2 u_i}{\partial t^2} \mathrm{d}V \tag{2.58}$$

将 $\sigma_{ni} = \sigma_{ji} n_j$ 代入，得

$$\oint_S \sigma_{ji} n_j \mathrm{d}S + \int_V \rho f_i \mathrm{d}V = \int_V \rho \frac{\partial^2 u_i}{\partial t^2} \mathrm{d}V$$

利用高斯定理

$$\oint_S A_i n_i \mathrm{d}S = \int_V \rho \frac{\partial A_i}{\partial x_i} \mathrm{d}V$$

上式可化为

$$\int_V \left(\frac{\partial \sigma_{ji}}{\partial x_j} + \rho f_i \right) \mathrm{d}V = \int_V \rho \frac{\partial^2 u_i}{\partial t^2} \mathrm{d}V$$

令 S 面收缩于一点，此时有

$$\frac{\partial \sigma_{ji}}{\partial x_j} + \rho f_i = \rho \frac{\partial^2 u_i}{\partial t^2} \tag{2.59}$$

此式即为运动方程的微分表示式，简称运动微分方程. 它揭示了物体内某点力与加速度之间的关系，是本书的结构中心. 将其按哑指标规则展开，则有

$$\begin{aligned}
&\frac{\partial \sigma_{11}}{\partial x_1} + \frac{\partial \sigma_{21}}{\partial x_2} + \frac{\partial \sigma_{31}}{\partial x_3} + \rho f_1 = \rho \frac{\partial^2 u_1}{\partial t^2} \\
&\frac{\partial \sigma_{12}}{\partial x_1} + \frac{\partial \sigma_{22}}{\partial x_2} + \frac{\partial \sigma_{32}}{\partial x_3} + \rho f_2 = \rho \frac{\partial^2 u_2}{\partial t^2} \\
&\frac{\partial \sigma_{13}}{\partial x_1} + \frac{\partial \sigma_{23}}{\partial x_2} + \frac{\partial \sigma_{33}}{\partial x_3} + \rho f_3 = \rho \frac{\partial^2 u_3}{\partial t^2}
\end{aligned} \tag{2.60}$$

在式(2.59)中，如果位移场不随时间改变，即物体处于平衡状态，则 $\frac{\partial^2 u_i}{\partial t^2} = 0$，

式(2.59)成为

$$\frac{\partial \sigma_{ji}}{\partial x_j}+\rho f_i=0 \tag{2.61}$$

其展开式为

$$\begin{aligned}
&\frac{\partial \sigma_{11}}{\partial x_1}+\frac{\partial \sigma_{21}}{\partial x_2}+\frac{\partial \sigma_{31}}{\partial x_3}+\rho f_1=0\\
&\frac{\partial \sigma_{12}}{\partial x_1}+\frac{\partial \sigma_{22}}{\partial x_2}+\frac{\partial \sigma_{32}}{\partial x_3}+\rho f_2=0\\
&\frac{\partial \sigma_{13}}{\partial x_1}+\frac{\partial \sigma_{23}}{\partial x_2}+\frac{\partial \sigma_{33}}{\partial x_3}+\rho f_3=0
\end{aligned} \tag{2.62}$$

式(2.61)或式(2.62)称为平衡微分方程.它是运动方程的一个特例,在工程技术中有着广泛的应用.

例 2-4 如图 2-10 所示的矩形截面梁处在静力平衡状态,按材料力学求得其应力分量为 $\sigma_{11}=-\dfrac{2q_0x_1^3x_2}{lh^3}$,$\sigma_{12}=-\dfrac{3q_0x_1^2(h^2-4x_2^2)}{4h^3l}$.试求出 σ_{22} 的表示式(设体力为零).

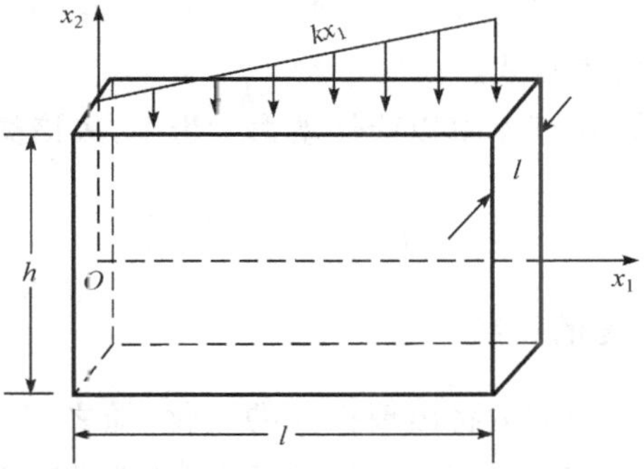

图 2-10

解 首先观察按材料力学求得的应力分量在静力平衡条件下是否满足弹性力学中的平衡方程.为此,将 σ_{11}、σ_{12} 代入式(2.62)中的第一式,由于 σ_{11}、σ_{12} 均与 x_3 无关,因此可以认为与 x_3 相关的应力分量 $\sigma_{13}=\sigma_{23}=\sigma_{33}$ 常量(或零).于是有

$$\frac{\partial \sigma_{11}}{\partial x_1}-\frac{\partial \sigma_{21}}{\partial x_2}=-6q_0\frac{x_1^2x_2}{lh^3}+6q_0\frac{x_1^2x_2}{lh^3}=0$$

即此应力分量满足平衡方程.为求 σ_{22} 的表达式,再将 σ_{12} 代入式(2.62)中第二式,得

$$-\frac{3}{2}\frac{q_0x_1}{h^3l}(h^2-4x_2^2)+\frac{\partial \sigma_{22}}{\partial x_2}=0$$

因此有

$$\sigma_{22} = \int \frac{3}{2}\frac{q_0 x_1}{h^3 l}(h^2 - 4x_2^2)\mathrm{d}x_2 + C$$

$$= \frac{3}{2}\frac{q_0 x_1 x_2}{h^3 l}\left(h^2 - \frac{4}{3}x_2^2\right) + C$$

利用边界条件

$$\sigma_{22}\big|_{n_2=h/2} = kx_1$$

确定常数 C,得

$$kx_1 = \frac{3}{2}\frac{q_0 x_1 \cdot h/2}{h^3 l}\left(h^2 - \frac{h^2}{3}\right) + C$$

$$= \frac{q_0 x_1}{2l} + C$$

所以

$$C = kx_1 - \frac{q_0 x_1}{2l}$$

再代回 σ_{22} 的表示式中,得

$$\sigma_{22} = \left[\frac{3}{2}\frac{q_0 x_2}{h^3 l}\left(h^2 - \frac{4}{3}x_2^2\right) + \left(k - \frac{q_0}{2l}\right)\right]x_1$$

这便是正应力分量 σ_{22} 的表示式.

此类应用问题很多. 由于本书以弹性动力学为主,故该类问题讨论较少.

讨　　论

一、地应力与磁场和波速的关系

在地震孕育过程中,地应力将出现很大的变化,随之产生地磁异常、波速异常等相关变化. 日本东京大学力武常次教授等在所著《地球物理学》丛书中,给出了主方向上主应力与磁化强度改变的关系为

$$\Delta J_1 = \gamma J_1\left(\frac{\sigma_2}{2} + \frac{\sigma_3}{2} - \sigma_1\right)$$

$$\Delta J_2 = \gamma J_2\left(\frac{\sigma_3}{2} + \frac{\sigma_1}{2} - \sigma_2\right)$$

$$\Delta J_3 = \gamma J_3\left(\frac{\sigma_1}{2} + \frac{\sigma_2}{2} - \sigma_3\right)$$

式中,J_1、J_2、J_3 分别为 3 个主方向上无外载荷时的磁化强度,γ 为应力感应系数. 由上式可见,当一点的地应力中的主应力给定后,便可计算该点的磁化强度的改变量,且可得到唯一解答. 但实际问题中,地应力的测量存在较多问题,主要有两个方

面：一是耗资较大；二是误差较大. 而磁化强度改变量的测量却比较容易且可十分精确. 这启发人们利用磁场改变测量地应力的大小. 但仅凭上式得不到唯一确定的反问题解答，还需寻求新的约束条件，这正是人们感兴趣的问题.

对应地应力与纵波波速的关系，米亚奇金(B. И. Мячкин)曾给出如下公式：

$$V_P=\sqrt{\frac{x_1+C\sqrt[3]{P+P_0}}{\rho}}$$

式中，x_1 为未加载状态下岩石的有效弹性模量，P 为外加压力或张力，P_0 为一个类似"内压"的物理量，表示岩石固体颗粒之间接触面的揉皱程度，C 为和固体骨架的弹性参量和颗粒的堆积形式、颗粒形状、接触面数目等有关的物理量. 此公式已成功地用于估算矿井中岩体的应力变化量，也可用于估算无明显裂隙形成情况下构造运动过程中的应力变化，若将该式改写成

$$\frac{(\rho V_P^2-x_1)^3}{C^3}=P+P_0$$

则由物理分析可知，$P+P_0$ 为正应力. 利用正应力的表达式，可得

$$\frac{(\rho V_P^2-x_1)^3}{C^3}=\sigma_{ji}n_jn_i$$

由此可见，若在矿井中选 6 个方向进行测量，便可得到 6 个方程构成的方程组，并由此可计算出应力张量 σ_{ji}.

以上地应力与磁场和波速的关系式，均是间接测量地应力的理论基础. 但实际问题并非如此简单，还需进行参数修正等工作，必要时还要将各种方法综合使用，以提高计算精度，实现综合反演.

二、平面应力作用下岩石的剪破裂问题

在平面应力作用下岩石是否会发生剪破裂，主要看岩石所受的剪应力是否会超过其剪破裂强度. 因为在同一外载荷的情况下不同截斜面上所受的剪应力值大小不同，所以岩石应该在最大剪应力的方向上首先产生断裂或滑移. 如前所述，断裂面的法线方向应与主应力轴成 45°角，但事实上并非如此. 由于在断裂面上除剪应力 σ_τ 的作用外，还作用着正应力 σ_n，若断裂面上内摩擦系数为 μ，则在断裂面上将作用着内摩擦力 $\mu\sigma_n$，此摩擦力阻滞断裂面两侧的相对滑移，结果使断裂面的方向发生改变. 这就是说，断裂面的方向取决于断裂面上的剪应力与内摩擦力双重因素.

从数值上予以讨论，可设坐标轴 x_1、x_2 与平面上的主应力 σ_1、σ_2 重合，此时应力分量成为 $\sigma_{11}=\sigma_1$，$\sigma_{22}=\sigma_2$，$\sigma_{12}=\sigma_{21}=0$. 同时设断裂面的法线方向与 x_1 轴之间的夹角为 θ(图 2-11)，则由式(2.41)知

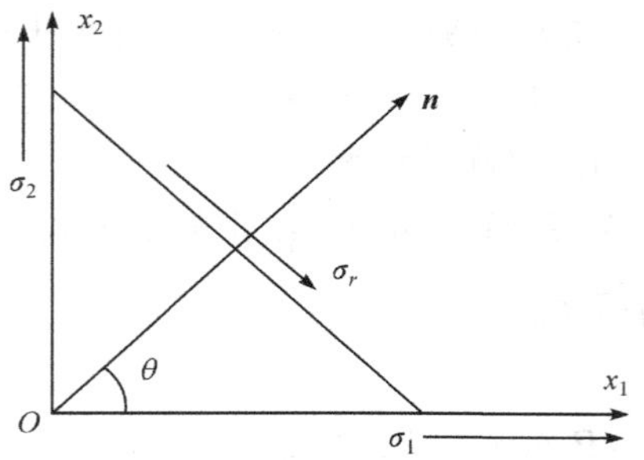

图 2-11

$$\sigma_\tau^2 = n_1^2\sigma_1^2 + n_2^2\sigma_2^2 - (n_1^2\sigma_1 + n_2^2\sigma_2)^2 = \frac{(\sigma_1-\sigma_2)\sin 2\theta}{2}$$

对于正应力来说，由式(2.19)知

$$\sigma_n = \sigma_1 n_1^2 + \sigma_2 n_2^2 = \sigma_1\cos^2\theta + \sigma_2\sin^2\theta$$

当 σ_n 为压应力时，内摩擦力阻滞断裂面两侧的相对滑移；当 σ_n 为拉应力时，则岩石易于出现剪破裂. 故剪破裂条件可表示为

$$\sigma_\tau + \mu\sigma_n > \text{剪破裂强度}$$

为求剪断裂所对应的方向，可令

$$\frac{\partial}{\partial\theta}(\sigma_\tau + \mu\sigma_n) = 0$$

代入 σ_τ、σ_n 得

$$\tan 2\theta = \frac{1}{\mu}$$

此式称为库仑-纳维叶公式. 它指出了实际问题中岩石断裂面的方向与内摩擦系数之间的关系. 当内摩擦系数趋于零时，$\theta \to \pi/4$. 可见，这与前面不考虑内摩擦力时的结果一致.

库仑-纳维叶公式也可推广至三维空间，但目前为止尚未见到有关公式. 其主要原因是剪破裂首先在最大剪切面上出现. 当一点的应力状态确定，该点的最大剪切面即被确定，故实际上也是一个二维问题.

习题与参考答案

1. 简述应力张量中各分量的物理意义.

2. 已知物体内某点的应力分量为 $\sigma_{11}=50a$，$\sigma_{22}=0$，$\sigma_{33}=-30a$，$\sigma_{12}=50a$，$\sigma_{23}=-75a$，$\sigma_{31}=80a$. 试求方向余弦为 $n_1=1/2$，$n_2=1/2$ 和 $n_3=1/\sqrt{2}$ 的面上的总应力.

答案：$P_n = 111.5a$.

3. 已知一点的应力张量为 $\sigma_{11}=75a$，$\sigma_{22}=50a$，$\sigma_{33}=-50a$，$\sigma_{12}=\sigma_{23}=\sigma_{31}=0$. 试求该点与各坐标轴成等角倾斜面(正八面体)上的总应力.

答案：$P_n = 59.5a$.

4. 已知物体表面由方程 $6x_1+3x_2+6x_3=1$ 确定，物体表面作用着与其外法线方向一致的分布载荷 P. 试写出其边界条件的表达式.

答案：$2(\sigma_{11}-P)+\sigma_{21}+2\sigma_{31}=0$

$2\sigma_{12}+(\sigma_{22}-P)+2\sigma_{32}=0$

$2\sigma_{13}+\sigma_{23}+2(\sigma_{33}-P)=0$

5. 已知物体内某点(x_{10},x_{20},x_{30})的应力分量为$\sigma_{11}=100a,\sigma_{22}=50a,\sigma_{33}=-100a,\sigma_{12}=\sigma_{23}=\sigma_{31}=0$. 试求作用于方程为$(x_1-x_{10})+(x_2-x_{20})+(x_3-x_{30})=0$的平面上的正应力与剪应力.

答案:$\sigma_n=16.67a,\sigma_\tau=84.98a$.

6. 已知物体内某点的应力分量为$\sigma_{11}=0,\sigma_{22}=2a,\sigma_{33}=a,\sigma_{12}=a,\sigma_{23}=0,\sigma_{31}=2a$. 试求作用在通过此点方程为$x_1+3x_2+5x_3=1$的平面上总应力、正应力和剪应力的数值.

答案:$P_n=2.747a,\sigma_n=2.636a,\sigma_\tau=0.771a$.

7. 已知物体内某点的应力分量为$\sigma_{11}=100a,\sigma_{22}=50a,\sigma_{33}=-10a,\sigma_{13}=40a,\sigma_{23}=30a,\sigma_{31}=-20a$. 试计算该点的主应力.

答案:$\sigma_1=122.2a,\sigma_2=49.4a,\sigma_3=-31.7a$.

8. 物体中某点的应力分量是$\sigma_{11}=\sigma_{22}=\sigma_{12}=0,\sigma_{33}=200a,\sigma_{23}=\sigma_{31}=100a$. 试求该点的主应力及主方向.

答案:$\sigma_1=273.2a,\sigma_2=0,\sigma_3=-73.2a$, $(n_1,n_2,n_3)=(0.325,0.325,0.888)$, $(n_1',n_2',n_3')=(0.707,-0.707,0)$, $(n_1'',n_2'',n_3'')=(0.628,0.628,0)$.

9. 已知物体内某点的应力分量为$\sigma_{11}=50a,\sigma_{22}=0,\sigma_{33}=-30a,\sigma_{12}=50a,\sigma_{23}=-75a,\sigma_{31}=80a$. 试计算该点的主应力及最大剪应力.

答案:$\sigma_1=99.3a,\sigma_2=58.8a,\sigma_3=-138a,\sigma_{\max}=118.6a$

10. 已知物体内某点的应力分量为$\sigma_{11}=a,\sigma_{22}=-a,\sigma_{33}=a,\sigma_{12}=0,\sigma_{23}=0,\sigma_{31}=-a$. 试计算该点的最大正应力及最大剪应力.

答案:$\sigma_{n\max}=2a,\sigma_{\tau\max}=1.5a$.

11. 已知一点的主应力为$\sigma_1=50a,\sigma_2=50a,\sigma_3=-100a$. 试求与应力主轴成等角倾斜面(正八面体)上的总应力、正应力及剪应力.

答案:$P_n=70.7a,\sigma_n=0,\sigma_\tau=70.7a$.

12. 使坐标轴与应力主轴重合,此时应力分量成为$\sigma_{11}=\sigma_1,\sigma_{22}=\sigma_2,\sigma_{33}=\sigma_3,\sigma_{12}=\sigma_{23}=\sigma_{31}=0$. 试列出此坐标系下任意微分截面上的总应力、正应力及剪应力的表达式.

13. 已知物体内某点的应力张量在原坐标系x_i中的应力分量为$\sigma_{11}=50a,\sigma_{22}=0,\sigma_{33}=-30a,\sigma_{12}=50a,\sigma_{23}=-75a,\sigma_{31}=80a$. 试求当坐标轴绕$x_3$轴右旋(指右手螺旋)45°时,以新坐标系$x_i'$表示时的应力张量.

答案:其矩阵表示式为

$$\begin{bmatrix}\sigma_{11}' & \sigma_{21}' & \sigma_{31}'\\ \sigma_{12}' & \sigma_{22}' & \sigma_{32}'\\ \sigma_{13}' & \sigma_{23}' & \sigma_{33}'\end{bmatrix}=\begin{bmatrix}\frac{\sqrt{2}}{2} & \frac{\sqrt{2}}{2} & 0\\ \frac{-\sqrt{2}}{2} & \frac{\sqrt{2}}{2} & 0\\ 0 & 0 & 1\end{bmatrix}$$

$$\begin{bmatrix} 50a & 50a & 80a \\ 50a & 0 & -75a \\ 80a & -75a & -30a \end{bmatrix} \begin{bmatrix} \frac{\sqrt{2}}{2} & \frac{-\sqrt{2}}{2} & 0 \\ \frac{\sqrt{2}}{2} & \frac{\sqrt{2}}{2} & 0 \\ 0 & 0 & 1 \end{bmatrix}$$

14. 已知物体内某点的应力状态以柱坐标系表示时的应力分量为 σ_r、σ_θ、σ_z、$\sigma_{r\theta}$、$\sigma_{\theta z}$、σ_{zr}. 试求以直角坐标系表示时的应力分量.

答案:

$$\sigma_{11}=\sigma_r\cos^2\theta+\sigma_\theta\sin^2\theta-2\sigma_{r\theta}\sin\theta\cos\theta$$

$$\sigma_{22}=\sigma_r\sin^2\theta+\sigma_\theta\cos^2\theta+2\sigma_{r\theta}\sin\theta\cos\theta$$

$$\sigma_{33}=\sigma_z$$

$$\sigma_{12}=\sigma_r\sin^2\theta\cos\theta-\sigma_\theta\sin\theta\cos\theta+\sigma_{r\theta}(\cos^2\theta-\sin^2\theta)$$

$$\sigma_{23}=\sigma_{\theta z}\cos\theta+\sigma_{zr}\sin\theta$$

$$\sigma_{31}=-\sigma_{\theta z}\sin\theta+\sigma_{zr}\cos\theta$$

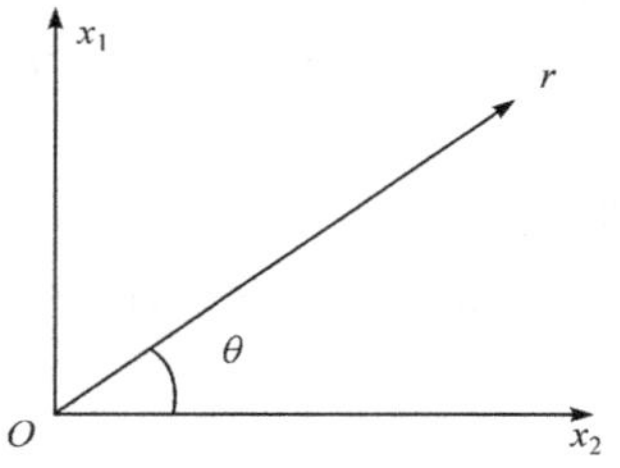

图 2-12

15. 已知物体内某点的应力状态以直角坐标系表示时的应力张量为 σ_{jl}，设直角坐标系的 x_2 轴与柱坐标系的 z 轴平行(图 2-12)，试求以柱坐标系表示时的应力张量.

答案:其矩阵表示式为

$$\begin{bmatrix} \sigma_r & \sigma_{\theta r} & \sigma_{zr} \\ \sigma_{r\theta} & \sigma_\theta & \sigma_{z\theta} \\ \sigma_{rz} & \sigma_{\theta z} & \sigma_z \end{bmatrix} = \begin{bmatrix} \sin\theta & 0 & \cos\theta \\ \cos\theta & 0 & -\sin\theta \\ 0 & 1 & 0 \end{bmatrix}$$

$$\begin{bmatrix} \sigma_{11} & \sigma_{21} & \sigma_{31} \\ \sigma_{12} & \sigma_{22} & \sigma_{32} \\ \sigma_{13} & \sigma_{23} & \sigma_{33} \end{bmatrix} \begin{bmatrix} \sin\theta & \cos\theta & 0 \\ 0 & 0 & 1 \\ \cos\theta & -\sin\theta & 0 \end{bmatrix}$$

16. 已知物体内某点的应力状态以直角坐标系表示时的应力张量为 σ_{ji}. 试求以球坐标系表示时的应力张量.

答案:其矩阵表示为

$$\begin{bmatrix} \sigma_r & \sigma_{\theta r} & \sigma_{\theta r} \\ \sigma_{r\theta} & \sigma_\theta & \sigma_{\theta\varphi} \\ \sigma_{r\varphi} & \sigma_{\theta\varphi} & \sigma_\varphi \end{bmatrix} = \begin{bmatrix} \sin\theta\cos\varphi & \sin\theta\sin\varphi & \cos\theta \\ \cos\theta\cos\varphi & \cos\theta\sin\varphi & -\sin\theta \\ -\sin\varphi & \cos\varphi & 0 \end{bmatrix}$$

$$\begin{bmatrix} \sigma_{11} & \sigma_{21} & \sigma_{31} \\ \sigma_{12} & \sigma_{22} & \sigma_{32} \\ \sigma_{13} & \sigma_{23} & \sigma_{33} \end{bmatrix} \begin{bmatrix} \sin\theta\cos\varphi & \cos\theta\cos\varphi & -\sin\varphi \\ \sin\theta\sin\varphi & \cos\theta\sin\varphi & \cos\varphi \\ \cos\theta & -\sin\theta & 0 \end{bmatrix}$$

17. 试证明下列应力分量满足平衡方程(设体力为零)：

(1) $\sigma_{11}=Q\sin ax_1\operatorname{ch}ax_2$,

$\sigma_{22}=-Q\sin ax_1\operatorname{ch}ax_2$,

$\sigma_{12}=-Q\cos ax_1\operatorname{sh}ax_2$.

(2) $\sigma_{11}=\sin ax_1(2c_2+6c_3x_2+12c_4x_2^2+\cdots)$,

$\sigma_{22}=-a^2\sin ax_1(c_0+c_1x_2+c_2x_2^2+c_3x_2^3+c_4x_2^4+\cdots)$,

$\sigma_{12}=-a\cos ax_1(c_1+2c_2x_2+3c_3x_2^2+4c_4x_2^3+\cdots)$.

式中，Q、a、c_0、c_1、…均为常数.

18. 已知处于平衡状态的平板上(图 2-13)的应力分量为 $\sigma_{11}=qx_1x_2$，$\sigma_{22}=0$，$\sigma_{12}=c\left(\frac{h^2}{4}-x_2^2\right)$. 试求出系数 c，并在板面上画出 $x_1=l$ 处的应力分布(体力为零).

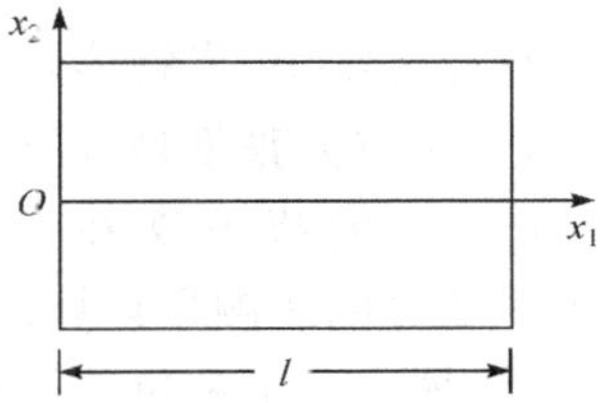

图 2-13

19. 已知某物体位于地球表面且承受着地球的吸引力，试写出由该物体内取出的无穷小平行六面体的平衡方程.

第 3 章

应 变 分 析

在静力学中,当物体内某点的应力张量 σ_{ji} 为已知时,则该点的应力状态即被确定,可见应力张量是求解物体受力问题的关键. 然而,第 2 章中并没有涉及应力张量的求解问题. 因为在一般情况下,一点的应力张量往往是根据物体受力与变形的关系通过间接测量计算出来的. 此外,从动力学观点看,运动微分方程是连接应力张量、体力分量和位移函数的偏微分方程. 欲对其求解,必须建立位移与形变、形变与应力之间的关系. 因此,有必要对物体的变形问题作进一步的讨论,为最终求解应力张量和运动方程奠定基础.

3.1 位 移 场

设正交坐标系 x_i 中有一物体 V,在外载作用下物体发生位置的改变和变形,使 V 变成 V'(图 3-1),V 内任一点 $A(\boldsymbol{r})$ 移到了 $A'(\boldsymbol{r}')$ 点. 因为构成 V 与 V' 的质点是一一对应的,因此 $\boldsymbol{r}'$ 应是 r 的单值连续函数. 可以写成

$$\boldsymbol{r}'=\boldsymbol{r}'(r) \tag{3.1}$$

物体 V 到 V' 的位移场为

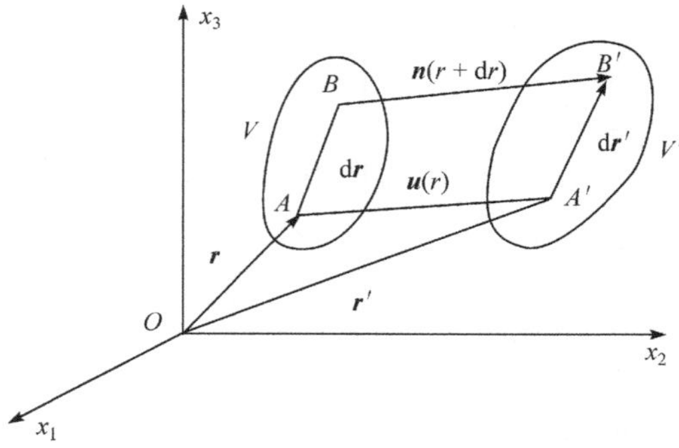

图 3-1

$$\boldsymbol{u}(r)=\boldsymbol{r}'(r)-\boldsymbol{r} \tag{3.2}$$

由此,位移场 $\boldsymbol{u}(r)$ 也是径向 r 的单值连续函数.

设物体内有 A 点,在其极近处有 B 点,$AB=\mathrm{d}r$. 在外来作用下,A 点移至 A' 点,B 点移至 B' 点,$A'B'=\mathrm{d}r'$. A、B 的位移可分别设为 $\boldsymbol{u}(r)$ 和 $\boldsymbol{u}(r+\mathrm{d}r)$. 若将其用哑指标表示,则有

$$\begin{aligned}\boldsymbol{u}(r)&\Rightarrow u_i(x_j)\\ \boldsymbol{u}(r+\mathrm{d}r)&\Rightarrow u_i(x_j+\mathrm{d}x_j)\end{aligned} \tag{3.3}$$

由于 B 点十分接近 A 点,$\mathrm{d}r$ 为一阶无穷小量. 故对 $u_i(x_j+\mathrm{d}x_j)$ 进行泰勒展开只取一次项,有

$$u_i(x_j+\mathrm{d}x_j)=u_i(x_j)+\frac{\partial u_i}{\partial x_j}\mathrm{d}x_j \tag{3.4}$$

将等式右端加、减 $\dfrac{1}{2}\dfrac{\partial u_j}{\partial x_i}\mathrm{d}x_j$ 项,得

$$u_i(x_j+\mathrm{d}x_j)=u_i(x_j)+\frac{1}{2}\left(\frac{\partial u_i}{\partial x_j}+\frac{\partial u_j}{\partial x_i}\right)\mathrm{d}x_j+\frac{1}{2}\left(\frac{\partial u_i}{\partial x_j}-\frac{\partial u_j}{\partial x_i}\right)\mathrm{d}x_j \tag{3.5}$$

令

$$e_{ji}=\frac{1}{2}\left(\frac{\partial u_i}{\partial x_j}+\frac{\partial u_j}{\partial x_i}\right) \tag{3.6}$$

$$\omega_{ji}=\frac{1}{2}\left(\frac{\partial u_i}{\partial x_j}-\frac{\partial u_j}{\partial x_i}\right) \tag{3.7}$$

则式(3.5)成为

$$u_i(x_j+\mathrm{d}x_j)=u_i(x_j)+e_{ji}\mathrm{d}x_j+\omega_{ji}\mathrm{d}x_j \tag{3.8}$$

称 e_{ji} 为应变张量,ω_{ji} 为旋转张量. 其展开式为

$$\begin{aligned}&e_{11}=\frac{\partial u_1}{\partial x_1},\quad e_{12}=e_{21}=\frac{1}{2}\left(\frac{\partial u_1}{\partial x_2}+\frac{\partial u_2}{\partial x_1}\right)\\ &e_{22}=\frac{\partial u_2}{\partial x_2},\quad e_{23}=e_{32}=\frac{1}{2}\left(\frac{\partial u_2}{\partial x_3}+\frac{\partial u_3}{\partial x_2}\right)\\ &e_{33}=\frac{\partial u_3}{\partial x_3},\quad e_{31}=e_{13}=\frac{1}{2}\left(\frac{\partial u_1}{\partial x_3}+\frac{\partial u_3}{\partial x_1}\right)\end{aligned} \tag{3.9}$$

$$\begin{aligned}&\omega_{11}=0,\quad \omega_{12}=-\omega_{21}=\frac{1}{2}\left(\frac{\partial u_2}{\partial x_1}-\frac{\partial u_1}{\partial x_2}\right)=(\omega_3)\\ &\omega_{22}=0,\quad \omega_{23}=-\omega_{32}=\frac{1}{2}\left(\frac{\partial u_3}{\partial x_2}-\frac{\partial u_2}{\partial x_3}\right)=(\omega_1)\\ &\omega_{33}=0,\quad \omega_{31}=-\omega_{13}=\frac{1}{2}\left(\frac{\partial u_1}{\partial x_3}-\frac{\partial u_3}{\partial x_1}\right)=(\omega_2)\end{aligned} \tag{3.10}$$

由此可知,应变张量为对称张量,旋转张量为反对称张量.

式(3.8)还可写成矩阵形式,即

$$\begin{bmatrix} u_1(x_j+\mathrm{d}x_j) \\ u_2(x_j+\mathrm{d}x_j) \\ u_3(x_j+\mathrm{d}x_j) \end{bmatrix} = \begin{bmatrix} u_1(x_j) \\ u_2(x_j) \\ u_3(x_j) \end{bmatrix} + \begin{bmatrix} e_{11} & e_{21} & e_{31} \\ e_{12} & e_{22} & e_{32} \\ e_{13} & e_{23} & e_{33} \end{bmatrix} \begin{bmatrix} \mathrm{d}x_1 \\ \mathrm{d}x_2 \\ \mathrm{d}x_3 \end{bmatrix} + \begin{bmatrix} 0 & -\omega_3 & \omega_2 \\ \omega_3 & 0 & -\omega_1 \\ -\omega_2 & \omega_1 & 0 \end{bmatrix} \begin{bmatrix} \mathrm{d}x_1 \\ \mathrm{d}x_2 \\ \mathrm{d}x_3 \end{bmatrix} \tag{3.11}$$

对于应变问题,如果弄清 A、B 两点的位移,即可判断 AB 线段的变形情况,由此可见,e_{ji} 与 ω_{ji} 是描述物体变形的物理量.

3.2　应变张量、旋转张量

3.2.1　应变张量

1. 对角元素的讨论

由图 3－1 知,当 $\boldsymbol{r}$ 用 x_i 表示,$\boldsymbol{r}'$ 用 x'_i 表示时,x_i 与 x'_i 之间存在如下关系:

$$x'_i = x_i + u_i(x_j) \tag{3.12}$$

两边微分,得

$$\mathrm{d}x'_i = \mathrm{d}x_i + \mathrm{d}u_i(x_j) \quad [\text{以下省略}(x_j)]$$

两边平方,有

$$(\mathrm{d}x'_i)^2 = (\mathrm{d}x_i)^2 + 2\mathrm{d}x_i\mathrm{d}u_i + (\mathrm{d}u_i)^2$$

由于 $(\mathrm{d}u_i)^2$ 为二阶无穷小量,故可省略.且 $(\mathrm{d}x'_i)^2=(\mathrm{d}r')^2$,$(\mathrm{d}x_i)^2=(\mathrm{d}r)^2$,所以有

$$(\mathrm{d}r')^2 = (\mathrm{d}r)^2 + 2\mathrm{d}x_i\mathrm{d}u_i \tag{3.13}$$

因为 u_i 是 x_j 的单值连续函数,故有 $\mathrm{d}u_i = \dfrac{\partial u_i}{\partial x_j}\mathrm{d}x_j$,代入得

$$(\mathrm{d}r')^2 = (\mathrm{d}r)^2 + 2\frac{\partial u_i}{\partial x_j}\mathrm{d}x_j\mathrm{d}x_i \tag{3.14}$$

利用哑指标规则 3,有

$$(\mathrm{d}r')^2 = (\mathrm{d}r)^2 + \left(\frac{\partial u_i}{\partial x_j} + \frac{\partial u_j}{\partial x_i}\right)\mathrm{d}x_j\mathrm{d}x_i = (\mathrm{d}r)^2 + 2e_{ji}\mathrm{d}x_j\mathrm{d}x_i \tag{3.15}$$

两边同除 $(\mathrm{d}r)^2$,得

$$\left(\frac{\mathrm{d}r'}{\mathrm{d}r}\right)^2 = 1 + 2e_{ji}\frac{\mathrm{d}x_j}{\mathrm{d}r}\frac{\mathrm{d}x_i}{\mathrm{d}r}$$

因为 $\mathrm{d}r$ 为 $\mathrm{d}x_j$、$\mathrm{d}x_i$ 的模值,所以有 $\dfrac{\mathrm{d}x_j}{\mathrm{d}r} = n_j$,$\dfrac{\mathrm{d}x_i}{\mathrm{d}r} = n_i$,代入得

$$\left(\frac{\mathrm{d}r'}{\mathrm{d}r}\right)^2 = 1 + 2e_{ji}n_jn_i \tag{3.16}$$

同前相仿，在等式右端再加一个二阶无穷小量 $e_{ji}^2 n_j^2 n_i^2$，则有

$$\left(\frac{\mathrm{d}r'}{\mathrm{d}r}\right)^2 = (1+e_{ji}n_jn_i)^2 \tag{3.17}$$

整理得

$$\frac{\mathrm{d}r'-\mathrm{d}r}{\mathrm{d}r} = e_{ji}n_jn_i \tag{3.18}$$

很明显，$(\mathrm{d}r'-\mathrm{d}r)/\mathrm{d}r$ 为 $\mathrm{d}r$ 的相对伸长量，即线应变. 可用 e_r 表示，则

$$e_r = e_{ji}n_jn_i \tag{3.19}$$

展开后得

$$e_r = e_{11}n_1^2 + e_{22}n_2^2 + e_{33}n_3^2 + 2e_{12}n_1n_2 + 2e_{23}n_2n_3 + 2e_{31}n_1n_3 \tag{3.20}$$

利用该式，很容易看出应变张量对角元素的物理意义. 当线元 $\mathrm{d}r$ 原来在 x_1 方向时，则 $n_1=1, n_2=n_3=0$，因此有

$$e_{r1} = e_{11} \tag{3.21}$$

同理，当线元 $\mathrm{d}r$ 原来在 x_2、x_3 方向上时，可得

$$\begin{aligned} e_{r2} &= e_{22} \\ e_{r3} &= e_{33} \end{aligned} \tag{3.22}$$

很明显，e_{r1}、e_{r2}、e_{r3} 是 x_1、x_2、x_3 方向上的线段沿各自方向的线应变或相对伸长量. 由此可见，应变张量的对角元素 e_{11}、e_{22}、e_{33} 分别表示与 x_1、x_2、x_3 平行的线段在各自方向上的相对伸长量.

2. 非对角元素的讨论

在 3.1 节的讨论中，$u_i(x_j+\mathrm{d}x_j)$ 为 B 点的位移，$u_i(x_j)$ 为 A 点的位移，根据泰勒展开有

$$u_i(x_j+\mathrm{d}\,x_j) = u_i(x_j) + \frac{\partial u_i}{\partial x_j}\mathrm{d}x_j \tag{3.23}$$

如果线元 AB 在变形前沿 x_1 方向，则 A 点的位置为 $(x_1,0,0)$，B 点的位置为 $(x_1+\mathrm{d}x_1,0,0)$. 此时式(3.23)成为

$$\begin{aligned} u_1(x_1+\mathrm{d}x_1)-u_1(x_1) &= \frac{\partial u_1}{\partial x_1}\mathrm{d}x_1 \\ u_2(x_1+\mathrm{d}x_1)-u_2(x_1) &= \frac{\partial u_2}{\partial x_1}\mathrm{d}x_1 \\ u_3(x_1+\mathrm{d}x_1)-u_3(x_1) &= \frac{\partial u_3}{\partial x_1}\mathrm{d}x_1 \end{aligned} \tag{3.24}$$

同样，如果线元 AB 变形前沿 x_2 方向，则有

$$u_1(x_2+\mathrm{d}x_2)-u_1(x_2) = \frac{\partial u_1}{\partial x_2}\mathrm{d}x_2$$

$$u_2(x_2+\mathrm{d}x_2)-u_2(x_2)=\frac{\partial u_2}{\partial x_2}\mathrm{d}x_2$$
$$u_3(x_2+\mathrm{d}x_2)-u_3(x_2)=\frac{\partial u_3}{\partial x_2}\mathrm{d}x_2 \tag{3.25}$$

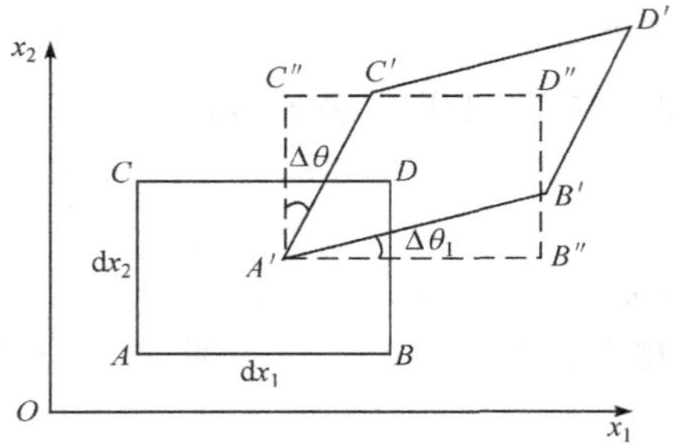

图 3－2

如图 3－2 所示，$\mathrm{d}x_1(AB)$ 即为变形前沿 x_1 方向的线元，$\mathrm{d}x_2(AC)$ 为变形前沿 x_2 方向的线元. 变形后 AB 成为 $A'B'$，AC 成为 $A'C'$，$\Delta\theta_1$ 表示线元 AB 变形后的角度改变量，$\Delta\theta$ 表示线元 AC 变形后的角度改变量. 由图 3－2 中三角形 $A'B''B'$ 可知

$$\tan\Delta\theta_1=\frac{B'B''}{A'B''} \tag{3.26}$$

对于小变形而言，$\Delta\theta_1$ 很小，故有

$$\Delta\theta_1=\frac{B'B''}{A'B''} \tag{3.27}$$

式中，

$$A'B''=\mathrm{d}x_1+e_{11}\mathrm{d}x_1=\left(1+\frac{\partial u_1}{\partial x_1}\right)\mathrm{d}x_1$$
$$B'B''=u_2(x_1+\mathrm{d}x_1)-u_2(x_1)=\left(\frac{\partial u_2}{\partial x_1}\right)\mathrm{d}x_1$$

于是

$$\Delta\theta_1=\frac{\dfrac{\partial u_2}{\partial x_1}}{\left(1+\dfrac{\partial u_1}{\partial x_1}\right)}$$

$\dfrac{\partial u_1}{\partial x_1}$表示 AB 在 x_1 方向上的相对伸长，它比 1 小得多，故可略去，于是上式成为

$$\Delta\theta_1=\frac{\partial u_2}{\partial x_1} \tag{3.28}$$

同样，可求得

$$\Delta\theta=\frac{\partial u_1}{\partial x_2} \tag{3.29}$$

从而有

$$e_{12}=\frac{1}{2}\left(\frac{\partial u_1}{\partial x_2}+\frac{\partial u_2}{\partial x_1}\right)=\frac{1}{2}(\Delta\theta+\Delta\theta_1) \tag{3.30}$$

根据第1章中所讲的剪应变定义可知，e_{12}（或 e_{21}）为 Ox_1x_2 平面内的剪应变. 同理，可证明 e_{23}（或 e_{32}）为 Ox_2x_3 平面内的剪应变，e_{31}（或 e_{13}）为 Ox_1x_3 平面内的剪应变.

由此可见，在应变张量的9个分量中，对角线元素分别表示物体沿各坐标轴方向上的线应变，而非对角线元素则分别表示与各坐标平面平行的面上的剪应变.

3.2.2 旋转张量

由 e_{12} 的讨论可知

$$\omega_{12} = \frac{1}{2}\left(\frac{\partial u_2}{\partial x_1} - \frac{\partial u_1}{\partial x_2}\right) = \frac{1}{2}(\Delta\theta_1 - \Delta\theta) \tag{3.31}$$

即 ω_{12} 是 Ox_1x_2 平面两条相互垂直的线段变形以后角度改变之差的1/2倍. 同理 ω_{23} 是 Ox_2x_3 平面两条相互垂直的线段变形后角度改变之差的1/2倍，ω_{31} 是 Ox_1x_3 平面两条相互垂直的线段变形后角度改变之差的1/2倍. ω_{12}、ω_{23}、ω_{31} 反映了物体变形过程中宏观旋转状态的情况.

因此，对于式(3.8)

$$u_i(x_j + \mathrm{d}x_j) = u_i(x_j) + e_{ji}\mathrm{d}x_j + \omega_{ji}\mathrm{d}x_j$$

且作如下解释：任一线段的位移可以表示为平动位移 $u_i(x_j)$、形变位移 $e_{ji}\mathrm{d}x_j$ 以及旋转位移 $\omega_{ji}\mathrm{d}x_j$ 的和.

3.3 一点的应变状态

利用式(3.4)

$$u_i(x_j + \mathrm{d}x_j) = u_i(x_j) + \frac{\partial u_i}{\partial x_j}\mathrm{d}x_j$$

当 i 取1时，$u_1(x_j)$ 表示 A 点的位移在 x_1 轴方向上的投影(图3-3)，$u_1(x_j+\mathrm{d}x_j)$ 表示 B 点的位移在 x_1 轴方向上的投影. 由图3-3可以看出，$u_1(x_j+\mathrm{d}x_j) - u_1(x_j)$ 是线段 $\mathrm{d}r$ 的改变量 $\mathrm{d}r' - \mathrm{d}r$ 在 x_1 轴上的投影. 它包含着线量伸长与角量改变的综合成分，若增量为 δu_1，则由式(3.4)可得

$$\delta u_1 = \frac{\partial u_1}{\partial x_1}\mathrm{d}x_1 + \frac{\partial u_1}{\partial x_2}\mathrm{d}x_2 + \frac{\partial u_1}{\partial x_3}\mathrm{d}x_3 \tag{3.32}$$

根据应变的定义，可知 $\frac{\delta u_1}{\mathrm{d}r}$ 的意义为线段 $\mathrm{d}r$ 由线量伸长(线应变)与角量改变(剪应变)而引起的"总"的形变在 x_1 轴方向上的投影，若以 e_{r1} 表示，则有

$$e_{r1} = \frac{\delta u_1}{\mathrm{d}r} = \frac{\partial u_1}{\partial x_1}\frac{\mathrm{d}x_1}{\mathrm{d}r} + \frac{\partial u_1}{\partial x_2}\frac{\mathrm{d}x_2}{\mathrm{d}r} + \frac{\partial u_1}{\partial x_3}\frac{\mathrm{d}x_3}{\mathrm{d}r}$$

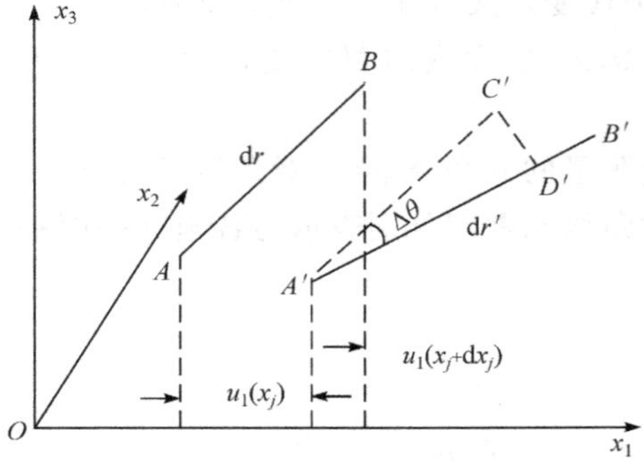

图 3-3

因为$\frac{\mathrm{d}x_1}{\mathrm{d}r}=n_1$，$\frac{\mathrm{d}x_2}{\mathrm{d}r}=n_2$，$\frac{\mathrm{d}x_3}{\mathrm{d}r}=n_3$，所以上式可变为

$$e_{r1}=\frac{\partial u_1}{\partial x_1}n_1+\frac{\partial u_1}{\partial x_2}n_2+\frac{\partial u_1}{\partial x_3}n_3 \tag{3.33}$$

同理，若以 e_{r2}、e_{r3} 表示"总"的形变在 x_2、x_3 轴方向上的投影，则可得式(3.34)中的后两式，即

$$\begin{aligned}
e_{r1}&=\frac{\partial u_1}{\partial x_1}n_1+\frac{\partial u_1}{\partial x_2}n_2+\frac{\partial u_1}{\partial x_3}n_3\\
e_{r2}&=\frac{\partial u_2}{\partial x_1}n_1+\frac{\partial u_2}{\partial x_2}n_2+\frac{\partial u_2}{\partial x_3}n_3\\
e_{r3}&=\frac{\partial u_3}{\partial x_1}n_1+\frac{\partial u_3}{\partial x_2}n_2+\frac{\partial u_3}{\partial x_3}n_3
\end{aligned} \tag{3.34}$$

式(3.34)就是"总"的形变在各坐标轴上分量的数学表示式.其哑指标形式为

$$e_{ri}=\frac{\partial u_i}{\partial x_j}n_j \tag{3.35}$$

其矩阵形式为

$$\begin{bmatrix} e_{r1}\\ e_{r2}\\ e_{r3}\end{bmatrix}=\begin{bmatrix}\frac{\partial u_1}{\partial x_1} & \frac{\partial u_1}{\partial x_2} & \frac{\partial u_1}{\partial x_3}\\ \frac{\partial u_2}{\partial x_1} & \frac{\partial u_2}{\partial x_2} & \frac{\partial u_2}{\partial x_3}\\ \frac{\partial u_3}{\partial x_1} & \frac{\partial u_3}{\partial x_2} & \frac{\partial u_3}{\partial x_3}\end{bmatrix}\begin{bmatrix} n_1\\ n_2\\ n_3\end{bmatrix} \tag{3.36}$$

式中，

$$\begin{bmatrix} \frac{\partial u_1}{\partial x_1} & \frac{\partial u_1}{\partial x_2} & \frac{\partial u_1}{\partial x_3} \\ \frac{\partial u_2}{\partial x_1} & \frac{\partial u_2}{\partial x_2} & \frac{\partial u_2}{\partial x_3} \\ \frac{\partial u_3}{\partial x_1} & \frac{\partial u_3}{\partial x_2} & \frac{\partial u_3}{\partial x_3} \end{bmatrix} \tag{3.37}$$

称为相对位移张量. 它可以分解为应变张量与旋转张量,即

$$\begin{bmatrix} \frac{\partial u_1}{\partial x_1} & \frac{\partial u_1}{\partial x_2} & \frac{\partial u_1}{\partial x_3} \\ \frac{\partial u_2}{\partial x_1} & \frac{\partial u_2}{\partial x_2} & \frac{\partial u_2}{\partial x_3} \\ \frac{\partial u_3}{\partial x_1} & \frac{\partial u_3}{\partial x_2} & \frac{\partial u_3}{\partial x_3} \end{bmatrix} = \begin{bmatrix} e_{11} & e_{21} & e_{31} \\ e_{12} & e_{22} & e_{32} \\ e_{13} & e_{23} & e_{33} \end{bmatrix} + \begin{bmatrix} 0 & -\omega_3 & \omega_2 \\ \omega_3 & 0 & -\omega_1 \\ -\omega_2 & \omega_1 & 0 \end{bmatrix} \tag{3.38}$$

由上面讨论可以看出:表现“总”的应变在各坐标轴上分量的式(3.36)与第 2 章中表现总应力在各坐标轴上分量的式(2.8)完全相似,不同的只是相对位移张量不是对称张量. 因为在一般情况下,$\frac{\partial u_1}{\partial x_2} \neq \frac{\partial u_2}{\partial x_1}$,$\frac{\partial u_2}{\partial x_3} \neq \frac{\partial u_3}{\partial x_2}$,$\frac{\partial u_3}{\partial x_1} \neq \frac{\partial u_1}{\partial x_3}$,而应力张量是对称张量.

与讨论应力问题一样,下面我们讨论图 3－3 中线段 AB($\mathrm{d}r$)的正应变与剪应变.

由于 AB 线段“总”的应变在各坐标轴上的投影为 e_{r1}、e_{r2}、e_{r3},而 AB 的正应变应该是 AB 原方向上的线应变. 将 e_{r1}、e_{r2}、e_{r3} 投影在 AB 的原方向上,即得 AB 线段的正应变,若以 e_r 表示,则应有

$$e_r = e_{r1} n_1 + e_{r2} n_2 + e_{r3} n_3 \tag{3.39}$$

将 e_{ri} 代入得

$$\begin{aligned} e_r = & \frac{\partial u_1}{\partial x_1} n_1^2 + \frac{\partial u_1}{\partial x_2} n_1 n_2 + \frac{\partial u_1}{\partial x_3} n_1 n_3 + \frac{\partial u_2}{\partial x_1} n_1 n_2 + \frac{\partial u_2}{\partial x_2} n_2^2 \\ & + \frac{\partial u_2}{\partial x_3} n_2 n_3 + \frac{\partial u_3}{\partial x_1} n_1 n_3 + \frac{\partial u_3}{\partial x_2} n_2 n_3 + \frac{\partial u_3}{\partial x_3} n_3^2 \end{aligned}$$

考虑到式(3.9),则有

$$e_r = e_{11} n_1^2 + e_{22} n_2^2 + e_{33} n_3^2 + 2e_{12} n_1 n_2 + 2e_{23} n_2 n_3 + 2e_{31} n_1 n_3 \tag{3.40}$$

很明显,式(3.40)与式(3.20)完全相同,而式(3.20)的意义是线段变形前后的相对伸长量(线应变),它并没有涉及线段是否旋转的问题. 对应图 3－3 来说,相当于 $D'B'/A'D'$,在小变形的情况下,也就是当 $\Delta\theta$ 很小时,线段沿 $A'B'$ 方向上的线应变与线段 AB 方向上的线应变值近似相等,故在忽略二阶无穷小量情况下进行推

导，便得到两个完全相同的等式.

对于 AB 线段的剪应变（指某一线段的剪应变，不是通常定义的剪应变）来说，可由"总"的应变、正应变以及剪应变（$\Delta\theta$）各自产生的绝对位移 $B'C'$、$D'B'$、$C'D'$ 之间的关系求得. 从上面的讨论可以看出，对于小变形而言，可认为图 3－3 中的 $D'C' \perp D'B'$，且

$$D'C' = \Delta\theta \mathrm{d}r$$
$$D'B' = e_r \mathrm{d}r$$
$$B'C' = [(e_{r1}\mathrm{d}r)^2 + (e_{r2}\mathrm{d}r)^2 + (e_{r3}\mathrm{d}r)^2]^{1/2}$$

于是有

$$(\Delta\theta \mathrm{d}r)^2 + (e_r \mathrm{d}r)^2 = (e_{r1}\mathrm{d}r)^2 + (e_{r2}\mathrm{d}r)^2 + (e_{r3}\mathrm{d}r)^2$$

整理后得

$$\Delta\theta = \sqrt{e_{r1}^2 + e_{r2}^2 + e_{r3}^2 - e_r^2} \tag{3.41}$$

式(3.41)即为求解任一线段剪应变的具体表示式. 读者可用此式验证例 1－4 的结果.

由以上讨论可以看出，如果物体内某点的应变张量为已知，那么该点的应变状态即被确定.

例 3－1　为测量平面应变分量 e_{11}、e_{22}、e_{12}，将 3 个电阻片贴在 x_1 方向、与 x_1 成 60°和 120°方向上[图 3－4(a)]. 测得该 3 个方向上的应变值为 e_0、e_{60}、e_{120}. 试以 e_0、e_{60}、e_{120} 表示 e_{11}、e_{22}、e_{12}.

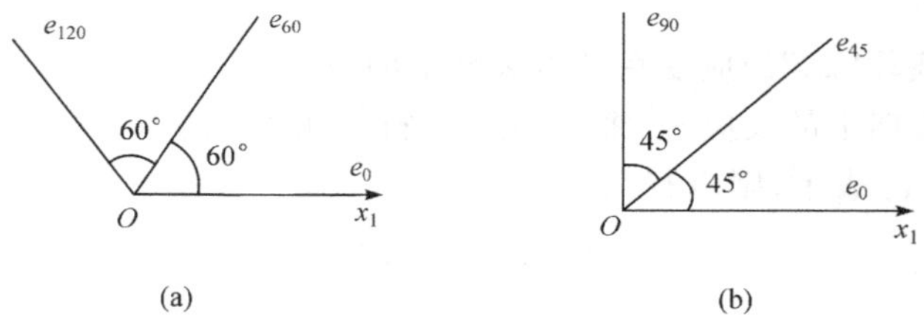

图 3－4

解　题中所给测量应变值 e_0、e_{60}、e_{120} 的装置叫做应变花，它由 3 个互成 60°角的电阻（或其他感应器件）应变计构成. 在地应力的测量中，通常采用这类装置测量与地面平行的 3 个方向上的线应变（或正应变），并由此 3 个方向上的线应变求解该点的应变分量，最后利用应力与应变的关系（将在第 4 章讨论）求解该点的应力分量.

常用的应变花有两种，一种是本题所给的应变计成等角分布的等角应变花，另一种是应变计成 45°角分布的直角应变花［图 3－4(b)］.

下面，我们根据本题的要求，求解平面应变分量 e_{11}、e_{22}、e_{12}. 由于 e_0、e_{60}、e_{120} 分别是 x_1 方向、与 x_1 成 60°角和 120°角方向上的正应变，且在 x_1 方向上 $n_1 = 1$，$n_2 =$

$n_3=0$；在与 x_1 成 60°角的方向上 $n_1=1/2$，$n_2=\sqrt{3}/2$，$n_3=0$；在与 x_1 成 120°角的方向上 $n_1=-1/2$，$n_2=\sqrt{3}/2$，$n_3=0$. 根据正应变的表示式(3.40)得

$$e_0=e_{11}$$

$$e_{60}=e_{11}\left(\frac{1}{2}\right)^2+e_{22}\left(\frac{\sqrt{3}}{2}\right)^2+2e_{12}\left(\frac{1}{2}\right)\left(\frac{\sqrt{3}}{2}\right)$$

$$e_{120}=e_{11}\left(-\frac{1}{2}\right)^2+e_{22}\left(\frac{\sqrt{3}}{2}\right)^2+2e_{12}\left(-\frac{1}{2}\right)\left(\frac{\sqrt{3}}{2}\right)$$

解此方程，得

$$e_{11}=e_0$$

$$e_{12}=\frac{(e_{60}-e_{120})}{\sqrt{3}}$$

$$e_{22}=\frac{[2(e_{60}+e_{120})-e_0]}{3}$$

上组式就是所求的以 e_0、e_{60}、e_{120} 表示的平面应变分量.

3.4 应变张量的坐标变换公式

如果正交坐标系 x_i 中的 6 个应变分量为已知，则可求出对应于新正交坐标系 x'_i 中的 6 个应变分量. 为简单起见，我们使 x_i 与 x'_i 坐标的原点重合. 如此，x'_i 便可看成是 x_i 旋转而成. 它们之间的方向余弦如表 3 - 1 所示.

表 3 - 1

变量	x_1	x_2	x_3
x'_1	α_{11}	α_{12}	α_{13}
x'_2	α_{21}	α_{22}	α_{23}
x'_3	α_{31}	α_{32}	α_{33}

新坐标系与原坐标系的变换关系为

$$\begin{aligned} x'_1&=\alpha_{11}x_1+\alpha_{12}x_2+\alpha_{13}x_3\\ x'_2&=\alpha_{21}x_1+\alpha_{22}x_2+\alpha_{23}x_3\\ x'_3&=\alpha_{31}x_1+\alpha_{32}x_2+\alpha_{33}x_3\end{aligned}\tag{3.42}$$

新坐标系与原坐标系中位移的变换关系为

$$\begin{aligned} u'_1&=\alpha_{11}u_1+\alpha_{12}u_2+\alpha_{13}u_3\\ u'_2&=\alpha_{21}u_1+\alpha_{22}u_2+\alpha_{23}u_3\\ u'_3&=\alpha_{31}u_1+\alpha_{32}u_2+\alpha_{33}u_3\end{aligned}\tag{3.43}$$

这样一来,新坐标系中的应变张量可表示为

$$\begin{aligned} e'_{11}&=\frac{\partial u'_1}{\partial x'_1},\quad e'_{12}=e'_{21}=\frac{1}{2}\left(\frac{\partial u'_2}{\partial x'_1}+\frac{\partial u'_1}{\partial x'_2}\right)\\ e'_{22}&=\frac{\partial u'_2}{\partial x'_2},\quad e'_{23}=e'_{32}=\frac{1}{2}\left(\frac{\partial u'_3}{\partial x'_2}+\frac{\partial u'_2}{\partial x'_3}\right)\\ e'_{33}&=\frac{\partial u'_3}{\partial x'_3},\quad e'_{31}=e'_{13}=\frac{1}{2}\left(\frac{\partial u'_1}{\partial x'_3}+\frac{\partial u'_3}{\partial x'_1}\right)\end{aligned}\tag{3.44}$$

因为 x'_1 可以看成是原坐标系中过原点 O 的某一方向上的矢径,因此,应变分量中 $e'_{11}=\dfrac{\partial u'_1}{\partial x'_1}$ 的意义为函数 u'_1 沿 x'_1 方向上的偏导数. 利用方向导数公式

$$\frac{\partial f}{\partial l}=\cos(l,x_1)\frac{\partial f}{\partial x_1}+\cos(l,x_2)\frac{\partial f}{\partial x_2}+\cos(l,x_3)\frac{\partial f}{\partial x_3}$$

得

$$\begin{aligned} e'_{11}&=\frac{\partial u'_1}{\partial x'_1}=\alpha_{11}\frac{\partial}{\partial x_1}(\alpha_{11}u_1+\alpha_{12}u_2+\alpha_{13}u_3)+\alpha_{12}\frac{\partial}{\partial x_2}(\alpha_{11}u_1+\alpha_{12}u_2+\alpha_{13}u_3)\\ &\quad+\alpha_{13}\frac{\partial}{\partial x_3}(\alpha_{11}u_1+\alpha_{12}u_2+\alpha_{13}u_3)\\ &=\alpha_{11}^2\frac{\partial u_1}{\partial x_1}+\alpha_{12}^2\frac{\partial u_2}{\partial x_2}+\alpha_{13}^2\frac{\partial u_3}{\partial x_3}+\alpha_{11}\alpha_{12}\left(\frac{\partial u_2}{\partial x_1}+\frac{\partial u_1}{\partial x_2}\right)+\alpha_{11}\alpha_{13}\\ &\quad\times\left(\frac{\partial u_3}{\partial x_1}+\frac{\partial u_1}{\partial x_3}\right)+\alpha_{12}\alpha_{13}\left(\frac{\partial u_3}{\partial x_2}+\frac{\partial u_2}{\partial x_3}\right)\\ &=\alpha_{11}^2e_{11}+\alpha_{12}^2e_{22}+\alpha_{13}^2e_{33}+2\alpha_{11}\alpha_{12}e_{12}+2\alpha_{11}\alpha_{13}e_{13}+2\alpha_{12}\alpha_{13}e_{23}\end{aligned}\tag{3.45a}$$

同理得

$$\begin{aligned} e'_{22}&=\alpha_{21}^2e_{11}+\alpha_{22}^2e_{22}+\alpha_{23}^2e_{33}+2\alpha_{21}\alpha_{22}e_{12}+2\alpha_{22}\alpha_{23}e_{23}+2\alpha_{21}\alpha_{23}e_{13}\\ e'_{33}&=\alpha_{31}^2e_{11}+\alpha_{32}^2e_{22}+\alpha_{33}^2e_{33}+2\alpha_{31}\alpha_{32}e_{12}+2\alpha_{32}\alpha_{33}e_{23}+2\alpha_{33}\alpha_{31}e_{31}\end{aligned}\tag{3.45b}$$

利用坐标变换与方向导数公式,还可以求出 e'_{12}、e'_{23}、e'_{31},如

$$\begin{aligned} e'_{12}&=\frac{1}{2}\left(\frac{\partial u'_2}{\partial x_1}+\frac{\partial u'_1}{\partial x_2}\right)=\frac{1}{2}\left[\left(\alpha_{11}\frac{\partial}{\partial x_1}+\alpha_{12}\frac{\partial}{\partial x_2}+\alpha_{13}\frac{\partial}{\partial x_3}\right)(\alpha_{21}u_1+\alpha_{22}u_2+\alpha_{23}u_3)\right.\\ &\quad\left.+\left(\alpha_{21}\frac{\partial}{\partial x_1}+\alpha_{22}\frac{\partial}{\partial x_2}+\alpha_{23}\frac{\partial}{\partial x_3}\right)(\alpha_{11}u_1+\alpha_{12}u_2+\alpha_{13}u_3)\right]\\ &=\alpha_{11}\alpha_{21}e_{11}+\alpha_{12}\alpha_{22}e_{22}+\alpha_{13}\alpha_{23}e_{33}+(\alpha_{12}\alpha_{21}+\alpha_{11}\alpha_{22})e_{12}\\ &\quad+(\alpha_{13}\alpha_{21}+\alpha_{11}\alpha_{23})e_{13}+(\alpha_{12}\alpha_{23}+\alpha_{13}\alpha_{22})e_{23}\end{aligned}\tag{3.46a}$$

同理得

$$\begin{aligned} e'_{23}&=\alpha_{21}\alpha_{31}e_{11}+\alpha_{22}\alpha_{32}e_{22}+\alpha_{23}\alpha_{33}e_{33}+(\alpha_{21}\alpha_{32}+\alpha_{22}\alpha_{31})e_{12}\\ &\quad+(\alpha_{22}\alpha_{33}+\alpha_{23}\alpha_{32})e_{23}+(\alpha_{23}\alpha_{31}+\alpha_{21}\alpha_{33})e_{31}\end{aligned}$$

$$e'_{31}=\alpha_{11}\alpha_{31}e_{11}+\alpha_{12}\alpha_{32}e_{22}+\alpha_{13}\alpha_{33}e_{33}+(\alpha_{11}\alpha_{32}-\alpha_{12}\alpha_{31})e_{12}$$
$$+(\alpha_{12}\alpha_{33}+\alpha_{13}\alpha_{32})e_{23}+(\alpha_{13}\alpha_{31}+\alpha_{11}\alpha_{33})e_{31} \tag{3.46b}$$

式(3.45)、式(3.46)中的 6 个分量就是坐标变换后的应变分量，它可以写成如下的矩阵形式：

$$\begin{bmatrix} e'_{11} & e'_{21} & e'_{31} \\ e'_{12} & e'_{22} & e'_{32} \\ e'_{13} & e'_{23} & e'_{33} \end{bmatrix}=\begin{bmatrix} \alpha_{11} & \alpha_{12} & \alpha_{13} \\ \alpha_{21} & \alpha_{22} & \alpha_{23} \\ \alpha_{31} & \alpha_{32} & \alpha_{33} \end{bmatrix}\begin{bmatrix} e_{11} & e_{21} & e_{31} \\ e_{12} & e_{22} & e_{32} \\ e_{13} & e_{23} & e_{33} \end{bmatrix}\begin{bmatrix} \alpha_{11} & \alpha_{21} & \alpha_{31} \\ \alpha_{12} & \alpha_{22} & \alpha_{32} \\ \alpha_{13} & \alpha_{23} & \alpha_{33} \end{bmatrix} \tag{3.47}$$

也可写成哑指标形式

$$e'_{kl}=\alpha_{kj}\alpha_{ii}e_{ji} \tag{3.48}$$

式(3.47)、式(3.48)称为应变张量的坐标变换公式.

3.5 主 应 变

如果某一方向上的线元变形以后只有相对伸长或相对缩短，则该方向称为主方向. 其应变称为主应变，以 e 表示.

由应变的讨论可知，总的应变(主方向上的)与主应变在各坐标轴上的分量应该相等，即

$$e_{ri}-en_i=0 \tag{3.49}$$

由于

$$e_{ri}=e_{ji}n_j+\omega_{ji}n_j$$

且主方向上无旋转，即旋转张量为零. 所以有

$$e_{ji}n_j-en_i=0 \tag{3.50}$$

展开有

$$\begin{aligned} &(e_{11}-e)n_1+e_{21}n_2+e_{31}n_3=0 \\ &e_{12}n_1+(e_{22}-e)n_2+e_{32}n_3=0 \\ &e_{13}n_1-e_{23}n_2+(e_{33}-e)n_3=0 \end{aligned} \tag{3.51}$$

式中，

$$n_1^2+n_2^2+n_3^2=1$$

欲使上述方程有 n_1、n_2、n_3 不同时为零的解答，必有

$$\begin{vmatrix} (e_{11}-e) & e_{21} & e_{31} \\ e_{12} & (e_{22}-e) & e_{32} \\ e_{13} & e_{23} & (e_{33}-e) \end{vmatrix}=0$$

展开并整理得

$$e^3-\theta_1e^2+\theta_2e-\theta_3=0 \tag{3.52}$$

式中，

$$\theta_1=e_{11}+e_{22}+e_{33}$$
$$\theta_2=\begin{vmatrix} e_{11} & e_{12} \\ e_{21} & e_{22} \end{vmatrix}+\begin{vmatrix} e_{22} & e_{23} \\ e_{32} & e_{33} \end{vmatrix}+\begin{vmatrix} e_{33} & e_{31} \\ e_{13} & e_{11} \end{vmatrix} \tag{3.53}$$
$$\theta_3=\begin{vmatrix} e_{11} & e_{21} & e_{31} \\ e_{12} & e_{22} & e_{32} \\ e_{13} & e_{23} & e_{33} \end{vmatrix}$$

式(3.52)称为求解主应变的特征方程式，式(3.53)中的 θ_1、θ_2、θ_3 分别称为应变张量的第一、第二、第三不变量. 与主应力问题的讨论相同，式(3.52)有 3 个实根，通常以 e_1、e_2、e_3 表示，这就是所要求解的主应变.

若将所求得的主应变值 e_1、e_2、e_3 代入式(3.51)，并考虑到 $n_1^2+n_2^2+n_3^2=1$，便可求出对应 e_1、e_2、e_3 的主方向 (n_1,n_2,n_3)、(n'_1,n'_2,n'_3)、(n''_1,n''_2,n''_3). 与主应力的讨论过程完全相同，当 $e_1\neq e_2\neq e_3$ 时，有 $n_i\perp n'_i\perp n''_i$.

如果选用应变主轴为正交坐标系的 3 个坐标轴，由于此时应变张量的非对角线元素都为零. 且 $e_{11}=e_1$，$e_{22}=e_2$，$e_{33}=e_3$，所以应变张量的不变量式(3.53)变为

$$\theta_1=e_1+e_2+e_3$$
$$\theta_2=e_1e_2+e_2e_3+e_3e_1 \tag{3.54}$$
$$\theta_3=e_1e_2e_3$$

例 3-2　设物体内某点的位移分量为

$u_1=10\times10^{-3}+0.1\times10^{-3}x_1x_2+0.05\times10^{-3}x_3$，$u_2=5\times10^{-3}-0.05\times10^{-3}x_1+0.1\times10^{-3}x_2x_3$，$u_3=1.0\times10^{-3}-0.1\times10^{-3}x_1x_2x_3$. 试求解点 $A(1,1,1)$的主应变.

解　首先由位移分量求解应变分量. 利用 $e_{ji}=\dfrac{1}{2}\left(\dfrac{\partial u_i}{\partial x_j}+\dfrac{\partial u_j}{\partial x_i}\right)$，得

$$e_{11}=\frac{\partial u_1}{\partial x_1}=0.1\times10^{-3}x_2=0.1\times10^{-3}$$
$$e_{22}=\frac{\partial u_2}{\partial x_2}=0.1\times10^{-3}x_3=0.1\times10^{-3}$$
$$e_{33}=\frac{\partial u_3}{\partial x_3}=-0.1\times10^{-3}x_1x_2=-0.1\times10^{-3}$$
$$e_{12}=\frac{\partial u_2/\partial x_1+\partial u_1/\partial x_2}{2}=0.025\times10^{-3}$$
$$e_{23}=\frac{\partial u_3/\partial x_2+\partial u_2/\partial x_3}{2}=0$$
$$e_{31}=\frac{\partial u_1/\partial x_3+\partial u_3/\partial x_1}{2}=-0.025\times10^{-3}$$

再利用应变分量求解应变张量的不变量,即

$$\theta_1 = e_{11} + e_{22} + e_{33} = 0.1 \times 10^{-3}$$

$$\theta_2 = \begin{vmatrix} e_{11} & e_{12} \\ e_{21} & e_{22} \end{vmatrix} + \begin{vmatrix} e_{22} & e_{23} \\ e_{32} & e_{33} \end{vmatrix} + \begin{vmatrix} e_{33} & e_{31} \\ e_{13} & e_{11} \end{vmatrix} = -0.01125 \times 10^{-6}$$

$$\theta_3 = \begin{vmatrix} e_{11} & e_{21} & e_{31} \\ e_{12} & e_{22} & e_{32} \\ e_{13} & e_{23} & e_{33} \end{vmatrix} = -0.001 \times 10^{-9}$$

将其代入特征方程式(3.52)得

$$e^3 - 0.1 \times 10^{-3} e^2 - 0.01125 \times 10^{-6} e + 0.001 \times 10^{-9} = 0$$

为方便计算,令 $10^4 e = x$,代入上式得

$$x^3 - x^2 - 1.125x + 1 = 0$$

以 $x = y + 1/3$ 消去二次项得

$$y^3 - 1.46y + 0.552 = 0$$

此方程的根为

$$y_1 = 0.931$$

$$y_2 = 0.434$$

$$y_3 = -1.364$$

还原后得

$$e_1 = 0.1264 \times 10^{-3}$$

$$e_2 = 0.0767 \times 10^{-3}$$

$$e_3 = -0.1031 \times 10^{-3}$$

此便是所求解的主应变值.如果将其分别代入式(3.51)并考虑到 $n_1^2 + n_2^2 + n_3^2 = 1$,即可求得对应 e_1、e_2、e_3 的主方向如下:

$$(-0.724, -0.685, 0.080)$$

$$(0.679, -0.730, -0.094)$$

$$(-0.124, 0.015, -0.990)$$

由此可见,主应变的求解与主应力的求解完全对应.

3.6 体积应变

设物体变形前体积为 V,变形后为 V',则体积应变定义为

$$\theta = \frac{V' - V}{V} \tag{3.55}$$

即体积应变为体积的相对改变量.

由于弹性力学所研究的物体均限于小变形物体，因此 e_{ji} 应该是很小的量. 可以想象，在这些小量当中，非对角线元素（角应变分量）引起物体体积变形的量较之对角线元素（线应变分量）引起物体体积变形的量要小得多，故在研究物体的体积应变时，通常忽略由非对角线元素所引起的体积应变.

这样，可以将坐标轴的取向平行于对角元素来进行体积应变的讨论. 设有一正平行六面微分体，其边长分别为 dx_1、dx_2、dx_3，如图 3－5(a)所示，在变形前，它的体积是 $dx_1dx_2dx_3$，在变形后[图 3－5(b)]，它的体积成为 $(1+e_{11})dx_1(1+e_{22})dx_2(1+e_{33})dx_3$. 因此，体积应变为

$$\theta=\frac{(1+e_{11})dx_1(1+e_{22})dx_2(1+e_{33})dx_3-dx_1dx_2dx_3}{dx_1dx_2dx_3}$$

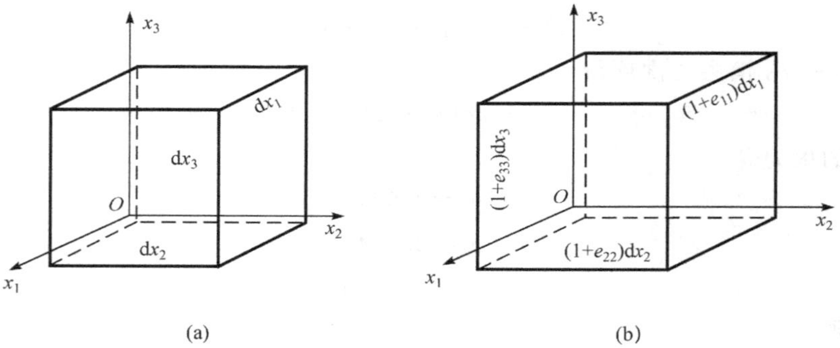

图 3－5

略去二阶小量并整理得

$$\theta=e_{11}+e_{22}+e_{33} \tag{3.56}$$

这就是体积应变的数学表达式，若将 $e_{11}=\frac{\partial u_1}{\partial x_1}$，$e_{22}=\frac{\partial u_2}{\partial x_2}$，$e_{33}=\frac{\partial u_3}{\partial x_3}$ 代入，得

$$\theta=\frac{\partial u_1}{\partial x_1}+\frac{\partial u_2}{\partial x_2}+\frac{\partial u_3}{\partial x_3}=\frac{\partial u_i}{\partial x_i} \tag{3.57}$$

它给出了体积应变与位移之间的关系.

讨　论

三维地应变的测量

如前所述，利用平面内三个方向上的正应变（或线应变），即可求出平面应变分量（如例 3－1）. 在实际问题中，常常需要进行三维地应变的测量，从而计算三维地应力. 目前，所有测量地应力的方法中，除水压致裂法直接进行的三维测量和超声

波法进行的间接测量是利用地质体的强度、密度、波速改变等物理量进行测定外，其余方法基本都与地应变的测量相关.因此，地应变测量是非常重要的.

在三维地应变测量中，由于应变张量中有 6 个独立的分量，所以需要有 6 个方程进行求解.其原理与平面地应变测量相同，具体方法是利用能够进行三维测量的应变计(或其他方法)测定空间确定的 6 个方向上的正应变(或线应变)，然后利用正应变的表达式列方程组求解.若设所测 6 个方向上的正应变分别为 e_{1r}、e_{2r}、e_{3r}、e_{4r}、e_{5r}、e_{6r}，所对应的方向余弦为 n_{1i}、n_{2i}、n_{3i}、n_{4i}、n_{5i}、n_{6i}.则由式(3.40)得

$$
\begin{aligned}
e_{1r} &= e_{11}n_{11}^2 + e_{22}n_{12}^2 + e_{33}n_{13}^2 + 2e_{12}n_{11}n_{12} + 2e_{23}n_{12}n_{13} + 2e_{31}n_{13}n_{11} \\
e_{2r} &= e_{11}n_{21}^2 + e_{22}n_{22}^2 + e_{33}n_{23}^2 + 2e_{12}n_{21}n_{22} + 2e_{23}n_{22}n_{23} + 2e_{31}n_{23}n_{21} \\
e_{3r} &= e_{11}n_{31}^2 + e_{22}n_{32}^2 + e_{33}n_{33}^2 + 2e_{12}n_{31}n_{32} + 2e_{23}n_{32}n_{33} + 2e_{31}n_{33}n_{31} \\
e_{4r} &= e_{11}n_{41}^2 + e_{22}n_{42}^2 + e_{33}n_{43}^2 + 2e_{12}n_{41}n_{42} + 2e_{23}n_{42}n_{43} + 2e_{31}n_{43}n_{41} \\
e_{5r} &= e_{11}n_{51}^2 + e_{22}n_{52}^2 + e_{33}n_{53}^2 + 2e_{12}n_{51}n_{52} + 2e_{23}n_{52}n_{53} + 2e_{31}n_{53}n_{51} \\
e_{6r} &= e_{11}n_{61}^2 + e_{22}n_{62}^2 + e_{33}n_{63}^2 + 2e_{12}n_{61}n_{62} + 2e_{23}n_{62}n_{63} + 2e_{31}n_{63}n_{61}
\end{aligned}
$$

式中，e_{1r}、e_{2r}、e_{3r}、e_{4r}、e_{5r}、e_{6r} 为可测量，n_{1i}、n_{2i}、n_{3i}、n_{4i}、n_{5i}、n_{6i} 为由测量过程中几何关系确定的量，均可作为已知量.于是解方程可得到应变分量 e_{11}、e_{22}、e_{33}、e_{12}、e_{23}、e_{31}.这就是所求的地应变张量.它是进一步求解地应力的关键.

以上地应变的求解方法也可以推广至地应力的直接测量中去，即利用 6 个方向上的正应力求解该点的应力张量的问题.

当然，在实测问题中，还会遇到这样或那样的问题.应根据实际情况进行各种校正，使其达到应有的精度.

习题与参考答案

1. 简述应变张量、旋转张量中各分量的物理意义.

2. 已知位移分量为 $u_1 = k(x_2 - x_{20})$，$u_2 = -k(x_1 - x_{10})$，其中 k、x_{10}、x_{20} 为已知常数.试求应变分量及旋转分量，并阐明此结果对应什么物理现象.

3. 设弹性物体中任意点的位移分量为 $u_1 = c_1x_1x_2 + c_2x_3$，$u_2 = c_3x_1 + c_4x_2x_3$，$u_3 = c_5x_1x_2x_3$.试求应变张量与旋转张量.

答案：其矩阵表示为

$$
[e_{ji}] = \begin{bmatrix}
c_1x_2 & \frac{1}{2}(c_1x_1 + c_3) & \frac{1}{2}(c_5x_2x_3 + c_2) \\
\frac{1}{2}(c_1x_1 + c_3) & c_4x_3 & \frac{1}{2}(c_4x_2 + c_5x_1x_3) \\
\frac{1}{2}(c_5x_2x_3 + c_2) & \frac{1}{2}(c_4x_2 + c_5x_1x_3) & c_5x_1x_2
\end{bmatrix}
$$

$$[\omega_{ji}]=\begin{bmatrix} 0 & \frac{1}{2}(c_1x_1-c_3) & \frac{1}{2}(c_2-c_5x_2x_3) \\ \frac{1}{2}(c_3-c_1x_1) & 0 & \frac{1}{2}(c_4x_2-c_5x_1x_3) \\ \frac{1}{2}(c_5x_2x_3-c_2) & \frac{1}{2}(c_5x_1x_3-c_4x_2) & 0 \end{bmatrix}$$

4. 已知位移分量为 $u_1=Ax_1^2+B, u_2=Bx_2+Cx_3^2, u_3=Ax_1+Bx_2+Cx_3^2$，其中 A、B、C 是常数. 试写出点 $P(1,1,1)$ 的应变张量、旋转张量、相对位移张量的矩阵表示式，并验证式(3.38).

5. 如果位移分量可由一函数 $\varphi(x_1,x_2,x_3)$ 导出，即 $u_1=\dfrac{\partial\varphi}{\partial x_1}, u_2=\dfrac{\partial\varphi}{\partial x_2}, u_3=\dfrac{\partial\varphi}{\partial x_3}$. 试证其旋转分量为零(这种变形称为纯变形).

6. 已知由直角应变花测得的 3 个应变值为 e_0、e_{45}、e_{90}. 试求该处与此应变花平行的平面上应变分量的数值.

答案：$e_{11}=e_0, e_{22}=e_{90}, e_{12}=e_{45}-\dfrac{(e_0+e_{90})}{2}$.

7. 已知物体内各点的位移分量为 $u_1=\alpha_1x_1+\alpha_2x_2+\alpha_3x_3, u_2=\beta_1x_1+\beta_2x_2+\beta_3x_3, u_3=\gamma_1x_1+\gamma_2x_2+\gamma_3x_3$，式中 α_i、β_i、$\gamma_i(i=1,2,3)$ 均为常数. 试求任一与正交坐标轴成等角方向的线段的正应变.

答案：$e_r=\dfrac{1}{3}(\alpha_1+\alpha_2+\alpha_3+\beta_1+\beta_2+\beta_3+\gamma_1+\gamma_2+\gamma_3)$.

8. 设物体内任意一点的位移分量为 $u_1=5\times10^{-4}+0.1\times10^{-4}x_1x_2+0.05\times10^{-4}x_3, u_2=3\times10^{-4}-0.05\times10^{-4}x_1+0.1\times10^{-4}x_2x_3, u_3=2\times10^{-4}-0.1\times10^{-4}x_1x_2x_3$，试求解点 $A(0.5,-1,0)$ 的主应变及主方向.

答案：主应变为 $e_1=0.0823\times10^{-4}, e_2=0.0287\times10^{-4}, e_3=-0.1045\times10^{-4}$；主方向为(−0.116,0.512,−0.852)；(0.173,0.854,0.491)；(−0.980,−0.083,−0.185).

9. 物体内一点的应变分量为 $e_{11}=0.15\times10^{-3}, e_{22}=-0.04\times10^{-3}, e_{33}=0, e_{12}=0, e_{23}=0.06\times10^{-3}, e_{31}=0$. 试计算主应变及主方向.

答案：$e_1=0.15\times10^{-3}, e_2=0.043\times10^{-3}, e_3=-0.083\times10^{-3}$；(1,0,0)；(0,0.585,0.811)；(0,−0.811,0.585).

10. 试写出在平面应变($e_{33}=e_{23}=e_{31}=0$)情况下应变张量的不变量及主应变的表示式.

答案：$\theta_1=e_{11}+e_{22}$， $\theta_2=e_{11}e_{22}-e_{12}^2$， $\theta_3=0$；

$$e_1, e_2 = \frac{1}{2}\left[(e_{11}+e_{22}) \pm \sqrt{(e_{11}-e_{22})^2+4e_{12}^2}\right].$$

11. 已知物体内某点的应变分量在原坐标系中的表示为 $e_{11}=0.1\times10^{-3}$，$e_{22}=0.1\times10^{-3}$，$e_{33}=-0.1\times10^{-3}$，$e_{12}=0.025\times10^{-3}$，$e_{23}=0$，$e_{31}=-0.025\times10^{-3}$. 试求当坐标轴绕 x_2 轴右旋 60°时，以新坐标系 x_i' 表示时的应变张量.

答案：其矩阵形式为

$$\begin{bmatrix} e_{11}' & e_{21}' & e_{31}' \\ e_{12}' & e_{22}' & e_{32}' \\ e_{13}' & e_{23}' & e_{33}' \end{bmatrix} = \begin{bmatrix} \frac{1}{2} & 0 & \frac{-\sqrt{3}}{2} \\ 0 & 1 & 0 \\ \frac{\sqrt{3}}{2} & 0 & \frac{1}{2} \end{bmatrix} \begin{bmatrix} 0.1\times10^{-3} & 0.025\times10^{-3} & -0.025\times10^{-3} \\ 0.025\times10^{-3} & 0.1\times10^{-3} & 0 \\ -0.025\times10^{-3} & 0 & -0.1\times10^{-3} \end{bmatrix} \begin{bmatrix} \frac{1}{2} & 0 & \frac{\sqrt{3}}{2} \\ 0 & 1 & 0 \\ \frac{-\sqrt{3}}{2} & 0 & \frac{1}{2} \end{bmatrix}$$

12. 已知物体内某点的应变状态以直角坐标系表示时的应变分量为 e_{11}、e_{22}、e_{33}、e_{12}、e_{23}、e_{31}，试求以柱坐标系表示时的应变分量.

答案：$e_r = e_{11}\cos^2\theta + e_{22}\sin^2\theta + 2e_{12}\sin\theta\cos\theta$，

$e_\theta = e_{11}\sin^2\theta + e_{22}\cos^2\theta - 2e_{12}\sin\theta\cos\theta$，$e_z = e_{33}$，

$e_{r\theta} = (e_{22}-e_{11})\sin\theta\cos\theta + e_{12}(\cos^2\theta - \sin^2\theta)$，　$e_{\theta z} = e_{23}\cos\theta - e_{31}\sin\theta$，

$e_{zr} = e_{23}\sin\theta + e_{31}\cos\theta$.

13. 设弹性体中任意点的位移分量为 $u_1 = Ax_1 + Bx_2^2 - Cx_2x_3$，$u_2 = Ax_1 + Bx_2 + Cx_1x_3$，$u_3 = Ax_1 + Bx_1x_2 + Cx_3$. 试求此弹性体内的体积应变.

答案：$\theta = A+B+C$.

14. 试确定下列各应变状态是否存在：

(1) $e_{11}=k(x_1^2+x_2^2)$，$e_{22}=kx_2^2x_3$，$e_{33}=0$，$e_{12}=kx_1x_2x_3$，$e_{23}=0$，$e_{31}=0$；

(2) $e_{11}=k(x_1^2+x_2^2)$，$e_{22}=kx_2^2$，$e_{33}=0$，$e_{12}=kx_1x_2$，$e_{23}=0$，$e_{31}=0$；

(3) $e_{11}=\alpha x_1x_2^2$，$e_{22}=\alpha x_1^2x_2$，$e_{33}=ax_1x_2$，$e_{12}=0$，$e_{23}=ax_1^2+bx_2$，$e_{31}=ax_1^2+bx_2^4$. 式中，k、a、b 均为常数.

答案：(1)不存在；(2)存在；(3)不存在.

15. 已知应变分量为 $e_{11} = \dfrac{\partial^2\varphi/\partial x_2^2 - \mu\partial^2\varphi/\partial x_1^2}{E}$，$e_{22} = \dfrac{\partial^2\varphi/\partial x_1^2 - \mu\partial^2\varphi/\partial x_2^2}{E}$，$e_{12} = -(1+\mu)\dfrac{\partial^2\varphi/\partial x_1\partial x_2}{E}$，$e_{33}=e_{23}=e_{31}=0$. 试确定函数$(x_1, x_2)$应满足的方程式.

答案：$\partial^4\varphi/\partial x_1^4+2\partial^4\varphi/\partial x_1^2\partial x_2^2+\partial^4\varphi/\partial x_2^4=0$.

16. 已知位移分量为 $u_1=\dfrac{x_3^2+\mu(x_1^2-x_2^2)}{2\alpha}$，$u_2=\dfrac{\mu x_1 x_2}{\alpha}$，$u_3=-\dfrac{x_1 x_3}{\alpha}$，式中，$\alpha$、$\mu$ 为常数. 试求应变分量，并指出它们能否满足应变协调方程.

答案：$e_{11}=\dfrac{\mu x_1}{\alpha}$，$e_{22}=\dfrac{\mu x_1}{\alpha}$，$e_{33}=-\dfrac{x_1}{\alpha}$，$e_{12}=e_{23}=e_{31}=0$；满足应变协调方程.

第 4 章

应力与应变的关系

对弹性物体在外载作用下产生的应力与应变的问题，第 2、第 3 章中已作了较为详细的讨论. 但没有涉及二者之间的关系问题. 事实上，对于弹性介质来说，应力与应变存在着相互依赖的关系. 因此，有必要对物体受力与变形间的关系作进一步的讨论，以便从物体的形状改变确定物体内部各点的应力数值，反过来，也可由物体的受力状态确定物体的形变状态.

本章主要叙述以应力表示应变的广义胡克定律和以应变表示应力的广义胡克定律. 这是弹性理论中十分重要的定律，也是解决具体的弹性力学问题时最常用的定律. 此外，还将叙述应变位能和弹性常数间的关系等重要内容.

4.1　广义胡克定律

由前面的讨论知道，物体内一点的应力状态由 6 个应力分量确定，而同一点附近的应变状态由 6 个应变分量确定. 对小变形物体而言，应力与应变之间存在线性关系. 即"在弹性体中的任一点，6 个应力分量中的每个应力都是 6 个应变分量的线性函数，反之亦然."这个规律称为广义胡克定律.

按此定律，弹性体内任一点的应力与应变的关系式，在没有初始应力和小变形的情况下，一般可写为

$$
\begin{aligned}
\sigma_{11} &= c_{1111}e_{11} + c_{1122}e_{22} + c_{1133}e_{33} + (c_{1112} + c_{1121})e_{12} + (c_{1123} - c_{1132})e_{23} - (c_{1113} + c_{1131})e_{31} \\
\sigma_{22} &= c_{2211}e_{11} + c_{2222}e_{22} + c_{2233}e_{33} + (c_{2212} + c_{2221})e_{12} + (c_{2223} + c_{2232})e_{23} + (c_{2213} + c_{2231})e_{31} \\
\sigma_{33} &= c_{3311}e_{11} + c_{3322}e_{22} + c_{3333}e_{33} + (c_{3312} + c_{3321})e_{12} + (c_{3323} + c_{3332})e_{23} + (c_{3313} + c_{3331})e_{31} \\
\sigma_{12} &= c_{1211}e_{11} + c_{1222}e_{22} + c_{1233}e_{33} + (c_{1212} + c_{1221})e_{12} + (c_{1223} + c_{1232})e_{23} + (c_{1213} + c_{1231})e_{31} \\
\sigma_{23} &= c_{2311}e_{11} + c_{2322}e_{22} + c_{2333}e_{33} + (c_{2312} + c_{2321})e_{12} + (c_{2323} + c_{2332})e_{23} + (c_{2313} + c_{2331})e_{31} \\
\sigma_{31} &= c_{3111}e_{11} + c_{3122}e_{22} + c_{3133}e_{33} + (c_{3112} + c_{3121})e_{12} + (c_{3123} + c_{3132})e_{23} + (c_{3113} + c_{3131})e_{31}
\end{aligned}
\tag{4.1}
$$

该式可以写成如下的哑指标形式：

$$\sigma_{ji} = c_{jikl}e_{kl} \tag{4.2}$$

式(4.1)或式(4.2)就是一般情况下的广义胡克定律. 式中 c_{jikl} 均为比例常数，它们的数值由材料的弹性性质决定. 可以证明，对于一个保守系统，有 $c_{jikl}=c_{klji}$，$c_{jikl}=c_{jilk}$，即 $c_{1122}=c_{2211}$，$c_{1112}=c_{1121}$，$c_{2213}=c_{2231}=c_{3122}$ 等(证明见本章 4.5 节). 按此结论，式(4.1)变为

$$
\begin{aligned}
\sigma_{11}&=c_{1111}e_{11}+c_{1122}e_{22}+c_{1133}e_{33}+2c_{1112}e_{12}+2c_{1123}e_{23}+2c_{1131}e_{31}\\
\sigma_{22}&=c_{2211}e_{11}+c_{2222}e_{22}+c_{2233}e_{33}+2c_{2212}e_{12}+2c_{2223}e_{23}+2c_{2231}e_{31}\\
\sigma_{33}&=c_{3311}e_{11}+c_{3322}e_{22}+c_{3333}e_{33}+2c_{3312}e_{12}+2c_{3323}e_{23}+2c_{3331}e_{31}\\
\sigma_{12}&=c_{1211}e_{11}+c_{1222}e_{22}+c_{1233}e_{33}+2c_{1212}e_{12}+2c_{1223}e_{23}+2c_{1231}e_{31}\\
\sigma_{23}&=c_{2311}e_{11}+c_{2322}e_{22}+c_{2333}e_{33}+2c_{2312}e_{12}+2c_{2323}e_{23}+2c_{2331}e_{31}\\
\sigma_{31}&=c_{3111}e_{11}+c_{3122}e_{22}+c_{3133}e_{33}+2c_{3112}e_{12}+2c_{3123}e_{23}+2c_{3131}e_{31}
\end{aligned}
\tag{4.3}
$$

将其写为矩阵形式，则为

$$
\begin{bmatrix}\sigma_{11}\\ \sigma_{22}\\ \sigma_{33}\\ \sigma_{12}\\ \sigma_{23}\\ \sigma_{31}\end{bmatrix}=
\begin{bmatrix}
c_{1111} & c_{1122} & c_{1133} & 2c_{1112} & 2c_{1123} & 2c_{1131}\\
c_{2211} & c_{2222} & c_{2233} & 2c_{2212} & 2c_{2223} & 2c_{2231}\\
c_{3311} & c_{3322} & c_{3333} & 2c_{3312} & 2c_{3323} & 2c_{3331}\\
c_{1211} & c_{1222} & c_{1233} & 2c_{1212} & 2c_{1223} & 2c_{1231}\\
c_{2311} & c_{2322} & c_{2333} & 2c_{2312} & 2c_{2323} & 2c_{2331}\\
c_{3111} & c_{3122} & c_{3133} & 2c_{3112} & 2c_{3123} & 2c_{3131}
\end{bmatrix}
\begin{bmatrix}e_{11}\\ e_{22}\\ e_{33}\\ e_{12}\\ e_{23}\\ e_{31}\end{bmatrix}
\tag{4.4}
$$

式中，6 个对角元素为独立的弹性常数，其余 30 个非对角线元素两两相等或成倍数关系. 即对保守系统来说，独立的弹性常数为 21 个. 对于不同的弹性物质，其独立的弹性常数不同. 最简单的情况是各向同性物质，独立的弹性常数只有两个. 由此可见，对各向异性物质的讨论，远比各向同性物质复杂得多，而各向同性的假定往往是地球内部介质很好的近似. 因此，本书着重讨论各向同性体内应力与应变的关系.

4.2　以应变表示应力的广义胡克定律

对各向同性物质来说，在小变形的情况下，应力与应变的线性关系在各个方向上应该不变，也即当坐标轴旋转至任意方向时，应力与应变的关系或比例常数应该不变. 因此，可以利用坐标轴的旋转推导各向同性体内以应变表示应力的广义胡克定律.

为清楚方便起见，首先将坐标轴做 180°的旋转，如果转动的是 x_3 轴，即 x_3 轴的方向改为相反的方向，则 x_3 和 u_3 的正、负号改为相反的符号，因此

$$c_{23}=\frac{\partial u_3/\partial x_2+\partial u_2/\partial x_3}{2}$$

与

$$c_{31}=\frac{\partial u_1/\partial x_3+\partial u_3/\partial x_1}{2}$$

也将改变其正、负号. 由于 x_3 轴转为相反方向后,式(4.3)中的 σ_{11}、σ_{22}、σ_{33}(拉应力为正,压应力为负)、σ_{12} 并不受影响,与其对应的各式右端的前四项也不变,而后两项保持其数值改变正、负号. 欲使 σ_{11}、σ_{22}、σ_{33}、σ_{12} 不因 x_3 轴改为相反方向而改变其正、负号或出现量值突变,只有 $c_{1123}=c_{1131}=c_{2223}=c_{2231}=c_{3323}=c_{3331}=c_{1223}=c_{1231}=0$ 时,方程式(4.3)中的前四式才能成立.

对于方程式(4.3)的后两式,当 x_3 轴转为相反方向后,σ_{23} 与 σ_{31} 保持原数值但改变其正、负号,而等式右端的前四项并不改变正、负号. 因此,欲使应力与应变的关系在各个方向上保持不变,即当应力改变正、负号时应变也随之改变正、负号,则必须是 $c_{2311}=c_{2322}=c_{2333}=c_{2312}=c_{3111}=c_{3122}=c_{3133}=c_{3112}=0$. 此时,式(4.3)成为

$$\begin{aligned}
\sigma_{11}&=c_{1111}e_{11}+c_{1122}e_{22}+c_{1133}e_{33}+2c_{1112}e_{12}\\
\sigma_{22}&=c_{2211}e_{11}+c_{2222}e_{22}+c_{2233}e_{33}+2c_{2212}e_{12}\\
\sigma_{33}&=c_{3311}e_{11}+c_{3322}e_{22}+c_{3333}e_{33}+2c_{3312}e_{12}\\
\sigma_{12}&=c_{1211}e_{11}+c_{1222}e_{22}+c_{1233}e_{33}+2c_{1212}e_{12}\\
\sigma_{23}&=2c_{2323}e_{23}+2c_{2331}e_{31}\\
\sigma_{31}&=2c_{3123}e_{23}+2c_{3131}e_{31}
\end{aligned}\tag{4.5}$$

在此基础上,若将 x_2 轴转动 180°而其他两轴不变,x_2 与 u_2 改为相反的符号,因此

$$c_{12}=\frac{\partial u_2/\partial x_1+\partial u_1/\partial x_2}{2}$$

与

$$c_{23}=\frac{\partial u_3/\partial x_2+\partial u_2/\partial x_3}{2}$$

改变其正、负号. 而式(4.5)左端除 σ_{12} 与 σ_{23} 改变正、负号外,其余四项均不受其影响. 按照相同的理由,必有 $c_{1112}=c_{2212}=c_{3312}=c_{1211}=c_{1222}=c_{1233}=c_{2331}=c_{3123}=0$. 此时式(4.5)变为

$$\begin{aligned}
\sigma_{11}&=c_{1111}e_{11}+c_{1122}e_{22}+c_{1133}e_{33}\\
\sigma_{22}&=c_{2211}e_{11}+c_{2222}e_{22}+c_{2233}e_{33}\\
\sigma_{33}&=c_{3311}e_{11}+c_{3322}e_{22}+c_{3333}e_{33}\\
\sigma_{12}&=2c_{1212}e_{12}\\
\sigma_{23}&=2c_{2323}e_{23}\\
\sigma_{31}&=2c_{3131}e_{31}
\end{aligned}\tag{4.6}$$

同样，若再将 x_1 轴旋转 180°而 x_2、x_3 轴不变，则因为式(4.6)中应变分量只有 e_{12} 与 e_{31} 改变正、负号，而等式左端只有与 e_{12}、e_{31} 相对应的 σ_{12}、σ_{31} 改变正、负号，因此，式(4.6)保持不变.

由式(4.6)可以看出，弹性常数还有 12 个，若考虑到 $c_{jikl}=c_{klji}$，则式中的弹性常数又减少 3 个，故式(4.6)中实际上只有 9 个独立的弹性常数. 通过上述讨论可知，式(4.6)是将各坐标轴转为相反方向且认为其弹性关系不变而得到的方程式. 因此，通常将其称为正交各向异性体内的广义胡克定律.

按照相同的方法，将各坐标轴做 90°的转动. 比如，x_2 轴与 x_3 轴互换，则方程式(4.6)的第一式中，σ_{11} 的正、负号不变，而等式右端的 e_{22} 与 e_{33} 彼此互换位置. 此时，只有 $c_{1122}=c_{1133}$ 时，该式两端才能相等. 同时，由于 σ_{12} 成为 $\sigma_{13}(=\sigma_{31})$，$e_{12}$ 成为 $e_{13}(=e_{31})$，即 e_{31} 和 σ_{31} 分别为 e_{21} 和 σ_{21}，这相当于方程(4.6)的第四与第六式除弹性系数 c_{1212}、c_{3131} 外互换位置. 这只有在 $c_{1212}=c_{3131}$ 时，才能做此置换. 同样，再将 x_3 与 x_1，x_1 与 x_2 轴互换，可得 $c_{1122}=c_{1133}=c_{2211}=c_{3311}=c_{2233}=c_{3322}$，$c_{1212}=c_{2323}=c_{3131}$. 于是式(4.6)成为

$$
\begin{aligned}
\sigma_{11}&=c_{1111}e_{11}+c_{1122}(e_{22}+e_{33})\\
\sigma_{22}&=c_{2222}e_{22}+c_{1122}(e_{11}+e_{33})\\
\sigma_{33}&=c_{3333}e_{33}+c_{1122}(e_{11}+e_{22})\\
\sigma_{12}&=2c_{1212}e_{12}\\
\sigma_{23}&=2c_{1212}e_{23}\\
\sigma_{31}&=2c_{1212}e_{31}
\end{aligned}
\tag{4.7}
$$

又因为在 x_2 与 x_3 轴互换时，σ_{22} 与 σ_{33} 互换，e_{22} 与 e_{33} 互换，由式(4.7)中的二、三式得 $c_{2222}=c_{3333}$. 同样，在 x_1 与 x_2 轴互换时，σ_{11} 与 σ_{22} 互换，e_{11} 与 e_{22} 互换，由式(4.7)的前两式得 $c_{1111}=c_{2222}$. 将 $c_{1111}=c_{2222}=c_{3333}$ 代入式(4.7)，便得

$$
\begin{aligned}
\sigma_{11}&=c_{1111}e_{11}+c_{1122}(e_{22}+e_{33})\\
\sigma_{22}&=c_{1111}e_{22}+c_{1122}(e_{11}+e_{33})\\
\sigma_{33}&=c_{1111}e_{33}+c_{1122}(e_{11}+e_{22})\\
\sigma_{12}&=2c_{1212}e_{12}\\
\sigma_{23}&=2c_{1212}e_{23}\\
\sigma_{31}&=2c_{1212}e_{31}
\end{aligned}
\tag{4.8}
$$

由于式(4.8)是将各坐标轴做 90°转动，认为其弹性关系不变而得到的方程式，因此通常称为正交各向同性体内的广义胡克定律.

对各向同性物质，坐标轴转动任意角度后，弹性关系不变，即应有

$$
\begin{aligned}
\sigma'_{11}&=c_{1111}e'_{11}+c_{1122}(e'_{22}+e'_{33})\\
\sigma'_{22}&=c_{1111}e'_{22}+c_{1122}(e'_{11}+e'_{33})\\
\sigma'_{33}&=c_{1111}e'_{33}+c_{1122}(e'_{11}+e'_{22})
\end{aligned}
$$

$$\sigma'_{12}=2c_{1212}e'_{12}$$
$$\sigma'_{23}=2c_{1212}e'_{23}$$
$$\sigma'_{31}=2c_{1212}e'_{31} \tag{4.9}$$

现在,取 x'_3轴与 x_3 轴重合,x'_1与 x_1 轴间的夹角为 φ(图 4-1).很明显,x'_i系的各轴对 x_i 系各轴的方向余弦如表 4-1 所示.将表 4-1 中所列方向余弦代入应力张量及应变张量的坐标变换公式(2.55)与式(3.48),得

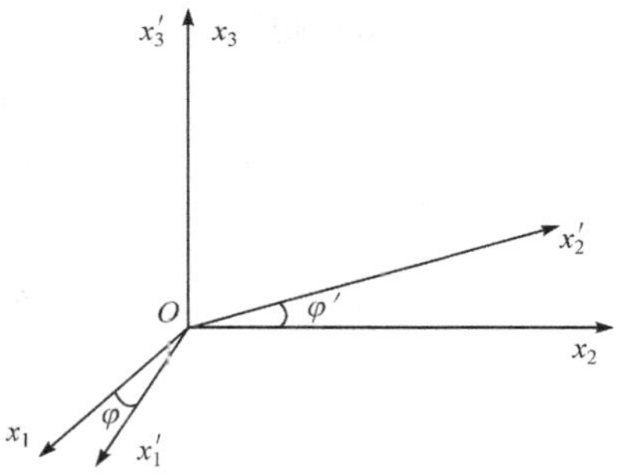

图 4-1

表 4-1

变量	x_1	x_2	x_3
x'_1	$\alpha_{11}(\cos\varphi)$	$\alpha_{12}(\sin\varphi)$	0
x'_2	$\alpha_{21}(-\sin\varphi)$	$\alpha_{22}(\cos\varphi)$	0
x'_3	0	0	1

$$\sigma'_{12}=\alpha_{11}\alpha_{21}\sigma_{11}+\alpha_{11}\alpha_{22}\sigma_{12}+\alpha_{12}\alpha_{21}\sigma_{21}+\alpha_{12}\alpha_{22}\sigma_{22}$$
$$=\frac{1}{2}\sin2\varphi(\sigma_{22}-\sigma_{11})+\cos2\varphi\cdot\sigma_{12}$$
$$e'_{12}=\frac{1}{2}\sin2\varphi(e_{22}-e_{11})+\cos2\varphi\cdot e_{12} \tag{4.10}$$

将式(4.10)代入到式(4.9)中的第四式,得

$$\left[\frac{1}{2}\sin2\varphi(\sigma_{22}-\sigma_{11})+\cos2\varphi\cdot\sigma_{12}\right]=2c_{1212}\left[\frac{1}{2}\sin2\varphi(e_{22}-e_{11})+\cos2\varphi\cdot e_{12}\right] \tag{4.11}$$

因为 $\sigma_{12}=2c_{1212}e_{12}$,故式(4.11)可变为

$$\sigma_{22}-\sigma_{11}=2c_{1212}(e_{22}-e_{11}) \tag{4.12}$$

再将式(4.8)中的第一、第二式代入式(4.12),得

$$(c_{1111}-c_{1122})(e_{22}-e_{11})=2e_{1212}(e_{22}-e_{11})$$

从而有

$$c_{1111}-c_{1122}=2c_{1212} \tag{4.13}$$

由此可见,对各向同性物质来说,式(4.8)中 3 个弹性常数受式(4.13)的制约,故独立的弹性常数只有两个.若取 c_{1122}和 c_{1212}是独立的,则

$$c_{1111}=c_{1122}+2c_{1212} \tag{4.14}$$

若令 $c_{1122}=\lambda$,$c_{1212}=\mu$,则式(4.15)成为

$$c_{1111}=\lambda+2\mu \tag{4.15}$$

将其代入式(4.8),则得

$$
\begin{aligned}
\sigma_{11}&=\lambda\theta+2\mu e_{11}\\
\sigma_{22}&=\lambda\theta+2\mu e_{22}\\
\sigma_{33}&=\lambda\theta+2\mu e_{33}\\
\sigma_{12}&=2\mu e_{12}\\
\sigma_{23}&=2\mu e_{23}\\
\sigma_{31}&=2\mu e_{31}
\end{aligned} \tag{4.16}
$$

式中,$\theta=e_{11}+e_{22}+e_{33}$为体积应变.若将式(4.16)用哑指标表示,则为

$$\sigma_{ji}=\lambda\theta\delta_{ji}+2\mu e_{ji} \tag{4.17}$$

式(4.16)或式(4.17)即为各向同性体内以应变表示应力的广义胡克定律.

例 4-1　用应力解除法计算地应力.

解　在测量地应力时,通常采用如下方法,即在测量点钻一竖直小孔,将等角应变化或直角应变化水平地放入孔内,记下初始读数.然后在离孔壁较远处(一般是圆孔直径的 3-5 倍)开一同心圆槽,使中间的圆柱与周围岩体隔离,这时中间圆柱从原来受力状态卸载,应变花上出现新的读数.通过两次的读数便可断定 3 个水平方向上的线应变(或正应变).设等角应变化的测值为 e_0、e_{60}、e_{120},根据例 3-1 的讨论可知,平面应变分量为

$$
\begin{aligned}
e_{11}&=e_0\\
e_{12}&=\frac{e_{60}-e_{120}}{\sqrt{3}}\\
e_{22}&=\frac{2(e_{60}+e_{120})-e_0}{3}
\end{aligned}
$$

欲求应力分量,只需将此应变分量代入式(4.16)便得

$$
\begin{aligned}
\sigma_{11}&=\lambda\theta+2\mu e_{11}=2\left[\frac{\lambda(e_0+e_{60}+e_{120})}{3}+\mu e_0\right]\\
\sigma_{22}&=\lambda\theta+2\mu e_{22}=\frac{2[(\lambda+2\mu)(e_{60}+e_{120})+(\lambda-\mu)e_0]}{3}\\
\sigma_{33}&=\lambda\theta+2\mu e_{33}=\frac{2\lambda(e_0+e_{60}+e_{120})}{3}\\
\sigma_{12}&=2\mu e_{12}=\frac{2\sqrt{3}\mu(e_{60}-e_{120})}{3}\\
\sigma_{23}&=\sigma_{31}=0
\end{aligned}
$$

式中,λ、μ 为所求点的拉梅常数.

值得注意的是,在上述计算过程中,无形地假定了卸载前后圆柱体在竖直方向

上没有相对伸长或相对缩短，这相当于竖直方向上的应变完全被限制住．限制应变的外力会使物体内部的应力发生改变．因此在竖直方向上虽然没有应变，但可有应力的作用．如果在竖直方向上不加如上假定，则不能按此计算．

4.3　以应力表示应变的广义胡克定律

4.3.1　理论弹性常数与实测常数间的关系

以简单拉伸模型为例，此时 $\sigma_{11} \neq 0, \sigma_{22}=\sigma_{33}=\sigma_{12}=\sigma_{23}=\sigma_{31}=0$（图 4－2）．代入以应变表达应力的广义胡克定律有

$$\begin{aligned} \sigma_{11} &= \lambda\theta + 2\mu e_{11} \\ 0 &= \lambda\theta + 2\mu e_{22} \\ 0 &= \lambda\theta + 2\mu e_{33} \end{aligned} \tag{4.18}$$

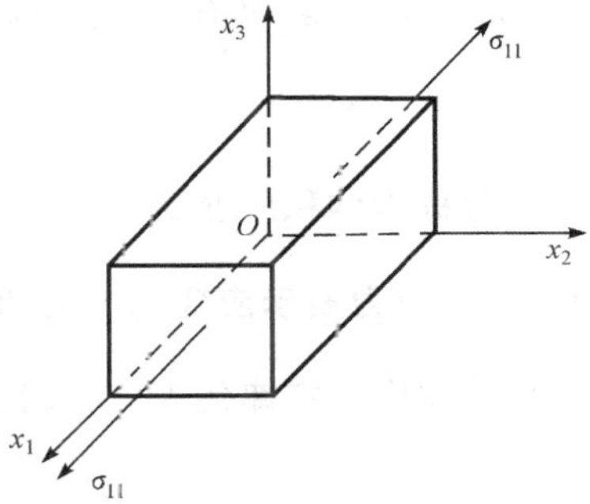

图 4－2

将三式相加，得

$$(3\lambda + 2\mu)\theta = \sigma_{11} \tag{4.19}$$

再将其代入式(4.18)第一式，得

$$\sigma_{11} = \frac{\mu(3\lambda + 2\mu)}{\lambda + \mu} e_{11} \tag{4.20}$$

将其与实验结果式(1.25)进行比较，有

$$E = \frac{\mu(3\lambda + 2\mu)}{\lambda + \mu} \tag{4.21}$$

其次，将式(4.19)代入式(4.18)中的第二或第三式，得

$$\frac{\lambda}{3\lambda+2\mu}\sigma_{11} + 2\mu e_{22}（或 e_{33}）= 0$$

整理得

$$-\frac{e_{22}}{e_{11}} = -\frac{e_{33}}{e_{11}} = \frac{\lambda}{2(\lambda + \mu)} \tag{4.22}$$

将其与实验结果式(1.26)进行比较，得

$$\nu = \frac{\lambda}{2(\lambda + \mu)} \tag{4.23}$$

由式(4.21)与式(4.23)联立求解，得

$$\begin{aligned} \lambda &= \frac{\nu E}{(1+\nu)(1-2\nu)} \\ \mu &= \frac{E}{2(1+\nu)} \end{aligned} \tag{4.24}$$

式(4.24)即为理论常数与实测常数的关系．

4.3.2 体积应变定律

由于体积应变只与应变张量的对角元素 e_{11}、e_{22}、e_{33} 有关，故由广义胡克定律可有

$$
\begin{aligned}
\sigma_{11} &= \lambda\theta + 2\mu e_{11} \\
\sigma_{22} &= \lambda\theta + 2\mu e_{22} \\
\sigma_{33} &= \lambda\theta + 2\mu e_{33}
\end{aligned}
\tag{4.25}
$$

将三式相加，得

$$\sigma_{11} + \sigma_{22} + \sigma_{33} = (3\lambda + 2\mu)\theta$$

令 $\Theta = \sigma_{11} + \sigma_{22} + \sigma_{33}$ 并代入 λ、μ 得

$$\theta = \frac{1 - 2\nu}{E}\Theta \tag{4.26}$$

式(4.26)称为体积应变定律.

4.3.3 以应力表示应变的广义胡克定律

将体积应变定律代入广义胡克定律的第一式

$$\sigma_{11} = \lambda\theta + 2\mu e_{11}$$

得

$$\sigma_{11} = \lambda \frac{1-2\nu}{E}\Theta + 2\mu e_{11}$$

再将 λ、μ 代入并整理得

$$e_{11} = -\frac{\nu}{E}\Theta + \frac{1+\nu}{E}\sigma_{11}$$

同理，将体积应变定律及 λ、μ 代入广义胡克定律中的后五式，可得下式中的后五式，即

$$
\begin{aligned}
e_{11} &= -\frac{\nu}{E}\Theta + \frac{1+\nu}{E}\sigma_{11} \\
e_{22} &= -\frac{\nu}{E}\Theta + \frac{1+\nu}{E}\sigma_{22} \\
e_{33} &= -\frac{\nu}{E}\Theta + \frac{1+\nu}{E}\sigma_{33} \\
e_{12} &= \frac{1+\nu}{E}\sigma_{12} \\
e_{23} &= \frac{1+\nu}{E}\sigma_{23}
\end{aligned}
$$

$$e_{31}=\frac{1+\nu}{E}\sigma_{31} \tag{4.27}$$

写成哑指标形式则为

$$e_{ij}=-\frac{\nu}{E}\Theta\delta_{ij}+\frac{1+\nu}{E}\sigma_{ij} \tag{4.28}$$

式(4.27)或式(4.28)称为以应力表示应变的广义胡克定律.

例 4-2　弹性体中某一点在 x_1、x_2 方向上的正应力为 $\sigma_{11}=1\mathrm{N/mm^2}$、$\sigma_{22}=2\mathrm{N/mm^2}$，沿 x_3 方向上的应变完全被限制住. 试求 e_{11}、e_{12} 和 σ_{33}($E=2.1\times10^5\mathrm{N/mm^2}$，$\nu=0.3$).

解　此题有三种解法. 一是利用以应力表示应变的广义胡克定律，列出

$$e_{11}=-\frac{\nu}{E}\Theta+\frac{1+\nu}{E}\sigma_{11}$$

$$e_{22}=-\frac{\nu}{E}\Theta+\frac{1+\nu}{E}\sigma_{22}$$

$$0=-\frac{\nu}{E}\Theta+\frac{1+\nu}{E}\sigma_{33}$$

式中，ν、E、σ_{11}、σ_{22} 均为已知量 $\Theta=\sigma_{11}+\sigma_{22}+\sigma_{33}$. 由此 3 个方程可解出当中的 3 个未知数 e_{11}、e_{12} 和 σ_{33}. 即

$$\sigma_{33}=\frac{\nu(1-\nu)(\sigma_{11}+\sigma_{33})}{(1+\nu)(1-2\nu)+2\nu^2}=0.894\mathrm{N/mm^2}$$

$$e_{11}=-\frac{\nu}{E}(\sigma_{11}+\sigma_{22}+\sigma_{33})+\frac{1+\nu}{E}\sigma_{11}=6.27\times10^{-7}$$

$$e_{22}=-\frac{\nu}{E}(\sigma_{11}+\sigma_{22}+\sigma_{33})+\frac{1+\nu}{E}\sigma_{22}=6.82\times10^{-6}$$

此题的第二种解法是应用以应变表示应力的广义胡克定律，列如下方程：

$$\sigma_{11}=\lambda(e_{11}+e_{22})+2\mu e_{11}$$

$$\sigma_{22}=\lambda(e_{11}+e_{22})+2\mu e_{22}$$

$$\sigma_{33}=\lambda(e_{11}+e_{22})$$

式中，λ、μ 可由 E、ν 求得，视为已知，故由此 3 个方程也可求出 3 个未知量 σ_{33}、e_{11}、e_{22}. 其结果与前一种解法一致.

此题的第三种解法是两个广义胡克定律同时使用，列出如下方程：

$$\sigma_{11}=\lambda(e_{11}+e_{22})+2\mu e_{11}$$

$$\sigma_{22}=\lambda(e_{11}+e_{22})+2\mu e_{22}$$

$$0=-\frac{\nu}{E}\Theta+\frac{1+\nu}{E}\sigma_{33}$$

该方程中也只有 3 个未知数，故可求解，其结果与前面相同. 由此可见，以应变表示

应力的广义胡克定律与以应力表示应变的广义胡克定律实际上是等同的，只是根据使用的方便选定.

4.4　应变势能

如前所述，物体在外力作用下将产生变形. 对完全弹性体来说，当外载撤除后，物体将恢复到受力前的状态. 从这点出发，可以把外力作用使物体发生形变看成是外力对物体做功，而外力撤除物体恢复原来形状过程看成是物体的释能过程. 因此，对完全弹性物体，当其发生变形后将在弹性体内储存一定的能量. 这个能量就是应变势能.

由于物体所受的力可分为体力 $\int_V \rho f_i \mathrm{d}V$ 与面力 $\oint_S \sigma_{ni}\mathrm{d}S$，因此外力对物体做功也应是体力做功与面力做功之和，当设位移函数为 δu_i 时，体力对物体所做的功为

$$A_P = \int_V \rho(f_i \delta u_i)\mathrm{d}V \tag{4.29}$$

面力做功为

$$A_S = \oint_S \sigma_{ni}\delta u_i \mathrm{d}S \tag{4.30}$$

考虑到 $\sigma_{ni}=\sigma_{ji}n_j$，式(4.30)可变为

$$A_S = \oint_S \sigma_{ji}n_j\delta u_i \mathrm{d}S \tag{4.31}$$

利用高斯定理

$$\oint_S A_i n_i \mathrm{d}S = \int_V \frac{\partial A_i}{\partial x_i}\mathrm{d}V$$

将式(4.31)化为体积积分的形式，即

$$A_S = \int_V \frac{\partial}{\partial x_j}(\sigma_{ji}\delta u_i)\mathrm{d}V = \int_V \left(\frac{\partial \sigma_{ji}}{\partial x_j}\delta u_i + \sigma_{ji}\frac{\partial \delta u_i}{\partial x_j}\right)\mathrm{d}V \tag{4.32}$$

因此，总功为

$$A = A_P + A_S = \int_V \left[\left(\rho f_i + \frac{\partial \sigma_{ji}}{\partial x_j}\right)\delta u_i + \sigma_{ji}\delta\frac{\partial u_i}{\partial x_j}\right]\mathrm{d}V \tag{4.33}$$

由前面所讲的平衡微分方程

$$\frac{\partial \sigma_{ji}}{\partial x_j} + \rho f_i = 0$$

当物体处于平衡状态时，总功 A 为

$$A = \int_V \sigma_{ji}\delta\left(\frac{\partial u_i}{\partial x_j}\right)\mathrm{d}V \tag{4.34}$$

此式还可写成

$$
\begin{aligned}
A &= \int_V \frac{1}{2}\left[\sigma_{ji}\delta\left(\frac{\partial u_i}{\partial x_j}\right)+\sigma_{ji}\delta\left(\frac{\partial u_i}{\partial x_j}\right)\right]\mathrm{d}V \\
&= \int_V \frac{1}{2}\left[\sigma_{ji}\delta\left(\frac{\partial u_i}{\partial x_j}\right)+\sigma_{ij}\delta\left(\frac{\partial u_j}{\partial x_i}\right)\right]\mathrm{d}V
\end{aligned}
$$

（利用哑指标规则 3）

$$
\begin{aligned}
&= \int_V \frac{1}{2}\sigma_{ji}\delta\left(\frac{\partial u_i}{\partial x_j}+\frac{\partial u_j}{\partial x_i}\right)\mathrm{d}V \quad (\sigma_{ji}=\sigma_{ij}) \\
&= \int_V \sigma_{ji}\delta e_{ji}\mathrm{d}V
\end{aligned} \tag{4.35}
$$

式(4.35)即为外力做功的表达式. 式中，e_{ji} 为应变张量，σ_{ji} 为应力张量. $\sigma_{ji}\delta e_{ji}$ 并称为体积元内单位体积上外力所做的功，若用符号 δA 表示，则有

$$
\delta A = \sigma_{ji}\delta e_{ji} \tag{4.36}
$$

如上所述，对完全弹性体来说，外力做功使物体的形状发生改变，而外力撤除后物体恢复原来的形状，在变形前后物体内部无耗散力做功，或者说外力对物体做功完全转变为物体的形变能量. 因此有

$$
\delta A = \delta W = \sigma_{ji}\delta e_{ji} \tag{4.37}
$$

式中，δW 为体积元内单位体积的应变势能. 因为当 e_{ji} 趋于零时，δW 也趋于零，故应变势能是物体状态的单值函数. 于是式(4.37)可写为

$$
\frac{\partial W}{\partial e_{ji}} = \sigma_{ji} \tag{4.38}
$$

既应变势能是物体状态的单值函数，所以应变势能 W 也可用下列函数形式表示，即

$$
W = f(e_{ji}) \tag{4.39}
$$

对小变形而言，应变势能函数可作如下的泰勒展开

$$
W = a_0 + b_{ji}e_{ji} + \frac{1}{2}c_{jikl}e_{ji}e_{kl} + o(e)^2 \tag{4.40}
$$

式中，a_0、b_{ji}、c_{jikl} 为常数，$o(e)^2$ 为比 e^2 更高级的无穷小量. 若将式(4.40)对 e_{ji} 求导，得

$$
\frac{\partial W}{\partial e_{ji}} = b_{ji} + c_{jikl}e_{kl} \tag{4.41}
$$

与式(4.38)对比，有

$$
\sigma_{ji} = b_{ji} + c_{jikl}e_{kl} \tag{4.42}
$$

由于在无初始应力（弹性力学基本假设之一）情况下，物体的应力分量为零时应变分量也为零. 所以有 $b_{ji}=0$，因此，式(4.42)成为

$$
\sigma_{ji} = c_{jikl}e_{kl} \tag{4.43}
$$

将其代入式(4.40),得

$$W = \frac{1}{2}\sigma_{ji}e_{ji} \tag{4.44}$$

此式即为应变势能公式.将其展开,则有

$$W = \frac{1}{2}(\sigma_{11}e_{11} + \sigma_{22}e_{22} + \sigma_{33}e_{33} + 2\sigma_{12}e_{12} + 2\sigma_{23}e_{23} + 2\sigma_{31}e_{31}) \tag{4.45}$$

对各向同性物体来说,应力张量与应变张量之间的关系由式(4.17)或式(4.28)决定.因此,在已知应变张量的情况下,可将式(4.17)代入式(4.44),得

$$W = \frac{1}{2}(\lambda\theta\delta_{ji} + 2\mu e_{ji})e_{ji} = \frac{1}{2}(\lambda\theta e_{ji}\delta_{ji} + 2\mu e_{ji}e_{ji})$$

因为 $e_{ji}\delta_{ji}=e_{11}+e_{23}+e_{33}=\theta$,所以有

$$W = \frac{1}{2}\lambda\theta^2 + \mu e_{ji}e_{ji} \tag{4.46}$$

这便是以应变张量表示应变势能的公式.同样,如果将式(4.28)代入式(4.44),可得

$$W=\frac{1}{2}\sigma_{ji}\left[-\frac{\nu}{E}\Theta\delta_{ji}+\frac{1+\nu}{E}\sigma_{ji}\right]=\frac{1+\nu}{2E}\sigma_{ji}\sigma_{ji}-\frac{\nu}{2E}\Theta\sigma_{ji}\delta_{ji}$$

因为 $\sigma_{ji}\delta_{ji}=\sigma_{11}+\sigma_{22}+\sigma_{33}=\Theta$,所以有

$$W = \frac{1}{2E}[(1+\nu)\sigma_{ji}\sigma_{ji} - \nu\Theta^2] \tag{4.47}$$

式(4.47)是以应力张量表示应变势能的公式.

例 4-3 已知弹性体中任一点的位移分量为 $u_1=10\times10^{-3}+0.1\times10^{-3}x_1x_2+0.05\times10^{-3}x_3$,$u_2=5\times10^{-3}-0.05\times10^{-3}x_1+0.1\times10^{-3}x_2x_3$,$u_3=10\times10^{-3}-0.1\times10^{-3}x_1x_2x_3$.杨氏模量与泊松比分别为 $E=2.1\times10^5\,\text{N/mm}^2$,$\nu=0.3$,试求点 $A(1,1,1)$ 的应变势能.

解 为求应变势能,首先由位移分量求出应变分量.利用应变张量表达式,可得

$$e_{11}=\frac{\partial u_1}{\partial x_1}=0.1\times10^{-3}x_2=0.1\times10^{-3}$$

$$e_{22}=\frac{\partial u_2}{\partial x_2}=0.1\times10^{-3}x_3=0.1\times10^{-3}$$

$$e_{33}=\frac{\partial u_3}{\partial x_3}=-0.1\times10^{-3}x_1x_2=-0.1\times10^{-3}$$

$$e_{12}=\frac{1}{2}\left(\frac{\partial u_2}{\partial x_1}+\frac{\partial u_1}{\partial x_2}\right)=0.025\times10^{-3}$$

$$e_{23}=\frac{1}{2}\left(\frac{\partial u_3}{\partial x_2}+\frac{\partial u_2}{\partial x_3}\right)=0$$

$$e_{31}=\frac{1}{2}\left(\frac{\partial u_1}{\partial x_3}+\frac{\partial u_3}{\partial x_1}\right)=-0.025\times10^{-3}$$

再利用以应变张量表示应变势能的式(4.46)，可得

$$W=\frac{1}{2}\lambda\theta^2+\mu e_{ji}e_{ji}=\frac{1}{2}\lambda(e_{11}+e_{22}+e_{33})^2+\mu[e_{11}^2+e_{22}^2+e_{33}^2+2e_{12}^2+2e_{23}^2+2e_{31}^2]$$

式中，λ、μ 可由式(4.24)求得，即

$$\lambda=\frac{\nu E}{(1+\nu)(1-2\nu)}=\frac{0.3\times2.1\times10^5}{(1+0.3)(1-2\times0.3)}$$
$$=1.21\times10^5(\text{N/mm}^2)$$

$$\mu=\frac{E}{2(1+\nu)}=\frac{2.1\times10^5}{2(1+0.3)}$$
$$=0.81\times10^5(\text{N/mm}^2)$$

将其代入前式并利用已求得的各应变分量，有

$$\begin{aligned}W=&\left\{\frac{1}{2}\times1.21\times10^5(0.1\times10^{-3}+0.1\times10^{-3}-0.1\times10^{-3})^2\right.\\&+0.81\times10^5[(0.1\times10^{-3})^2+(0.1\times10^{-3})^2+(-0.1\times10^3)^2\\&\left.+2\times(0.025\times10^{-3})^2+2\times0+2\times(-0.025\times10^{-3})^2]\right\}\\=&3.23\times10^{-3}(\text{N/mm}^2)\\=&3.23\times10^{-6}(\text{J/mm}^3)\end{aligned}$$

由此可见，一点的应变势能实际是指该点单位体积内所具有的应变能量.

4.5　应变势能与弹性常数的关系

对完全弹性体来说，应变势能与应变张量及应力张量的微分关系由式(4.38)确定，即

$$\frac{\partial W}{\partial e_{ji}}=\sigma_{ji}\tag{4.48}$$

由于完全弹性体所构成的系统可以看成是保守系统，因此由式(4.48)推导出的弹性常数间的关系，自然对保守系统成立.

下面我们利用式(4.48)推导保守系统内的弹性常数间的关系. 取式(4.48)中的 $i=j=1$ 并考虑到式(4.1)，得

$$\begin{aligned}\frac{\partial W}{\partial e_{11}}=\sigma_{11}=&c_{1111}e_{11}+c_{1122}e_{22}+c_{1133}e_{33}+(c_{1112}+c_{1121})e_{12}\\&+(c_{1123}+c_{1132})e_{23}+(c_{1113}+c_{1131})e_{31}\end{aligned}\tag{4.49}$$

同样，若取 $i=j=2$，则

$$\frac{\partial W}{\partial e_{22}}=\sigma_{22}=c_{2211}e_{11}+c_{2222}e_{22}+c_{2233}e_{33}+(c_{2212}+c_{2221})e_{12}+(c_{2223}+c_{2232})e_{23}+(c_{2213}+c_{2231})e_{31} \tag{4.50}$$

因为应变势能是物体状态的单值函数，因此有

$$\frac{\partial^2 W}{\partial e_{11}\partial e_{22}}=\frac{\partial^2 W}{\partial e_{22}\partial e_{11}} \tag{4.51}$$

将式(4.49)及式(4.50)代入式(4.51)，得

$$\begin{aligned}\frac{\partial}{\partial e_{22}}\left(\frac{\partial W}{\partial e_{11}}\right)&=c_{1122}\\ \frac{\partial}{\partial e_{11}}\left(\frac{\partial W}{\partial e_{22}}\right)&=c_{2211}\end{aligned} \tag{4.52}$$

由此得

$$c_{1122}=c_{2211} \tag{4.53}$$

同理，可以证明式(4.1)中其他系数间也存在两两相等或简单的 2 倍关系. 例如，$c_{2233}=c_{3322}$，$c_{1133}=c_{3311}$，$c_{1113}=c_{1131}$，$c_{1113}+c_{1131}=2c_{3111}$，等等. 写成数学表示式则为

$$\begin{aligned}c_{jikl}&=c_{jilk}\\ c_{jikl}&=c_{klji}\end{aligned} \tag{4.54}$$

因此，对一个保守系统来说，弹性常数的数目为式(4.4)中 6 个对角元素与 15 个独立的非对角元素之和，共计 21 个. 它是极端各向异性物质内的弹性常数. 对于不同的物质，独立的弹性常数不同，现将各晶系的弹性常数列于表 4－2 中，作为参考.

表 4－2　各晶系的弹性常数

三斜晶系	单斜晶系	斜方晶系	正方晶系	六角晶系	立方晶系	各向同性体
21	13	9	7	5	3	2

讨　　论

一、二维测量与三维改变量之间的关系

以等角应变花测量方法为例，设与 x_1 轴平行、与 x_1 轴成 60°角、与 x_1 轴成 120°角的 3 个方向上的正应变(线应变)值分别为 e_0、e_{60}、e_{120}，应变张量为 e_{ji}($j,i=1,2,3$)，则平面应变分量由例 3－1 可知为

$$e_{11}=e_0$$

$$
\begin{aligned}
e_{12} &= \frac{e_{60} - e_{120}}{\sqrt{3}} \\
e_{22} &= \frac{2(e_{60} + e_{120}) - e_0}{3}
\end{aligned}
\tag{4.55}
$$

根据广义胡克定律，计算地应力的表示式为

$$
\begin{aligned}
\sigma_{11} &= \lambda(e_{11} + e_{22} + e_{33}) + 2\mu e_{11} \\
\sigma_{22} &= \lambda(e_{11} + e_{22} + e_{33}) + 2\mu e_{22} \\
\sigma_{33} &= \lambda(e_{11} + e_{22} + e_{33}) + 2\mu e_{33} \\
\sigma_{12} &= 2\mu e_{12} \\
\sigma_{23} &= \sigma_{31} = 0
\end{aligned}
\tag{4.56}
$$

值得注意的是，式中 e_{33} 无值，所以很多人将其认为是零，如此，式(4.56)成为

$$
\begin{aligned}
\sigma_{11} &= \lambda(e_{11} + e_{22}) + 2\mu e_{11} \\
\sigma_{22} &= \lambda(e_{11} + e_{22}) + 2\mu e_{22} \\
\sigma_{33} &= \lambda(e_{11} + e_{22}) \\
\sigma_{12} &= 2\mu e_{12} \\
\sigma_{23} &= \sigma_{31} = 0
\end{aligned}
\tag{4.57}
$$

这实际上相当于 x_3 轴方向上的应变完全被限制住. 但实际情况并非如此，因此有必要作如下讨论.

1. 水平应力远大于竖直应力的场合

对水平应力远大于竖直应力的区域，作为近似计算，可视 σ_{33} 为零，此时，广义胡克定律成为

$$
\begin{aligned}
\sigma_{11} &= \lambda(e_{11} + e_{22} + e_{33}) + 2\mu e_{11} \\
\sigma_{22} &= \lambda(e_{11} + e_{22} + e_{33}) + 2\mu e_{22} \\
0 &= \lambda(e_{11} + e_{22} + e_{33}) + 2\mu e_{33} \\
\sigma_{12} &= 2\mu e_{12} \\
\sigma_{23} &= \sigma_{31} = 0
\end{aligned}
\tag{4.58}
$$

由该式可知，e_{33} 不为零，同时可求.

2. 水平应力与竖直应力成比例的场合

对地应力实测资料较多的区域，如冰岛、南非、日本、美国以及我国三峡等部分地区，可借助于现有水平应力与竖直应力的比值关系进行计算，当设其比值关系为 γ 时，方程式成为

$$
\sigma_{11} = \lambda(e_{11} + e_{22} + e_{33}) + 2\mu e_{11}
$$

$$\sigma_{22}=\lambda(e_{11}+e_{22}+e_{33})+2\mu e_{22}$$
$$\frac{(\sigma_{11}+\sigma_{22})\gamma}{2}=\lambda(e_{11}+e_{22}+e_{33})+2\mu e_{33}$$
$$\sigma_{12}=2\mu e_{12}$$
$$\sigma_{23}=\sigma_{31}=0 \tag{4.59}$$

此时，e_{33}可求.

3. 地球表面开放、密度函数已知的场合

对应大部分地区，由于地球表面的开放性，当密度函数为 $\rho(x_3)$时，广义胡克定律成为

$$\sigma_{11}=\lambda(e_{11}+e_{22}+e_{33})+2\mu e_{11}$$
$$\sigma_{22}=\lambda(e_{11}+e_{22}+e_{33})+2\mu e_{22}$$
$$\int_0^h\rho(x_3)g\mathrm{d}x_3=\lambda(e_{11}+e_{22}+e_{33})+2\mu e_{33}$$
$$\sigma_{12}=2\mu e_{12}$$
$$\sigma_{23}=\sigma_{31}=0 \tag{4.60}$$

式中，g 为重力加速度，h 为测点深度. 该式仍然是一个确定的可求方程.

由此可见，在地球表层上使用广义胡克定律时，应根据不同情况分别予以处理，不可千篇一律.

二、二维测量之三维地应力主轴旋转问题的理论计算

由前面的讨论可知，通过平面测量，可求出应力张量 σ_{ji}. 利用求解主应力的特征方程式

$$\sigma^3-J_1\sigma^2+J_2\sigma-J_3=0 \tag{4.61a}$$

式中，

$$J_1=\sigma_{11}+\sigma_{22}+\sigma_{33}$$
$$J_2=\begin{vmatrix}\sigma_{11} & \sigma_{12}\\ \sigma_{21} & \sigma_{22}\end{vmatrix}+\begin{vmatrix}\sigma_{22} & \sigma_{23}\\ \sigma_{32} & \sigma_{33}\end{vmatrix}+\begin{vmatrix}\sigma_{33} & \sigma_{31}\\ \sigma_{13} & \sigma_{11}\end{vmatrix}$$
$$J_3=\begin{vmatrix}\sigma_{11} & \sigma_{21} & \sigma_{31}\\ \sigma_{12} & \sigma_{22} & \sigma_{32}\\ \sigma_{13} & \sigma_{23} & \sigma_{33}\end{vmatrix} \tag{4.61b}$$

可求出主应力值 σ_1、σ_2、σ_3，将其代入

$$\begin{bmatrix}(\sigma_{11}-\sigma) & \sigma_{21} & \sigma_{31}\\ \sigma_{12} & (\sigma_{22}-\sigma) & \sigma_{32}\\ \sigma_{13} & \sigma_{23} & (\sigma_{33}-\sigma)\end{bmatrix}=0 \tag{4.62}$$

便可求出 σ_1、σ_2、σ_3 对应的方向(称主方向)(n_1, n_2, n_3)、(n'_1, n'_2, n'_3)、(n''_1, n''_2, n''_3). 因此,根据平面地应力测量,可以决定地应力主轴的大小和方向.

所谓地应力主轴旋转,是指原地应力测量之后经过某一时间,对地应力再次测量时由于地应力的变化而造成的主应力及主方向改变的物理过程. 当利用平面上 3 个方向的应变(或应变变化)进行其改变量测量时,可设 3 个方向上的原长度为 l_{12}、l_{23}、l_{31}(图 4-3),改变量为 Δl_{12}、Δl_{23}、Δl_{31},根据应变的定义,可知 $\Delta l_{12}/l_{12}$、$\Delta l_{23}/l_{23}$、$\Delta l_{31}/l_{31}$ 分别为各自方向上的正应变(或线应变)值. 由正应变表达式可得

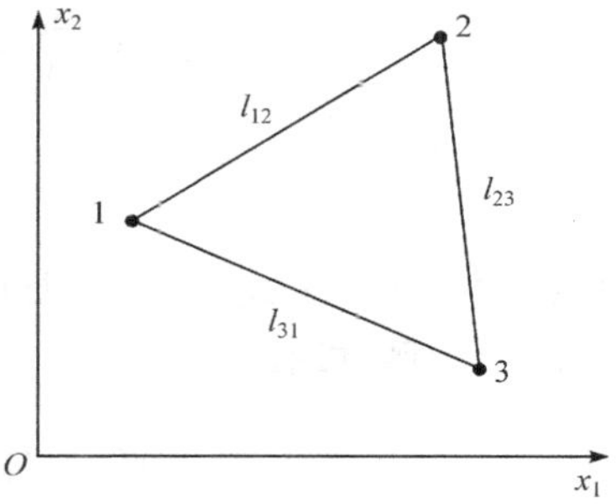

图 4-3

$$
\begin{aligned}
\frac{\Delta l_{12}}{l_{12}} &= \Delta e_{11}\cos^2\alpha_1 + \Delta e_{22}\cos^2\alpha_2 + 2\Delta e_{12}\cos\alpha_1\cos\alpha_2 \\
\frac{\Delta l_{23}}{l_{23}} &= \Delta e_{11}\cos^2\beta_1 + \Delta e_{22}\cos^2\beta_2 + 2\Delta e_{12}\cos\beta_1\cos\beta_2 \\
\frac{\Delta l_{31}}{l_{31}} &= \Delta e_{11}\cos^2\gamma_1 + \Delta e_{22}\cos^2\gamma_2 + 2\Delta e_{12}\cos\gamma_1\cos\gamma_2
\end{aligned}
\tag{4.63}
$$

式中,α_1、α_2、β_1、β_2、γ_1、γ_2 分别表示 l_{12}、l_{23}、l_{31} 线段与 x_1、x_2 轴之间的夹角,在坐标选定后,均为已知值,因此,由式(4.63)可求出平面应变分量的改变量 Δe_{11}、Δe_{22}、Δe_{33} 分别为

$$
\Delta e_{11} = \frac{\Delta_1}{\Delta} = \frac{\begin{vmatrix} \Delta l_{12}/l_{12} & \cos^2\alpha_2 & 2\cos\alpha_1\cos\alpha_2 \\ \Delta l_{23}/l_{23} & \cos^2\beta_2 & 2\cos\beta_1\cos\beta_2 \\ \Delta l_{31}/l_{31} & \cos^2\gamma_2 & 2\cos\gamma_1\cos\gamma_2 \end{vmatrix}}{\begin{vmatrix} \cos^2\alpha_1 & \cos^2\alpha_2 & 2\cos\alpha_1\cos\alpha_2 \\ \cos^2\beta_1 & \cos^2\beta_2 & 2\cos\beta_1\cos\beta_2 \\ \cos^2\gamma_1 & \cos^2\gamma_2 & 2\cos\gamma_1\cos\gamma_2 \end{vmatrix}}
$$

$$
\Delta e_{22} = \frac{\Delta_2}{\Delta} = \frac{\begin{vmatrix} \cos^2\alpha_1 & \Delta l_{12}/l_{12} & 2\cos\alpha_1\cos\alpha_2 \\ \cos^2\beta_1 & \Delta l_{23}/l_{23} & 2\cos\beta_1\cos\beta_2 \\ \cos^2\gamma_1 & \Delta l_{31}/l_{31} & 2\cos\gamma_1\cos\gamma_2 \end{vmatrix}}{\begin{vmatrix} \cos^2\alpha_1 & \cos^2\alpha_2 & 2\cos\alpha_1\cos\alpha_2 \\ \cos^2\beta_1 & \cos^2\beta_2 & 2\cos\beta_1\cos\beta_2 \\ \cos^2\gamma_1 & \cos^2\gamma_2 & 2\cos\gamma_1\cos\gamma_2 \end{vmatrix}}
$$

$$\Delta e_{33}=\frac{\Delta_3}{\Delta}=\frac{\begin{vmatrix}\cos^2\alpha_1 & \cos^2\alpha_2 & \Delta l_{12}/l_{12}\\ \cos^2\beta_1 & \cos^2\beta_2 & \Delta l_{23}/l_{23}\\ \cos^2\gamma_1 & \cos^2\gamma_2 & \Delta l_{31}/l_{31}\end{vmatrix}}{\begin{vmatrix}\cos^2\alpha_1 & \cos^2\alpha_2 & 2\cos\alpha_1\cos\alpha_2\\ \cos^2\beta_1 & \cos^2\beta_2 & 2\cos\beta_1\cos\beta_2\\ \cos^2\gamma_1 & \cos^2\gamma_2 & 2\cos\gamma_1\cos\gamma_2\end{vmatrix}} \tag{4.64}$$

再根据式(4.58)～式(4.60)，便可求出不同情况下的应力张量的改变量 $\Delta\sigma_{ji}$，以式(4.60)为例，可有

$$\begin{aligned}
\Delta\sigma_{11}&=\lambda\left[\frac{\Delta_1+\Delta_2}{\Delta}+\Delta e_{33}\right]+\frac{2\mu\Delta_1}{\Delta}\\
\Delta\sigma_{22}&=\lambda\left[\frac{\Delta_1+\Delta_2}{\Delta}+\Delta e_{33}\right]+\frac{2\mu\Delta_2}{\Delta}\\
0&=\lambda\left[\frac{\Delta_1+\Delta_2}{\Delta}+\Delta e_{33}\right]+2\mu\Delta e_{33}\\
\Delta\sigma_{12}&=\frac{2\mu\Delta_3}{\Delta}\\
\Delta\sigma_{23}&=\Delta\sigma_{31}=0
\end{aligned} \tag{4.65}$$

式中，式(4.60)中 $\int_0^h \rho(x_3)g\mathrm{d}x_3$ 等于零是因为此处求的是改变量. 由式(4.65)可求出 $\Delta\sigma_{11}$、$\Delta\sigma_{22}$、$\Delta\sigma_{33}$、$\Delta\sigma_{12}$、Δe_{33}. 将其代入求解主应力的特征方程式，便有

$$\sigma^3-J_1\sigma^2+J_2\sigma-J_3=0 \tag{4.66a}$$

式中

$$\begin{aligned}
J_1&=(\sigma_{11}+\Delta\sigma_{11})+(\sigma_{22}+\Delta\sigma_{22})+\sigma_{33}\\
J_2&=\begin{vmatrix}(\sigma_{11}+\Delta\sigma_{11}) & (\sigma_{12}+\Delta\sigma_{12})\\ (\sigma_{12}+\Delta\sigma_{12}) & (\sigma_{22}+\Delta\sigma_{22})\end{vmatrix}+\begin{vmatrix}(\sigma_{22}+\Delta\sigma_{22}) & 0\\ 0 & (\sigma_{33}+\Delta\sigma_{33})\end{vmatrix}\\
&\quad+\begin{vmatrix}(\sigma_{33}+\Delta\sigma_{33}) & 0\\ 0 & (\sigma_{11}+\Delta\sigma_{11})\end{vmatrix}\\
J_3&=\begin{vmatrix}(\sigma_{11}+\Delta\sigma_{11}) & (\sigma_{12}+\Delta\sigma_{12}) & 0\\ (\sigma_{12}+\Delta\sigma_{12}) & (\sigma_{22}+\Delta\sigma_{22}) & 0\\ 0 & 0 & (\sigma_{33}+\Delta\sigma_{33})\end{vmatrix}
\end{aligned} \tag{4.66b}$$

故由特征方程式可求出任意时刻的主应力值 σ_1、σ_2、σ_3. 将 σ_1、σ_2、σ_3 代入式(4.62)，便得

$$\begin{bmatrix}(\sigma_{11}-\sigma_1) & \sigma_{21} & \sigma_{31}\\ \sigma_{12} & (\sigma_{22}-\sigma_1) & \sigma_{32}\\ \sigma_{13} & \sigma_{23} & (\sigma_{33}-\sigma_1)\end{bmatrix}\begin{bmatrix}n_1\\ n_2\\ n_3\end{bmatrix}=0$$

式中，

$$n_1^2+n_2^2+n_3^2=1$$

$$\begin{bmatrix}(\sigma_{11}-\sigma_2) & \sigma_{21} & \sigma_{31}\\ \sigma_{12} & (\sigma_{22}-\sigma_2) & \sigma_{32}\\ \sigma_{13} & \sigma_{23} & (\sigma_{33}-\sigma_2)\end{bmatrix}\begin{bmatrix}n_1'\\ n_2'\\ n_3'\end{bmatrix}=0$$

式中，

$$n_1'^2+n_2'^2+n_3'^2=1$$

$$\begin{bmatrix}(\sigma_{11}-\sigma_3) & \sigma_{21} & \sigma_{31}\\ \sigma_{12} & (\sigma_{22}-\sigma_3) & \sigma_{32}\\ \sigma_{13} & \sigma_{23} & (\sigma_{33}-\sigma_3)\end{bmatrix}\begin{bmatrix}n_1''\\ n_2''\\ n_3''\end{bmatrix}=0$$

式中，

$$n_1''^2+n_2''^2+n_3''^2=1 \tag{4.67}$$

式(4.66a)、式(4.66b)、式(4.67)即为求解任意时刻主应力量值和方向旋转的计算公式. 对应式(4.58)及式(4.59)的情况，以此类推.

三、讨论

(1) 如果能够测定井壁的倾斜(石油地区可借助油井资料)，则由剪应变的定义式可知，在以 $Ox_1x_2x_3$ 表示的直角坐标系中(取 x_3 轴为垂向)，竖直井壁的倾斜在 Ox_1x_3 平面的投影的 1/2 倍，即为剪应变分量 e_{13}(或 e_{31})，而在 Ox_2x_3 平面上投影的 1/2 倍，即为剪应变分量 e_{23}(或 e_{32}). 如此，应力分量除由式(4.58)～式(4.60)计算出的应力分量 σ_{11}、σ_{22}、σ_{33}、σ_{12} 和由式(4.65)等计算出 $\Delta\sigma_{ji}$ 外，还应有 $\Delta\sigma_{23}=2\mu e_{23}$，$\Delta\sigma_{31}=2\mu e_{31}$. 此时，在计算主应力值和主方向改变时，应使用式(4.61)和式(4.62)，同时注意 σ_{11}、σ_{22}、σ_{33}、σ_{12}、σ_{23}、σ_{31} 应以 $\sigma_{11}+\Delta\sigma_{11}$、$\sigma_{22}+\Delta\sigma_{22}$、$\sigma_{33}+\Delta\sigma_{33}$、$\sigma_{12}+\Delta\sigma_{12}$、$\Delta\sigma_{23}$、$\Delta\sigma_{31}$ 代换.

(2) 如果配合三维原地应力测量(如水压致裂法等)工作进行随机测量，则因原地应力分量一般来说均不为零. 所以此时根据井壁倾斜测得的 e_{23}、e_{31} 应视实际情况与原测值相加或相减. 例如，以相加为例，可得应力张量 $\sigma_{11}+\Delta\sigma_{11}$、$\sigma_{22}+\Delta\sigma_{22}$、$\sigma_{33}+\Delta\sigma_{33}$、$\sigma_{12}+\Delta\sigma_{12}$、$\sigma_{23}+\Delta\sigma_{23}$、$\sigma_{31}+\Delta\sigma_{31}$. 重复式(4.61)、式(4.62)的运算过程并将 $\sigma_{ji}+\Delta\sigma_{ji}$ 代换公式中的 σ_{ji} 即可得到任意时刻三维地应力主轴旋转和量值的改变关系.

(3) 如果二次测量与原测量坐标不一致时，则可根据坐标变换公式，得

$$\begin{bmatrix}\Delta\sigma_{11} & \Delta\sigma_{21} & \Delta\sigma_{31}\\ \Delta\sigma_{12} & \Delta\sigma_{22} & \Delta\sigma_{32}\\ \Delta\sigma_{13} & \Delta\sigma_{23} & \Delta\sigma_{33}\end{bmatrix}=\begin{bmatrix}n_{11} & n_{12} & n_{13}\\ n_{21} & n_{22} & n_{23}\\ n_{31} & n_{32} & n_{33}\end{bmatrix}$$

$$\begin{bmatrix} \Delta\sigma'_{11} & \Delta\sigma'_{21} & \Delta\sigma'_{31} \\ \Delta\sigma'_{12} & \Delta\sigma'_{22} & \Delta\sigma'_{32} \\ \Delta\sigma'_{13} & \Delta\sigma'_{23} & \Delta\sigma'_{33} \end{bmatrix} = \begin{bmatrix} n_{11} & n_{21} & n_{31} \\ n_{12} & n_{22} & n_{32} \\ n_{13} & n_{23} & n_{33} \end{bmatrix}$$

式中，$\Delta\sigma_{ji}$为原坐标系中应力张量的改变量，$\Delta\sigma'_{ji}$为二次测量所选坐标中的应力张量的改变量，n_{ji}和n_{ij}为原坐标系x_i与二次测量所选坐标系x'_i之间夹角的方向余弦. 将变换后的$\Delta\sigma_{ji}+\sigma_{ji}$代入式(4.61)和式(4.62)并重复其运算，即得所求的值.

习题与参考答案

1. 试写出一般情况下以应力表示应变的广义胡克定律.

2. 试写出正交各向异性体内以应力表示应变的广义胡克定律.

3. 试写出正交各向同性体内以应力表示应变的广义胡克定律.

4. 利用坐标轴旋转180°的方法，证明各向同性体的主应力与主方向重合.

提示: 选应变主轴与坐标轴重合，此时$\sigma_{12}=c_{1211}e_1+c_{1222}e_2+c_{1233}e_3$. 将坐标轴绕$x_2$轴旋转180°，则有$\sigma'_{12}=c_{1211}e'_1+c_{1222}e'_2+c_{1233}e'_3$. 然后利用$e_1=e'_1$，$e_2=e'_2$，$e_3=e'_3$，$\sigma_{12}=-\sigma'_{12}$，便可证明$\sigma_{12}=0$，同理可证$\sigma_{23}=\sigma_{31}=0$. 因此，主应力的方向与主应变的方向重合.

5. 已知在应力解除法计算地应力的过程中，由直角应变变化测量的线应变值(或正应变)分别为e_0、e_{45}、e_{90}，试求地应力的平面分量σ_{11}、σ_{22}、σ_{12}(设λ、μ为已知，且$e_{33}=0$).

答案: $\sigma_{11}=(\lambda+2\mu)e_0+\lambda e_{90}$，$\sigma_{22}=(\lambda+2\mu)e_{90}+\lambda e_0$，$\sigma_{12}=\mu(2e_{45}-e_0-e_{90})$.

6. 已知用应力解除法计算地应力的过程中，由与x_1正向成30°、60°、90°的方向上测得的应变值分别为e_{30}、e_{60}、e_{90}，试求平面地应力分量σ_{11}、σ_{22}、σ_{12}(设λ、μ为已知，且$e_{33}=0$).

答案: $\sigma_{11}=2[(\lambda+2\mu)(e_{30}-e_{60})+(\lambda+\mu)e_{90}]$，$\sigma_{22}=2[\lambda(e_{30}-e_{60}+e_{90})+\mu e_{90}]$，$\sigma_{12}=-2\sqrt{3}\mu(e_{30}-3e_{60}+2e_{90})/3$.

7. 已知弹性体中任一点的位移分量$u_1=A_0+A_1x_1+A_2x_2+A_3x_3$，$u_2=B_0+B_1x_1+B_2x_2+B_3x_3$，$u_3=c_0+c_1x_1+c_2x_2+c_3x_3$，弹性体的杨氏模量与泊松比为$E$与$\nu$，试求弹性体中任一点的应力分量.

答案: $\sigma_{11}=E\left[\dfrac{\nu(A_1+B_2+C_3)}{(1-2\nu)}+A_1\right]\Big/(1+\nu)$，$\sigma_{22}=E\left[\dfrac{\nu(A_1+B_2+C_3)}{(1-2\nu)}+B_2\right]\Big/(1+\nu)$，$\sigma_{33}=E\left[\dfrac{\nu(A_1+B_2+C_3)}{(1-2\nu)}+C_3\right]\Big/(1+\nu)$，$\sigma_{12}=E\dfrac{(B_1+A_2)}{2(1+\nu)}$，$\sigma_{23}=\dfrac{E(C_2+B_3)}{2(1+\nu)}$，$\sigma_{31}=E\dfrac{(A_3+C_1)}{2(1+\nu)}$.

8. 将某一小的弹性物体放入高压容器内，在静水压力为$P=0.45\text{N/mm}^2$的作用下，测得体积应变为 $\theta=-3.6\times10^{-5}$，若 $\nu=0.3$，试求该物体的杨氏模量 E.

答案：$E=1.5\times10^{4}\mathrm{N/mm^2}$.

9. 弹性体中某一点在 x_1 和 x_2 方向上的正应力分别为 $\sigma_{11}=35\mathrm{N/mm^2}$，$\sigma_{22}=25\mathrm{N/mm^2}$，而沿 x_3 方向的应变完全被限制住. 试求 σ_{33}（$E=2.1\times10^{5}\mathrm{N/mm^2}$，$\nu=0.3$）.

答案：$\sigma_{33}=18\mathrm{N/mm^2}$.

10. 将橡皮方块放入与它同样体积的铁盒内. 在顶部用铁盖封闭，使铁盖上面承受均匀压应力 P（图 4－4），假设铁盖可视为刚体，在橡皮与铁之间无摩擦. 试求铁盒内侧面所受到的压应力以及橡皮块的体积应变. 若将橡皮块看成是刚体或不可压缩时，其体积应变将有什么变化？

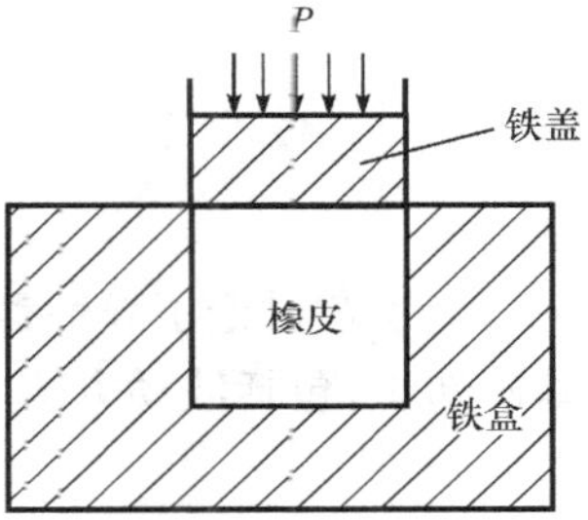

图 4－4

答案：$\sigma_{11}=\sigma_{22}=\nu P/(1-\nu)$；$\theta=e_{33}=-P(1+\nu)(1-2\nu)/E(1-\nu)$；当换成刚体时，$E\to\infty$，$\theta=0$.

11. 已知由直角应变化测得的正应变值分别 $e_0=130\times10^{-6}$，$e_{45}=75\times10^{-6}$，$e_{90}=130\times10^{-6}$，试求主应变.

答案：$e_1=185\times10^{-6}$，$e_2=75\times10^{-6}$，$e_3=0$.

12. 已知地球表面某点岩石的弹性常数为 $E=2.1\times10^{5}\mathrm{N/mm^2}$，$\nu=0.3$，测得 x_1 方向上的正应变为 $e_0=-100\times10^{-6}$，与 x_1 成 60°和 90°方向上的正应变为 $e_{60}=50\times10^{-6}$ 和 $e_{90}=150\times10^{-6}$，试求该点的主应力.

答案：$\sigma_1=28.9\mathrm{N/mm^2}$，$\sigma_2=-13.8\mathrm{N/mm^2}$.

13. 已知弹性体中任一点的位移分量为 $u_1=A_0+A_1x_1$，$u_2=B_0+B_1x_1+B_2x_2$，$u_3=c_0+c_1x_2+c_2x_3$，试求任一点的应变势能（λ、μ 为已知）.

答案：$W=[\lambda(A_1+B_2+C_2)^2+\mu(2A_1^2+2B_2^2+2C_2^2+B_1^2+C_1^2)]/2$.

14. 已知弹性体内某点的应力分量为 σ_{11}、σ_{22}、σ_{33}、σ_{12}、σ_{23}、σ_{31}，若该弹性体的拉梅常数为 λ、μ，试写出以此应力分量和拉梅常数表示的应变势能的表达式.

15. 试写出坐标轴与应变主轴重合时的应变势能的表达式.

16. 设弹性体中任一点的位移分量为 $u_1=10^{-3}+0.2\times10^{-3}x_1x_2+0.1\times10^{-3}x_3$，$u_2=2\times10^{-3}+0.1\times10^{-3}x_1+0.2\times10^{-3}x_2x_3$，$u_3=10^{-3}-0.2\times10^{-3}x_1x_2x_3$. 试计算点 $A(1,2,3)$ 的应变势能（$E=2.0\times10^{5}\mathrm{N/mm^2}$，$\nu=0.2$）.

答案：$W=1.093\times10^{-4}\mathrm{J/mm^3}$.

第 5 章

弹性波动力学基础

以上 4 章讨论了弹性静力学，本章将研究弹性动力学问题，主要介绍弹性波动的基础知识，包括波动方程、标量势及矢量势、波的能流密度矢量等内容.

5.1 弹性介质的位移场方程

在 2.5 节中曾推导出弹性体的运动方程，即式(2.59). 本节将推导出另一种重要形式的运动方程——位移场方程，也称纳维方程.

5.1.1 基本方程与边界条件

已熟知振动的传播过程称为波动. 在弹性介质里，机械振动的传播过程称为弹性波动，简称弹性波. 弹性动力学主要研究弹性波的产生及传播规律，并进一步研究弹性介质的位移场、应变及应力张量场随时间的变化等问题，即寻求 $u_i(r,t)$、$e_{ji}(r,t)$、$\sigma_{ji}(r,t)$ 的具体形式. 因此，必须求解下列基本方程：

$$\frac{\partial \sigma_{ji}}{\partial x_j} + \rho f_i = \rho \frac{\partial^2 u_i}{\partial t^2} \tag{5.1}$$

$$e_{ji} = \frac{1}{2}\left(\frac{\partial u_i}{\partial x_j} + \frac{\partial u_j}{\partial x_i}\right) \tag{5.2}$$

$$e_{ij} = -\frac{\nu}{E}\Theta\delta_{ji} + \frac{1+\nu}{E}\sigma_{ji} \tag{5.3}$$

或者

$$\sigma_{ji} = \lambda\theta\delta_{ji} + 2\mu e_{ji} \tag{5.4}$$

对于具体问题，必须给出一定的初始条件和边界条件，才能确定唯一的解.

问题的初始条件是指 $t=0$ 时的初始位移 $u_{0i}(r)$ 和初始速度 $v_{0i}(r)$. 写为如下形式：

$$u_i(r,0) = u_{0i}(r), \quad \dot{u}_i(r,0) = v_{0i}(r) \tag{5.5}$$

边界条件可分为

(1) 应力边界条件。已知物体表面所受外力 $\bar{\boldsymbol{F}}_i$. 此时表面应力与外力平衡,于是有 $\bar{\boldsymbol{F}}_i=\sigma_{ji}n_j$.

(2) 位移边界条件。已知物体表面的位移 $u_i(s)$,即在表面上应满足 $u_i=u_i(s)$.

(3) 混合边界条件。如物体表面的某一部分给出的是所受外力 $\bar{\boldsymbol{F}}_i$,其余部分给出的是位移 $u_i(s')$.

5.1.2　纳维方程

由式(5.1)～式(5.4)共组成 15 个方程,未知量 u_i、e_{ji}、σ_{ji} 也是 15 个,方程是适用的. 联立求解这 15 个方程可以解决弹性动力学问题,但计算量太大,很不方便. 通常将式(5.1)变为以位移 u_i 作为基本未知量的新方程. 由新的方程解出 u_i,然后由式(5.2)～式(5.4)解得 e_{ji} 及 σ_{ji},这可使计算工作大为简化. 下面我们建立以 u_i 为基本未知量的新形式的运动方程.

将式(5.2)、式(5.4)代入式(5.1)中得

$$\begin{aligned}
&\frac{\partial}{\partial x_j}(\lambda\theta\delta_{ji})+\frac{\partial}{\partial x_j}\mu\left(\frac{\partial u_i}{\partial x_j}+\frac{\partial u_j}{\partial x_i}\right)+\rho f_i\\
&=\theta\delta_{ji}\frac{\partial\lambda}{\partial x_j}+\lambda\delta_{ji}\frac{\partial\theta}{\partial x_j}+\lambda\theta\frac{\partial\delta_{ji}}{\partial x_j}+\left(\frac{\partial u_i}{\partial x_j}+\frac{\partial u_j}{\partial x_i}\right)\frac{\partial\mu}{\partial x_j}\\
&\quad+\mu\frac{\partial^2 u_i}{\partial x_j\partial x_j}+\mu\frac{\partial^2 u_j}{\partial x_j\partial x_i}+\rho f_i\\
&=\rho\frac{\partial^2 u_i}{\partial t^2}
\end{aligned}\tag{5.6}$$

由于 $\theta=\dfrac{\partial u_j}{\partial x_j}$,$\dfrac{\partial\delta_{ji}}{\partial x_j}=0$,所以式(5.6)可化作

$$(\lambda+\mu)\frac{\partial\theta}{\partial x_i}+\theta\frac{\partial\lambda}{\partial x_i}+\left(\frac{\partial u_i}{\partial x_j}+\frac{\partial u_j}{\partial x_i}\right)\frac{\partial\mu}{\partial x_j}+\mu\frac{\partial^2 u_i}{\partial x_j\partial x_j}+\rho f_i=\rho\frac{\partial^2 u_i}{\partial t^2}\tag{5.7}$$

在均匀各向同性弹性介质里,由于$\dfrac{\partial\lambda}{\partial x_j}=\dfrac{\partial\mu}{\partial x_j}=0$,式(5.7)可化为

$$(\lambda+\mu)\frac{\partial\theta}{\partial x_i}+\mu\frac{\partial^2 u_i}{\partial x_j\partial x_j}+\rho f_i=\rho\frac{\partial^2 u_i}{\partial t^2}\tag{5.8}$$

写成一般的矢量形式为

$$(\lambda+\mu)\nabla(\nabla\cdot\boldsymbol{u})+\mu\nabla^2\boldsymbol{u}+\rho\boldsymbol{f}=\rho\frac{\partial^2\boldsymbol{u}}{\partial t^2}\tag{5.9}$$

若将 $\theta=\nabla\cdot\boldsymbol{u}$ 代入式(5.9),则得到

$$(\lambda+\mu)\nabla\theta+\mu\nabla^2\boldsymbol{u}+\rho\boldsymbol{f}=\rho\frac{\partial^2\boldsymbol{u}}{\partial t^2}\tag{5.10}$$

式(5.7)为非均匀弹性介质位移场方程，式(5.9)为各向同性均匀弹性介质的位移场方程，它们就是著名的纳维(Navier)方程. 式(5.8)、式(5.10)是式(5.9)的不同形式.

纳维方程包括弹性力学所依据的力学、几何学和物理性质3个方面的条件. 它们分别是：

(1) 表示物体内每个微分体的运动方程；

(2) 变形的几何要素 u_i 和 θ；

(3) 确定物体的弹性和密度的参数 λ、μ 和 ρ.

如果边界条件给出的是位移，则式(5.9)直接可用，协调方程自然满足；如果边界条件给出的是外力，则可由式(5.2)～式(5.4)化成 u_i 在边界上应满足的方程. 几乎可以说，线性弹性固体的整个理论，就是要在前面列举的边界条件和初值条件下求解纳维方程.

5.2　纵波与横波

本节系统地论述弹性体内传播的两种波，即纵波与横波.

由矢量分析理论的斯托克斯-亥姆霍兹矢量分解定理可知，任何一个足够平滑的矢量场都可以分解成无旋场和无散场两个部分. 由此对位移矢量场进行分解可得

$$\boldsymbol{u}=\boldsymbol{u}_{(1)}+\boldsymbol{u}_{(2)}$$

且有 $\nabla\times\boldsymbol{u}_{(1)}=0$，$\nabla\cdot\boldsymbol{u}_{(2)}=0$，于是

$$\nabla\cdot\boldsymbol{u}=\nabla\cdot\boldsymbol{u}_{(1)},\quad \nabla\times\boldsymbol{u}=\nabla\times\boldsymbol{u}_{(2)} \tag{5.11}$$

$\boldsymbol{u}_{(1)}$ 为无旋位移场，其散度为弹性体的胀缩应变场，即容变场，$\boldsymbol{u}_{(2)}$ 为无散位移场，其旋度对应弹性体的转动情形，当小角度转动时，对应角位移矢量，即对应剪切应变场. 在非稳定条件下，这两种场分别以波的形式运动着. 我们分别称其为无旋波和无散波，也称为胀缩波和等体积波或容变波和切变波，这就是普通物理学中所谈到的纵波与横波. 下面分别研究这两种波.

5.2.1　纵波

对式(5.10)取散度，利用算符 ∇、∇^2 及 $\frac{\partial^2}{\partial t^2}$ 之间的对易关系可得

$$(\lambda+\mu)\nabla\cdot\nabla\theta+\mu\nabla\cdot\nabla^2\boldsymbol{u}+\rho\nabla\cdot\boldsymbol{f}=\rho\nabla\cdot\frac{\partial^2\boldsymbol{u}}{\partial t^2}$$

或者

$$(\lambda+2\mu)\nabla^2\theta+\rho\nabla\cdot\boldsymbol{f}=\rho\frac{\partial^2\theta}{\partial t^2}$$

也可化为

$$c_p^2 \nabla^2 \theta + \nabla \cdot \boldsymbol{f} = \frac{\partial^2 \theta}{\partial t^2} \tag{5.12}$$

式中，

$$c_p = \left(\frac{\lambda + 2\mu}{\rho}\right)^{1/2} \tag{5.13}$$

由式(5.13)可知，c_p 是个具有速度量纲的恒量. 式(5.12)是传播速度为 c_p 的无旋场的非齐次波动方程. 可见，在均匀各向同性弹性介质中，体积应变以速度 c_p 传播着，称其为容变波或弹性纵波，地震学上称其为P波，c_p 即为纵波速度.

若只研究波的传播，可不考虑波源的影响，令 $f=0$，式(5.12)可化作

$$\nabla^2 \theta = \frac{1}{c_p^2} \frac{\partial^2 \theta}{\partial t^2} \tag{5.14}$$

这是弹性纵波在介质内传播时，体积应变满足的齐次波动方程.

5.2.2 横波

对式(5.10)取旋度可得

$$\mu \nabla^2 (\nabla \times \boldsymbol{u}) + \rho \nabla \times \boldsymbol{f} = \rho \frac{\partial^2 (\nabla \times \boldsymbol{u})}{\partial t^2} \tag{5.15}$$

弹性体发生剪切形变时，在小角度转动情况下，由矢量分析可知，可以把

$$\boldsymbol{\Omega} = \frac{1}{2} \nabla \times \boldsymbol{u} \tag{5.16}$$

表示为体积元的角位移矢量. 将式(5.16)代入式(5.15)可得

$$c_s^2 \nabla^2 \boldsymbol{\Omega} + \frac{1}{2} \nabla \times \boldsymbol{f} = \frac{\partial^2 \boldsymbol{\Omega}}{\partial t^2} \tag{5.17}$$

式中，

$$c_s = \left(\frac{\mu}{\rho}\right)^{1/2} \tag{5.18}$$

c_s 是个具有速度量纲的恒量. 式(5.17)是传播速度为 c_s 的无散位移场的非齐次矢量波动方程. 可见旋转扰动以速度 c_s 传播着，我们称其为切变波或弹性横波. 地震学上称其为S波，c_s 即为横波速度.

若只研究横波的传播，可以不考虑波源的影响. 令 $f=0$，由式(5.17)得到 $\boldsymbol{\Omega}$ 满足的齐次波动方程为

$$\nabla^2 \boldsymbol{\Omega} = \frac{1}{c_s^2} \frac{\partial^2 \boldsymbol{\Omega}}{\partial t^2} \tag{5.19}$$

由式(5.18)可知，横波速度 c_s 依赖于介质的密度 ρ 和切变模量 μ. 若以 $\lambda=$

$K-2\mu/3$ 代入式(5.13)可得 $c_p=[(K+4\mu/3)/\rho]^{1/2}$，可见纵波速度 c_p 既依赖于介质的密度 ρ、体积压缩模量 K，也依赖于剪切模量 μ. 这表明，胀缩波在传播时，介质不仅只承受一个简单的压缩，而是压缩和剪切的组合. 设想在平面胀缩波传播的路径上有一个微小的立方体介质，当波通过它时，垂直于传播方向的横截面的面积将保持不变，而在传播方向上的长度改变了. 当它的体积改变时，在抗压或拉伸的同时，介质也抵抗了剪切.

5.2.3　波速比

由式(5.13)、式(5.18)可知，固体介质既能传播纵波也能传播横波. 由于理想流体(实际上黏滞性很小的气体和液体也近似看作理想流体)切变模量 $\mu=0$，则横波速度为零，故不能传播横波而只能传播纵波. 实验表明地球的外核没有横波通过，它应当属于液体状态. 纵波与横波的波速比为

$$\frac{c_p}{c_s}=\sqrt{\frac{\lambda+2\mu}{\mu}}=\sqrt{\frac{2(1-\nu)}{1-2\nu}} \tag{5.20}$$

固体的种类不同，波速比一般也不同. 地壳深处的岩层与地表岩层结构性质不同，其波速比也不同. 地表附近的岩石，泊松比 ν 接近于 1/4，这时拉梅系数 $\lambda=\mu$，$c_p=\sqrt{3}c_s$.

从理论上讲，可以根据波速和介质性质的联系，由对波速的测定推断介质的性质和状态. 但在实际的地震勘探中实行起来却要困难得多. 相比之下，利用波速比的测定预报天然地震和寻找天然油气藏却要容易些.

5.3　标量势与矢量势

直接求纳维方程(5.9)是很困难的. 由于其微分算符结构比较复杂，往往很难积分. 但是，可以将位移 $\boldsymbol{u}$ 通过某种变换导出某种简单常见的微分方程，使得方程容易求解. 这种变换常常要引入势函数，其中比较简单的是引入拉梅势.

5.3.1　拉梅势

根据斯托克斯-亥姆霍兹矢量分解定理，位移矢量场可以分解成无旋场与无散场两个部分. 如果位移矢量 $\boldsymbol{u}(\boldsymbol{r},t)$ 是纳维方程的二次可微解，那么就存在一个标量势函数 $\varphi(\boldsymbol{r},t)$ 和一个矢量势函数 $\boldsymbol{\psi}(\boldsymbol{r},t)$，使得 $\boldsymbol{u}(\boldsymbol{r},t)$ 写成

$$\boldsymbol{u}(\boldsymbol{r},t)=\nabla\varphi(\boldsymbol{r},t)+\nabla\times\boldsymbol{\psi}(\boldsymbol{r},t) \tag{5.21}$$

式中，$\varphi(\boldsymbol{r},t)$ 和 $\boldsymbol{\psi}(\boldsymbol{r},t)$ 分别称为位移矢量场 $\boldsymbol{u}(\boldsymbol{r},t)$ 的标量势函数和矢量势函数. 同理，对于单位质量的体力 $\boldsymbol{f}(\boldsymbol{r},t)$，也存在一个标量势函数 $\Xi(\boldsymbol{r},t)$ 与一个矢量势函数 $\boldsymbol{\Lambda}(\boldsymbol{r},t)$，使得 $\boldsymbol{f}(\boldsymbol{r},t)$ 表示为

$$\boldsymbol{f}(\boldsymbol{r},t)=\nabla \Xi(\boldsymbol{r},t)+\nabla\times\boldsymbol{\Lambda}(\boldsymbol{r},t) \tag{5.22}$$

则 $\varphi(\boldsymbol{r},t)$、$\boldsymbol{\psi}(\boldsymbol{r},t)$称为拉梅(Lame)势.

5.3.2　以势函数表示的波动方程

将式(5.21)、式(5.22)代入式(5.9)可得

$$(\lambda+\mu)\nabla\nabla\cdot(\nabla\varphi+\nabla\times\boldsymbol{\Psi})+\mu\nabla^2(\nabla\varphi+\nabla\times\boldsymbol{\Psi})+\rho(\nabla\Xi+\nabla\times\boldsymbol{\Lambda})$$
$$=\rho\frac{\partial^2}{\partial t^2}(\nabla\varphi+\nabla\times\boldsymbol{\Psi})$$

整理后得到

$$\nabla\left[(\lambda+2\mu)\nabla^2\varphi+\rho\Xi-\rho\frac{\partial^2\varphi}{\partial t^2}\right]+\nabla\times\left(\mu\nabla^2\boldsymbol{\Psi}+\rho\boldsymbol{\Lambda}-\rho\frac{\partial^2\boldsymbol{\Psi}}{\partial t^2}\right)=0$$

为使上式在所研究的空间域 V 和时间域(t_1,t_2)中成立,方括号内的值应等于零.于是得

$$c_{\mathrm{p}}^2\nabla^2\varphi+\Xi=\frac{\partial^2\varphi}{\partial t^2} \tag{5.23}$$

$$c_{\mathrm{p}}^2\nabla^2\boldsymbol{\Psi}+\boldsymbol{\Lambda}=\frac{\partial^2\boldsymbol{\Psi}}{\partial t^2} \tag{5.24}$$

式(5.23)是位移矢量场的标势 φ 所满足的非齐次标量波动方程,式(5.24)是位移矢量场的矢势 $\boldsymbol{\psi}$ 满足的非齐次矢量波动方程.称为达朗贝尔(Dalembert)方程,这是描述波源与波特性的相互联系的方程.

对于波的传播问题,当波源影响不存在或可以忽略时,可令 $\Xi=\boldsymbol{\Lambda}=0$,则由式(5.23)、式(5.24)得到 φ 与 $\boldsymbol{\psi}$ 满足的齐次波动方程为

$$\nabla^2\varphi=\frac{1}{c_{\mathrm{p}}^2}\frac{\partial^2\varphi}{\partial t^2} \tag{5.25}$$

$$\nabla^2\boldsymbol{\psi}=\frac{1}{c_{\mathrm{p}}^2}\frac{\partial^2\boldsymbol{\psi}}{\partial t^2} \tag{5.26}$$

由式(5.21)可以得到

$$\nabla\cdot\boldsymbol{u}=\nabla^2\varphi \tag{5.27}$$

若加上规范性条件$\nabla\cdot\boldsymbol{\psi}=0$,则得到

$$\nabla\times\boldsymbol{u}=-\nabla^2\boldsymbol{\psi} \tag{5.28}$$

根据 φ 与 $\boldsymbol{\psi}$ 满足的波动方程式(5.23)～式(5.26)及一定的边值和初值条件可求得 φ 与 $\boldsymbol{\Psi}$,由式(5.21)进一步求出位移矢量场 $\boldsymbol{u}$,最后由式(5.2)及式(5.4)可求出应变与应力张量场.

如果对式(5.23)及式(5.26)分别取梯度和旋度,则可得到无旋位移场 $\boldsymbol{u}_{(1)}(\boldsymbol{r},t)$和无散位移场 $\boldsymbol{u}_{(2)}(\boldsymbol{r},t)$满足的非齐次波动方程.

$$c_p^2 \nabla^2 \boldsymbol{u}_{(1)} + \nabla \Xi = \frac{\partial^2 \boldsymbol{u}_{(1)}}{\partial t^2} \tag{5.29}$$

$$c_s^2 \nabla^2 \boldsymbol{u}_{(2)} + \nabla \times \boldsymbol{\Lambda} = \frac{\partial^2 \boldsymbol{u}_{(2)}}{\partial t^2} \tag{5.30}$$

若令 $\Xi = \boldsymbol{\Lambda} = 0$，则可得到 $\boldsymbol{u}_{(1)}$、$\boldsymbol{u}_{(2)}$ 满足的齐次波动方程

$$\nabla^2 \boldsymbol{u}_{(1)} = \frac{1}{c_p^2} \frac{\partial^2 \boldsymbol{u}_{(1)}}{\partial t^2} \tag{5.31}$$

$$\nabla^2 \boldsymbol{u}_{(2)} = \frac{1}{c_s^2} \frac{\partial^2 \boldsymbol{u}_{(2)}}{\partial t^2} \tag{5.32}$$

由以上讨论可知，位移势函数 φ 与 $\boldsymbol{\psi}$、体积应变 θ 和角位移矢量 $\boldsymbol{\Omega}$、位移矢量 $\boldsymbol{u}$ 等都满足形式相同的方程. 为了方便可以用统一形式的方程表示. 当研究波的激发问题时，考虑到体力的作用，它们满足达朗贝尔方程

$$\nabla^2 \boldsymbol{\psi} - \frac{1}{c^2} \frac{\partial^2 \boldsymbol{\psi}}{\partial t^2} = -f \tag{5.33}$$

式中，$\boldsymbol{\psi}$ 称为波函数. 它可以代表 $\boldsymbol{\psi}$、$\boldsymbol{\Omega}$ 及 $\boldsymbol{u}$ 的分量，也可以代表标势 φ 或体积应变 θ. 对于 P 波，c 表示为 c_p；对于 S 波，c 表示为 c_s. f 描写的是波源情况，叫做源函数，是和体力场分布有关的函数，且为已知. 在远离波源的地方，波源的影响已不存在，式(5.33)变为齐次波动方程

$$\nabla^2 \boldsymbol{\psi} - \frac{1}{c^2} \frac{\partial^2 \boldsymbol{\psi}}{\partial t^2} = 0 \tag{5.34}$$

方程式(5.33)、式(5.34)是具有广泛意义的一般形式的波动方程。例如，电磁波动也满足这种形式的方程.

例 5－1 若位移矢量场的标势函数为 $\varphi = A\exp[\mathrm{i}(k_1 x_1 + k_3 x_3 - \omega t)]$，试求位移矢量 $\boldsymbol{u}$ 和体积应变 θ.

解 为了运算方便，对于简谐函数我们将导数算符变换为因子，令

$$\frac{\partial}{\partial x_j} = \mathrm{i}k_j, \quad \frac{\partial^2}{\partial x_j^2} = -k_j^2$$

$$\frac{\partial}{\partial t} = -\mathrm{i}\omega, \quad \frac{\partial^2}{\partial t^2} = -\omega^2$$

当导数算符作用到 φ 上时，使得求导数运算化为简单的乘法运算. 由 $u_j = \partial\varphi/\partial x_j = ik_j\varphi$ 可得

$$u_1 = \mathrm{i}k_1\varphi, \quad u_2 = 0, \quad u_3 = \mathrm{i}k_3\varphi$$

写成一般矢量形式为

$$\boldsymbol{u} = u_1 \boldsymbol{i}_1 + u_2 \boldsymbol{i}_2 + u_3 \boldsymbol{i}_3 = \mathrm{i}\varphi(k_1 \boldsymbol{i}_1 + k_3 \boldsymbol{i}_3) = \mathrm{i}\varphi\boldsymbol{k}$$

继续求得

$$e_{11}=\frac{\partial u_1}{\partial x_1}=\mathrm{i}k_1u_1=-k_1^2\varphi$$

$$e_{22}=\frac{\partial u_2}{\partial x_2}=\mathrm{i}k_2u_2=0$$

$$e_{33}=\frac{\partial u_3}{\partial x_3}=\mathrm{i}k_3u_3=-k_3^2\varphi$$

$$=e_{11}+e_{22}+e_{33}$$

$$=-k_1^2\varphi-k_3^2\varphi=-k^2\varphi$$

或者

$$\theta=\nabla\cdot\boldsymbol{u}=\mathrm{i}\boldsymbol{k}\cdot\mathrm{i}\boldsymbol{k}\varphi=-k^2\varphi$$

或者

$$\theta=\nabla\cdot\boldsymbol{u}=\nabla\cdot\nabla\varphi=\frac{\partial^2\varphi}{\partial x_i^2}=-k^2\varphi$$

例 5-2　若位移矢量的矢势函数为 $\boldsymbol{\psi}=B\exp[\mathrm{i}(k_1x_1+k_3x_3-\omega t)]\boldsymbol{i}_2$，试求位移矢量 $\boldsymbol{u}$ 和转动角位移矢量 $\boldsymbol{\Omega}$.

解　由公式 $u_i=\delta_{ijk}\partial\Psi_k/\partial x_j$ 可得

$$u_1=\frac{\partial\psi_3}{\partial x_2}-\frac{\partial\psi_2}{\partial x_3}=-\mathrm{i}k_3\psi_2$$

$$u_2=\frac{\partial\psi_1}{\partial x_3}-\frac{\partial\psi_3}{\partial x_1}=0$$

$$u_3=\frac{\partial\psi_2}{\partial x_1}-\frac{\partial\psi_1}{\partial x_2}=\mathrm{i}k_1\psi_2$$

写成一般矢量式有

$$\boldsymbol{u}=u_1\boldsymbol{i}_1+u_2\boldsymbol{i}_2+u_3\boldsymbol{i}_3=\mathrm{i}\psi_2(-k_3\boldsymbol{i}_1+k_1\boldsymbol{i}_3)$$

由公式 $\boldsymbol{\Omega}=\nabla\times\boldsymbol{u}/2$ 得 $\Omega_i=\delta_{ijk}(\partial u_k/\partial x_j)/2$，于是

$$\Omega_1=\frac{1}{2}\left(\frac{\partial u_3}{\partial x_2}-\frac{\partial u_2}{\partial x_3}\right)=0$$

$$\Omega_2=\frac{1}{2}\left(\frac{\partial u_1}{\partial x_3}-\frac{\partial u_3}{\partial x_1}\right)=\frac{1}{2}(k_3^2-k_1^2)\psi_2$$

$$\Omega_3=\frac{1}{2}\left(\frac{\partial u_2}{\partial x_1}-\frac{\partial u_1}{\partial x_2}\right)=0$$

或者 $\boldsymbol{\Omega}=\frac{1}{2}(k_3^2-k_1^2)\psi_2\boldsymbol{i}_2$

5.4　弹性波的能流密度

弹性波在介质内传播时，介质的微体元由于在各自的平衡位置附近振动具有

动能，波动会引起微体元的形变而产生弹性势能. 波的传播会伴随能量的传输，因而存在能流. 下面将分别讨论.

5.4.1 弹性波的能量密度

单位体积内的动能称作动能密度，若以 w_k 表示，则有

$$w_k = \frac{1}{2}\rho\left(\frac{\partial \boldsymbol{u}}{\partial t}\right)^2 \tag{5.35}$$

单位体积内的弹性势能称作弹性势能密度，以 w_m 表示，则有

$$\begin{aligned} w_m &= \frac{1}{2}\sigma_{ji}e_{ji} \\ &= \frac{\lambda}{2}(e_{11}+e_{22}+e_{33})^2+\mu[(e_{11}^2+e_{22}^2+e_{33}^2)+2(e_{12}^2+e_{23}^2+e_{31}^2)] \end{aligned} \tag{5.36}$$

波动是物质的一种机械运动，而机械能即为介质的动能与弹性势能之和. 单位体积内的机械能称为机械能密度，简称为能量密度，若以 w 表示，则有

$$w = w_k + w_m \tag{5.37}$$

显然，这样定义的机械能密度与动能密度、弹性势能密度一样是个标量场. 在非稳定的条件下，它们不仅是场点坐标的函数，而且也是时间的函数. 波动所及之处，弹性介质都具有了机械能. 所以这时弹性介质具有机械能也就是弹性波的能量.

5.4.2 能流密度矢量

事实上弹性体内任一微体元，当有波经过时既有能量流入也有能量流出. 因此，讨论机械能的传输问题，必然涉及微体元内能量变化的快慢问题，也就是要计算能量密度的时间变化率 $\frac{\partial w}{\partial t}$.

首先讨论动能密度 w_k 的时间变化率 $\frac{\partial w_k}{\partial t}$. 由式(5.35)可得

$$\frac{\partial w_k}{\partial t}=\rho\frac{\partial \boldsymbol{u}}{\partial t}\cdot\frac{\partial^2\boldsymbol{u}}{\partial t^2}$$

将式(5.1)用于上式并令 $f=0$，上式变为

$$\begin{aligned} \frac{\partial w_k}{\partial t} &= \left(\frac{\partial u_1}{\partial t}\boldsymbol{i}_1+\frac{\partial u_2}{\partial t}\boldsymbol{i}_2+\frac{\partial u_3}{\partial t}\boldsymbol{i}_3\right)\cdot\left[\left(\frac{\partial \sigma_{11}}{\partial x_1}+\frac{\partial \sigma_{21}}{\partial x_2}+\frac{\partial \sigma_{31}}{\partial x_3}\right)\boldsymbol{i}_1\right. \\ &\quad \left.+\left(\frac{\partial \sigma_{21}}{\partial x_1}+\frac{\partial \sigma_{22}}{\partial x_2}+\frac{\partial \sigma_{23}}{\partial x_3}\right)\boldsymbol{i}_2+\left(\frac{\partial \sigma_{31}}{\partial x_1}+\frac{\partial \sigma_{32}}{\partial x_2}+\frac{\partial \sigma_{33}}{\partial x_3}\right)\boldsymbol{i}_3\right] \\ &= \frac{\partial u_1}{\partial t}\frac{\sigma_{11}}{\partial x_1}+\frac{\partial u_2}{\partial t}\frac{\partial \sigma_{12}}{\partial x_1}+\frac{\partial u_3}{\partial t}\frac{\partial \sigma_{13}}{\partial x_1}+\frac{\partial u_1}{\partial t}\frac{\sigma_{21}}{\partial x_2}+\frac{\partial u_2}{\partial t}\frac{\partial \sigma_{22}}{\partial x_2} \\ &\quad +\frac{\partial u_3}{\partial t}\frac{\partial \sigma_{23}}{\partial x_2}+\frac{\partial u_1}{\partial t}\frac{\sigma_{31}}{\partial x_3}+\frac{\partial u_2}{\partial t}\frac{\partial \sigma_{32}}{\partial x_3}+\frac{\partial u_3}{\partial t}\frac{\partial \sigma_{33}}{\partial x_3} \end{aligned} \tag{5.38}$$

其次推导弹性势能密度 w_m 的时间变化率 $\frac{\partial w_m}{\partial t}$. 由式(5.36)及式(5.4)可得

$$\frac{\partial w_m}{\partial t}=(\lambda\theta+2\mu e_{11})\frac{\partial e_{11}}{\partial t}+(\lambda\theta+2\mu e_{22})\frac{\partial e_{22}}{\partial t}+(\lambda\theta+2\mu e_{33})\frac{\partial e_{33}}{\partial t}+4\mu e_{12}\frac{\partial e_{12}}{\partial t}+4\mu e_{23}\frac{\partial e_{23}}{\partial t}+4\mu e_{13}\frac{\partial e_{13}}{\partial t}$$

将式(5.2)代入上式整理后得

$$\frac{\partial w_m}{\partial t}=\sigma_{11}\frac{\partial^2 u_1}{\partial t\partial x_1}+\sigma_{22}\frac{\partial^2 u_2}{\partial t\partial x_2}+\sigma_{33}\frac{\partial^2 u_3}{\partial t\partial x_3}+\sigma_{12}\left(\frac{\partial^2 u_2}{\partial t\partial x_1}+\frac{\partial^2 u_1}{\partial t\partial x_2}\right)+\sigma_{23}\left(\frac{\partial^2 u_3}{\partial t\partial x_2}+\frac{\partial^2 u_2}{\partial t\partial x_3}\right)+\sigma_{13}\left(\frac{\partial^2 u_1}{\partial t\partial x_3}+\frac{\partial^2 u_3}{\partial t\partial x_1}\right) \tag{5.39}$$

将式(5.38)及式(5.39)相加并经简单运算可得机械能密度对时间的变化率为

$$\frac{\partial w}{\partial t}=\frac{\partial}{\partial x_1}\left(\sigma_{11}\frac{\partial u_1}{\partial t}+\sigma_{12}\frac{\partial u_2}{\partial t}+\sigma_{13}\frac{\partial u_3}{\partial t}\right)+\frac{\partial}{\partial x_2}\left(\sigma_{21}\frac{\partial u_1}{\partial t}+\sigma_{22}\frac{\partial u_2}{\partial t}+\sigma_{23}\frac{\partial u_3}{\partial t}\right)+\frac{\partial}{\partial x_3}\left(\sigma_{31}\frac{\partial u_1}{\partial t}+\sigma_{32}\frac{\partial u_2}{\partial t}+\sigma_{33}\frac{\partial u_3}{\partial t}\right) \tag{5.40}$$

定义一个能流密度矢量场,以 $\boldsymbol{I}$ 表示,且

$$I_j=-\sigma_{ji}\frac{\partial u_i}{\partial t} \tag{5.41}$$

由式(5.40)与式(5.41)可得

$$\frac{\partial w}{\partial t}=-\nabla\cdot\boldsymbol{I} \tag{5.42a}$$

或者写成

$$\frac{\partial w}{\partial t}+\nabla\cdot\boldsymbol{I}=0 \tag{5.42b}$$

以上式(5.42a)和式(5.42b)为连续性方程的微分形式. 它的意义是在能流密度连续的域中,任何一点的能量密度的时间变化率等于该点能流密度的负散度.

现在研究弹性体内足够大的体积内的能量变化规律. 设想在弹性介质内有一闭合曲面 S,它所包围的体积是 V. 将式(5.42a)对 V 取积分可得

$$\int_V\frac{\partial w}{\partial t}\mathrm{d}V=-\int_V\nabla\cdot I\mathrm{d}V \tag{5.43}$$

同高斯定理把式(5.43)右边的体积分化为沿曲面 S 的面积分,并将左端 $\frac{\partial}{\partial t}$ 移到积分号外面,可得

$$\frac{\partial w}{\partial t}\int_V w\,\mathrm{d}V=-\oint_S\boldsymbol{I}\cdot\mathrm{d}\boldsymbol{S} \tag{5.44}$$

方程式(5.44)是连续性方程的积分形式.它的意义是单位时间内体积 V 内增加的(或减少的)机械能,等于穿过界面 S 流入(或流出)的机械能.式中 $\boldsymbol{I}$ 为“流量”(或通量)密度,在此自然地解释为能流密度矢量.所以,空间某点处的能流密度矢量 $\boldsymbol{I}$ 定义为单位时间内通过波的传播方向上单位垂直截面的能量,其方向表示出该点处机械能的传输方向,即波的传播方向.

讨　论

在5.1节中,研究了均匀性各向同性介质中的纳维方程,现在讨论在双向非均匀弹性介质中波场的求解问题.

设弹性介质在 x_1、x_3 方向呈现不均匀性,即 $\rho=\rho(x_1,x_3)$,$\lambda=\lambda(x_1,x_3)$,$\mu=\mu(x_1,x_3)$,而 ρ,λ,μ 的变化在一个地震波长的范围内是比较小的,在此前提下,我们将从纳维方程推导出P波、SV波、SH波的波动方程.在推导中,忽略 ρ 的一阶导数及 λ、μ 的二阶导数,若忽略重力,纳维方程的形式为

$$\nabla[(\lambda+2\mu)\theta]-2\nabla(\mu\theta)+\mu\nabla^2\boldsymbol{u}+\mu\nabla\theta+2\nabla\mu\cdot[e_{ji}]=p\ddot{\boldsymbol{u}} \tag{5.45}$$

式中,ρ 为弹性介质的密度,$\boldsymbol{u}$ 为质点位移,θ 为体积应变,$[e_{ji}]$ 为应变张量,λ、μ 为拉梅系数.

暂不考虑位移的 x_2 分量,将式(5.45)写成分量形式

$$p\ddot{u}_1=\frac{\partial}{\partial x_1}[(\lambda+2\mu)\theta]+\mu\nabla^2u_1-\mu\frac{\partial\theta}{\partial x_1}-2\theta\frac{\partial\mu}{\partial x_1}+2\frac{\partial\mu}{\partial x_1}\times\frac{\partial u_1}{\partial x_1}+\frac{\partial\mu}{\partial x_3}\left(\frac{\partial u_3}{\partial x_1}+\frac{\partial u_1}{\partial x_3}\right) \tag{5.46a}$$

$$p\ddot{u}_3=\frac{\partial}{\partial x_3}[(\lambda+2\mu)\theta]+\mu\nabla^2u_3-\mu\frac{\partial\theta}{\partial x_3}-2\theta\frac{\partial\mu}{\partial x_3}+2\frac{\partial\mu}{\partial x_3}\times\frac{\partial u_3}{\partial x_3}+\frac{\partial\mu}{\partial x_1}\left(\frac{\partial u_3}{\partial x_1}+\frac{\partial\mu_1}{\partial x_3}\right) \tag{5.46b}$$

u_1 和 u_3 分别为位移的 x_1、x_3 方向的分量.由于

$$\boldsymbol{u}_{\mathrm{p}}=\nabla\varphi,\qquad \boldsymbol{u}_{\mathrm{s}}=\nabla\times\boldsymbol{\Psi}$$

$$\boldsymbol{u}_{\mathrm{p}}=\frac{\partial\varphi}{\partial x_1}-\frac{\partial\boldsymbol{\Psi}_2}{\partial x_3},\quad \boldsymbol{u}_{\mathrm{s}}=\frac{\partial\varphi}{\partial x_3}+\frac{\partial\boldsymbol{\Psi}_2}{\partial x_1}$$

式中,φ 和 $\boldsymbol{\Psi}$ 分别为位移的标量势及矢量势.

令 $\boldsymbol{\psi}=\Psi_2\boldsymbol{j}$,代入式(5.46a)和式(5.46b)中,得

$$\rho\frac{\partial^2}{\partial t^2}\frac{\partial\varphi}{\partial x_1}-\frac{\partial}{\partial x_1}[(\lambda+2\mu)\nabla^2\varphi]=\rho\frac{\partial^2}{\partial t^2}\frac{\partial\boldsymbol{\psi}}{\partial x_3}-\frac{\partial}{\partial x_3}(\mu\nabla^2\boldsymbol{\psi}) \tag{5.47a}$$

和

$$\rho\frac{\partial^2}{\partial t^2}\frac{\partial\varphi}{\partial x_3}-\frac{\partial}{\partial x_3}[(\lambda+2\mu)\nabla^2\varphi]=-\rho\frac{\partial^2}{\partial t^2}\frac{\partial\boldsymbol{\psi}}{\partial x_1}+\frac{\partial}{\partial x_1}(\mu\nabla^2\boldsymbol{\psi}) \tag{5.47b}$$

令

$$P=\rho\ddot{\boldsymbol{\varphi}}-(\lambda+2\mu)\nabla^2\varphi,\quad S=\rho\ddot{\boldsymbol{\psi}}-\mu\nabla^2\boldsymbol{\psi} \tag{5.48}$$

将式(5.48)代入式(5.47a)和式(5.47b)得

$$\frac{\partial P}{\partial x_3}=-\frac{\partial S}{\partial x_1} \tag{5.49a}$$

$$\frac{\partial P}{\partial x_1}=\frac{\partial S}{\partial x_3} \tag{5.49b}$$

将式(5.49b)对 x_1 求导数,将式(5.49a)对 x_3 求导数后相加得

$$\nabla^2 P=0 \tag{5.50}$$

将式(5.49b)对 x_3 求导数,将式(5.49a)对 x_1 求导数后相减得

$$\nabla^2 S=0 \tag{5.51}$$

由式(5.48),式(5.50),式(5.51)可得

$$\nabla^2\varphi=\frac{1}{c_{\mathrm{p}}^2}\frac{\partial^2\varphi}{\partial t^2} \tag{5.52a}$$

$$\nabla^2\boldsymbol{\psi}=\frac{1}{c_{\mathrm{s}}^2}\frac{\partial^2\boldsymbol{\psi}}{\partial t^2} \tag{5.52b}$$

式中,$c_{\mathrm{p}}=[(\lambda+2\mu)/\rho]^{1/2}$,$c_{\mathrm{s}}=(\mu/\rho)^{1/2}$,分别代表纵波与横波的速度,现在考虑位移的 x_2 分量 u_2,可从纳维方程直接得出 SH 波的波动方程为

$$\mu\nabla^2 u_2+\frac{\partial\mu}{\partial x_1}\cdot\frac{\partial u_2}{\partial x_1}+\frac{\partial\mu}{\partial x_3}\cdot\frac{\partial u_2}{\partial x_3}=\rho\ddot{\boldsymbol{u}}_2 \tag{5.53}$$

可见,式(5.52a)、式(5.52b)及式(5.53)即分别为 P 波、SV 波和 SH 波的波动方程.式(5.52a)、式(5.52b)与均匀弹性介质中相应的波方程有相同的形式,但 c_{p} 和 c_{s} 在这里为空间坐标的函数.

对式(5.52a)和式(5.52b)作傅里叶积分变换后,得

$$\nabla^2\tilde{\varphi}+K_{\mathrm{p}}^2(x_1,x_3)\tilde{\varphi}=0,\qquad \nabla^2\tilde{\Psi}+K_{\mathrm{s}}^2(x_1,x_3)\tilde{\Psi}=0$$

展成泰勒级数并分离变量,便归结为求解如下形式微分方程的近似解,即

$$\frac{\mathrm{d}^2 f(l)}{\mathrm{d}t^2}+\omega^2 S^2(l)f(l)=0$$

以 SH 波为例求解方程.位移分量 u_2 的傅里叶变换与反变换为

$$\overline{U}_2(x_1,x_3,\omega)=\int_{-\infty}^{+\infty}u_2(x_1,x_3,t)\exp(-\mathrm{i}\omega t)\mathrm{d}t$$

$$u_2(x_1,x_3,t)=\frac{1}{2\pi}\int_{-\infty}^{+\infty}\overline{U}_2(x_1,x_3,\omega)\exp(\mathrm{i}\omega t)\mathrm{d}\omega$$

式(5.53)的积分变换为

$$\nabla^2 \overline{U}_2 + \frac{\partial \mu / \partial x_1}{\mu} \cdot \frac{\partial \overline{U}_2}{\partial x_1} + \frac{\partial \mu / \partial x_3}{\mu} \cdot \frac{\partial \overline{U}_2}{\partial x_3} + K_s^2 \overline{U}_2 = 0 \tag{5.54}$$

$K_s = \frac{\omega}{c_s}$令 $U_2 = \mu^{-\frac{1}{2}} U$，代入式(5.54)中，得

$$\frac{\partial^2 U}{\partial x_1^2} + \frac{\partial^2 U}{\partial x_3^2} + [K_s^2 + f(x_1, x_3)] U = 0 \tag{5.55}$$

式中，$f(x_1, x_3) = \frac{1}{4\mu}\left[\left(\frac{\partial \mu}{\partial x_1}\right)^2 + \left(\frac{\partial \mu}{\partial x_3}\right)^2\right] = \frac{1}{c_s^2}\left[\left(\frac{\partial c_s}{\partial x_1}\right)^2 + \left(\frac{\partial c_S}{\partial x_3}\right)^2\right]$对式(5.55)中 $K_s^2 + f(x_1, x_3)$作泰勒展开，并取一级近似，运用分离变量法，迭代法解微分方程，得到的近似解为

$$\begin{aligned} \overline{U}_2(x_1, x_3) = {} & [\xi(x_1) + K^2]^{-\frac{1}{4}} [\eta(x_3) - k^2]^{-\frac{1}{4}} \\ & \times \exp\left\{ \mathrm{i}\left[\int^{x_1} \sqrt{\xi(\zeta) + k^2}\, \mathrm{d}\zeta + \int^{x_3} \sqrt{\eta(\tau) - k^2}\, \mathrm{d}\tau \right] \right\} \end{aligned} \tag{5.56}$$

及最后近似解

$$\begin{aligned} \overline{U}_2(x_1, x_3, \omega) = {} & (\rho \omega^2 \sin\theta \cos\theta)^{-\frac{1}{2}} \\ & \times \exp\left\{ \mathrm{i}k_s \int^{x_1} \cos\theta(\zeta, \tau)\, \mathrm{d}\zeta + \int^{x_3} \sin\theta(\zeta, \tau)\, \mathrm{d}\tau \right\} \end{aligned} \tag{5.57}$$

用相同的方法，得到 P 波、SV 波的近似解为

$$\Theta(x_1, x_3, \omega) = (\rho \omega^2 \sin\theta \cos\theta)^{-\frac{1}{2}} \exp\left\{ \mathrm{i}k_p \int^{x_1} \cos\theta(\zeta, \tau)\, \mathrm{d}\zeta + \int^{x_3} \sin\theta(\zeta, \tau)\, \mathrm{d}\tau \right\} \tag{5.58}$$

和

$$M(x_1, x_3, \omega) = (\rho \omega^2 \sin\theta \cos\theta)^{-\frac{1}{2}} \exp\left\{ \mathrm{i}k_s \int^{x_1} \cos(\zeta, \tau)\, \mathrm{d}\zeta + \int^{x_3} \sin\theta(\zeta, \tau)\, \mathrm{d}\tau \right\} \tag{5.59}$$

在近似求解过程中，在积分号下有新项出现，表明斯涅耳定律不再生效，对每个频率存在不同的射线路径. 按费马原理，由斯涅耳定律表示的路径是最小时间路径，故较高的频率总是最先到达任何位置. 可见，由于介质的不均匀性将引起频散. 由于介质的不均匀性不是十分显著，地震勘探中使用的一般都是较低频率的波，因而频散是较微弱的.

上述结果表明：

(1) 在二维不均匀弹性介质中，当 ρ、μ、λ 的变化在一个地震波长范围内较小时，P 波、S 波可以独立传播，我们已得出其近似解.

(2) 由式(5.56)可见，当介质变为垂向非均匀时，即化为 WKBJ 的解.

(3) 由于介质的不均匀性会带来地震波的散射，与一维非均匀情况下结论相同.

(4) 式(5.58)、式(5.59)为实际地震工作中考虑双向非均匀时的影响提供了理论依据,为研究二维非均匀介质的波动方程反演问题提供了正演结果.

习题与参考答案

1. 若介质的拉梅常数为 λ 和 u 位移的标势函数为 $\varphi=A\exp[\mathrm{i}(k_jx_j-\omega t)]$,试求出位移 u、体积应变 θ 与应力分量 σ_{ji}.

答案:$u=\mathrm{i}\varphi\boldsymbol{k}$,$\theta=-k^2\varphi$,$\sigma_{ji}=-\lambda k^2\varphi\delta_{ji}+\mu k_ik_j\varphi$.

2. 若介质的拉梅常数为 λ 和 u,位移的矢势函数为 $\Psi_1=B\exp[\mathrm{i}(k_1x_1+k_3x_3-\omega t)]$,试求出位移矢量 $\boldsymbol{u}$、角位移矢量 $\boldsymbol{\Omega}$ 及应力分量 σ_{ji}.

答案:$\boldsymbol{u}=\mathrm{i}k_3\Psi_1\boldsymbol{i}_2$,$\boldsymbol{\Omega}=k_3\Psi_1(k_3\boldsymbol{i}_1-k_1\boldsymbol{i}_3)/2$,$\sigma_{12}=-\mu k_1k_3\Psi_1$,$\sigma_{23}=-\mu k_3^2\Psi_1$,其余为零.

3. 若介质的拉梅常数为 λ 和 μ,位移的矢势函数为 $\Psi_3=B\exp[\mathrm{i}(k_1x_1+k_3x_3-\omega t)]$,试求位移矢量 $\boldsymbol{u}$、转动角位移矢量 $\boldsymbol{\Omega}$ 及应力分量 σ_{ji}.

答案:$\boldsymbol{u}=-\mathrm{i}k_1\Psi_3\boldsymbol{i}_2$,$\boldsymbol{\Omega}=k_1(-k_3\boldsymbol{i}_1+k_1\boldsymbol{i}_3)\Psi_3/2$,$\sigma_{12}=k_1^2\Psi_3$,$\sigma_{23}=\mu k_1k_3\Psi_3$,其余为零.

4. 已知介质单位质量体力的标势函数为 $\Xi=p_0\exp[\mathrm{i}(k_jx_j-\omega t)]$,试写出无旋位移场 $\boldsymbol{u}_{(1)}$ 满足的达朗贝尔方程.

答案:$c_{\mathrm{p}}^2\nabla^2\boldsymbol{u}_{(1)}+\mathrm{i}\Xi k=\dfrac{\partial^2\boldsymbol{u}_{(1)}}{\partial t^2}$.

5. 已知介质单位质量体力的标势函数 $\Xi=(p_0/r)\exp[\mathrm{i}(kr-\omega t)]$,试写出无旋位移场 $\boldsymbol{u}_{(1)}$ 满足球坐标系下的达朗贝尔方程.

答案:$c_{\mathrm{p}}^2\dfrac{1}{r^2}\dfrac{\partial}{\partial r}\left(r^2\dfrac{\partial\boldsymbol{u}_{(1)}}{\partial r}\right)+\left(-\dfrac{1}{r^2}+\dfrac{\mathrm{i}k}{r}\right)\Xi e_r=\dfrac{\partial^2\boldsymbol{u}_{(1)}}{\partial t^2}$.

6. 已知介质单位质量体力的矢势函数为 $\boldsymbol{A}=(p_1\boldsymbol{i}_1+p_2\boldsymbol{i}_2+p_3\boldsymbol{i}_3)\exp[\mathrm{i}(k_jx_j-\omega t)]$,试求无散位移场 $\boldsymbol{u}_{(2)}$ 满足的达朗贝尔方程.

答案:$c_{\mathrm{s}}^2\nabla^2\boldsymbol{u}_{(2)}+\mathrm{i}[(k_2A_3-k_3A_2)\boldsymbol{i}_1+(k_3A_1-k_1A_3)\boldsymbol{i}_2+(k_1A_2-k_2A_1)\boldsymbol{i}_3]=\dfrac{\partial^2\boldsymbol{u}_{(2)}}{\partial t^2}$.

7. 已知介质的密度为 ρ、弹性常数为 E、ν,求 P 波、S 波的速度 c_{p}、c_{s}.

答案:$c_{\mathrm{p}}=\left[\dfrac{E(1-\nu)}{\rho(1+\nu)(1-2\nu)}\right]^{1/2}$,$c_{\mathrm{s}}=\left[\dfrac{E}{2\rho(1+\nu)}\right]^{1/2}$.

8. 已知位移的标势 $\varphi=f(k_jx_j-\omega t)$,试证明其满足式(5.25),其中 $k=\omega/c_{\mathrm{p}}$.

9. 已知位移的矢势 $\boldsymbol{\psi}=(B_1\boldsymbol{i}_1+B_2\boldsymbol{i}_2+B_3\boldsymbol{i}_3)\exp[\mathrm{i}(k_jx_j-\omega t)]$,试证明其满足式(5.26),其中 $k=\omega/c_{\mathrm{s}}$.

10. 已知位移的矢势为 $\boldsymbol{\psi}=f_{\mathrm{m}}(k_jx_j-\omega t)\boldsymbol{i}_{\mathrm{m}}$,证明其满足式(5.26).

11. 已知位移的标势为 $\varphi = A\exp[\mathrm{i}(k_1x_1 + k_3x_3 - \omega t)]$，试求介质内某点的能流密度矢量 $\boldsymbol{I}_j$.

答案：$I_1 = \rho\omega^3 k_1 A^2\cos^2(k_1x_1 + k_3x_3 - \omega t)$，$I_2 = 0$，$I_3 = \rho\omega^3 k_3 A^2\cos^2(k_1x_1 + k_3x_3 - \omega t)$.

12. 已知位移的矢势为 $\psi_2 = B\exp[\mathrm{i}(k_3x_3 - \omega t)]$，试求介质内某点的能流密度矢量 $\boldsymbol{I}_j$.

答案：$I_1 = I_2 = 0$，$I_3 = \dfrac{\rho\omega^4}{c_s}B^2\cos^2(k_3x_3 - \omega t)$.

13. 已知位移的标势 $\varphi = A\exp[-ax_3 + \mathrm{i}(kx_1 - \omega t)]$，试求介质内某点机械能的变化率.

答案：$\dfrac{\partial w}{\partial t} = (\lambda + 2\mu)(a^2 - k^2)\omega A^2 \cdot \exp(-2ax_3)\sin 2(kx_1 - \omega t)$.

14. 已知位移的标势 $\varphi = A\exp[-(ax_1 + \beta t)]$ 且 $0 \leqslant x_1 \leqslant \infty$，求介质某点能流密度矢量 $\boldsymbol{I}$ 及能量变化率 $\dfrac{\partial w}{\partial t}$.

答案：$I_1 = -(\lambda + 2\mu)\alpha^3\beta\varphi^2$，$\dfrac{\partial w}{\partial t} = 2(\lambda + 2\mu)\alpha^4\beta\varphi^2$.

15. 已知位移的矢势 $\psi_2 = B\exp[-ax_3 + \mathrm{i}(kx_1 - \omega t)]$，试求空间某点机械能变化率 $\dfrac{\partial w}{\partial t}$.

答案：$\dfrac{\partial w}{\partial t} = [\mu(a^2 - k^2) - 2(\lambda + \mu)k^2] \cdot (a^2 - k^2)\omega B^2\exp(-2ax_3)\sin 2(kx_1 - \omega t)$.

第 6 章

均匀无限介质内的弹性波

本章主要讨论弹性波在介质内传播的规律. 本章所说的介质假定是均匀的各向同性的完全弹性体,并且充满整个空间. 由于不存在边界,边界条件的影响就不存在;认为波已产生且远离波源,波源的影响可以忽略. 所以,在数学上则是研究齐次波动方程及其通解的问题.

6.1 波动方程的平面波解

严格地讲,平面波只是一种理想化模型. 实际上,只有当离开波源足够远的波面,方可在较小的范围内近似看作平面. 平面波是一种最简单的波,也是最重要、最基本的波. 一方面是由于许多实际的波动都可按平面波处理;另一方面是复杂的波动可以用平面波叠加而成. 本节,介绍波动方程及其平面波的解.

6.1.1 一维波动方程及其通解

为了方便平面波问题的讨论,先从最简单的情况开始. 对波动方程进行简化后使其降低到最小的维数. 由于平面波的波面是一系列相互平行的平面,每一个平面都是等相位面,同一波面上各点振动状态都相同. 沿某一方向传播的平面波,本质上是一系列以波速运动着的等相位面. 可以这样选择坐标系,使坐标系的某一个轴指向波的传播方向,如选在 x_1 轴方向上. 这样,波函数只依赖于坐标 x_1,而与 x_2、x_3 无关,波动方程(5.34)就简化为一维波动方程,即

$$\frac{\partial^2 \Psi}{\partial x_1^2} - \frac{1}{c^2}\frac{\partial^2 \Psi}{\partial t^2} = 0 \tag{6.1}$$

我们现在求解方程(6.1). 为了方便可以去掉角标. 令 $\Psi(x,t)$ 表示位移,即 $\Psi(x,t)=u(x,t)$,并将式(6.1)写成微商算符的乘积形式,则有

$$\left(\frac{\partial}{\partial x} - \frac{1}{c}\frac{\partial}{\partial t}\right)\left(\frac{\partial}{\partial x} + \frac{1}{c}\frac{\partial}{\partial t}\right) = 0 \tag{6.2}$$

为进一步化简,引入新变量 $\xi = x - ct, \eta = x + ct$. 由复合函数求导数法则可得

$$\frac{\partial}{\partial x}=\frac{\partial}{\partial \xi}\frac{\partial \xi}{\partial x}+\frac{\partial}{\partial \eta}\frac{\partial \eta}{\partial x}=\frac{\partial}{\partial \xi}+\frac{\partial}{\partial \eta}$$

$$\frac{\partial}{\partial t}=\frac{\partial}{\partial \xi}\frac{\partial \xi}{\partial t}+\frac{\partial}{\partial \eta}\frac{\partial \eta}{\partial t}=c\left(\frac{\partial}{\partial \eta}-\frac{\partial}{\partial \xi}\right)$$

式中，$\frac{\partial \xi}{\partial x}=\frac{\partial \eta}{\partial x}=1$. 由以上两式可得

$$\frac{\partial}{\partial \xi}=\frac{1}{2}\left(\frac{\partial}{\partial x}-\frac{1}{c}\frac{\partial}{\partial t}\right),\quad \frac{\partial}{\partial \eta}=\frac{1}{2}\left(\frac{\partial}{\partial x}+\frac{1}{c}\frac{\partial}{\partial t}\right)$$

将此二式应用于式(6.2)得到

$$\frac{\partial^2 u}{\partial \xi \partial \eta}=0$$

对上式可以直接求解，并可写成如下形式：

$$\frac{\partial}{\partial \xi}\left(\frac{\partial u}{\partial \eta}\right)=0$$

上式表明$\frac{\partial u}{\partial \eta}$只是 η 的函数而与 ξ 无关. 令 $f(\eta)=\frac{\partial u}{\partial \eta}$，对上式积分可以得到 $f(\eta)$；再对 η 求一次积分，就得到

$$u(\xi,\eta)=\int f(\eta)\mathrm{d}\eta+u_1(\xi) \tag{6.3}$$

式中，$u_1(\xi)$相当于单元函数积分中的积分常数，现在它只能依赖于 ξ. 式(6.3)右端的第一项只能是 η 的函数，把它写成 $u_2(\eta)$，于是式(6.3)写成

$$u(\xi,\eta)=u_1(\xi)+u_2(\eta) \tag{6.4}$$

换回原来的变量，就得到

$$u(x,t)=u_1(x-ct)+u_2(x+ct) \tag{6.5}$$

式(6.5)就是一维波波动方程的通解. 它是由两个波函数叠加而成，其中 u_1 表示以速度 c 沿 x 轴正方向传播的行波，u_2 则表示以速度 c 沿 x 轴负方向传播的行波. 此种求解方程的方法常称为行波法. 很明显，u_1、u_2 都满足波动方程(6.1). 式(6.5)中的波函数除具有二阶导数外并无其他条件，可见 u_1、u_2 是任意的函数，它们表示沿 x 轴正、负方向传播的任何形状的平面波. 式(6.5)不仅可以描写无限大介质中的平面波，也可以描写沿无限长的弦、杆传播的一维波动.

6.1.2　一维波动方程的定解

由于我们研究的波是在无限大介质中传播，介质的边界在无限远，在定解时边界条件可以不必考虑，只考虑初始条件即可. 又由于方程(6.1)是二阶的，它的解式(6.5)包含两个任意函数，所以定解时，不但要知道 $t=0$ 时刻各点的初位移，而且还要知道各点的初速度. 当 $t=0$ 时，各点的初位移和初速度写成

$$u(x,0) = u_0(x), \quad \dot{u}(x,0) = v_0(x) \tag{6.6}$$

由式(6.5)可以得到

$$u_{10}(x) + u_{20}(x) = u_0(x) \tag{6.7}$$

对式(6.5)求导数并利用式(6.6)的第二式，得到

$$\frac{\partial u}{\partial t}\bigg|_{t=0} = \frac{\mathrm{d}u_1}{\mathrm{d}\xi}\frac{\partial \xi}{\partial t}\bigg|_{t=0} + \frac{\mathrm{d}u_2}{\mathrm{d}\eta}\frac{\partial \eta}{\partial t}\bigg|_{t=0} = -c\,\frac{\partial u_1}{\partial x}\bigg|_{t=0} + c\,\frac{\partial u_2}{\partial x}\bigg|_{t=0} = v_0(x)$$

由此式可得

$$-u_{10}(x) + u_{20}(x) = \frac{1}{c}\int_{x_0}^{x} v_0(x')\mathrm{d}x' + 2D \tag{6.8}$$

式中，D 为任意积分常数. 由式(6.7)、式(6.8)可以解出

$$u_{10}(x) = \frac{1}{2}\left[u_0(x) - \frac{1}{c}\int_{x_0}^{x} v_0(x')\mathrm{d}x'\right] - D$$

$$u_{20}(x) = \frac{1}{2}\left[u_0(x) + \frac{1}{c}\int_{x_0}^{x} v_0(x')\mathrm{d}x'\right] + D$$

将此二式代入到式(6.5)中可得

$$u(x,t) = \frac{1}{2}[u_1(x-ct) + u_2(x+ct)] + \frac{1}{c}\int_{x-ct}^{x+ct} v_0(x')\mathrm{d}x' \tag{6.9}$$

式(6.9)称作达朗贝尔解. 它表示初始扰动形成向两个相反方向传播的波，后来时刻 t 的位移是由初始条件决定的.

对于初始速度 $v_0=0$ 这一简单情况，式(6.9)变成

$$u(x,t)=\frac{1}{2}[u_1(x-ct)+u_2(x+ct)]$$

上式是由初始位移决定的沿相反方向传播的两个波.

6.1.3　沿任意方向传播的平面波

一般情况下平面波不一定沿坐标轴方向传播，这时波函数 Ψ 的空间变量为 x_1、x_2 和 x_3. 方程(5.34)在直角坐标系中的形式为

$$\frac{\partial^2 \Psi}{\partial x_1^2} + \frac{\partial^2 \Psi}{\partial x_2^2} + \frac{\partial^2 \Psi}{\partial x_3^2} = \frac{1}{c^2}\frac{\partial^2 \Psi}{\partial t^2} \tag{6.10}$$

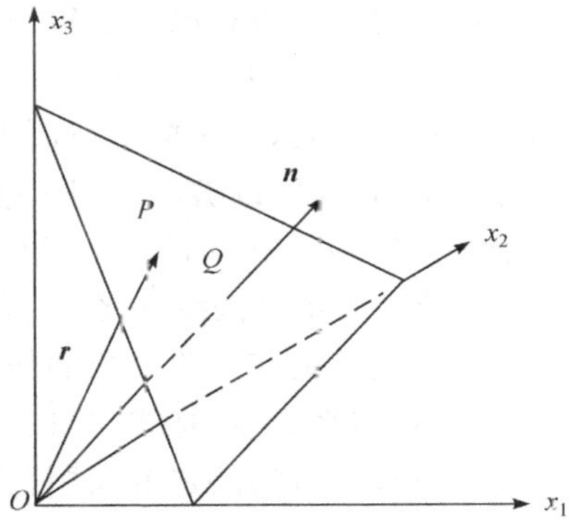

图 6－1

如图 6－1 所示，设平面波在介质内沿某个方向传播，$\boldsymbol{n}$ 是波阵面的单位法向量，n_j $(j=1,2,3)$表示它在 3 个坐标轴上的相应分量(也等于它的方向余弦)，显然 $\boldsymbol{n}$ 的指向即为平面波的传播方向. P 为波面上的任意一

点,径矢为 $\boldsymbol{r}$.

现在仍然用行波法求解方程. 式(5.34)可写成

$$\left(\frac{\partial^2}{\partial x_j^2}-\frac{1}{c^2}\frac{\partial^2}{\partial t^2}\right)\Psi=0 \tag{6.11}$$

于是有

$$\left(\frac{\partial}{\partial x_j}-\frac{1}{c}\frac{\partial}{\partial t}\right)\left(\frac{\partial}{\partial x_j}+\frac{1}{c}\frac{\partial}{\partial t}\right)\Psi=0$$

引入新变量,使 $\Psi=\Psi[\xi(x_j,t),\eta(x_j,t)]$,且有

$$\xi=n_jx_j-ct,\quad \eta=n_jx_j+ct$$

由复合函数求导数的法则可得

$$\frac{\partial}{\partial x_j}=\frac{\partial}{\partial\xi}\frac{\partial\xi}{\partial x_j}+\frac{\partial}{\partial\eta}\frac{\partial\eta}{\partial x_j}=n_j\frac{\partial}{\partial\xi}+n_j\frac{\partial}{\partial\eta}$$

$$\frac{\partial}{\partial t}=\frac{\partial}{\partial\xi}\frac{\partial\xi}{\partial t}+\frac{\partial}{\partial\eta}\frac{\partial\eta}{\partial t}=-c\frac{\partial}{\partial\xi}+c\frac{\partial}{\partial\eta}$$

进一步可得

$$\frac{\partial}{\partial x_j}-\frac{1}{c}\frac{\partial}{\partial t}=n_j\frac{\partial}{\partial\xi}+n_j\frac{\partial}{\partial\eta}+\frac{\partial}{\partial\xi}-\frac{\partial}{\partial\eta}$$

$$\frac{\partial}{\partial x_j}+\frac{1}{c}\frac{\partial}{\partial t}=n_j\frac{\partial}{\partial\xi}+n_j\frac{\partial}{\partial\eta}-\left(\frac{\partial}{\partial\xi}-\frac{\partial}{\partial\eta}\right)$$

于是

$$\left(\frac{\partial}{\partial x_j}-\frac{1}{c}\frac{\partial}{\partial t}\right)\cdot\left(\frac{\partial}{\partial x_j}+\frac{1}{c}\frac{\partial}{\partial t}\right)=\left(n_j\frac{\partial}{\partial\xi}+n_j\frac{\partial}{\partial\eta}\right)^2-\left(\frac{\partial}{\partial\xi}-\frac{\partial}{\partial\eta}\right)^2=4\frac{\partial^2}{\partial\xi\partial\eta}=0$$

方程式(6.11)变为

$$\frac{\partial^2\Psi}{\partial\xi\partial\eta}=0$$

类似于前面解一维方程的方法容易得到式(6.11)的通解为

$$\Psi(r,t)=\Psi_1(n_jx_j-ct)+\Psi_2(n_jx_j+ct) \tag{6.12}$$

式(6.12)指出的是,由于同一波面上各点振动状态都相同,因此只需研究波射线上 Q 点的状态即可,所以波面上任一点 P 向波射线上投影即为 Q 点,于是 $\boldsymbol{n}\cdot\boldsymbol{r}=n_jx_j$;而且 $n_j^2=n_1^2+n_2^2+n_3^2=1$,式(6.12)中的 $\Psi(x,t)$ 表示为两个波函数的叠加,Ψ_1 与 ψ_2 分别表示沿法线 $\boldsymbol{n}$ 的正、负两个方向传播的平面波,其速度为 c. Ψ_1、Ψ_2 是其相应宗量且具有二阶导数的任意函数,即表示任意形状的平面波. 当振幅是常数时,即为均匀平面波. 将式(6.12)代入方程(6.11)可知它一定满足该方程.

关于方程(6.12)的定解问题,读者可以参照一维方程的达朗贝尔解自行完成,此不重述.

上述平面波的等相位面方程为 $n_jx_j\pm ct=$常数. 它确定了一个平面方程,对于

任一时刻 t，该平面都以速度 c 前进着. 等式中的常数即为确定的相位，相位可取一系列值，所以由等相位面方程可以确定一族平行平面，可见式(6.12)确实代表平面波. 至于波的传播方向与 $\boldsymbol{n}$ 平行，可以由解析几何知识进行证明，读者可以自行完成.

6.2　平面波的一般性质

在 6.1 节的基础上进一步研究平面波的一般性质，即平面波在介质内传播时所应具备的条件，应力分布、能量及能流等问题.

6.2.1　平面波的传播条件

6.1 节仅就平面波的解进行了一般性地讨论，现在讨论平面波在均匀无限各向同性弹性空间内传播时所应具备的条件.

设波函数 Ψ 代表位移 $u_1(r,t)$，我们只研究沿法线 $\boldsymbol{n}$ 正方向传播的平面波，则位移可写成

$$u_i = a_i f(u_j x_j - ct) \tag{6.13}$$

式中，a_i 是常数，表示波幅在坐标轴上的投影. 令 $\xi = n_j x_j - ct$，由式(6.13)可求得

$$\frac{\partial u_i}{\partial x_j} = a_i \frac{\partial f(\xi)}{\partial x_j} = a_i \frac{\mathrm{d} f(\xi)}{\mathrm{d}\xi}\frac{\partial \xi}{\partial x_j} = a_i n_j f'(\xi)$$

$$\frac{\partial^2 u_i}{\partial x_j^2} = a_i n_j n_j f''(\xi), \quad \frac{\partial^2 u_j}{\partial x_i \partial x_j} = a_j n_i n_j f''(\xi)$$

$$\ddot{u}_i = a_i c^2 f''(\xi)$$

将以上 4 式代入纳维方程(5.8)并令体力等于零，得

$$(\lambda + \mu) a_j n_i n_j + (\mu - \rho c^2) a_i = 0 \tag{6.14}$$

式(6.14)中 i、j 分别取 1、2、3，由式(6.14)可以得到关于振幅 a_1、a_2、a_3 的齐次方程组. 该方程组有非零解的条件是它们的系数行列式为零，由此得到

$$(\lambda + 2\mu - \rho c^2)(\mu - \rho c^2) = 0$$

此方程有两个异根，即

$$c_{\mathrm{p}} = \left(\frac{\lambda + 2\mu}{\rho}\right)^{1/2}, \quad c_{\mathrm{s}} = \left(\frac{\mu}{\rho}\right)^{1/2} \tag{6.15}$$

这一结果分别与式(5.13)、式(5.18)两式相同. 这表明，在均匀各向同性的无限大弹性空间内，平面波只能以纵波和横波传播，传播速度分别是 c_{p} 和 c_{s}.

6.2.2　平面纵波与横波

在普通物理学中，依据质点的振动方向与波的传播方向平行或垂直定义了纵

波和横波. 现在从场论的观点进行理论上的证明.

若只研究沿单位向量 $\boldsymbol{n}$ 的正方向传播的平面波,则位移的标势函数为

$$\varphi(\boldsymbol{r},t)=\varphi(n_j x_j - c_{\mathrm{p}} t)$$

令 $\xi = n_j x_j - c_{\mathrm{p}} t$,位移 $\boldsymbol{u}=\nabla\varphi$,于是

$$u_i=\frac{\partial\varphi(\xi)}{\partial x_i}=\frac{\mathrm{d}\varphi(\xi)}{\mathrm{d}\xi}\frac{\partial\xi}{\partial x_i}=n_i\varphi'(\xi)$$

其一般矢量为

$$\boldsymbol{u}_{\mathrm{p}} = \boldsymbol{n}\varphi' \tag{6.16}$$

由式(6.16)可知,在无旋波场中,质点的位移方向与波的传播方向一致,通常称为纵波.

位移的矢势

$$\Psi_i(\boldsymbol{r},t)=\Psi_i(n_j x_j - c_{\mathrm{s}} t),\quad i,j=1,2,3$$

令 $\xi = n_j x_j - c_{\mathrm{s}} t$,则位移场为 $\boldsymbol{u}_{\mathrm{s}}=\nabla\times\boldsymbol{\psi}$,于是

$$u_i=\delta_{ijk}\frac{\partial\Psi_k}{\partial x_j}=\delta_{ijk}\frac{\mathrm{d}\Psi_k(\xi)}{\mathrm{d}\xi}\frac{\partial\xi}{\partial x_j}=\delta_{ijk}n_j\Psi'_k$$

写成一般矢量式为

$$\boldsymbol{u}_{\mathrm{s}} = \boldsymbol{n}\times\boldsymbol{\psi}' \tag{6.17}$$

由式(6.17)可知 $\boldsymbol{u}_{\mathrm{s}}\perp\boldsymbol{n}$,即无散位移场中质点的位移方向与波的传播方向垂直,通常称为横波.

6.2.3 波阵面上应力的分布

当弹性波在介质内传播时,介质由于形变而产生应力 $\sigma_{ni}=\sigma_{ji}n_j$. 由广义胡克定律可知

$$\sigma_{ni}=\left[\lambda\frac{\partial u_k}{\partial x_k}\delta_{ji}+\mu\left(\frac{\partial u_i}{\partial x_j}+\frac{\partial u_j}{\partial x_i}\right)\right]n_j$$

对于平面波,将式(6.13)代入上式得

$$\sigma_{ni}=[(\lambda+\mu)n_i n_k a_k+\mu a_i]f'(\xi)$$

对于纵波,位移与波阵面法线平行,由上式可得

$$\sigma_{ni} = (\lambda+2\mu)a_i f'(\xi) \tag{6.18}$$

式中,$a=a_k n_k$,$a_i=an_i$. 由式(6.18)可知,波面上应力平行于波的前进方向.

对于横波,由于位移 $\boldsymbol{u}$ 与波阵面法线 $\boldsymbol{n}$ 垂直,有 $a_i n_i=0$,于是得

$$\sigma_{ni}=\mu a_i f'(\xi)$$

表明波阵面上只有剪切应力.

应当指出,对于上面的讨论,n_j 只限于取实数,否则上述结论不能成立;当纵波在有限横断面介质. 例如,直径为 D 的细长杆内传播时,杆的纵向伸长与缩短必

定伴随着横向的压缩和膨胀，质点即有纵向位移也有横向位移. 横向与纵向应变之比等于泊松比 ν. 由于横向位移的存在，使得原来平面波面发生弯曲且应力分布也不均匀. 计算与观测都表明，当波长与杆直径 D 在同一数量级时，这种影响是很重要的. 但是对无限大介质，因波长总是有限的，故不会出现上述影响.

6.3 平面波的能流

6.3.1 平面波的能量密度

设有一平面纵波，其位移为

$$u_i = a_i f(n_j x_j - c_p t) \tag{6.19}$$

动能密度为

$$w_k = \frac{1}{2}\rho\left(\frac{\partial u_i}{\partial t}\right)^2 = \frac{1}{2}\rho a^2 c_p^2 f'^2 \tag{6.20}$$

式中，$f'(\xi)=\dfrac{\mathrm{d}f}{\mathrm{d}\xi}$，$\xi=n_j x_j - c_p t$. 弹性势能密度可由公式得出，由式(5.36)可知

$$w_m = \frac{1}{2}\sigma_{ji}e_{ji} = \frac{1}{2}(\lambda\theta\delta_{ji} + 2\mu e_{ji})e_{ji} = \frac{1}{2}\lambda\theta^2 + \mu e_{ji}e_{ji} \tag{6.21}$$

由式(5.2)可知

$$e_{ji} = \frac{1}{2}\left(\frac{\partial u_i}{\partial x_j} + \frac{\partial u_j}{\partial x_i}\right) = a n_i n_j f' \tag{6.22}$$

由此可得

$$e_{ji}{}^2 = a^2 f'^2 \tag{6.23}$$

由式(6.19)可得

$$\theta = \frac{\partial u_i}{\partial x_i} = a f' \tag{6.24}$$

比较式(6.23)与式(6.24)可知

$$\theta^2 = e_{ji}e_{ji}$$

将上式及式(6.23)代入式(6.21)得

$$w_m = \frac{1}{2}(\lambda + 2\mu)\theta^2 = \frac{1}{2}\rho a^2 c_p^2 f'^2 \tag{6.25}$$

由式(6.20)及式(6.25)可得出平面弹性波的能量密度为

$$w = w_k + w_m = \rho a^2 c_p^2 f'^2 \tag{6.26}$$

比较式(6.20)与式(6.25)可知，这表明在波动过程中一个小体元的动能和弹性势能始终相等，可以同时达到最大也可同时达到最小，动能与势能之和不守恒. 这是因为体元之间存在相互作用，体元之间有能量沿波的方向传输所致. 这一点与简谐

振子的机械能守恒具有本质的不同.

6.3.2 平面波的能流密度矢量

根据式(5.41)可以求出平面波的能流密度矢量为

$$I_j = -\sigma_{ji}\frac{\partial u_i}{\partial t} = -(\lambda\theta\delta_{ji} + 2\mu e_{ji})\frac{\partial u_i}{\partial t}$$

对于纵波,可将式(6.19)、式(6.22)及式(6.24)代入上式得

$$\begin{aligned} I_j &= \lambda a a_j c_p f'^2 + 2\mu n_j a_i^2 c_p f'^2 \\ &= (\lambda + 2\mu) a^2 c_p n_j f'^2 \\ &= \rho a^2 c_p^2 f'^2 c_{pj} \\ &= w c_{pj} \end{aligned} \tag{6.27}$$

写成一般矢量式则为

$$\boldsymbol{I} = w\boldsymbol{c}_p \tag{6.28}$$

式中,$w=\rho a^2 c_p^2 f'^2$ 为能量密度.

同理,可以得到平面横波的能流密度矢量为

$$\boldsymbol{I} = w\boldsymbol{c}_s \tag{6.29}$$

由式(6.28)与式(6.29)可知,平面弹性波的能流密度矢量总是指向波的传播方向,其大小等于能量密度与波速的乘积.

对于周期波,能流密度在周期 T 内的平均值称为平均能流密度,它也是矢量,它的数值称为波的强度. 以 $\langle I\rangle$ 表示波的强度,则

$$\langle I\rangle = \frac{1}{T}\int_0^T I\,\mathrm{d}t \tag{6.30}$$

机械能密度在周期 T 内的平均值称为平均机械能密度,以 $\langle w\rangle$ 表示,则

$$\langle w\rangle = \frac{1}{T}\int_0^T w\,\mathrm{d}t \tag{6.31}$$

我们把平均能流密度与平均能量密度之比定义为能量传播速度,以 $\tilde{c}$ 表示,则

$$\tilde{c} = \frac{\langle I\rangle}{\langle w\rangle} \tag{6.32}$$

由式(6.28)～式(6.32)可以求得平面纵波与横波的能量传播速度分别为

$$\tilde{c}_p = c_p,\quad \tilde{c}_s = c_s \tag{6.33}$$

在一般情况下,能量传播速度等于波的群速度.

6.4 平面简谐波

已经知道平面简谐波是所有波中最简单的一种波. 根据叠加原理可知,任何复

杂的波都可由平面简谐波叠加而成. 例如,各种类型的平面波、球面波及柱面波等. 所以平面简谐波是最重要、最基本的一种波. 这也是人们在研究波动学时首先研究平面简谐波的原因.

6.4.1　平面简谐波的波函数

为了得到平面简谐波的波函数,我们可以用分离变量法求解波动方程(5.34). 在直角坐标系中其形式如式(6.10),重写如下:

$$\frac{\partial^2 \Psi}{\partial x_1^2}+\frac{\partial^2 \Psi}{\partial x_2^2}+\frac{\partial^2 \Psi}{\partial x_3^2}=\frac{1}{c^2}\frac{\partial^2 \Psi}{\partial t^2} \tag{6.34}$$

令

$$\Psi = X(x_1)Y(x_2)Z(x_3)T(t) \tag{6.35}$$

将式(6.35)代入式(6.34)中得

$$\frac{1}{X}\frac{\mathrm{d}^2 X}{\mathrm{d}x_1^2}+\frac{1}{Y}\frac{\mathrm{d}^2 Y}{\mathrm{d}x_2^2}+\frac{1}{Z}\frac{\mathrm{d}^2 Z}{\mathrm{d}x_3^2}=\frac{1}{c^2 T}\frac{\mathrm{d}^2 T}{\mathrm{d}t^2}$$

欲使上式对任意的 x_j、t 都成立,该式必等于某一常数. 令其为 $-k^2$,经整理后上式变为

$$\frac{\mathrm{d}^2 X}{\mathrm{d}x_1^2}=-k_1^2 X,\quad \frac{\mathrm{d}^2 X}{\mathrm{d}x_2^2}=-k_2^2 Y,\quad \frac{\mathrm{d}^2 Z}{\mathrm{d}x_3^2}=-k_3^2 Z,\quad \frac{\mathrm{d}^2 T}{\mathrm{d}t^2}=-\omega^2 T$$

式中,$k^2=\omega^2/c^2=k_1^2+k_2^2+k_3^2=k_j^2$. 上边四个方程的解为如下形式:

$$\begin{aligned}
X&=A'_1\exp(\mathrm{i}k_1x_1)+A'_2\exp(-\mathrm{i}k_1x_1)\\
Y&=B'_1\exp(\mathrm{i}k_2x_2)+B'_2\exp(-\mathrm{i}k_2x_2)\\
Z&=C'_1\exp(\mathrm{i}k_3x_3)+C'_2\exp(-\mathrm{i}k_3x_3)\\
T&=D'_1\exp(\mathrm{i}\omega t)+D'_2\exp(-\mathrm{i}\omega t)
\end{aligned} \tag{6.36}$$

式中,k_j、ω 为不等于零的正实数,A'_1、…、D'_2 为任意常数. 若 k_j 可取任意正、负实数,则式(6.36)可变为如下形式:

$$X = A'\exp(\mathrm{i}k_1x_1),\quad Y = B'\exp(\mathrm{i}k_2x_2),\quad Z = C'\exp(\mathrm{i}k_3x_3) \tag{6.37}$$

将式(6.37)连同式(6.36)中的 T 代入式(6.35)即得方程(6.32)的通解为

$$\Psi = \Psi_1+\Psi_2 = A_1\exp[\mathrm{i}(k_jx_j-\omega t)]+A_2\exp[\mathrm{i}(k_jx_j+\omega t)] \tag{6.38}$$

式(6.38)即平面简谐波的复数形式. 波函数 Ψ 是由波函数 Ψ_1 与 Ψ_2 叠加而成,其中 $\Psi_1=A_1\exp[\mathrm{i}(k_jx_j-\omega t)]$ 与 $\Psi_2=A_2\exp[\mathrm{i}(k_jx_j+\omega t)$ 分别表示沿相反方向传播的两个波. 实际的波动规律是余弦函数或正弦函数,即简谐函数. 因此,式(6.38)应取复数的实部或虚部. 式(6.38)中的 ω 表示简谐波的圆频率. 若平面简谐波沿单位矢量 $\boldsymbol{n}$ 的方向传播,我们定义波矢量 $\boldsymbol{k}$,且

$$\boldsymbol{k}=\frac{\omega}{c}\boldsymbol{n}=\frac{2\pi}{\lambda}\boldsymbol{n} \tag{6.39}$$

式中，$|\boldsymbol{k}|=\omega/c=2\pi/\lambda$，称为圆波数，$\lambda$ 为波长. 由式(6.39)可得

$$k_j=kn_j$$
$$k^2=k_j^2+k_1^2+k_2^2+k_3^2 \tag{6.40}$$

式中，n_j 为单位法向量 $\boldsymbol{n}$ 的方向余弦，式(6.38)也可写成

$$\Psi=A_1\exp\left[\mathrm{i}\omega\left(t-\frac{n_jx_j}{c}\right)\right]+A_2\exp\left[\mathrm{i}\omega\left(t+\frac{n_jx_j}{c}\right)\right] \tag{6.41}$$

(6.41)式也可写成

$$\Psi=A_1\exp\left\{\mathrm{i}\omega\left[t-\frac{x_j}{c/n_j}\right]\right\}+A_2\exp\left\{\mathrm{i}\omega\left[t+\frac{x_j}{c/n_j}\right]\right\}$$

式中，c/n_j 是波阵面与 x_j 轴交点的速度. 由于 $n_j\leqslant 1$，故视速度大小总是大于或等于真实波速数值.

如果波的速度仅依赖于介质密度、拉梅系数等参数而与波的频率无关，则称为非频散波；如果波的传播速度与频率有关，则称为频散波. 所谓频散，是指初始扰动的每一简谐成分都以不同的速度前进，从而初始波形在行进中发生了变化，扰动将分散成一些波列的现象. 简谐波的速度称为相速度，即相位传播的速度；由简谐波叠加而成的波其合成振幅的传播速度称为群速度. 当波的频率宽度很窄时，定义波的群速度为

$$U=c+k\frac{\mathrm{d}c}{\mathrm{d}k} \tag{6.42}$$

式中，c、k 分别表示简谐波的相速度和圆波数. 可以证明能量的传播速度等于群速度. 由式(6.15)可知 $\mathrm{d}c/\mathrm{d}k=0$，于是由式(6.42)可知 $U=c$，即非频散波的群速度等于相速度.

例 6-1 已知位移矢量场的标势 $\varphi=A\exp[\mathrm{i}(kx_1-\omega t)]$，且 A 为实常数，试求：

(1) 应变张量分量；

(2) 应力张量分量；

(3) 能流密度矢量；

(4) 波的强度；

(5) 能量传播速度.

解 (1) 应变张量分量

位移

$$u_1=\frac{\partial\varphi}{\partial x_1}=\mathrm{i}k\varphi$$

取其实部为

$$u_1=-kA\sin(kx_1-\omega t)$$

应变分量

$$e_{11}=\frac{\partial u_1}{\partial x_1}=-k^2A\cos(kx_1-\omega t)$$

$$e_{22}=e_{33}=e_{12}=e_{23}=e_{31}=0$$

(2) 应力分量

$$\sigma_{11}=(\lambda+2\mu)e_{11}=-\rho\omega^2A\cos(kx_1-\omega t)$$

$$\sigma_{22}=\sigma_{33}=-\lambda k^2A\cos(kx_1-\omega t)$$

$$\sigma_{12}=\sigma_{23}=\sigma_{31}=0$$

(3) 能流密度矢量

$$I_1=-\sigma_{11}\frac{\partial u_1}{\partial x}=\rho\frac{\omega^4}{c_p}A^2\cos^2(kx_1-\omega t)$$

$$I_2=I_3=0$$

(4) 波的强度

$$\langle I\rangle=\frac{1}{T}\int_0^T I_1\mathrm{d}t=\frac{\rho\omega^4A^2}{c_pT}\int_0^T\cos^2(kx_1-\omega t)\mathrm{d}t=\frac{1}{2c_p}\rho\omega^4A^2$$

(5) 能量传播速度

$$\omega=\rho c_p^2A^2k^4\cos^2(kx_1-\omega t)$$

$$\langle\omega\rangle=\frac{1}{T}\int_0^T\omega\mathrm{d}t=\frac{\rho c_p^2k^4A^2}{T}\int_0^T\cos^2(kx_1-\omega t)\mathrm{d}t=\frac{1}{2c_p^2}\rho\omega^4A^2$$

$$c=\frac{\langle I\rangle}{\langle\omega\rangle}=\frac{\rho\omega^4A^2/(2c_p)}{\rho\omega^4A^2/(2c_p^2)}=c_p$$

注意:由于能量密度和能流密度涉及位移的二次式,不能把位移的复数表示直接代入,而应当把实数表示代入进行运算.

6.4.2 平面波的展开

已经知道,任何一个复杂振动都可由许多简谐振动叠加而成.把一个复杂的振动分解成许多简谐振动是用傅里叶分析进行的,这叫做频谱分析.由于任一平面波可视为许多平面简谐波的叠加,所以我们可以对任意的平面波 $\Psi(n_jx_i/c-t)$进行频谱分析,也叫平面波的展开.应用傅里叶积分变换及逆变换可得

$$\begin{aligned}A(\omega)&=\int_{-\infty}^{+\infty}\Psi(\xi)\exp[-\mathrm{i}\omega\xi]\mathrm{d}\xi\\ \Psi(\xi)&=\frac{1}{2\pi}\int_{-\infty}^{+\infty}A(\omega)\exp[\mathrm{i}\omega\xi]\mathrm{d}\xi\end{aligned}\tag{6.43}$$

式中,$\xi=n_jx_j/c-t$,$A(\omega)$称为频谱密度,而$|A(\omega)|$称为振幅谱.$A(\omega)\exp[\mathrm{i}\omega(n_jx_j/c-t)]$表示振幅为$A(\omega)$圆频率为$\omega$的平面简谐波.由式(6.43)可见,任意平面波可以表示成许多平面简谐波的叠加.

6.4.3 均匀平面波与非均匀平面波

如果平面波的波矢量 $\boldsymbol{k}$ 为实矢量，则波面上各点振动情况都相同，即等相位面与等振幅面互相平行. 这样的平面波称为均匀平面波. 若波矢量 $\boldsymbol{k}$ 为复矢量，表明波面上各点振动情况不完全相同，振幅不等，即等相位面与等振幅面一般并不平行.

例如，一平面简谐波的波函数为

$$\Psi=A\exp[\mathrm{i}(\boldsymbol{k}_j x_j-\omega t)]$$

式中

$$\boldsymbol{k}_j=k_j+\mathrm{i}k'_j$$

由以上两式可得

$$\Psi=A\exp(-k'_j x_j)\exp[\mathrm{i}(k_j x_j-\omega t)] \tag{6.44}$$

式(6.44)表示的就是非均匀平面简谐波. 它的波幅为 $A\exp(-k'_j x_j)$ 不是常数，与空间点的坐标有关. 式(6.44)中 k_j 与 k'_j 均为实数. 由复波矢量可以得到

$$\boldsymbol{k}^2=\boldsymbol{k}_j^2=(k_j+\mathrm{i}k'_j)^2=(k_j^2-k'^2_j)+2\mathrm{i}k_j k'_j$$

比较两边实部与虚部可得

$$\boldsymbol{k}^2=k_j^2-k'^2_j,\quad k_j k'_j=0 \tag{6.45}$$

波的等位相面方程与等振幅面方程分别为

$$k_j x_j-\omega t=\text{常数},\quad k'_j x_j=\text{常数}$$

由式(6.45)第二式可知，等相位面与等振幅面相互垂直，这是各向同性均匀弹性空间中非均匀波得以传播的条件之一. 当 $k'_j\neq 0$ 时，波幅随 x_j 的增大而迅速衰减为零. 可见非均匀波不能在全空间传播，它只能存在于介质的表面层附近. 这类波通常称为表面波. 称 k 为波的传播矢量，称 k' 为波的衰减矢量.

若 $k'_j=0$，则 $\boldsymbol{k}=k$，表示波没有衰减，即为均匀平面波. 它可以在介质充满的全部空间内传播，称此种波为体波，以区别于表面波.

6.5 球 面 波

在实际的爆破及地震勘探等工作中，会遇到处理球面波的问题，本节将简单介绍有关球面波的知识.

6.5.1 球面波

如果弹性介质的位移矢量场具有球对称性，且仅为空间变量 r 及时间变量 t 的函数，而与方位角 θ、φ 无关，这样的波称为球面波.

若以 Ψ 表示位移势函数，Ψ 满足波动方程

$$\nabla^2 \Psi = \frac{1}{c^2}\frac{\partial^2 \Psi}{\partial t^2} \tag{6.46}$$

在球坐标系中

$$\nabla^2 \Psi = \frac{1}{r^2}\frac{\partial}{\partial r}\left(r^2\frac{\partial \Psi}{\partial r}\right)+\frac{1}{r^2\sin\theta}\frac{\partial}{\partial \theta}\left(\sin\theta\frac{\partial \Psi}{\partial \theta}\right)-\frac{1}{r^2\sin^2\theta}\frac{\partial^2 \Psi}{\partial \varphi^2} \tag{6.47}$$

由于球面对称性，Ψ 与 θ、φ 无关，由式(6.46)与式(6.47)可得

$$\frac{\partial^2(r\Psi)}{\partial r^2} = \frac{1}{c^2}\frac{\partial^2(r\Psi)}{\partial t^2} \tag{6.48}$$

式(6.48)为一维波动方程，参照一维平面波解式可得

$$\Psi = \frac{1}{r}\Psi_1(r-ct)+\frac{1}{r}\Psi_2(r+ct) \tag{6.49}$$

式中，等号后面第一项表示从坐标原点发出并沿径向向外传播的发散波，第二项则表示沿径向指向原点传播的会聚波.

如果空间域扩展到无穷远，根据索末菲(Sommerfeld)辐射条件

$$\lim_{r\to\infty}\left(\frac{\partial \Psi}{\partial r}+\frac{1}{c}\frac{\partial \Psi}{\partial t}\right)=0 \tag{6.50}$$

由判断式(6.49)可知，自无穷远向原点传播的会聚波位移场为零，这个会聚波当然不存在，于是式(6.49)只剩下我们感兴趣的发散波.

对于实际问题，如果把地球视为均匀各向同性弹性波，震源是球对称的，则地震波在地球内部传播未到达地面之前，可以视为发散的球面波. 地球深处的球形爆炸源产生的地震波基本如此.

如果球面波中既有 P 波成分也有 S 波成分，则仍然令 $\boldsymbol{u}_p$、$\boldsymbol{u}_s$ 分别表示其位移场，φ 与 $\boldsymbol{\psi}$ 仍然表示位移场的标势与矢势，且有

$$\boldsymbol{u}=\boldsymbol{u}_p+\boldsymbol{u}_s=\nabla\varphi+\nabla\times\boldsymbol{\psi}$$

式中，算符“∇”取球坐标系中的表达式. 如果位移沿径向对称，且 $u_\theta=u_\varphi=0$，$u_r=u(r,t)$，则位移势函数即为标量势 φ，这时的波即为球面纵波，波速 $c_p=[(\lambda+2\mu)/\rho]^{1/2}$；球面横波的波速 $c_s=[\mu/\rho]^{1/2}$. 可见这两种波都是非频散波.

6.5.2　球面简谐波

下面以球面简谐纵波为例研究球面简谐波的某些特征. 考虑球面简谐纵波

$$\varphi = \frac{A}{r}\exp[\mathrm{i}(kr-\omega t)],\quad r>0 \tag{6.51}$$

位移矢量场为

$$\boldsymbol{u}_p = \nabla\varphi = \frac{\partial \varphi}{\partial r}\boldsymbol{e}_r = A\left(\frac{\mathrm{i}k}{r}-\frac{1}{r^2}\right)\exp[\mathrm{i}(kr-\omega t)]\boldsymbol{e}_r \tag{6.52}$$

式中，A 为波源处 $\boldsymbol{\psi}$ 的振幅，等于常数. ω 为波的圆频率，$k=\omega/c=2\pi/\lambda$ 为圆波数. 当 $r\geqslant\lambda$ 时，有 $1/\lambda\geqslant 1/r$，比较式(6.52)中括号内的两项可知 $1/r^2$ 可以略去，于是式(6.52)变为

$$\boldsymbol{u}_{\mathrm{p}}=\frac{\mathrm{i}kA}{r}\exp[\mathrm{i}(kr-\omega t)]\boldsymbol{e}_r=\frac{a}{r}\exp[\mathrm{i}(kr-\omega t)]\boldsymbol{e}_r \tag{6.53}$$

式中，$a=\mathrm{i}kA$ 为波源位移的复振幅. 式(6.53)为球面位移简谐波的表达式，它表明在远离波源处位移的振幅与离开波源的距离成反比. 显然，这种随传播距离不断增大导致球面波阵面不断扩大而使得振幅衰减，与由于介质对波的吸收造成的振幅衰减是截然不同的. 由于能流沿波面分布，而波面面积正比于 r^2，因而由振幅平方所确定的波的强度与 r^2 成反比.

球面简谐波是球面波中最简单的情形，比较复杂的球面波可以看成是由许多球面简谐波的叠加. 可以仿照平面波的频谱分析对球面波进行频谱分析. 对发散球面波有 $\Psi=\Psi_1$，于是由傅里叶变换可知

$$A(\omega)=\int_{-\infty}^{+\infty}\Psi(\xi)\exp(-\mathrm{i}\omega\xi)\mathrm{d}\xi$$

$$\Psi(r,\omega)=\frac{1}{2\pi}\int_{-\infty}^{+\infty}A(\omega)\,\frac{1}{r}\exp(\mathrm{i}\omega\xi)\mathrm{d}\omega$$

式中，$\xi=r/c-t$，而$[A(\omega)/r]\exp(\mathrm{i}\omega\xi)$即表示频率为 ω 的球面谐波. 对会聚的球面波也可以同样处理.

讨　论

时间场方程

均匀无限大的弹性空间只是一种假想的情况，实际的介质是有限的且常常是非均匀的. 研究表明，当弹性波在非均匀介质内传播时要受到散射，这时的弹性波也成为非均匀波. 波的振幅和波速也不再是常数，而是空间坐标的函数. 当波速的空间变化在一个波长的范围内为很小时，可由纳维方程(5.7)得出非均匀波满足的波动方程为

$$\nabla^2\Psi=\frac{1}{c^2(x_1,x_2,x_3)}\frac{\partial^2\Psi}{\partial t^2} \tag{6.54}$$

下面将从这个方程出发并利用非均匀波的概念得出波动学中至关重要的时间场方程.

设方程(6.54)的解为

$$\Psi=A(x_1,x_2,x_3)\exp\left\{-\mathrm{i}\omega\left[t-\frac{r(x_1,x_2,x_3)}{c(x_1,x_2,x_3)}\right]\right\} \tag{6.55}$$

式中，Ψ 为一般的谐和体波，r 是坐标原点至观测点的距离，$A(x_j)$ 为振幅，$\omega[t-r(x_j)/c(x_j)]$ 表示波动在空间的相位. 已经知道，等相位面的形状及其运动情况可以描述波动的传播过程. 波前是一个运动着的曲面，可以由波前方程确定，即

$$\frac{r(x_j)}{c(x_j)}-t=0 \quad (\text{或常数}) \tag{6.56}$$

对于零相位，$\Psi=A(x_j)$. 随着时间 t 的增加，r/c 也必须相应增加，波动随时间增加而向外传播，必有一系列的 t_k 满足式(6.56). 等相位面随波的传播而连续地移动着，不同的 t_k 对应空间不同的点，因而时间 t 也可变成空间坐标的函数

$$t_k=\frac{r(x_j)}{c(x_j)}$$

这样，式(6.55)可以写成

$$\Psi=A(x_j)\exp[-\mathrm{i}\omega(t-t_k)]$$

将上式代入式(6.54)中得

$$\frac{\partial^2\Psi}{\partial t^2}=-\omega^2A\exp[-\mathrm{i}\omega(t-t_k)]$$

$$\frac{\partial^2\Psi}{\partial t_i^2}=\left[\frac{\partial^2A}{\partial x_i^2}+2\mathrm{i}\omega\frac{\partial A}{\partial x_i}\frac{\partial t_k}{\partial x_i}+\mathrm{i}\omega A\frac{\partial^2t_k}{\partial x_i^2}-A\omega^2\left(\frac{\partial t_k}{\partial x_i}\right)^2\right]\exp[-i\omega(t-t_i)]$$

于是

$$-\omega^2A=c^2[\nabla^2A+2\mathrm{i}\omega(\nabla A)(\nabla t_k)+\mathrm{i}\omega A\nabla^2t_k-A\omega^2(\nabla t_k)^2]$$

略去下角标 k，并由两复数相等的原则可得

$$c^2[\nabla^2A-A\omega^2(\nabla t)^2]=-\omega^2A \tag{6.57}$$

$$2(\nabla A)(\nabla t)+A\nabla^2t=0 \tag{6.58}$$

由 $\omega=2\pi/T$ 和 $\lambda=cT$，当 λ 很小时，若 ∇^2A 不很大，则 $(cT)^2\nabla^2A$ 可以忽略，则由式(6.57)可得

$$(\nabla t)^2=\frac{1}{c^2(x_1,x_2,x_3)} \tag{6.59}$$

此式称为时间场方程(或程函方程，哈密顿方程).

当已知介质中的速度分布时，由方程(6.59)可以确定波前的位置，进而可由方程(6.58)求得波的振幅分布情况. 如果有附加的边界条件，则由方程(6.58)、方程(6.59)能够在近似情况即射线条件下确定波的所有主要特征. 方程(6.59)是一个具有纯粹几何形象的波面方程，通过它实现了波动地震学向几何地震学的过渡.

时间场方程还可以写成矢量形式

$$\nabla t=\frac{1}{c}\boldsymbol{r}_0$$

式中，$\boldsymbol{r}_0$ 为沿波传播方向的单位矢量. 由上式计算沿任意方向的线积分，得到从点

S_1 到点 S_2 波的传播时间为

$$\int_{S_1}^{S_2} \nabla t \mathrm{d}l \leqslant \int_{S_1}^{S_2} \frac{1}{c} \mathrm{d}l$$

这是因为沿梯度的方向时间总是最小的. 即表明一般在两点间波沿射线传播的时间最短. 即有

$$\delta \int_{S_1}^{S_2} \frac{1}{c} \mathrm{d}l = 0 \tag{6.60}$$

式(6.60)就是著名的费马原理. 它说明波沿射线传播经历的时间与沿其他路径传播相比是一个极小值.

习题与参考答案

1. 试证明波阵面的法线方向与波的传播方向平行.

2. 已知位移场的标势 $\varphi = A\exp[\mathrm{i}(k_j x_j - \omega t)]$,试计算介质内的应变张量,应力张量及波阵面上的应力.

答案:$e_{ji} = -k_j k_i \varphi, \sigma_{ji} = -(\lambda k^2 + 2\mu k_j k_i)\varphi, \sigma_n = -(\lambda + 2\mu)k^2\varphi$.

3. 在第 2 题基础上求波的能流密度矢量及波的强度.

答案:$I_j = \dfrac{\rho\omega^4 A^2 \cos^2(k_j x_j - \omega t) n_j}{c_{\mathrm{p}}}, \quad \langle I \rangle = \dfrac{\rho\omega^4 A^2}{2c_{\mathrm{p}}}$.

4. 已知位移场的矢势为 $\boldsymbol{\psi} = (B_1 \boldsymbol{i}_1 + B_2 \boldsymbol{i}_2 + B_3 \boldsymbol{i}_3)\exp[k_j x_j - \omega t]$,求空间应变张量分量、应力张量分量及波面上的应力分析.

答案:$e_{ji} = -(k_i \delta_{jki} k_k B_i + k_j \delta_{imn} k_m B_n) \cdot \exp[\mathrm{i}(k_j x_j - \omega t)]/2, \sigma_{ji} = 2\mu e_{ji}, \sigma_{\tau j} = \mathrm{i}\mu k u_j$.

5. 位移场的矢势为 $\Psi_2 = B_2 \exp[\mathrm{i}(k_1 x_1 + k_3 x_3 - \omega t)]$,求应变张量分量、应力张量分量、能流密度矢量及波的强度分布.

答案:$e_{11} = k_1 k_3 \Psi_2, e_{33} = -k_1 k_3 \Psi_2, e_{13} = (k_3^2 - k_1^2)\Psi_2/2, e_{22} = e_{12} = e_{23} = 0, \sigma_{11} = 2\mu k_1 k_3 \Psi_2, \sigma_{33} = -2\mu k_1 k_3 \Psi_2, \sigma_{13} = \mu(k_3^2 - k_1^2)\Psi_2, \sigma_{22} = \sigma_{12} = \sigma_{23} = 0, I = \rho\omega^3 B_2^2 \cos^2(k_1 x_1 + k_3 x_3 - \omega t)k, \langle I \rangle = \dfrac{\rho\omega^4 B_2^2}{2c_{\mathrm{s}}}$.

6. 位移场的矢势为 $\Psi_1 = B_1 \exp[\mathrm{i}(k_1 x_1 + k_3 x_3 - \omega t)]$,求应变张量分量、应力张量分量、能流密度矢量及波的强度分布.

答案:$e_{12} = -k_1 k_3 \Psi_1/2, e_{23} = -k_3^2 \Psi_1/2, e_{11} = e_{22} = e_{33} = e_{13} = 0$.

$\sigma_{12} = -\mu k_1 k_3 \Psi_1, \sigma_{23} = -\mu k_3^2 \Psi_1, \sigma_{11} = \sigma_{22} = \sigma_{33} = \sigma_{13} = 0, I = \rho\omega^3 n_3^2 B_1^2 \cdot \cos^2(k_1 x_1 + k_3 x_3 - \omega t)k, \langle I \rangle = \dfrac{\rho\omega^4 n_3^3 B_1^2}{2c_{\mathrm{s}}}$.

7. 位移场的矢势为 $\Psi_3 = B_3 \exp[\mathrm{i}(k_1 x_1 + k_3 x_3 - \omega t)]$,求应变张量分量、应力

张量分量、能流密度矢量及波的强度分布.

答案：$e_{12}=k_1^2\Psi_3/2$，$e_{23}=k_1k_3\Psi_3/2$，$e_{11}=e_{22}=e_{33}=e_{13}=0$，$\sigma_{12}=\mu k_1^2\Psi_3$，$\sigma_{23}=\mu k_1k_3\Psi_3$，$I=\rho\omega^3n_1^2B_3^2\cos^2(k_1x_1+k_3x_3-\omega t)k$，$\langle I\rangle=\dfrac{\rho\omega^4n_1^2B_3^2}{2c_s}$.

8. 位移场的矢势为 $\boldsymbol{\psi}=(B_1\boldsymbol{i}_1+B_3\boldsymbol{i}_3)\exp[\mathrm{i}(k_1x_1+k_3x_3-\omega t)]$，求应变张量分量、应力张量分量、能流密度矢量及波的强度分布.

答案：$e_{12}=k_1(k_1B_3-k_3B_1)\exp[\mathrm{i}(k_1x_1+k_3x_3-\omega t)]/2$，

$e_{23}=k_3(k_1B_3-k_3B_1)\exp[\mathrm{i}(k_1x_1+k_3x_3-\omega t)]$，$e_{11}=e_{22}=e_{33}=e_{13}=0$，$\sigma_{12}=2\mu e_{12}$，$\sigma_{23}=2\mu e_{23}$，$I=\rho\omega^2(k_1B_3-k_3B_1)^2\cos^2(k_1x_1+k_3x_3-\omega t)c_s$，$\langle I\rangle=\rho\omega^2c_s(k_1B_3-k_3B_1)^2/2$.

9. 已知介质的杨氏模量 $E=2.12\times10^{10}\mathrm{N/m^2}$，泊松比 $\nu=0.20$，一平面简谐纵波位移 $u=0.001\sin2000\pi(x_1/4000-t)$（SI）在介质内传播. 试计算当 $t=2.5\mathrm{s}$，$x_1=2000\mathrm{m}$处的应变分量、应力分量、能量密度及波的强度.

答案：$e_{11}=1.57\times10^{-3}$，$\sigma_{11}=3.70\times10^{-7}\mathrm{N\cdot m^{-2}}$，$w=5.81\times10^4\mathrm{J/m^3}$，$\langle I\rangle=1.16\times10^2\mathrm{J/(m^2\cdot s)}$.

10. 一平面纵波的复波矢量为 $\boldsymbol{K}=\beta+\mathrm{i}a$，位移势 $\varphi=A\exp(-\alpha x_3)\exp[\mathrm{i}(\beta x_1-\omega t)]$. 试讨论当 α、β 满足什么条件时，φ 满足波动方程 $c_\mathrm{p}^2\nabla^2\varphi=\dfrac{\partial^2\varphi}{\partial t^2}$.

答案：$\beta^2-\alpha^2=k^2$，$\beta\cdot\alpha=0$.

11. 一平面纵波的复波矢量 $\boldsymbol{K}=\beta+\mathrm{i}a$，位移标势 $\varphi=A\cos\alpha x_3\exp[\mathrm{i}(\beta x_1-\omega t)]$，讨论当 α、β 满足什么条件时，φ 满足波动方程 $c_\mathrm{p}^2\nabla^2\varphi=\dfrac{\partial^2\varphi}{\partial t^2}$.

答案：$\alpha=0$.

12. 一球面 P 波位移为 $\boldsymbol{u}=ar^{-1}\exp[\mathrm{i}(kr-\omega t)]\boldsymbol{e}_r$，试求应变张量分量、应力张量分量的分布.

答案：$e_{rr}=(\mathrm{i}k-1/r)u_r$，$e_{\theta\theta}=e_{\varphi\varphi}=u_r/r$，$e_{r\varphi}=e_{r\theta}=e_{\varphi\theta}=0$.

$\sigma_{rr}=\sigma_{\theta\theta}=\sigma_{\varphi\varphi}=\rho c_\mathrm{p}^2(\mathrm{i}k-1/r)u_r+2\lambda u_r/r$，$\sigma_{\theta\varphi}=\sigma_{r\theta}=\sigma_{r\varphi}=0$.

13. 一柱面 P 波位移标势为 $\varphi=Ar^{-1/2}\exp[\mathrm{i}(kr-\omega t)]$，试求应变张量分量、应力张量分量.

答案：$e_{rr}=(3/4r^2-k^2-\mathrm{i}k/r)\varphi$，$e_{\theta\theta}=(-1/2r^2+\mathrm{i}k/r)\varphi$，$e_{zz}=e_{r\theta}=e_{zr}=e_{\theta z}=0$，

$\sigma_{rr}=[\rho c_\mathrm{p}^2(1/4r^2-k^2)+2\mu(1/2r^2-k^2-\mathrm{i}k/r)]\varphi$，$\sigma_{\theta\theta}=[\lambda(1/4r^2-k^2)+2\mu(-1/2r^2+\mathrm{i}k/r)]\varphi$，$\sigma_{zz}=\lambda(1/4r^2-k^2)\varphi$，$\sigma_{r\theta}=\sigma_{rz}=\sigma_{\theta z}=0$.

第 7 章

均匀有限介质内的弹性波

均匀无限大的介质只是一种假定的模型,是为研究波动方程最简单的通解问题而引入的数学模型. 实际的介质总是有限的,通常是不均匀的,或者近似分层均匀的,甚至会出现孔洞、断裂及尖灭. 像地球这样巨大的介质也是有限的,而且是不均匀的,地面就是它的边界,地壳及地球内部可以粗略地认为是分层均匀的结构. 地震法勘探主要是通过研究分层介质内弹性波的传播来测算地下岩层的层位,推断其结构形态和物理特性. 在均匀各向同性的介质中,震源产生的地震波一般是球面脉冲波,但处理球面波遇到介质分界面的问题往往是比较复杂的. 实际上经常遇到的是震源到接收点的距离比波长大得多的情形,这时可以把球面波近似为平面波;当分界面的曲率半径远远大于波长时,也可以把分界面近似为平面. 应用傅里叶积分变换可以把脉冲波化为简谐波的叠加,球面波也可以展开为平面波. 这样,研究平面波在平界面上的行为可使问题的处理大为简化,在一定范围内又不失其准确性. 因此研究平面简谐波在分界面上的规律显得尤为重要.

本章主要研究介质的特性对波速、振幅、相位及偏振状态的影响以及平面简谐波在分界面上的反射、透射及散射等问题. 本章假定弹性波已经产生,不必考虑波源的影响,在数学上仍然讨论齐次波动方程. 由于存在边界,需用边界条件确定方程的特解.

7.1 P 波、SV 波和 SH 波

为了便于以后各章内容的学习,本节将介绍分界面的概念,P 波、SV 波及 SH 波的位移及应力的表达式,求解方程时应用的边界条件等.

7.1.1 介质的界面

弹性波在分层均匀的介质内传播时必然会遇到介质的分界面. 界面问题是关于波动方程的边界条件问题,它决定着解的具体形式. 所谓界面,就是不同的介质相互接触的曲面或平面. 在该面的两侧,介质的性质有着明显的差别. 例如,

图 7－1表示相互接触的两种介质. 坐标面 x_1Ox_2 即为两种介质的分界面. 两种介质的密度 ρ、拉梅系数 λ、μ 都不相同，从而介质的波速 c_p、c_s 也可以不同. 设想在分界面的两侧各取一点 P_1 和 P_2，无论它们靠得怎样近，只要分居界面两侧，这两点处的性质就不相同. 因此，所谓分界面就是介质性质的不连续面. 如果第二种介质根本不存在，那部分空间即为真空，则第一种介质和真空的分界叫做该种介质的自由表面，这时 $\rho'=\lambda'=\mu'=c'=0$. 已经知道，力是物质之间的相互作用，自由表面以外是真空，当然谈不上存在物质，自然谈不上物质与真空的作用力. 因此，自由表面上一切应力都等于零，这也是自由表面的含义所在.

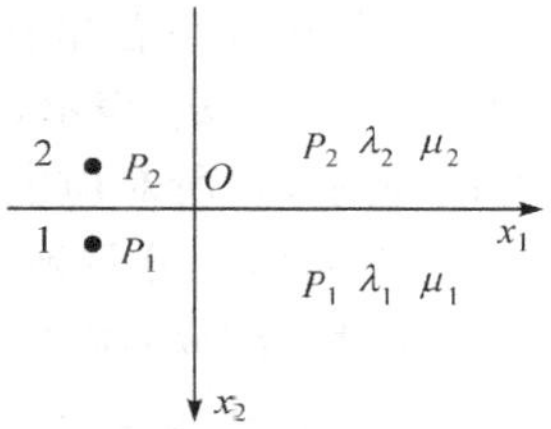

图 7－1　介质的分界面

虽然分界面两侧的介质存在性质上的差别，但研究弹性波的反射及透射问题时，通常认为分界面两侧的介质是密接的. 这意味着在波面应力作用下，两种介质不会沿界面发生破裂、剥离及滑动等现象. 下面一些物理量在跨越界面时应该是连续的：

(1) 弹性位移的法向分量和切向分量；

(2) 应力的法向分量和切向分量.

值得指出的是，在普通物理中学习过的两个弹性系数不同的弹簧相互串联的应力与位移关系的简单情况，将有助于我们对上述两个问题的理解.

若界面一侧是流体介质，不能称为密接了. 因为流体易于流动，上述物理量的切向分量将不再连续，只有法向分量连续.

上述的分界面条件将是我们今后研究弹性波的反射与透射的前提.

7.1.2　P 波、SV 波和 SH 波

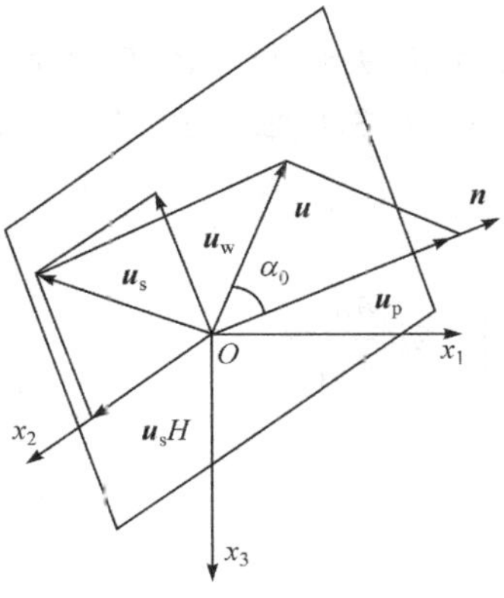

图 7－2　平面波分解成 P 波、SV 波和 SH 波

如图 7－2 所示，x_1x_2 平面为两种介质的分界面，x_1x_3 为波的入射面. 入射波在分界面上将产生反射波和透射波. 一般情况下弹性波的成分是比较复杂的，介质质点的位移方向与波的传播方向可以成任意角度. 为使问题简化常把一个复杂的波分解为 P 波(纵波)与 S 波(横波). 图 7－2 即是在选定的坐标系下把一个复杂波进行分解的情形.

如图 7－2 所示，设平面波在入射面 x_1x_3 内沿 $\boldsymbol{n}$ 方向传播，位移 $\boldsymbol{u}$ 与 $\boldsymbol{n}$ 成任意角 α. 位

移 $\boldsymbol{u}$ 可以分解为沿各坐标轴方向的分量 $\boldsymbol{u}_j$，也可以沿 $\boldsymbol{n}$ 及与 $\boldsymbol{n}$ 垂直的方向分解. 沿 $\boldsymbol{n}$ 方向的分量以 $\boldsymbol{u}_{\mathrm{p}}$ 表示，它所对应的波称为纵波，也称 P 波；沿与 $\boldsymbol{n}$ 垂直方向的分量以 $\boldsymbol{u}_{\mathrm{s}}$ 表示，它所对应的波称为横波，也称为 S 波. S 波的位移 u_{s} 又进一步分解成在 x_1x_3 平面内的分量及垂直于 x_1x_3 平面(即沿 x_2 方向)的分量，前者对应的波称为 SV 波，与后者相应的则称为 SH 波.

当弹性波在两种介质的分界面上发生反射和透射时，在每一种介质里都可将波分解成上述三种类型的波，如分别研究每一种波的入射，会使问题大为简化. 这种方法在理论研究和实际工作中都具有很重要的意义. 为此，我们将分别讨论 P 波、SV 波和 SH 波的位移及应力的一些具体问题.

两种介质中的位移场都可以用下式表示：

$$u=u_{\mathrm{p}}+u_{\mathrm{s}} \tag{7.1}$$

式中，$u_{\mathrm{p}}=\nabla\varphi_{\mathrm{p}}$，$\boldsymbol{u}_{\mathrm{s}}=\nabla\times\boldsymbol{\Psi}$. 如图 7-2 所示，平面波的波阵面与入射面 x_1x_3 垂直，故垂直于 x_1x_3 平面的直线上各点必然在同一波阵面内，而同一波阵面上的 φ、Ψ_i 均系确定的常数，也即与 x_2 无关，因此必有

$$\frac{\partial\varphi}{\partial x_2}=\frac{\partial\Psi_1}{\partial x_2}=\frac{\partial\Psi_2}{\partial x_2}=\frac{\partial\Psi_3}{\partial x_2}=0 \tag{7.2}$$

由式(7.1)、式(7.2)可得位移场的表达式为

$$\begin{aligned}
u_1&=u_{\mathrm{p}1}+u_{\mathrm{s}1}=\frac{\partial\varphi}{\partial x_2}-\frac{\partial\Psi_2}{\partial x_3}\\
u_2&=u_{\mathrm{s}2}=\frac{\partial\Psi_1}{\partial x_3}-\frac{\partial\Psi_3}{\partial x_1}\\
u_3&=u_{\mathrm{p}3}+u_{\mathrm{s}3}=\frac{\partial\varphi}{\partial x_3}+\frac{\partial\Psi_2}{\partial x_1}
\end{aligned} \tag{7.3}$$

由式(7.3)可知，标势 φ 与矢势 Ψ_2 对位移 u_1、u_3 有贡献，矢势 Ψ_1、Ψ_3 只对位移 u_2 有贡献. 因此通常也称 φ 为 P 波，Ψ_2 为 SV 波，Ψ_1、Ψ_3 为 SH 波. 由式(7.3)可以用广义胡克定律进一步写出介质内的应力场.

介质内的几个常用的应力表达式为

$$\begin{aligned}
\sigma_{33}&=\lambda\theta+2\mu e_{33}=\lambda\left(\frac{\partial u_1}{\partial x_1}+\frac{\partial u_3}{\partial x_3}\right)+2\mu\frac{\partial u_3}{\partial x_3}\\
&=\lambda\Delta^2\varphi+2\mu\left(\frac{\partial^2\varphi}{\partial x_3^2}+\frac{\partial^2\Psi_2}{\partial x_1\partial x_3}\right)\\
&=\rho\frac{\partial^2\varphi}{\partial t^2}+2\mu\left(\frac{\partial^2\Psi_2}{\partial x_1\partial x_3}-\frac{\partial^2\varphi}{\partial x_1^2}\right)\\
&=\rho\left[c_{\mathrm{p}}^2\ \nabla^2\varphi+2c_{\mathrm{s}}^2\left(\frac{\partial^2\Psi_2}{\partial x_1\partial x_3}-\frac{\partial^2\varphi}{\partial x_1^2}\right)\right]
\end{aligned}$$

$$
\begin{aligned}
\sigma_{31}&=2\mu e_{31}=\mu\left(\frac{\partial u_1}{\partial x_3}+\frac{\partial u_3}{\partial x_1}\right)\\
&=\mu\left(2\,\frac{\partial^2\varphi}{\partial x_1\partial x_3}+\frac{\partial^2\Psi_2}{\partial x_1^2}-\frac{\partial^2\Psi_2}{\partial x_3^2}\right)\\
&=\rho c_s^2\left(2\,\frac{\partial^2\varphi}{\partial x_1\partial x_3}+\frac{\partial^2\Psi_2}{\partial x_1^2}-\frac{\partial^2\Psi_2}{\partial x_3^2}\right)\\
\sigma_{32}&=2\mu e_{32}=\mu\left(\frac{\partial u_2}{\partial x_3}+\frac{\partial u_3}{\partial x_2}\right)=\mu\,\frac{\partial u_2}{\partial x_3}\\
&=\mu\left(\frac{\partial^2\Psi_1}{\partial x_3^2}-\frac{\partial^2\Psi_3}{\partial x_1\partial x_3}\right)\\
&=\rho c_s^2\left(\frac{\partial^2\Psi_1}{\partial x_3^2}-\frac{\partial^2\Psi_3}{\partial x_1\partial x_3}\right)
\end{aligned}
\tag{7.4}
$$

在此种情况下边界条件为

$$
\begin{aligned}
&u_1=u_1',\quad u_2=u_2',\quad u_3=u_3'\\
&\sigma_{33}=\sigma_{33}',\quad \sigma_{31}=\sigma_{31}',\quad \sigma_{32}=\sigma_{32}'
\end{aligned}
\tag{7.5}
$$

由式(7.4)可知，u_2 只出现在 σ_{32} 的表达式中，而 u_1、u_3 只出现在 σ_{33}、σ_{31} 的表达式中. 因此，如果入射波在 x_2 方向的位移 $u_2\neq0$，且 $u_1=u_3=0$，那么根据边界条件式(7.5)可知，反射波与透射波中 $u_2\neq0$，且 $u_1=u_3=0$. 可见入射的是 SH 波，则反射波与透射波仍然是 SH 波. 另外还可看出，若入射波 u_1、$u_3\neq0$，而 $u_2=0$，则根据式(7.4)、式(7.5)可知，反射波与透射波的位移 u_1、$u_3\neq0$，而仍然有 $u_2=0$，即入射到界面的是 P 波或 SV 波时，可能每一种波都会产生反射、透射的 P 波与 SV 波，这种现象称为波型转换. 但上述两种波均不产生 SH 波.

为什么会发生波型转换的现象呢？已经知道当弹性波在介质内传播时，P 波波面上的应力是在波射线方向上，质点也只在这个方向上振动，微体元也只发生胀缩形变. S 波波阵面上的应力是在波阵面的切线方向上，质点也只在这个方向上振动，微体元只有剪切形变. 但是，当波到达界面上时情况就不同了. 如果入射角 $\alpha\neq0$，则界面附近的微体元受力情况与介质内部不同，结果微体元既发生胀缩形变也发生剪切形变. 两种扰动分别以速度 c_p 和 c_s 在两种介质内各自沿不同方向传播开去，即形成反射和透射的 P 波和 SV 波. 只有承认这种情况，上述那种类型的边界条件才能得到满足.

7.2　P 波在自由界面上的反射

现在讨论在均匀各向同性弹性介质半空间(简称弹性半空间)的自由表面上，平面简谐 P 波的反射问题. 对于实际问题，若忽略大气层对地震波的微小影响时，

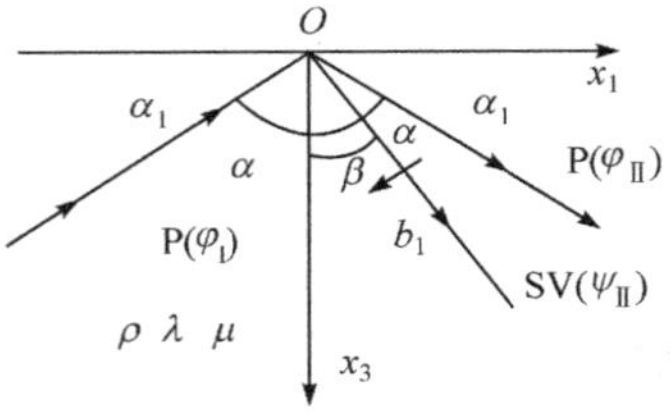

图 7-3　P 波在自由表面的反射

地球表面可以看作自由界面. 为了与地震工作的实际情况相对照，坐标系的选取如图 7-3 所示. x_1x_2 平面为介质的自由表面，x_1x_3 平面为波的入射面；$x_3<0$ 的空间是真空，$x_3\geqslant 0$ 的区域是介质. 介质的密度、拉梅系数分别为 ρ、λ 和 μ(在以后几章和习题中，如无特殊声明均照此处理，不再重述).

7.2.1　位移势函数的反射系数

设入射 P 波、反射 P 波及 SV 波的位移函数分别为

$$\begin{aligned}\varphi_{\mathrm{I}}&=A_{\mathrm{I}}\exp[\mathrm{i}(k_{\mathrm{p1}}x_1-k_{\mathrm{p3}}x_3-\omega_{\mathrm{p}}t)]\\ \varphi_{\mathrm{II}}&=A_{\mathrm{II}}\exp[\mathrm{i}(k'_{\mathrm{p1}}x_1+k'_{\mathrm{p3}}x_3-\omega'_{\mathrm{p}}t)]\\ \Psi_{\mathrm{III}}&=B_{\mathrm{II}}\exp[\mathrm{i}(k'_{\mathrm{s1}}x_1+k'_{\mathrm{s3}}x_3-\omega'_{\mathrm{s}}t)]\end{aligned}\tag{7.6}$$

式中，A_{I}、A_{II}、B_{II}，ω_{p}、ω'_{p}、ω'_{s}为相应各个波的振幅及圆频率，并且

$$k_{\mathrm{p1}}=\frac{\omega_{\mathrm{p}}}{c_{\mathrm{p}}}\sin\alpha,\quad k_{\mathrm{p3}}=\frac{\omega_{\mathrm{p}}}{c_{\mathrm{p}}}\cos\alpha$$

$$k'_{\mathrm{p1}}=\frac{\omega'_{\mathrm{p}}}{c_{\mathrm{p}}}\sin\alpha',\quad k'_{\mathrm{p3}}=\frac{\omega'_{\mathrm{p}}}{c_{\mathrm{p}}}\cos\alpha'$$

$$k'_{\mathrm{s1}}=\frac{\omega'_{\mathrm{s}}}{c_{\mathrm{s}}}\sin\beta',\quad k'_{\mathrm{s3}}=\frac{\omega'_{\mathrm{s}}}{c_{\mathrm{s}}}\cos\beta'$$

为相应各个波在 x_1、x_3 方向的视波数，也就是波矢量相应分量的正值. 显然式(7.6)满足波动方程.

由于 $x_3<0$ 的区域没有介质，谈不上位移的连续条件，应变场及应力场皆为零. 这时边界条件变为

$$\sigma_{33}|_{x_3=0}=0,\quad \sigma_{31}|_{x_3=0}=0$$

之所以应用这两个应力为零的条件而不用 $\sigma_{32}=0(x_3=0)$ 的条件，是因为 σ_{33}、σ_{31} 中包含了 φ_{I}、φ_{II} 及 Ψ_{II}，并可由此确定 A_{II}、B_{II} 与 A_{I} 的关系，而 σ_{32} 与此无关. 由式(7.4)可以得到自由表面的应力边界方程为

$$\left.\left\{\lambda\nabla^2(\varphi_{\mathrm{I}}+\varphi_{\mathrm{II}})+2\mu\left[\frac{\partial^2(\varphi_{\mathrm{I}}+\varphi_{\mathrm{II}})}{\partial x_3^2}+\frac{\partial^2\Psi_{\mathrm{II}}}{\partial x_1\partial x_3}\right]\right\}\right|_{x_3=0}=0$$

$$\left.\left[2\frac{\partial^2(\varphi_{\mathrm{I}}+\varphi_{\mathrm{II}})}{\partial x_1\partial x_3}+\frac{\partial^2\Psi_{\mathrm{II}}}{\partial x_1^2}-\frac{\partial^2\Psi_{\mathrm{II}}}{\partial x_3^2}\right]\right|_{x_3=0}=0$$

将式(7.6)代入上式并令 $x_3=0$ 可得

$$\lambda\{k_p^2 A_{\text{I}}\exp[i(k_{p1}x_1-\omega_p t)]+k_{p3}{}^2 A_{\text{II}}\exp[i(k'_{p1}x_1-\omega'_p t)]\}+2\mu\{k_{p3}^2 A_{\text{I}}\exp[i(k_{p1}x_1-\omega_p t)]$$
$$+k'^2_{p3}A_{\text{II}}\exp[i(k'_{p1}x_1-\omega'_p t)]+k_s^2\sin\beta'\cos\beta'\cdot B_{\text{II}}\exp[i(k'_{s1}x_1-\omega'_s t)]\}=0$$
$$2\{k_{p1}k_{p3}A_{\text{I}}\exp[i(k_{p1}x_1-\omega_p t)]-k'_{p1}k'_{p3}A_{\text{II}}\exp[i(k'_{p1}x_1-\omega'_p t)]\}$$
$$+k'^2_s\cos2\beta'\cdot B_{\text{II}}\exp[i(k'_{s1}x_1-\omega'_s t)]=0 \tag{7.7}$$

为使方程式(7.7)对于任意的 x_1、t 都成立，必须使

$$\omega_p=\omega'_p=\omega'_s,\quad k_{p1}=k'_{p1}=k'_{s1} \tag{7.8}$$

也就是

$$\frac{\sin\alpha}{c_p}=\frac{\sin\alpha'}{c_p}=\frac{\sin\beta'}{c_s} \tag{7.9}$$

于是得

$$\alpha=\alpha',\quad \frac{\sin\alpha}{\sin\beta'}=\frac{c_p}{c_s} \tag{7.10}$$

由式(7.8)～式(7.10)可以看到，反射波与入射波的频率相同，反射 P 波的反射角等于入射角，这与通常的光的反射定律相同；反射 SV 波的反射角与入射角的关系称为斯涅耳定律，这与通常的光的折射定律相同. 由边界条件得出了上述结论，这在实质上是波动学对反射定律和折射定律这两条实验规律的理论解释. 以后还要讨论弹性波的反射和折射问题，可以利用相同的方法进行论证，可以得到与此对应的结论. 因此，以后将不再重复这里的论证，而从一开始就引用应有的结果. 也就是说不再区别同一种波的入射角和反射角，一种波生成的各种波的频率，也可以自然而然地应用斯涅耳定律.

将三角函数公式应用到式(7.6)整理后得到

$$(A_{\text{I}}+A_{\text{II}})\cos2\beta+B_{\text{II}}\sin2\beta=0$$
$$(A_{\text{I}}-A_{\text{II}})c_s^2\sin2\alpha+B_{\text{II}}c_p^2\cos2\beta=0$$

由以上两式进一步可以得出反射 P 波、SV 波以振幅之比定义的势函数的反射系数分别为

$$F_{PP}=\frac{A_{\text{II}}}{A_{\text{I}}}=\frac{c_s^2\sin2\alpha\sin2\beta-c_p^2\cos^2 2\beta}{c_s^2\sin2\alpha\sin2\beta+c_p^2\cos^2 2\beta}$$
$$F_{PV}=\frac{B_{\text{II}}}{A_{\text{I}}}=-\frac{2c_s^2\sin2\alpha\cos2\beta}{c_s^2\sin2\alpha\sin2\beta+c_p^2\cos^2 2\beta} \tag{7.11}$$

由式(7.11)可见，随入射角 α 的改变，反射系数可以出现大于零和小于零的情形. 我们可以规定：当 $F>0$ 时，表示反射波与入射波同相位；当 $F<0$ 时，表示反射波与入射波反相位. 例如，当波垂直入射时 $\alpha=0$，则 $A_{\text{II}}/A_{\text{I}}=-1$，这时，反射波与入射波的势函数振幅相同而相位差 $\pm\pi$. 当 $\alpha=\pi/2$ 时，虽然 $A_{\text{II}}/A_{\text{I}}=-1$，但是波将保持原型已无反射波可言.

由式(7.11)还可以看出，如果 $F_{PP}=0$

即

$$c_s^2\sin2\alpha\sin2\beta - c_p^2\cos^2 2\beta = 0$$

这表明反射波中不出现 P 波. 因此,全部为反射 SV 波. 这种现象称为偏振交换. 此时,处于边界附近的微体元只有剪切形变. 显然,这时反射波与入射波的波矢量应当相互垂直. 拉梅系数 $\lambda=\mu$ 的材料,称为泊松材料. 构成地球的岩石可以近似看作泊松材料. 由上式可以算出发生偏振交换时入射角 $\alpha=60°$.

7.2.2 位移的反射系数

人们常常用位移的反射系数描述波的反射情况.

利用 $\boldsymbol{u}_p=\nabla\varphi$、$\boldsymbol{u}_s=\nabla\times\boldsymbol{\psi}$ 可由式(7.6)分别求出入射波及反射波的位移为

$$\begin{aligned}
\boldsymbol{u}_{p\mathrm{I}} &= \mathrm{i}A_{\mathrm{I}}(k_{p1}i_1 - k_{p3}i_3)\exp[\mathrm{i}(k_{p1}x_1 - k_{p3}x_3 - \omega t)] = a_{\mathrm{I}}\exp[\mathrm{i}(k_{p1}x_1 - k_{p3}x_3 - \omega t)] \\
\boldsymbol{u}_{p\mathrm{II}} &= \mathrm{i}A_{\mathrm{II}}(k_{p1}i_1 + k_{p3}i_3)\exp[\mathrm{i}(k_{p1}x_1 + k_{p3}x_3 - \omega t)] = a_{\mathrm{II}}\exp[\mathrm{i}(k_{p1}x_1 + k_{p3}x_3 - \omega t)] \\
\boldsymbol{u}_{s\mathrm{II}} &= \mathrm{i}B_{\mathrm{II}}(-k_{s3}i_1 + k_{s1}i_3)\exp[\mathrm{i}(k_{s1}x_1 + k_{s3}x_3 - \omega t)] = b_{\mathrm{II}}\exp[\mathrm{i}(k_{s1}x_1 + k_{s3}x_3 - \omega t)]
\end{aligned} \tag{7.12a}$$

式中,

$$\begin{aligned}
a_{\mathrm{I}} &= \mathrm{i}A_{\mathrm{I}}k_p(\sin\alpha i_1 - \cos\alpha i_3) = a_{\mathrm{I}}\boldsymbol{n}_{\mathrm{I}} \\
a_{\mathrm{II}} &= \mathrm{i}A_{\mathrm{II}}k_p(\sin\alpha i_1 + \cos\alpha i_3) = a_{\mathrm{II}}\boldsymbol{n}_{\mathrm{II}} \\
b_{\mathrm{II}} &= \mathrm{i}B_{\mathrm{II}}k_s(-\cos\beta i_1 + \sin\beta i_3) = b_{\mathrm{II}}\boldsymbol{\tau}_{\mathrm{II}}
\end{aligned} \tag{7.12b}$$

式(7.12b)分别为 3 个波的复振幅矢量. 规定 $\boldsymbol{n}_{\mathrm{I}}$、$\boldsymbol{n}_{\mathrm{II}}$、$\boldsymbol{\tau}_{\mathrm{II}}$ 分别为入射 P 波、反射 P 波及 SV 波的振幅谱的正方向(图 7-2).

考虑位移矢量的方向性,可以定义它们在各坐标轴方向分振幅之比定义位移的反射系数. 在 x_1 方向上 P 波及 SV 波的反射系数分别为

$$\begin{aligned}
R_{PP}^{(1)} &= \frac{a_{\mathrm{II}1}}{a_{\mathrm{I}1}} = \frac{a_{\mathrm{II}}}{a_{\mathrm{I}}} = \frac{A_{\mathrm{II}}}{A_{\mathrm{I}}} = F_{PP} \\
R_{PV}^{(1)} &= \frac{b_{\mathrm{II}1}}{b_{\mathrm{I}1}} = -\frac{b_{\mathrm{II}}\cos\beta}{a_{\mathrm{I}}\sin\alpha} = -\frac{B_{\mathrm{II}}c_p\cos\beta}{A_{\mathrm{I}}c_s\sin\alpha} = -F_{PV}\cot\beta
\end{aligned} \tag{7.13a}$$

在 x_3 方向上 P 波及 SV 波位移反射系数分别为

$$\begin{aligned}
R_{PP}^{(3)} &= \frac{a_{\mathrm{II}3}}{a_{\mathrm{I}3}} = -\frac{a_{\mathrm{II}}}{a_{\mathrm{I}}} = -\frac{A_{\mathrm{II}}}{A_{\mathrm{I}}} = -F_{PP} \\
R_{PV}^{(3)} &= \frac{b_{\mathrm{II}3}}{b_{\mathrm{I}3}} = -\frac{b_{\mathrm{II}}\sin\beta}{a_{\mathrm{I}}\cos\alpha} = -\frac{B_{\mathrm{II}}c_p\sin\beta}{A_{\mathrm{I}}c_s\cos\alpha} = -F_{PV}\tan\alpha
\end{aligned} \tag{7.13b}$$

当波垂直入射时 $\alpha=\beta=0$,由式(7.12)及式(7.13)可知,在 x 方向上位移水平分量为零. 在 x_3 方向上位移反射系数为

$$R_{PP}=1,\quad R_{PV}=0$$

可见这时反射 P 波的振幅及相位不变化,也不产生 S 波.

在入射 P 波形成反射 P 波、SV 波的同时，入射的能流也形成相应的反射能流. 定义反射波能流密度矢量与入射波能流密度矢量在界面法线方向分量之比为能流反射系数. 由能流密度的表达式(6.27)及式(7.12)、式(7.13)可得反射 P 波、SV 波能流反射系数分别为

$$
\begin{aligned}
D_{PP} &= \left(\frac{a_{\mathrm{II}}}{a_{\mathrm{I}}}\right)^2 = R_{PP}^2 \\
D_{PV} &= \left(\frac{b_{\mathrm{I}}}{a_{\mathrm{I}}}\right)^2 \frac{c_s\cos\beta}{c_p\cos\alpha} = \left(\frac{B_{\mathrm{II}}c_p}{A_{\mathrm{I}}c_s}\right)^2 \frac{\cos\beta}{\cos\alpha} = F_{PV}^2\frac{c_p\cos\beta}{c_s\cos\alpha}
\end{aligned}
\tag{7.14}
$$

对于图 7-3，根据式(7.12b)、式(7.13a)可以求出地表位移的水平分量与铅直分量的振幅为

$$
\begin{aligned}
U_1 &= a_1\sin\alpha + a_{\mathrm{II}}\sin\alpha - b_{\mathrm{II}}\cos\beta \\
&= a_1\left[\left(1+\frac{a_{\mathrm{II}}}{a_{\mathrm{I}}}\right)\sin\alpha - \frac{b_{\mathrm{II}}}{a_{\mathrm{I}}}\cos\beta\right] \\
&= a_1\left[(1+R_{PP}^{(1)})\sin\alpha + R_{PV}^{(1)}\sin\alpha\right] \\
&= \frac{2a_1\cos\alpha\sin2\beta}{\Delta} \\
U_3 &= -a_1\cos\alpha + a_{\mathrm{II}}\cos\alpha + b_{\mathrm{II}}\sin\beta \\
&= a_1\left[\left(-1+\frac{a_{\mathrm{II}}}{a_{\mathrm{I}}}\right)\cos\alpha + \frac{b_{\mathrm{II}}}{a_{\mathrm{I}}}\sin\beta\right] \\
&= -a_1\left[(1+R_{PP}^{(3)})\cos\alpha + R_{PV}^{(3)}\cos\alpha\right] \\
&= \frac{-2a_1\cos\alpha\cos2\beta}{\Delta}
\end{aligned}
$$

式中，$\Delta=\cos^2 2\beta+(c_s+c_p)^2\sin2\alpha\cos2\beta$. 当波垂直入射时 $\alpha=0$，由上式可得 $U_1=0$，$U_3=-2$，可见垂直方向的位移振幅是入射波振幅的 2 倍. 这一结果对半无限长细杆及张紧的弦自由端也成立.

7.3　SH 波、SV 波在自由界面的反射

本节将研究平面简谐横波在介质自由界面的反射问题，并且可以看到 SH 波、SV 波在反射时表现出不同的特性，这也是处理横波(S 波)问题时，要将其进一步分解成 SH 波及 SV 波的主要原因之一.

7.3.1　SH 波在自由表面上的反射

根据 7.1 节中的论述，在自由表面上，入射的 SH 波只会产生反射的 SH 波，而不会产生反射的 P 波及 SV 波. 因此，这类问题就比较简单.

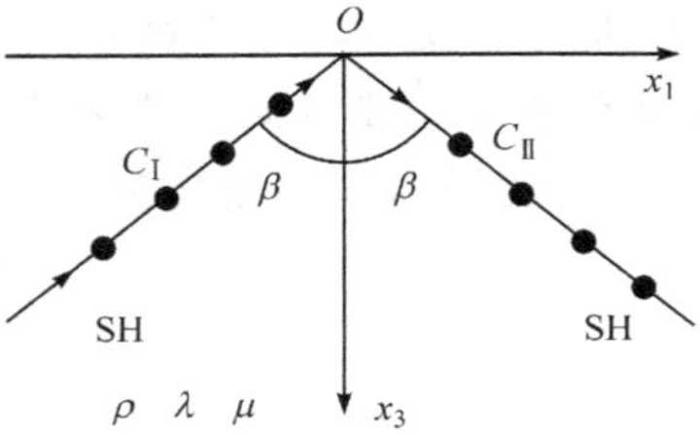

图 7-4 SH 波在自由表面的反射

坐标系的选取如图 7-4 所示，图中 $x_3<0$ 的区间为真空，$x_3\geqslant 0$ 的区间充满各向同性均匀弹性介质，其密度与拉梅常数分别为 ρ、λ 和 μ. 设圆频率为 ω 的 SH 波以 β 角入射，反射的 SH 波的圆频率为 ω，反射角为 β'. 令入射与反射的 SH 波的位移矢势分别为

$$\boldsymbol{\Psi}_{\mathrm{I}}=\boldsymbol{\Psi}_1+\boldsymbol{\Psi}_3=B_{\mathrm{I}_1}\exp[\mathrm{i}(k_{s1}x_1-k_{s3}x_3-\omega t)]\boldsymbol{i}_1+B_{\mathrm{I}_3}\exp[\mathrm{i}(k_{s1}x_1-k_{s3}x_3-\omega t)]\boldsymbol{i}_3$$
$$\boldsymbol{\Psi}'_{\mathrm{II}}=\boldsymbol{\Psi}_{\mathrm{II}_1}+\boldsymbol{\Psi}_{\mathrm{II}_3}=B_{\mathrm{II}_1}\exp[\mathrm{i}(k_{s1}x_1+k_{s3}x_3-\omega t)]\boldsymbol{i}_1+B_{\mathrm{II}_3}\exp[\mathrm{i}(k_{s1}x_1+k_{s3}x_3-\omega t)]\boldsymbol{i}_3 \tag{7.15}$$

利用 $\boldsymbol{u}_s=\nabla\times\boldsymbol{\psi}$ 可以得出 SH 波的位移场为 $\boldsymbol{u}_2=(u+u')\boldsymbol{i}_2$，其中入射与反射波的位移场分别为

$$\begin{aligned}u_{\mathrm{I}}&=C_{\mathrm{I}}\exp[\mathrm{i}(k_{s1}x_1-k_{s3}-\omega t)]\\u_{\mathrm{II}}&=C_{\mathrm{II}}\exp[\mathrm{i}(k_{s1}x_1+k_{s3}-\omega t)]\end{aligned} \tag{7.16}$$

式中

$$k_{s1}=k_s\sin\beta,\quad k_{s3}=k_s\cos\beta$$

边界条件为

$$\sigma_{32}\big|_{x_3=0}=\frac{\partial u_2}{\partial x_3}\bigg|_{x_3=0}=0$$

将式(7.16)代入上式并令 $x_3=0$ 并重复 7.2 节的讨论，可以得到位移的反射系数为

$$R_{\mathrm{HH}}=\frac{C_{\mathrm{II}}}{C_{\mathrm{I}}}=1 \tag{7.17}$$

可见 SH 波在自由表面上反射时，反射角等于入射角，频率不改变，振幅和相位也保持不变.

7.3.2 SV 波在自由表面上的反射

设均匀、弹性半空间的坐标系如图 7-5 所示. 图中 x_1x_2 平面为介质的自由表面，x_1x_3 平面为波的入射面；介质的密度、拉梅系数分别为 ρ、λ 和 μ. 由于 SV 波的位移矢势仅有 x_2 方向的分量，可以只写出其数量. 设入射的 SV 波、反射的 SV 波及 P 波的势函数分别为

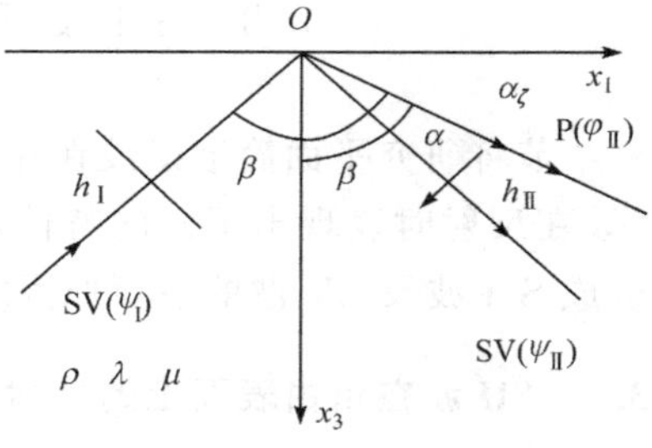

图 7-5 SV 波在自由表面的反射

$$
\begin{aligned}
\Psi_{\mathrm{I}} &= B_{\mathrm{I}} \exp[\mathrm{i}(k_{s1}x_1 - k_{s3}x_3 - \omega t)] \\
\Psi_{\mathrm{II}} &= B_{\mathrm{II}} \exp[\mathrm{i}(k_{s1}x_1 + k_{s3}x_3 - \omega t)] \\
\varphi_{\mathrm{II}} &= A_{\mathrm{II}} \exp[\mathrm{i}(k_{p1}x_1 + k_{p3}x_3 - \omega t)]
\end{aligned} \tag{7.18}
$$

式中，

$$
k_{s1} = \frac{\omega_s}{c_s}\sin\beta, \quad k_{s3} = \frac{\omega_s}{c_s}\cos\beta
$$

$$
k_{p1} = \frac{\omega}{c_p}\sin\alpha, \quad k_{p3} = \frac{\omega_p}{c_p}\cos\beta
$$

波函数需满足自由表面的边界条件：$\sigma_{33}|_{x_3=0}=0$，$\sigma_{31}|_{x_3=0}=0$. 由式(7.4)可以得到边界条件方程，令 $x_3=0$，即有如下形式：

$$
\begin{aligned}
&-\lambda k_p^2 A_{\mathrm{II}} \exp[\mathrm{i}(k_{p1}x_1 - \omega t)] + 2\mu\{-A_{\mathrm{II}} k_{p3}^2 \exp[\mathrm{i}(k_{p1}x_1 - \omega t)] \\
&+ B_{\mathrm{I}} k_{s1}k_{s3} \exp[\mathrm{i}(k_{s1}x_1 - \omega_s t)] - B_{\mathrm{II}} k_{s1}k_{s3} \exp[\mathrm{i}(k_{s1}x_1 - \omega t)]\} = 0 \\
&\quad 2\{B_{\mathrm{I}} k_{s1}k_{s3} \exp[\mathrm{i}(k_{s1}x_1 - \omega_s t)] - B_{\mathrm{II}} k_{s1}k_{s3} \exp[\mathrm{i}(k_{s1}x_1 - \omega t)]\} \\
&- \{B_{\mathrm{I}} k_{s1}^2 \exp[\mathrm{i}(k_{s1}x_1 - \omega t)] + B_{\mathrm{II}} k_{s1}^2 \exp[\mathrm{i}(k_{s1}x_1 - \omega t)]\} \\
&+ \{B_{\mathrm{I}} k_{s3}^2 \exp[\mathrm{i}(k_{s1}x_1 - \omega_s t)] + B_{\mathrm{II}} k_{s3}^2 \exp[\mathrm{i}(k_{s1}x_1 - \omega t)]\} = 0
\end{aligned} \tag{7.19}
$$

欲使上式对任意的 x_1、t 都成立，必有

$$
\frac{\sin\alpha}{c_p} = \frac{\sin\beta}{c_s} \tag{7.20}
$$

可见 SV 波在自由表面上也遵循反射定律及斯涅耳定律. 将式(7.20)代入式(7.19)进一步得到如下的边界值方程：

$$
\begin{aligned}
&A_{\mathrm{II}} \cos 2\beta - (B_{\mathrm{I}} - B_{\mathrm{II}}) \sin 2\beta = 0 \\
&-A_{\mathrm{II}} c_s^2 \sin 2\alpha + c_p^2 (B_{\mathrm{I}} + B_{\mathrm{II}}) \cos 2\beta = 0
\end{aligned} \tag{7.21}
$$

由式(7.21)可以得到以位移势函数振幅之比定义的反射的 SV 波及 P 波的反射系数分别为

$$
\begin{aligned}
F_{VV} &= \frac{B_{\mathrm{II}}}{B_{\mathrm{I}}} = \frac{c_s^2 \sin 2\alpha \sin 2\beta - c_p^2 \cos^2 2\beta}{c_s^2 \sin 2\alpha \sin 2\beta + c_p^2 \cos^2 2\beta} \\
F_{VP} &= \frac{A_{\mathrm{II}}}{B_{\mathrm{I}}} = \frac{2c_p^2 \sin 2\beta \cos 2\beta}{c_s^2 \sin 2\alpha \sin 2\beta + c_p^2 \cos^2 2\beta}
\end{aligned} \tag{7.22}
$$

入射 SV 波、反射 SV 波及反射 P 波的位移振幅谱如图 7-5 所示. 利用 $\boldsymbol{u}_p = \nabla\varphi$ 及 $\boldsymbol{u}_s = \nabla \times \boldsymbol{\psi}$ 以及边界条件可以得出相应的位移反射系数分别为

$$
R_{VV} = \frac{b_{\mathrm{II}}}{b_{\mathrm{I}}} = F_{VV}, \quad R_{VP} = \frac{a_{\mathrm{II}}}{b_{\mathrm{I}}} = \frac{c_s}{c_p} F_{VP} \tag{7.23}
$$

由式(7.22)可知，当 $\beta=0, \pi/2$ 时，反射 P 波将消失，全部为 SV 波，振幅不变但相位改变 π. 当发生偏振交换时有

$$c_s^2\sin 2\alpha\sin 2\beta - c_p^2\cos^2 2\beta = 0$$

反射 SV 波消失,反射波全部为 P 波.

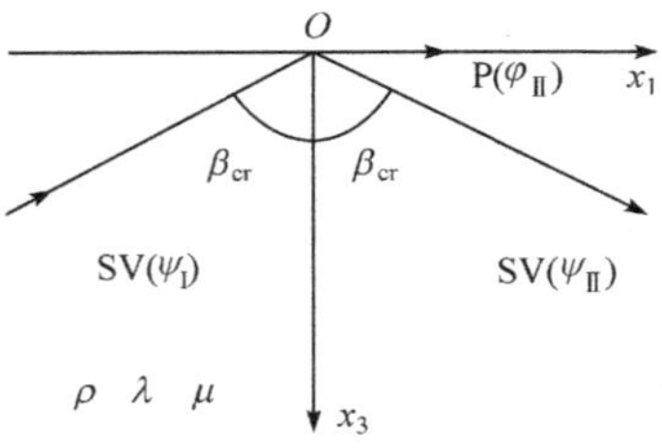

图 7-6　临界反射

下面我们研究 SV 波发生全反射时的情况.由于 $c_s/c_p<1$,由斯涅耳定律可知 $\sin\beta=(c_s/c_p)\sin\alpha<1$.当 P 波入射时;SV 波的反射角 β 小于 P 波的反射角 α',且总是取实数值,故 $F_{\rm PP}$、$F_{\rm PV}$都为实数,但是,当 SV 波入射时,由于$c_p>c_s$,故 $\alpha'>\beta$.当 $\beta=\arcsin(c_s/c_p)$时,$\alpha=\pi/2$,反射 P 波沿 x_1 轴传播.此时的入射角称为临界角,以 β_{cr} 表示.此种现象称为临界反射(图 7-6).此时的反射波为

$$\varphi_{\rm II}=A_{\rm II}\exp[{\rm i}(k_p x_1-\omega t)]$$

SV 波的反射系数为 $F_{\rm VV}=-1$.

由于 β 可以任意变化,故当 $\beta=\arcsin(c_s/c_p)$时,$\sin\alpha=(c_p/c_s)\sin\beta>1$,此时 α 必为复数,且有 $\alpha=\pi/2-{\rm i}\varphi(\varphi>0$,且依赖于介质的拉梅系数).由复数理论可知

$$\sin\alpha=\sin\left(\frac{\pi}{2}-{\rm i}\varphi\right)={\rm ch}\varphi$$

$$\cos\alpha=\cos\left(\frac{\pi}{2}-{\rm i}\varphi\right)={\rm ish}\varphi$$

并可由以上两式及式(7.18)的第三式得到反射波的波函数为

$$\varphi_{\rm II}=A_{\rm II}\exp(-k_p{\rm sh}\varphi\cdot x_3)\exp[{\rm i}(k_p{\rm ch}\varphi\cdot x_1-\omega t)] \tag{7.24}$$

此时的反射波已不是均匀 P 波,而是非均匀面波.它的振幅 $A'\exp(-k_p{\rm sh}\varphi\cdot x_3)$ 已不再是常数,而随 x_3 的增大呈指数衰减.当 x_3 增大时,波幅将很快衰减为零,故波不会透入介质很深,它只是在不厚的表面层内沿 x_1 轴方向传播.波的相速度为 $c_m=c_p/{\rm ch}\varphi$.若令 $k=k_p{\rm ch}\varphi=\omega/c_m$,则由 ${\rm sh}^2\varphi={\rm ch}^2\varphi-1=(c_p/c_m)^2-1$ 可得

$$\varphi_{\rm II}=A_{\rm II}\exp(-k\xi x_3)\exp[{\rm i}(kx_1-\omega t)] \tag{7.25}$$

式中,$\xi=(1-c_m^2/c_p^2)^{1/2}$.式(7.25)表明,$k\boldsymbol{i}_1$、$k\xi\boldsymbol{i}_3$ 分别为波的传播矢量和衰减矢量.若以 $\boldsymbol{k}$ 表示这一非均匀波的复波矢量,则

$$\boldsymbol{k}=k_1\boldsymbol{i}_1+{\rm i}k_3'\boldsymbol{i}_3=k\boldsymbol{i}_1+{\rm i}k\xi\boldsymbol{i}_3$$

将 $\alpha=\pi/2-{\rm i}\varphi$ 代入 $F_{\rm VV}$表达式中可得

$$F_{\rm VV}=\frac{-a+{\rm i}b}{a+{\rm i}b}$$

式中

$$a=c_p^2\cos^2 2\beta,\quad b=c_s^2{\rm sh}2\varphi\sin 2\beta$$

从而得到这两个波的相位差 $\delta=\arctan\dfrac{2ab}{b^2-a^2}$,反射系数的模$|F_{\rm VV}|=1$.可见,当反

射的 SV 波反射系数为复数，其模数为 1，即反射波与入射波振幅相同而有一相位差 δ，此种情况称为全反射. 由于存在相位差 δ，入射波的能流才能分配给反射的 SV 波及非均匀面波.

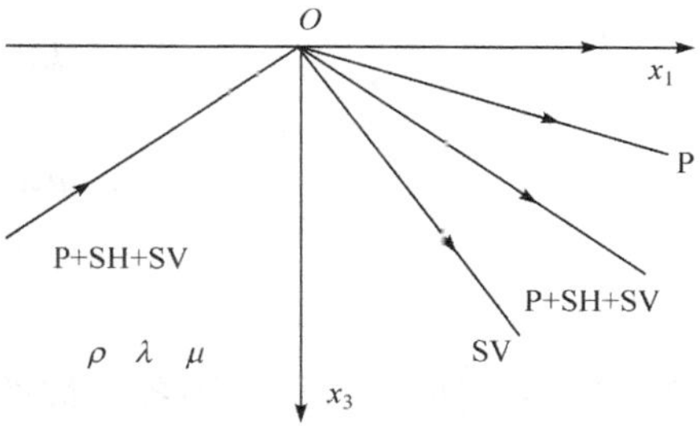

图 7-7　一般平面波的反射

在 7.2 节和 7.3 节里，已经讨论了 P 波、SH 波及 SV 波单独入射的情形. 实际上，入射波的偏振方向可以是任意的. 按矢量分解法可以分解为 P 波、SH 波和 SV 波，这些分解后的波场按各自遵循的规律形成反射波总的波场，如图 7-7 所示.

7.4　SH 波在介质中分界面上的反射与透射

分层均匀的介质中弹性波的传播问题在地球物理学和地震学中都有重要应用. 大地的传播特征是随深度变化的，作为实际问题的一级近似，可以认为地球是由若干地层组成的，每一层的物理特性都是恒定的. 这样，地震波在地球内部传播时发生的反射和透射，就可以看成弹性波在层状结构介质的分界面上发生的反射和透射. 由于 SH 波的分界面上发生反射和透射时不发生波型转换，与 P 波、SV 波相比要简单得多，本节将从这一简单问题开始讨论弹性波在介质分界面上反射与透射一类问题.

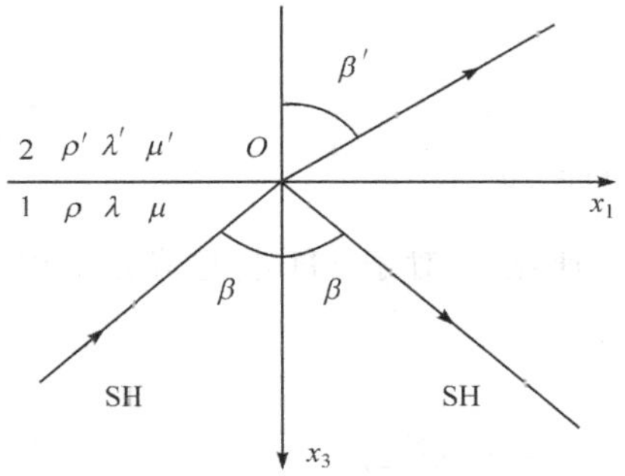

图 7-8　SH 波的反射与折射

7.4.1　SH 波的反射与透射

两个具有不同物理性质的均匀各向同性弹性半空间彼此紧密接触，x_1x_2 平面是这两种介质的分界面，x_1x_3 平面是波的入射面(图 7-8). 现在考虑有一位移振幅为 C 的 SH 波自介质入射到分界面上，形成反射与透射的 SH 波. 介质 1、2 内的位移场分别为

$$\begin{aligned} u_2 &= C_{\mathrm{I}}\exp[\mathrm{i}(k_{s1}x_1 - k_{s3}x_3 - \omega t)] + C_{\mathrm{II}}\exp[\mathrm{i}(k_{s1}x_1 + k_{s3}x_3 - \omega t)] \\ u_2' &= C'\exp[\mathrm{i}(k_{s1}'x_1 - k_{s3}'x_3 - \omega t)] \end{aligned} \tag{7.26}$$

式中，

$$k_{s1} = \frac{\omega}{c_s}\sin\beta$$

$$k_{s3}=\frac{\omega}{c_s}\cos\beta$$

$$k'_{s1}=\frac{\omega}{c'_s}\sin\beta'$$

$$k'_{s3}=\frac{\omega}{c'_s}\cos\beta'$$

为满足边界条件，式(7.26)中各个波的圆频率都应相等，这一点在前面 7.2 节和 7.3 节中已得到证实并在下边的边界条件方程中更进一步证实了这一点，故不再加以区别.

在分界面($x_3=0$)，式(7.26)及应力需满足边界条件

$$u_2=u'_2,\quad \mu\frac{\partial u_2}{\partial x_3}=\mu'\frac{\partial u'_2}{\partial x_3}$$

将式(7.26)代入这两式中并令 $x_3=0$ 得到

$$C_{\mathrm{I}}\exp[\mathrm{i}(k_{s1}x_1-\omega t)]+C_{\mathrm{II}}\exp[\mathrm{i}(k_{s1}x_1-\omega t)]=C'\exp[\mathrm{i}(k'_{s1}x_1-\omega t)]$$

$$\mu\{Ck_{s3}\exp[\mathrm{i}(k_{s1}x_1-\omega t)]-C_{\mathrm{I}}k_{s3}\exp[\mathrm{i}(k_{s1}x_1-\omega t)]\}=\mu'C_{\mathrm{II}}k'_{s3}\exp[\mathrm{i}(k'_{s1}x_1-\omega t)]$$

欲使以上边界条件方程对任意的 x_1、t 都成立，需使(包括各波 ω 相等)

$$k_{s1}=k'_{s1}$$

即

$$\frac{\sin\beta}{c_s}=\frac{\sin\beta'}{c'_s}$$

或者

$$\sin\beta'=\frac{1}{m}\sin\beta,\quad m=\frac{c_s}{c'_s}$$

上式即斯涅耳定律，由此可以确定折射角 β'. 波速比 m 对于 SH 波起着光学中定义的折射率的作用. 当 β'为实数，有$|\sin\beta|\leqslant m$.

由上边的边界条件方程进一步得到

$$C_{\mathrm{I}}+C_{\mathrm{II}}=C',\quad C_{\mathrm{I}}-C_{\mathrm{II}}=\frac{\rho'c'_s\cos\beta'}{\rho c_s\cos\beta}C'$$

由上边两式可以确定 SH 波以位移振幅比定义的反射数 R_{HH}及透射系数 $T_{\mathrm{HH'}}$，它们的形式为

$$R_{\mathrm{HH}}=\frac{C_{\mathrm{II}}}{C_{\mathrm{I}}}=\frac{\rho c_s\cos\beta-\rho'c'_s\cos\beta'}{\rho c_s\cos\beta+\rho'c'_s\cos\beta}$$

$$T_{\mathrm{HH'}}=\frac{C'}{C_{\mathrm{I}}}=\frac{2\rho c_s\cos\beta}{\rho c_s\cos\beta+\rho'c'_s\cos\beta}\tag{7.27}$$

当入射角 β 满足 $\rho c_s\cos\beta-\rho'c'_s\cos\beta'=0$，反射波振幅为零，发生全透射.

7.4.2　SH 型面波

根据斯涅耳定律，只要 $m \geqslant 1$，β' 就一定取实数值，总可以存在透射波. 但是，如果 $m<1$，就会存在一个由 $\sin\beta_{cr}=m$ 定义的临界角，当 $\beta=\beta_{cr}$ 时，则 $\beta'=\pi/2$，从而透射波沿界面传播，即临界反射（图 7－9）. 如果 $\beta>\beta_{cr}$，则 β' 变为虚数. 这时没有折射的 SH 波，只有 SH 型面波沿分界面传播，于是发生了全反射. 这时 $\beta'=\pi/2-\mathrm{i}\varphi$，SH 型面波的位移为

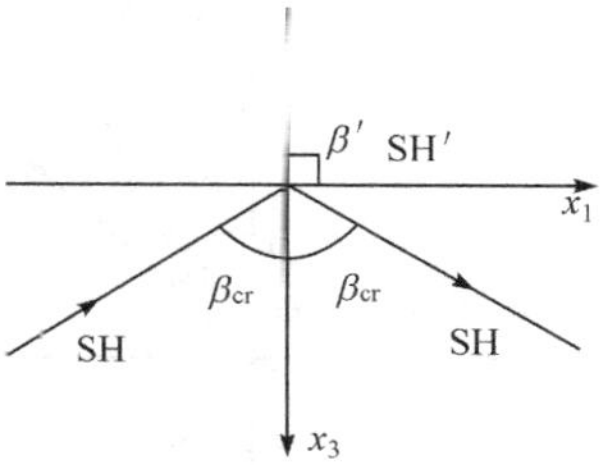

图 7－9　SH 波的临界反射

$$u_2' C_{\mathrm{II}} \exp(k_s' \mathrm{sh}\varphi \cdot x_3) \exp[\mathrm{i}(k_s' \mathrm{ch}\varphi \cdot x_1 - \omega t)] \tag{7.28}$$

令

$$k_s' \mathrm{ch}\varphi = k = \frac{\omega}{c_m}$$

于是

$$\mathrm{ch}\varphi = \frac{c_s'}{c_m}, \quad \mathrm{sh}\varphi = \left[\left(\frac{c_s'}{c_m}\right)^2 - 1\right]^{1/2}$$

式(7.28)又可写成

$$u_2' = C_{\mathrm{II}} \exp\left[\frac{\omega}{c_m}\sqrt{1-\left(\frac{c_m}{c_s'}\right)^2} x_3\right] \exp\left[\mathrm{i}\left(\frac{\omega}{c_m} x_1 - \omega t\right)\right]$$

$$= C_{\mathrm{II}} \exp(k\xi x_3) \exp[\mathrm{i}(kx_1 - \omega t)]$$

式中，c_m 为面波的相速度，此时由于 $\mathrm{ch}\varphi>1$，所以面波相速度小于体波相速度，即 $c_m<c_s'$；$\xi=[1-(c_m/c_s')^2]^{1/2}$. $k\boldsymbol{i}_1$ 为面波的传播矢量，$k\xi\boldsymbol{i}_3$ 为面波的衰减矢量. 上式表明，SH 型面波向 x_1 方向传播，随着进入第 2 介质深度的增加，面波振幅呈指数衰减，即只能在第 2 种介质不厚的表层内传播. 此时的反射 SH 波，其反射系数 R_{HH} 已变为复数，其模数为 1，这表明反射的 SH 波振幅不变，但与入射波存在一相位差

$$\delta = \arctan\frac{2\rho\rho' c_s c_s' \cos\beta \mathrm{sh}\varphi}{(\rho' c_s' \mathrm{sh}\varphi)^2 - (\rho c_s \cos\beta)^2}$$

7.5　P 波在介质中分界面上的反射与透射

现在考察 P 波在两个密接的不同性质的弹性半空间的平面上的反射与折射

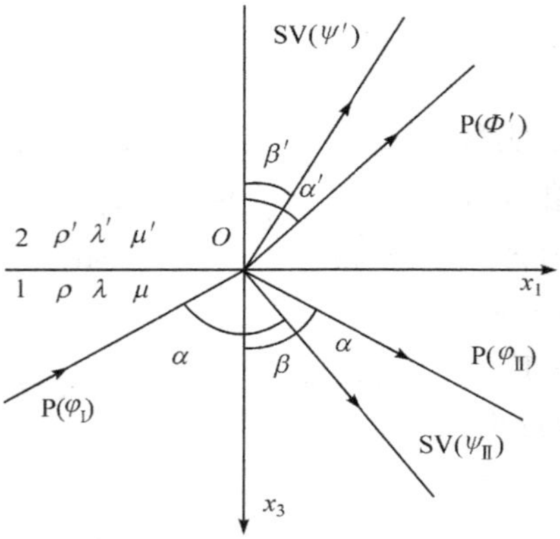

图 7-10　P 波在介质内分界面上的反射与折射

(图 7-10).

当 P 波在第 1 种介质内沿 x_1x_3 平面(入射面)入射到介质的分界面 x_1x_2 平面上时,形成了反射的 P 波、SV 波与折射的 P 波与 SV 波.它们的位移势函数分别是

$$
\begin{aligned}
\varphi_{\mathrm{I}} &= A_{\mathrm{I}}\exp[\mathrm{i}(k_{\mathrm{p1}}x_1 - k_{\mathrm{p3}}x_3 - \omega t)] \\
\varphi_{\mathrm{II}} &= A_{\mathrm{II}}\exp[\mathrm{i}(k_{\mathrm{p1}}x_1 + k_{\mathrm{p3}}x_3 - \omega t)] \\
\Psi_{\mathrm{II}} &= B_{\mathrm{II}}\exp[\mathrm{i}(k_{\mathrm{s1}}x_1 + k_{\mathrm{s3}}x_3 - \omega t)] \\
\varphi' &= A'\exp[\mathrm{i}(k'_{\mathrm{p1}}x_1 - k'_{\mathrm{p3}}x_3 - \omega t)] \\
\Psi' &= B'\exp[\mathrm{i}(k'_{\mathrm{s1}}x_1 - k'_{\mathrm{s3}}x_3 - \omega t)]
\end{aligned}
\tag{7.29}
$$

式中

$$
k_{\mathrm{p1}} = \frac{\omega}{c_{\mathrm{p}}}\sin\alpha, \quad k_{\mathrm{p3}} = \frac{\omega}{c_{\mathrm{p}}}\cos\alpha
$$

$$
k_{\mathrm{s1}} = \frac{\omega}{c_{\mathrm{s}}}\sin\beta, \quad k_{\mathrm{s3}} = \frac{\omega}{c_{\mathrm{s}}}\cos\beta
$$

$$
k'_{\mathrm{p1}} = \frac{\omega}{c'_{\mathrm{p}}}\sin\alpha', \quad k'_{\mathrm{p3}} = \frac{\omega}{c'_{\mathrm{p}}}\cos\alpha'
$$

$$
k'_{\mathrm{s1}} = \frac{\omega}{c'_{\mathrm{s}}}\sin\beta', \quad k'_{\mathrm{s3}} = \frac{\omega}{c'_{\mathrm{s}}}\cos\beta'
$$

由式(7.29)、式(7.4)、式(7.5)可以得到上述波动满足的边界条件方程,若对任意的 x_1、t 使得方程都成立,则必有

$$
k_{\mathrm{p1}} = k_{\mathrm{s1}} = k'_{\mathrm{p1}} = k'_{\mathrm{s1}}
$$

也即

$$
\frac{\sin\alpha}{c_{\mathrm{p}}} = \frac{\sin\beta}{c_{\mathrm{s}}} = \frac{\sin\alpha'}{c'_{\mathrm{p}}} = \frac{\sin\beta'}{c'_{\mathrm{s}}} \tag{7.30}
$$

式(7.30)为斯涅耳反射、折射定律.而且必须使得这些波的频率都相等,在式(7.29)中,为了简便未加区别.我们得到的边界条件方程如下:

$$
\begin{gathered}
A_{\mathrm{I}} + A_{\mathrm{II}} - p_2B_{\mathrm{II}} - A' - p_4B' = 0 \\
p_1(A_{\mathrm{I}} - A_{\mathrm{II}}) - B_{\mathrm{II}} - p_3A' + B' = 0 \\
[\lambda(1+p_1^2) + 2\mu p_1^2](A_{\mathrm{I}} + A_{\mathrm{II}}) + 2\mu p_2B_{\mathrm{II}} - [\lambda'(1+p_3^2) + 2\mu' p_3^2]A' + 2\mu' p_4B' = 0 \\
\mu[2p_1(A_{\mathrm{I}} - A_{\mathrm{II}}) + (1-p_2^2)B_{\mathrm{II}}] - \mu'[2p_3A' - (1-p_4^2)B'] = 0
\end{gathered}
\tag{7.31}
$$

式中,

$$
p_1 = \frac{k_{\mathrm{p3}}}{k_{\mathrm{p1}}} = \cot\alpha, \quad p_2 = \frac{k_{\mathrm{s3}}}{k_{\mathrm{s1}}} = \cot\beta
$$

$$p_3=\frac{k'_{p3}}{k'_{p1}}=\cot\alpha',\quad p_4=\frac{k'_{s3}}{k'_{s1}}=\cot\beta'$$

令

$$P=A_{\mathrm{I}}+A_{\mathrm{II}},\quad Q=A_{\mathrm{I}}-A_{\mathrm{II}} \tag{7.32}$$

将式(7.32)代入式(7.31)，从其中第 1、3 两式中解出 P、B_{I}，从其中第 2、4 两式中解出 Q、B_{II}，其式分别为

$$\begin{aligned}&P=l_1A'+h_1B',\quad B_{\mathrm{I}}=l_2A'+h_2B'\\&Q=l_3A'+h_3B',\quad B_{\mathrm{II}}=-l_4A'-h_4B'\end{aligned} \tag{7.33}$$

式中，

$$l_1=\frac{2\mu+\lambda'(1+p_3^2)+2\mu p_3^2}{(\lambda+2\mu)(1+p_1^2)},\quad h_1=\frac{2(\mu-\mu')p_4}{(\lambda+2\mu)(1+p_1^2)}$$

$$l_2=\frac{\lambda'(1+p_3^2)+2\mu' p_3^2+[\lambda(1+p_1^2)+2\mu p_1^2]}{(\lambda+2\mu)(1+p_1^2)p_2}$$

$$h_2=-\frac{[2\mu'+\lambda(1+p_1^2)+2\mu p_1^2]p_4}{(\lambda+2\mu)(1+p_1^2)p_2}$$

$$l_3=\frac{2\mu' p_3-\mu(1-p_2^2)p_3}{\mu p_1(1+p_2^2)},\quad h_3=\frac{u(1-p_2^2)-\mu'(1-p_4^2)}{\mu p_1(1+p_2^2)}$$

$$l_4=\frac{2(\mu-\mu')p_3}{\mu(1+p_2^2)},\quad h_4=\frac{\mu'(1-p_4^2)-2\mu}{\mu(1+p_2^2)}$$

将式(7.32)代入式(7.33)得到方程组

$$\begin{aligned}&-\frac{A_{\mathrm{II}}}{A_{\mathrm{I}}}+l_1\frac{A'}{A_{\mathrm{I}}}+h_1\frac{B'}{A_{\mathrm{I}}}=1\\&-\frac{B_{\mathrm{II}}}{A_{\mathrm{I}}}+l_2\frac{A'}{A_{\mathrm{I}}}+h_2\frac{B'}{A_{\mathrm{I}}}=0\\&\frac{A_{\mathrm{II}}}{A_{\mathrm{I}}}+l_3\frac{A'}{A_{\mathrm{I}}}+h_3\frac{B'}{A_{\mathrm{I}}}=1\\&\frac{B_{\mathrm{II}}}{A_{\mathrm{I}}}+l_4\frac{A'}{A_{\mathrm{I}}}+h_4\frac{B'}{A_{\mathrm{I}}}=0\end{aligned} \tag{7.34}$$

由式(7.34)容易求得反射 P 波、SV 波及折射 P 波、SV 波以振幅之比定义的反射系数及折射系数依次为

$$
\left.\begin{aligned}
F_{\mathrm{PP}}&=\frac{A_{\mathrm{II}}}{A_{\mathrm{I}}}=\frac{(l_1-l_3)(h_2+h_4)-(l_2+l_4)(h_1-h_3)}{D}\\
F_{\mathrm{PV}}&=\frac{B_{\mathrm{II}}}{A_{\mathrm{I}}}=\frac{2(l_2h_4-l_4h_2)}{D}\\
E_{\mathrm{PP'}}&=\frac{A'}{A_{\mathrm{I}}}=\frac{2(h_2+h_4)}{D}\\
E_{\mathrm{PV'}}&=\frac{B'}{A_{\mathrm{I}}}=-\frac{2(l_2+h_4)}{D}
\end{aligned}\right\}\tag{7.35}
$$

当 P 波垂直入射时,由斯涅耳定律可知,$\alpha=\beta=\alpha'=\beta'=0$,于是 p_1、p_2、p_3、p_4 趋于无穷大.这时由式(7.35)可得

$$
\left.\begin{aligned}
F_{\mathrm{PP}}&=\frac{A_{\mathrm{II}}}{A_{\mathrm{I}}}=\frac{\rho'c'_{\mathrm{p}}-\rho c_{\mathrm{p}}}{\rho c_{\mathrm{p}}+\rho'c'_{\mathrm{p}}},\quad F_{\mathrm{PV}}=0\\
E_{\mathrm{PP'}}&=\frac{A'}{A_{\mathrm{I}}}=\frac{2\rho c'_{\mathrm{p}}}{\rho c_{\mathrm{p}}+\rho'c'_{\mathrm{p}}},\quad E_{\mathrm{PV'}}=0
\end{aligned}\right\}\tag{7.36}
$$

由式(7.30)可以得到垂直入射时这 3 个 P 波的位移分别为

$$u_{\mathrm{I}}=-\mathrm{i}k_{\mathrm{p}}A_{\mathrm{I}}\exp[\mathrm{i}(-k_{\mathrm{p}}x_3-\omega t)]=\alpha_{\mathrm{I}}\exp[\mathrm{i}(-k_{\mathrm{p}}x_3-\omega t)]$$

$$u_{\mathrm{II}}=\mathrm{i}k_{\mathrm{p}}A_{\mathrm{II}}\exp[\mathrm{i}(k_{\mathrm{p}}x_3-\omega t)]=\alpha_{\mathrm{II}}\exp[\mathrm{i}(k_{\mathrm{p}}x_3-\omega t)]$$

$$u'=-\mathrm{i}k'_{\mathrm{p}}A'\exp[\mathrm{i}(k'_{\mathrm{p}}x_3-\omega t)]=\alpha'\exp[\mathrm{i}(k'_{\mathrm{p}}x_3-\omega t)]$$

并结合式(7.36)得出位移的反射系数与透射系数分别为

$$
\left.\begin{aligned}
R_{\mathrm{PP}}&=\frac{\alpha_{\mathrm{II}}}{\alpha_{\mathrm{I}}}=-\frac{A_{\mathrm{II}}}{A_{\mathrm{I}}}=\frac{\rho c_{\mathrm{p}}-\rho'c'_{\mathrm{p}}}{\rho c_{\mathrm{p}}-\rho'c'_{\mathrm{p}}}\\
T_{\mathrm{PV'}}&=\frac{\alpha'}{\alpha_{\mathrm{I}}}=\frac{c_{\mathrm{p}}A'}{c'_{\mathrm{p}}}=\frac{2\rho c_{\mathrm{p}}}{\rho c_{\mathrm{p}}+\rho'c'_{\mathrm{p}}}
\end{aligned}\right\}\tag{7.37}
$$

ρc 的积称为波阻抗.若有 1、2 两种介质,如果它们的波阻抗有关系式 $\rho_1c_1<\rho_2c_2$,则称 1 介质为波疏介质,2 介质为波密介质.由式(7.37)可知,如果 $\rho c_{\mathrm{p}}-\rho c'_{\mathrm{p}}<0$,则表示 P 波垂直射向两种介质分界面并由波密介质返回波疏介质时,反射波与入射波的相位相反,即存在 $\pm\pi$ 的附加相位差,这相当于反射波损失了半个波长,即称为"半波损失".这一点与光学所得结论是一致的.一般情况下,入射角 α 可取 $0\sim\pi/2$ 的任意值,反射波及折射波的相位变化既决定于两种介质的性质,也决定波的入射角度 α,情况较为复杂,不在此述.

7.6 SV 波在介质中分界面上的反射与透射

现在在 7.5 节的基础上研究 SV 波的反射与折射问题.

7.6.1 SV 波的反射系数与折射系数

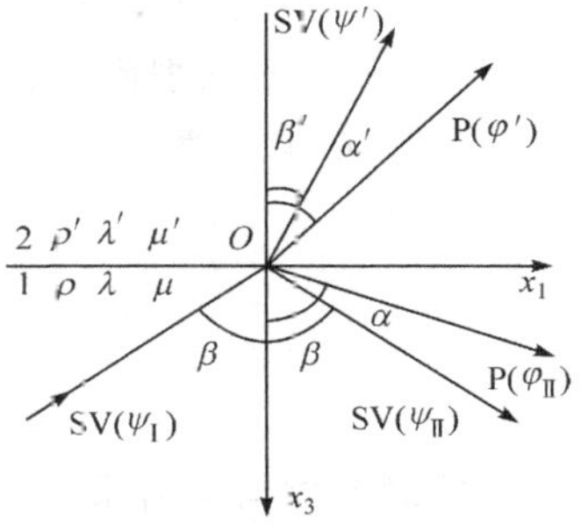

图 7－11　SV 波在介质内的分界面上的反射与折射

如图 7－11 所示，在与 7.5 节相同的弹性介质的分界面及坐标系下，当 SV 波入射到分界面 x_1x_2 平面上时，一般要形成反射的 SV、P 波及折射的 SV 波、P 波，设它们的位移矢函数依次为

$$
\begin{aligned}
&\Psi_{\text{I}}=B_{\text{I}}\exp[\mathrm{i}(k_{s1}x_1-k_{s3}x_3-\omega t)]\\
&\Psi_{\text{II}}=B_{\text{II}}\exp[\mathrm{i}(k_{s1}x_1+k_{s3}x_3-\omega t)]\\
&\varphi_{\text{II}}=A_{\text{II}}\exp[\mathrm{i}(k_{p1}x_1+k_{p3}x_3-\omega t)]\\
&\Psi'=B'\exp[\mathrm{i}(k'_{s1}x_1-k'_{s3}x_3-\omega t)]\\
&\varphi''=A'\exp[\mathrm{i}(k'_{p1}x_1-k'_{p3}x_3-\omega t)]
\end{aligned}
\tag{7.38}
$$

由式(7.4)、式(7.5)及式(7.38)可以得到边界条件方程为

$$
\begin{aligned}
&A_{\text{II}}+p_2(B_{\text{I}}-B_{\text{II}})-A'-p_4B'=0\\
&p_1A_{\text{II}}+B_{\text{I}}+B_{\text{II}}+p_3A'-B'=0\\
&[\lambda(1+p_1^2)+2\mu p_1^2]A_{\text{II}}-2\mu p_2(B_{\text{I}}-B_{\text{II}})-[\lambda'(1+p_3^2)+2\mu' p_3^2]A'+2\mu' p_4B'=0\\
&2\mu p_1A_{\text{II}}+\mu(1-p_2^2)(B_{\text{I}}+B_{\text{II}})+2\mu' p_3A'-\mu'(1-p_4^2)B'=0
\end{aligned}
\tag{7.39}
$$

重复 7.5 节类似的方法可将式(7.39)化为

$$
\begin{aligned}
&-\frac{A_{\text{II}}}{B_1}+l_1\frac{A'}{B_1}+h_1\frac{B'}{B_1}=0\\
&\frac{B_{\text{II}}}{B_1}-l_2\frac{A'}{B_1}-h_2\frac{B'}{B_1}=1\\
&\frac{A_{\text{II}}}{B_1}+l_3\frac{A'}{B_1}+h_3\frac{B'}{B_1}=0\\
&-\frac{B_{\text{II}}}{B_1}-l_4\frac{A'}{B_1}-h_4\frac{B'}{B_1}=0
\end{aligned}
$$

由此可求得 SV 波位移势函数的反射系数与折射系数分别为

$$
\begin{aligned}
&F_{\text{VV}}=\frac{B_{\text{II}}}{B_{\text{I}}}=\frac{(l_2-l_4)(h_1+h_3)-(l_1+l_3)(h_2-h_4)}{D}\\
&F_{\text{VP}}=\frac{A_{\text{II}}}{B_{\text{I}}}=\frac{2(l_1h_3-l_3h_1)}{D}\\
&E_{\text{VV}'}=\frac{B'}{B_{\text{I}}}=-\frac{2(l_1+l_3)}{D}\\
&E_{\text{VP}'}=\frac{A'}{B_{\text{I}}}=\frac{2(h_1+h_3)}{D}
\end{aligned}
\tag{7.40}
$$

式中，p_i、l_i、$h_i(i=1、2、3、4)$及 D 与 7.5 节相同.

当 SV 波垂直入射到 x_1x_2 平面上时，$\alpha=\beta=\alpha'=\beta'=0$，$p_1$、$p_2$、$p_3$、$p_4$ 都趋向无穷大，式(7.40)化简为

$$\begin{aligned} &\frac{B_{\mathrm{II}}}{B_{\mathrm{I}}}=\frac{\rho'c'_s-\rho c_s}{\rho c_s+\rho'c'_s}, \quad \frac{A_{\mathrm{II}}}{B_{\mathrm{I}}}=0 \\ &\frac{B'}{B_{\mathrm{I}}}=\frac{2\rho c'_s}{\rho c_s+\rho'c'_s}, \quad \frac{A_{\mathrm{I}}}{B_{\mathrm{I}}}=0 \end{aligned} \tag{7.41}$$

位移的反射系数与折射系数分别为

$$\begin{aligned} &R_{\mathrm{VV}}=-F_{\mathrm{VV}}=-\frac{B_{\mathrm{II}}}{B_{\mathrm{I}}}=\frac{\rho c_s-\rho'c'_s}{\rho c_s+\rho'c'_s}, \quad R_{\mathrm{VP}}=0 \\ &T_{\mathrm{VV'}}=\frac{c_s}{c'_s}F_{\mathrm{VV'}}=\frac{c_s}{c'_s}\frac{B'}{B_{\mathrm{I}}}=\frac{2\rho c_s}{\rho c_s+\rho'c'_s}, \quad R_{\mathrm{VP'}}=0 \end{aligned} \tag{7.42}$$

由式(7.42)可以看出，当 $\rho c_s-\rho'c'_s=0$，无反射波，$T_{\mathrm{VV'}}=1$；$\rho c_s-\rho'c'_s$的差越大，反射波也越强，透射波越弱；当 $\rho c_s-\rho'c'_s<0$，存在“半波损失”；当 $\rho'c'_s=0$ 时，即过渡到自由表面的情形.

7.6.2 全反射

当两种介质中的波速满足不等式 $c'_s<c'_p<c_s<c_p$，由斯涅耳定律可知 $\beta'<\alpha'<\beta<\alpha$. 当 P 波入射时，所有反射角及折射角均取实数值，即反射波与折射波都存在，不发生全反射. 当 SV 波入射时，存在临界角 β_{cr}. 当入射角 $\beta>\beta_{cr}$时，反射的 P 波不存在，出现了沿界面传播的非均匀波，即出现了全反射. 当波速违反上述不等式，则当 P 波、SV 波入射时，存在临界面 α_{cr} 及 β_{cr} 可使某种反射和折射波不存在，代之以沿界面传播的非均匀波，此时出现全反射现象. 出现全反射时，波速满足的不等式有多种情形，作为其中之一我们考虑 $c_s<c_p<c'_s<c'_p$ 的情况. 根据斯涅耳定律可知，$\sin\beta'=c_s\sin\alpha/c_p$，若临界角 $\alpha_{cr}=\arcsin(c_p/c'_s)$，则 $\beta'=\pi/2$. 若入射角 $\alpha>\alpha_{cr}$，则 $\sin\beta'>1$，β'、α'必为虚数，从而入射的 P 波及 SV 波都会受到全反射.

以上研究的是单一分界面上波的行为，实际上波在传播过程中会遇到多个分界面. 这时可以将上面的研究方法加以推广. 这时只要考虑各反射波、折射波在遇到新界面时又产生新的反射波和折射波即可，然而问题却要比想象的复杂得多.

在 7.1 节～7.5 节里，主要讨论了 P 波、SV 波及 SH 波等体波的反射与折射的规律，这些是弹性波动力学中运动学的主要内容，这些理论有着重要的实际意义. 下面以地震勘探为例说明弹性波理论在实践中的应用.

在地震勘探的实际工作中，经常是利用人工振源(如炸药爆破、汽枪击发、重锤敲击等)产生 P 波及 SV 波(近几年已开始研究 SH 波振源)，并使其在地下传播，用检波器及地震仪等仪器组成的信号采集设备接收并记录反射波信号. 通过对这

些信号的分析判断地下岩层的结构等物性.譬如,可利用反射波探查并区分地下介质的层面位置.在得到反射层位之后,确定它的形态,这有利于能源勘探.已有文献叙述了利用 P 波与 SV 波进行地震勘探中的有限单元法弹性波偏移.其基本方法是,由于入射纵波可以在反射点上同时产生 P 波与 SV 波,这样,对接收器收到的这两种波用向下延拓的方法回推到任意深的水平面上.在这个任意水平面上所得到的向下延拓的结果将和在该水平面上直接观测的地震记录是相同的.然后逐个水平面向下延拓,当某个水平面与反射面相交于反射点时,则上行的反射波的旅行时将和下行的入射波的旅行时是相等的,这时反射纵波和反射横波将在反射点上结合在一起.利用上述方法即可确定地下反射界面位置.

7.7　半空间的面波——瑞利波

7.1 节～7.6 节在讨论 P 波、SV 波和 SH 波等体波的同时,曾提到过沿介质表面层传播的面波.它们的特点是振幅随进入介质深度的增加而急剧衰减.这类由全反射产生的面波通常称为沿界面的滑行波.本节研究一种在弹性半空间表面附近传播的与滑行波有本质区别的面波——瑞利波.

7.7.1　瑞利波的波函数

设 x_1x_2 平面为均匀弹性半空间的自由表面,x_1x_3 平面为波的入射面.此时波动方程为

$$\begin{aligned}\frac{\partial^2\varphi}{\partial x_1^2}+\frac{\partial^2\varphi}{\partial x_3^2}=\frac{1}{c_p^2}\frac{\partial^2\varphi}{\partial t^2}\\ \frac{\partial^2\Psi}{\partial x_1^2}+\frac{\partial^2\Psi}{\partial x_3^2}=\frac{1}{c_s^2}\frac{\partial^2\Psi}{\partial t^2}\end{aligned}\tag{7.43}$$

式中,φ 为位移场的标势、$\Psi=\Psi_2$ 为位移场的矢势.因为面波的振幅是 x_3 的函数,所以设满足方程式(7.43)的解为

$$\begin{aligned}\varphi=\Phi(x_3)\exp[\mathrm{i}(kx_1-\omega t)]\\ \Psi=\Psi(x_3)\exp[\mathrm{i}(kx_1-\omega t)]\end{aligned}\tag{7.44}$$

式中,$k=\omega/c$ 为待定常数.将式(7.44)代入式(7.43)得亥姆霍兹方程

$$\begin{aligned}\Phi''+(k_p^2-k^2)\Phi=0\\ \Psi''+(k_s^2-k^2)\Psi=0\end{aligned}\tag{7.45}$$

令

$$k^2p^2=k_p^2-k^2=k^2\left(\frac{c^2}{c_p^2-1}\right)$$

$$k^2s^2=k_s^2-k^2=k^2\left(\frac{c^2}{c_s^2-1}\right)$$

当 p、s 均取虚数时有

$$p=\mathrm{i}\left[1-\left(\frac{c^2}{c_p^2}\right)\right]^{1/2}=\mathrm{i}\xi,\quad c<c_p$$
$$s=\mathrm{i}\left[1-\left(\frac{c^2}{c_s^2}\right)\right]^{1/2}=\mathrm{i}\zeta,\quad c<c_s \tag{7.46}$$

这时方程式(7.45)的解为

$$\begin{aligned}\Phi&=A_{\mathrm{I}}\exp(-k\xi x_3)+A_{\mathrm{II}}\exp(k\xi x_3)\\ \Psi&=B_{\mathrm{I}}\exp(-k\zeta x_3)+B_{\mathrm{II}}\exp(k\zeta x_3)\end{aligned} \tag{7.47}$$

当 $x_3\to\infty$ 时，式(7.46)中等式右边第二项趋于无穷大，这是没有意义的，故有 $A_{\mathrm{II}}=B_{\mathrm{II}}=0$，并代入式(7.44)可得方程式(7.43)的通解为(去掉振幅角标)

$$\begin{aligned}\Phi&=A\exp(-k\xi x_3)\exp[\mathrm{i}(kx_1-\omega t)]\\ \Psi&=B\exp(-k\zeta x_3)\exp[\mathrm{i}(kx_1-\omega t)]\end{aligned} \tag{7.48}$$

式(7.47)表示的波是沿 x_1 轴方向以波速 c_R 沿自由表面一薄层传播的非均匀平面简谐波. 当 $x_3=0$ 时振幅最大，随 x_3 的增加振幅急剧减小，扰动被局限在靠近自由表面的一个薄层内，故称为表面波. 瑞利波不同于全反射时沿界面的滑行波是因为它既有纵波成分，也有 SV 波成分，是 P 型与 SV 型非均匀波叠加而成的. 早在 1887 年瑞利(Rayleigh)首先研究并发现了这种面波，故又称为瑞利波.

7.7.2 瑞利方程

式(7.44)中的待定常数 k，或更确切地说是瑞利波速度 c_R 是决定瑞利波存在的主要因素之一. 为了确定这个速度，可应用边界条件

$$c_p^2\,\nabla^2\varphi+2c_s^2\left(\frac{\partial^2\Psi}{\partial x_1\partial x_3}-\frac{\partial^2\varphi}{\partial x_1^2}\right)_{x_3=0}=0$$

$$\left(2\,\frac{\partial^2\varphi}{\partial x_1\partial x_3}+\frac{\partial^2\Psi}{\partial x_1^2}-\frac{\partial^2\Psi}{\partial x_3^2}\right)_{x_3=0}=0$$

将式(7.47)代入上式中并令 $x_3=0$ 得到方程组

$$\begin{aligned}(2c_s^2-c_R^2)A+2\mathrm{i}\zeta c_s^2B&=0\\ 2\mathrm{i}\xi c_s^2A+(2c_s^2-c_R^2)B&=0\end{aligned} \tag{7.49}$$

欲使式(7.49)的方程组有非零解，需使其系数行列式为零，即

$$\begin{vmatrix} 2c_s^2-c_R^2 & -2\mathrm{i}\zeta c_s^2 \\ 2\mathrm{i}\xi c_s^2 & 2c_s^2-c_R^2 \end{vmatrix}=0$$

也即

$$(2c_s^2-c_R^2)^2-4\xi\zeta c_s^4=0$$

将式(7.46)代入上式可以得到

$$\left(2-\frac{c_R^2}{c_s^2}\right)^2-4\sqrt{1-\frac{c_R^2}{c_p^2}}\sqrt{1-\frac{c_R^2}{c_s^2}}=0 \qquad (7.50)$$

式(7.50)称为瑞利方程.

若令 $x=c_R^2/c_s^2, m^2=c_s^2/c_p^2$,并将其代入瑞利方程式(7.50)中,去掉根号整理后得

$$x[x^3-8x^2+8(3-2m^2)x+16(m^2-1)]=0 \qquad (7.51)$$

显然 $x=0$ 是这方程的一个根,但这时有 $c_R=0$ 对应无面波的情况,这对我们讨论的问题没有意义. 式(7.51)中方括号内是一个 x 的三次多项式,当 $x=0$ 时为负数,在 $x=1$ 时为正数. 因此在区间(0,1)内,x 至少应有一个根. 即

$$0<x<1$$

或者

$$0<\frac{c_R^2}{c_s^2}<1, \quad 0<\left|\frac{c_R}{c_s}\right|<1$$

于是可得

$$c_R<c_s$$

可见瑞利波速度小于横波速度 c_s,当然也小于纵波速度 c_p,这与式(7.46)是一致的.

对于各种不同的介质,将 $m^2=c_s^2/c_p^2=\mu/(\lambda+2\mu)=(1-2\nu)/2(1-\nu)$ 代入式(7.51),可见瑞利波速依赖于材料的泊松比. 解此三次方程可求得该介质的瑞利波速 c_R. 譬如对于泊松固体($\lambda=\mu$)有 $m^2=1/3$,将其代入式(7.51)可得方程

$$(x-4)(3x^2-12x+8)=0$$

解得此方程的根为

$$x_1=4, \quad x_2=2-2/\sqrt{3}, \quad x_3=2+2/\sqrt{3}$$

由根 x_2 可得瑞利波速度为 $c_R=0.9194c_s$;根 x_1、$x_3>1$,显然与面波不发生联系. 由上面的讨论及计算可知,半空间表面传播的瑞利波的速度与波的频率无关,即无频散现象.

7.7.3　瑞利波的位移场

瑞利波在介质中传播时,质点沿 x_1、x_3 方向的位移分别为

$$u_1=\frac{\partial\varphi}{\partial x_1}-\frac{\partial\Psi}{\partial x_3},\quad u_3=\frac{\partial\varphi}{\partial x_3}-\frac{\partial\Psi}{\partial x_1}$$

将式(7.48)代入上式，并利用式(7.49)消去 B 得到位移

$$u_1=\mathrm{i}kA\left[\exp(-k\xi x_3)-\frac{2\xi\zeta c_s^2}{2c_s^2-c_R^2}\exp(-k\zeta x_3)\right]\exp[\mathrm{i}(kx_1-\omega t)]$$

$$u_3=k\xi A\left[-\exp(-k\xi x_3)+\frac{2c_s^2}{2c_s^2-c_R^2}\exp(-k\zeta x_3)\right]\exp[\mathrm{i}(kx_1-\omega t)]$$

取上式之实部可得

$$\begin{aligned}u_1&=kA\left[\frac{2\xi\zeta c_s^2}{2c_s^2-c_R^2}\exp(-k\zeta x_3)-\exp(-k\zeta x_3)\right]\sin(kx_1-\omega t)\\u_3&=k\xi A\left[\frac{2c_s^2}{2c_s^2-c_R^2}\exp(-k\zeta x_3)-\exp(-k\zeta x_3)\right]\cos(kx_1-\omega t)\end{aligned}\tag{7.52}$$

由式(7.52)可知，位移的纵向部分与横向部分相位差为 $\pi/2$，质点的运动轨迹是椭圆. 当 $x_3=0$ 时 u_1、u_3 的振幅最大，随 x_3 的增大振幅逐渐减小，并很快地趋向零. 地壳可近似地认为泊松固体，当 $x_3=0$ 时，由式(7.52)可以算得地表质点位移为

$$u_1=0.426k\sin(kx_1-\omega t)$$
$$u_3=0.622k\cos(kx_1-\omega t)$$

由于 u_3 的相位超前 $u_1\,\pi/2$，故质点轨迹为逆进的椭圆，长短半轴之比为 3∶2.

实际上地震中心附近并不存在瑞利波，只有在地表附近的薄层内有 P 型、SV 型面波沿地面传播叠加而成. 由于 $c_R<c_s<c_p$，由地震记录曲线表明，初至波是 P 波，随后是 S 波，最后是面波，由于面波沿球面传播时振幅按 $1/\sqrt{\sin\theta}$ 衰减，衰减得很慢，故面波的破坏力比 P 波及 S 波都大.

7.8 洛 夫 波

在具有自由表面的半空间不会产生 SH 型面波，这是因为入射角及反射角都取实数；发生在半空间表面的瑞利面波是非频散波. 但是，在最早期的地震记录中已经发现了具有很大横向位移的频散波，这表明可能存在另一种类型的波. 1911 年洛夫(Love)首先对此给以解释，并证明了这是在弹性半空间上覆盖一有限厚度的介质层的情况下存在的 SH 型面波，后来人们称为洛夫波.

7.8.1　洛夫波的波函数

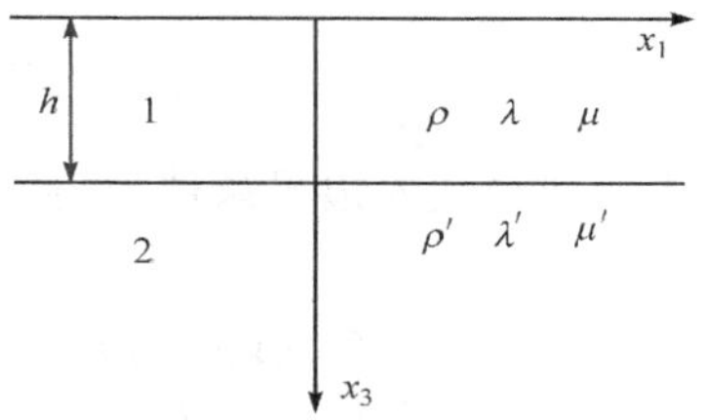

图 7-12　有覆盖层的弹性半空间

在均匀的弹性半空间 2 上覆盖一层厚为 h、性质完全不同的弹性介质 1，从而构成新的弹性半空间(图 7-12).洛夫波就是在这样的空间中波的传播问题的一个特例.

在两种介质中，SH 型面波沿 x_1 方向传播，在介质 1 中位移场为 u，在介质 2 中位移场为 u'，它们满足波动方程

$$\begin{aligned}\frac{\partial^2 u}{\partial x_1^2}+\frac{\partial^2 u}{\partial x_3^2}&=\frac{1}{c_s^2}\frac{\partial^2 u}{\partial t^2}\\ \frac{\partial^2 u'}{\partial x_1^2}+\frac{\partial^2 u'}{\partial x_3^2}&=\frac{1}{c_s'^2}\frac{\partial^2 u'}{\partial t^2}\end{aligned}\tag{7.53}$$

由于面波位移振幅随 x_3 增大而改变，故设位移为

$$\begin{aligned}u&=f(x_3)\exp[\mathrm{i}(kx_1-\omega t)]\\ u'&=g(x_3)\exp[\mathrm{i}(kx_1-\omega t)]\end{aligned}\tag{7.54}$$

将式(7.54)代入式(7.53)可得亥姆霍兹方程

$$\begin{aligned}&\frac{\mathrm{d}^2 f}{\mathrm{d}x_3^2}+(k_s^2-k^2)f=0\\ &\frac{\mathrm{d}^2 g}{\mathrm{d}x_3^2}+(k_s^2-k^2)g=0\end{aligned}\tag{7.55}$$

令

$$k^2p^2=k_s^2-k^2=k^2\left(\frac{c^2}{c_R^2}-1\right)$$

$$k^2q^2=k_s'^2-k^2=k^2\left(\frac{c^2}{c_s'^2}-1\right)$$

式中，$k=\omega/c$，为面波圆波数.方程(7.55)的解为

$$\begin{aligned}f&=C_{\mathrm{II}}\exp(\mathrm{i}kpx_3)+C_{\mathrm{II}}\exp(-\mathrm{i}kpx_3)\\ q&=C'_{\mathrm{I}}\exp(\mathrm{i}kqx_3)+C'_{\mathrm{II}}\exp(-\mathrm{i}kqx_3)\end{aligned}\tag{7.56}$$

由式(7.54)及式(7.56)可得位移

$$\begin{aligned}u&=[C_{\mathrm{I}}\exp(\mathrm{i}kpx_3)+C_{\mathrm{II}}\exp(-\mathrm{i}kpx_3)]\exp[\mathrm{i}(kx_1-\omega t)]\\ u'&=[C'_{\mathrm{I}}\exp(\mathrm{i}kqx_3)+C'_{\mathrm{II}}\exp(-\mathrm{i}kqx_3)]\exp[\mathrm{i}(kx_1-\omega t)]\end{aligned}\tag{7.57}$$

边界条件为

$$\sigma_{23}|_{x_3=0}=0,\quad u|_{x_3=h}=u'|_{x_3=h}$$

$$\sigma_{23}|_{x_3=h}=\sigma'_{23}|_{x_3=h},\quad u'|_{x_3\to\infty}=0$$

当 $x_3\to\infty$，$u'\to 0$，q 应当取虚数.令

$$q=\mathrm{i}\zeta,\quad \zeta=\left(1-\frac{c^2}{c_s'^2}\right)^{1/2}$$

将式(7.57)代入边界条件中得

$$C_{\mathrm{I}}=C_{\mathrm{II}}$$
$$C_{\mathrm{I}}\exp(\mathrm{i}kph)+C_{\mathrm{II}}\exp(-\mathrm{i}kph)=C'_{\mathrm{I}}\exp(-k\zeta h)$$
$$\mathrm{i}\mu p[C_{\mathrm{I}}\exp(\mathrm{i}kph)-C_{\mathrm{II}}\exp(-\mathrm{i}kph)]=-\mu'\zeta C'_{\mathrm{I}}\exp(-k\zeta h)$$

将 $C_{\mathrm{I}}=C_{\mathrm{II}}$ 代入其余二式中,并消去 C_{II} 得

$$\begin{aligned}&[\exp(\mathrm{i}kph)+\exp(-\mathrm{i}kph)]C_{\mathrm{I}}-\exp(-k\zeta h)C'_{\mathrm{I}}=0\\&\mathrm{i}\mu p[\exp(\mathrm{i}kph)-\exp(-\mathrm{i}kph)]C_{\mathrm{I}}+\mu'\zeta\exp(-k\zeta h)C'_{\mathrm{I}}=0\end{aligned}\tag{7.58}$$

对式(7.58)取实部,经运算后得

$$C'_{\mathrm{I}}=2C_{\mathrm{I}}\cos kph\exp(k\zeta h)$$

对式(7.57)取实部,代入确定后的常数,于是得到位移为

$$\begin{aligned}&u=C\cos kpx_3\exp[\mathrm{i}(kx_1-\omega t)]\\&u'=C\cos kph\exp[-k\zeta(x_3-h)]\exp[\mathrm{i}(kx_1-\omega t)]\end{aligned}\tag{7.59}$$

式中,$C=2C_{\mathrm{I}}$. 式(7.59)表明,在介质 1 中波的振幅在 x_3 方向上作周期性变化,类似于驻波的振幅. 在自由表面处永远是水平振动的波幅;在介质 2 中,振幅随 x_3 的增大呈指数衰减. 可见它们都是以相速度 c 沿 x_1 方向传播的非均匀波.

7.8.2　洛夫波的频数

现在讨论决定洛夫波主要性质的关键因素——洛夫波的相速度 c.

式(7.59)中 C_{I}、C'_{I} 不同时为零的条件是其系数行列式为零,即

$$\begin{vmatrix}\exp(\mathrm{i}kph)+\exp(-\mathrm{i}kph) & -\exp(-k\zeta h)\\ \mathrm{i}[\exp(\mathrm{i}kph)-\exp(-\mathrm{i}kph)]\mu p & \mu'\zeta\exp(-k\zeta h)\end{vmatrix}=0$$

由此可得方程

$$\tan kph=\frac{\mu'\zeta}{\mu p}=a\left(\frac{1-c^2/c_s'^2}{c^2/c_s^2-1}\right)^{1/2}\tag{7.60}$$

式中,$\alpha=\mu'/\mu$. 式(7.60)称为洛夫波的频散方程,它确定了 k、c、ω 任意两个量的隐含关系. 可见洛夫波与我们已经讨论过的波具有迥然不同的性质;洛夫波的速度与频率(或波长或波数)有关. 如果扰动不是单频的,则其波形在传播过程中将发生变化,即有频散发生. 可见洛夫波是频散波,它们的整体特征用群速度表征.

很明显,只有当 $c_s<c<c'_s$ 时式(7.60)才有实用值,洛夫波才能存在. 由正切函数的周期性可知式(7.60)具有重根. 解得

$$kh=\left(\frac{c^2}{c_s^2}-1\right)^{1/2}\left[\arctan a\left(\frac{1-c^2/c_s'^2}{c^2/c_s^2-1}\right)^{1/2}+n\pi\right],\quad n=0,1,2,\cdots\tag{7.61}$$

由式(7.61)可以看出,对任一满足 $c_s<c<c'_s$ 的洛夫波,都有无穷多个 kh 值与之相

对应，而这每一个 kh 值都对应一种类型的洛夫波. 我们用"简正振型"一词来描写各种类型的洛夫波. 简正振型一词来源于振动学，是用以描写振动方式的. 例如，一根长为 L 的绷紧的弦可能存在的振动(即驻波)都称为"简正振型". 把它推广到波动，对于洛夫波而言，n 取每一个整数所对应的洛夫波都称为简正振型. 例如，$n=0$ 对应的是基阶洛夫波；$n=M$ 则称为 M 阶振型洛夫波.

如果用 c_L 表示洛夫波的相速度，由式(7.61)可知，当 $c_L=c'_s$ 时，对于基阶洛夫波有 $n=0$，$kh=0$，从而有 $2\pi/\lambda=\omega/c_L=0$，于是有 $\lambda\to\infty$ 或 $\omega=0$. 对 n 阶洛夫波则有

$$kh=n\pi\left(\frac{c_s'^2}{c_s^2}-1\right)^{-1/2}$$

由于

$$kh=\frac{\omega h}{c_L}=\frac{\omega h}{c'_s}$$

故有

$$\omega=\frac{n\pi}{h}\left(\frac{1}{c_s^2}-\frac{1}{c_s'^2}\right)^{-1/2}$$

若 $c_L=c_s$，则 $kh\to\infty$，无论对基阶或 n 阶洛夫波都必有 $\omega\to\infty$ 即 $\lambda\to 0$.

若 $c_s<c_L<c'_s$，对基阶洛夫波而言有 $0<\omega<\infty$；对 n 阶洛夫波则有

$$\frac{n\pi}{h}\left(\frac{1}{c_s^2}-\frac{1}{c_s'^2}\right)^{-1/2}<\omega<\infty$$

令

$$\omega_c=\frac{n\pi}{h}\left(\frac{1}{c_s^2}-\frac{1}{c_s'^2}\right)^{-1/2}$$

称为截止频率，也就是说 n 阶洛夫波不能低于此频率，否则不能在该介质内传播. 由 $\lambda_c=2\pi c_L/\omega_c$. 可得截止波长

$$\lambda_c=\frac{2h}{n}\left(\frac{c_s'^2}{c_s^2}-1\right)^{1/2}$$

7.8.3　表层洛夫波的解释

在覆盖层内传播的洛夫波，究其本质是局限在层内并分别在分界面和自由表面上受到全反射的那些平面波经过干涉加强形成的. SH 平面波以大于临界角 $\beta_{cr}=\arcsin(c_s/c'_s)$ 入射到分界面上时，在分界面上发生全反射，产生的面波在介质 2 内沿 x_1 方向传播，在界面上反射到介质 1 内的平面波相位改变 δ，然后又受到自由界面的反射，这时相位不变化. k 是沿水平方向的波数，沿入射波法线方向的波数应为 $k_n=k/\sin\beta$. 如果向分界面入射的波的波阵面 $A'B'$ 与在自由表面上反射波

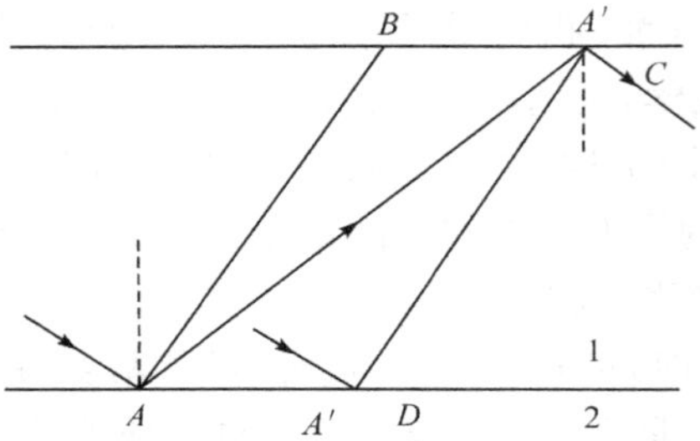

图 7 - 13　覆盖层内的洛夫波

的波阵面 DC 在空间重合，就会发生加强干涉或相消干涉．例如，如图 7 - 13 所示，波阵面 AB 移动了一段距离$\overline{BD}$，而和经过$\overline{AC}$路程后在 C 点反射波的波阵面 CD 重合则发生干涉．若为加强干涉，则总的相位差是 2π 的整数倍，即

$$k_n \cdot (\overline{AC}-\overline{BD})-\delta=2n\pi,\quad n=0,1,2,\cdots$$

总之洛夫波基本上是波的干涉的结果，而且每一个级次的干涉都代表一个级次的振型．

最后需指出：带有覆盖层的半空间不但可以传播洛夫波，而且可以传播诸如瑞利波等其他类型的面波．这时的瑞利波也是频散波，研究的方法与洛夫波类似．

7.9　SH 波在柱形腔上的散射

7.1 节～7.8 节研究了平面波与平界面相互作用的问题．实际上平面波在传播过程中除了平面界面作用外，还会遇到柱面、球面、椭球面等规则几何形状的界面，甚至还会遇到裂隙、障碍物的不规则表面．研究波与这些界面的相互作用问题统称作波的衍射(或绕射)．研究波与光滑的具有规则几何形状的界面相互作用问题，通常称为波的散射．在地震勘探及超声波探伤等领域中会遇到这些问题．弹性波与电磁波对于波的散射问题的方法是极其相似的，主要差别在于弹性波在散射时往往会出现波形转换，使得研究工作变得更为复杂．下面我们讨论最简单的无波形转换的散射问题：一平面 SH 波在柱形腔表面的散射，其散射波也是 SH 波问题．

7.9.1　散射波的位移场

如图 7 - 14 所示，在一无限大的弹性固体介质中，有一半径为 a 的无限长圆柱形空腔．为了研究问题方便可采用柱面坐标系，空间一点 P 以坐标 r、θ、Z 确定．取 $Z(x_3)$ 轴为柱形腔的轴线．

设平面简谐 SH 波沿 x_1 方向传播，在直角坐标系中波的位移场为

$$\begin{aligned} &u_1=u_2=0 \\ &u_3=U_0\exp[\mathrm{i}(kx_1-\omega t)] \end{aligned} \tag{7.62}$$

式中，U_0 为波幅，$k=\omega/c_s$ 为波的圆波数．

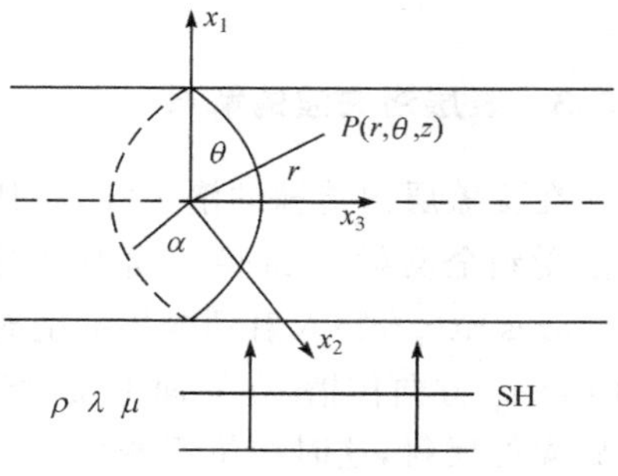

图 7 - 14

设自柱面散射出的波的位场在柱面坐标

系中的形式为

$$
\begin{aligned}
u_r &= u_\theta = 0 \\
u_{sz} &= u(r,\theta,t)
\end{aligned}
\tag{7.63}
$$

位移场 u_{sz} 满足波动方程

$$
\nabla^2 u = \left(\frac{\partial^2}{\partial r^2} + \frac{1}{r}\frac{\partial}{\partial r} + \frac{1}{r^2}\frac{\partial^2}{\partial \theta^2}\right)u = \frac{1}{c^2}\frac{\partial^2 u}{\partial t^2} \tag{7.64}
$$

由于柱形腔内没有介质，其表面为自由表面，其边界条件为

$$
\sigma_{rz}\big|_{r=a} = 0
$$

即

$$
\left.\frac{\partial u_z}{\partial r}\right|_{r=a} = 0 \tag{7.65}
$$

式中，u_z 为入射波与散射波总的位移场的 z 分量，此时即为总的位移场.

为了便于区分入射、散射波场，分别以 u_1、u_s 表示它们的位移位并写为

$$
u_1 = U_0 \exp[\mathrm{i}(kx_1 - \omega t)], \quad u_s = R(r)\Theta(\theta)\exp(-\mathrm{i}\omega t) \tag{7.66}
$$

介质中的总位移场为

$$
u_z(r,\theta,t) = u_1 + u_s \tag{7.67}
$$

将式(7.66)代入式(7.64)得

$$
\Theta\frac{\mathrm{d}^2 R}{\mathrm{d}r^2} + \frac{\Theta}{r}\frac{\mathrm{d}R}{\mathrm{d}r} + \frac{R}{r^2}\frac{\mathrm{d}^2\Theta}{\mathrm{d}\theta^2} = -k^2 R\Theta
$$

上式可化为如下两个方程：

$$
\frac{\mathrm{d}^2\Theta}{\mathrm{d}\theta^2} + n^2\Theta = 0 \tag{7.68}
$$

$$
\frac{\mathrm{d}^2 R}{\mathrm{d}r^2} + \frac{1}{r}\frac{\mathrm{d}R}{\mathrm{d}r} + \left(k^2 + \frac{n^2}{r^2}\right)R = 0 \tag{7.69}
$$

方程(7.68)的解为

$$
\Theta_n = a_n \cos n\theta + b_n \sin n\theta
$$

由于问题的对称性，上式应保留第一项；第二项由于不具备对称性应舍掉，故令 $b_n=0$. 由于 Θ 具有周期性，n 应取整数. 于是上式变为

$$
\Theta_n = a_n \cos n\theta, \quad n = 0,1,2,\cdots \tag{7.70a}
$$

方程(7.69)为 n 阶贝塞尔方程. 其解为

$$
R = c_n \mathrm{H}_n^{(1)}(kr) + d_n \mathrm{H}_n^{(2)}(kr) \tag{7.70b}
$$

式中，$\mathrm{H}_\mathrm{R}^{(1)}$、$\mathrm{H}_\mathrm{R}^{(2)}$ 为汉克尔函数. 当 $kr \gg 1$ 时，汉克尔函数的渐近式

$$
\begin{aligned}
\mathrm{H}_n^{(1)}(kr) &= \left(\frac{2}{\pi kr}\right)^{1/2} \exp\left[\mathrm{i}\left(kr - \frac{\pi}{4} - \frac{n\pi}{2}\right)\right] \\
\mathrm{H}_n^{(2)}(kr) &= \left(\frac{2}{\pi kr}\right)^{1/2} \exp\left[-\mathrm{i}\left(kr - \frac{\pi}{4} - \frac{n\pi}{2}\right)\right]
\end{aligned}
\tag{7.71}
$$

由于柱腔内视为真空，散射波由柱面向外传播，考虑散射波应满足辐射条件，与时间有关的因子应取 $\exp(-\mathrm{i}\omega t)$，则散射波应取 $\exp[(\mathrm{i}(kr-\omega t)]$ 形式. 由式(7.71)可见 $\mathrm{H}_n^{(1)}$ 满足此要求，这样可令式(7.70)中 $d_n=0$，于是散射波位移场应表示为

$$u_s(r,\theta,t)=U(r,0)\exp(-\mathrm{i}\omega t)=U_0\sum_{n=0}^{\infty}A_n\mathrm{H}_n^{(1)}(kr)\cos n\theta\exp(-\mathrm{i}\omega t) \quad (7.72)$$

式中，A_n 为待定系数.

为了确定 A_n，可以将 u_l 写成与 u_s 相类似的形式，即

$$u_l(r,\theta,t)=U_0U_l(r,\theta)\exp(-\mathrm{i}\omega t)=U_0\exp(\mathrm{i}kr)\cos\theta\exp(-\mathrm{i}\omega t) \quad (7.73)$$

将式(7.73)中 $U_l(r,\theta)$ 写成级数形式为

$$U_l(r,\theta)=\sum_{n=0}^{\infty}B_n i^n\mathrm{J}_n(kr)\cos n\theta \quad (7.74)$$

式中，$B_0=1, B_n=2(n=1,2,\cdots)$. 由式(7.65)、式(7.72)及式(7.74)得到

$$\sum_{n=0}^{\infty}\left[B_n i^n\frac{\mathrm{dJ}_n(kr)}{\mathrm{d}r}+\frac{\mathrm{dH}_n^{(1)}(kr)}{\mathrm{d}r}\right]\cos n\theta\,\Big|_{r=a}=0$$

由此式解得

$$A_n=-\frac{i^n B_n\mathrm{J}_n'(ka)}{\mathrm{H}_n^{(1)\prime}(ka)} \quad (7.75)$$

当 $kr\gg1$ 时，远处散射波位移场可用渐近式表达为

$$\begin{aligned}u_s(r,\theta,t)&=U_0\left(\frac{2}{\pi kr}\right)^{1/2}\psi_s(\theta)\exp[\mathrm{i}(kr-\omega t)]\\ \psi_s(\theta)&=\sum_{n=0}^{\infty}A_n\exp\left[-\mathrm{i}\left(\frac{1}{2}+n\right)\frac{\pi}{2}\right]\cos n\theta\end{aligned} \quad (7.76)$$

由式(7.76)可知，散射波位移振幅与 $r^{-1/2}$ 成正比，且与散射角 θ 有关.

7.9.2 散射波的能流

由式(7.76)可知，当 r 给定后，由于散射波的振幅决定于角度 θ，因而散射波的能流与散角 θ 有关. 考虑应力与位移都是复函数，由复数二次式平均值公式可知，平均能流密度为

$$\langle I_i\rangle=-\frac{1}{4}\left(\sigma_{ij}\frac{\partial u_j^*}{\partial t}+\sigma_{ij}^*\frac{\partial u_j}{\partial t}\right) \quad (7.77)$$

式中，u_j^*、σ_{ij}^* 分别为 u_j、σ_{ij} 的共轭复数.

由式(7.77)可以得出入射波平均能流密度为

$$\langle I_l\rangle=-\frac{1}{4}\left(\sigma_{13}\frac{\partial u_3^*}{\partial t}+\sigma_{13}^*\frac{\partial u_3}{\partial t}\right)$$

由式(7.66)可以算出 σ_{13}，把 u_3、σ_{13} 连同它们的共轭复数一起代入上式可算得

$$\langle I_l \rangle = \frac{1}{2}\mu\omega k |U_0|^2 = \frac{1}{2}\sigma_0 \omega |U_0| \tag{7.78}$$

式中，$\sigma_0 = \mu k |U_0|$ 是入射波应力的最大值.

散射波的平均能流密度为

$$\langle I_s \rangle = -\frac{1}{4}\left(\sigma_{rz}\frac{\partial u_s^*}{\partial t} + \sigma_{rz}^*\frac{\partial u_s}{\partial t}\right)$$

将式(7.72)的 u_s 及由它算得的 σ_{rz} 连同它们的共轭复数一起代入上式得到

$$\langle I_s \rangle = -\frac{1}{4}\mathrm{i}\mu\omega \mid U_0 \mid^2 \sum_{m=0}^{\infty}\sum_{n=0}^{\infty}\left[A_n A_m^* \mathrm{H}_n^{(1)'}(kr)\mathrm{H}_n^{(1)*}(kr) - A_n^* A_m \mathrm{H}_n^{(1)*'}(kr)\mathrm{H}_m^{(1)}(kr)\cos n\theta \cos m\theta\right] \tag{7.79}$$

当 $kr \gg 1$ 时，由式(7.71)得

$$\mathrm{H}_n^{(1)'}(kr) = \mathrm{i}kH_n^{(1)}(kr)$$

$$\mathrm{H}_n^{(1)*'}(kr) = -\mathrm{i}k\mathrm{H}_n^{(1)*}(kr) \tag{7.80}$$

将式(7.71)中的 $\mathrm{H}_n^{(1)}$ 及其共轭复数连同式(7.80)一起代入式(7.79)，并将得到的 $\langle I_s \rangle$ 与式(7.78)相除，可得到散射波与入射波的能流密度之比为

$$\frac{\langle I_s \rangle}{\langle I_l \rangle} = \frac{1}{\pi kr}\sum_{n=0}^{\infty}\sum_{m=0}^{\infty}\left[A_n A_m^* \exp\left(\mathrm{i}\frac{m-n}{2}\pi\right) + A_n^* A_m \exp\left(\mathrm{i}\frac{n-m}{2}\pi\right)\right]\cos n\theta \cos m\theta$$

$$= \frac{1}{\pi kr} \mid \psi_s(\theta) \mid^2$$

由式(7.75)、式(7.76)可知 $|\psi_s(\theta)|^2$ 与 ka 有关. 如图 7－15 所示为 kr 很大的 $|\psi_s(\theta)|^2$ 随 θ 的变化情况. 当 $ka=1$ 时，入射波的大部分能量返回柱面前方，柱腔后面只有很少一部分能量；当 $ka \gg 1$ 时，柱腔后面将出现“阴影区”. 类似于光学的衍射效应，在阴影区的边缘将出现许多“条纹”，即能量的极大与极小值.

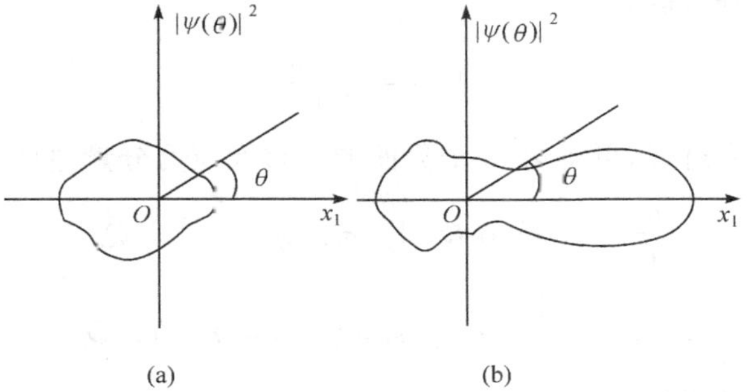

图 7－15

讨　论

自 20 世纪 50 年代以来，世界各国地震学家广泛使用天然地震面波研究地球内部的结构. 这种方法利用天然地震的记录测定频散曲线，并将实测的频散曲线作反演计算，从而得到地球内部结构参数.

在反演计算时，必须将实测频散曲线与理论频散曲线相比较. 尽管豪斯开尔(Haskell)在 20 世纪 50 年代初就提出了计算任意多层地球模型理论频散曲线的矩阵方法，但在高速计算机问世前，该算法一直无法实现. 当时仅能计算相当简单的地球模型(单层或双层介质).

过去由地震记录获取面波频散曲线主要采用峰谷法，这是一种目视对比的手工操作方法，精度低且易出错. 1956 年，塞条(Sato)等在面波频散计算中引入了傅里叶分析，使面波频散的测定建立在数值计算基础上.

自 20 世纪 60 年代地震学各领域广泛使用数字计算机以来，面波研究工作有了突飞猛进的发展. 首先把豪斯开尔矩阵方法加以改进，在计算机上实现了多层面波频散曲线的快速计算. 以后，利用数字滤波，快速傅里叶变换等数学工具，也实现了用计算机测定面波频散曲线. 其他如普遍使用线性反演技术对面波频散曲线进行计算，得出了地壳上地幔的细结构.

随着用面波研究地球内部结构工作的广泛开展，发现了不同构造环境的地壳上地幔结构有很大差异. 用面波研究地壳上地幔，不仅可以获得其分层的厚度及横波波速，还可以对地壳及上地幔中的低速带作出较好的测定.

例 7-1　计算层状介质中洛夫波的频散.

洛夫波的每个界面只有切向位移与切面应力连续两个边界条件，因而情况较为简单. 其质点运动的特征为垂直于由波的传播方向及垂直线组成的平面. 其频散函数可以由豪斯开尔所导出的公式表示. 洛夫波是 SH 型横波，设其位移函数为 u，则满足下列波动方程：

$$\nabla^2 u=\frac{1}{\beta^2}\frac{\partial^2 u}{\partial t^2} \tag{7.81}$$

仿照瑞利波的推导过程，可得第 m 个界面的位移及应力分量递推公式为

$$\begin{aligned}\frac{u'_m}{C}&=\frac{u'_{m-1}}{C}\cos Q_m+\mathrm{j}(\sigma_{23})_m\mu_m^{-1}\gamma_{\beta m}^{-1}\sin Q_m\\(\sigma_{23})_m&=\mathrm{j}\,\frac{u'_{m-1}}{C}\mu_m\gamma_{\beta m}\sin Q_m+(\sigma_{23})_{m-1}\cos Q_m\end{aligned} \tag{7.82}$$

由此可得到界面子矩阵

$$\sigma_m=\begin{bmatrix}\cos Q_m & \mathrm{j}\mu_m^{-1}\gamma_{\beta m}^{-1}\sin Q_m\\ \mathrm{j}\mu_m\gamma_{\beta m}\sin Q_m & \cos Q_m\end{bmatrix} \tag{7.83}$$

按照瑞利波同样的定义

$$A=a_{n-1}a_{n-2}\cdots a_1 \tag{7.84}$$

于是

$$\begin{bmatrix}\left(\dfrac{u'}{C}\right)_{n-1}\\ (P_{YZ})_{n-1}\end{bmatrix}=A\begin{bmatrix}\left(\dfrac{u'}{C}\right)_0\\ (P_{YZ})_0\end{bmatrix}=\begin{bmatrix}A_{11}\left(\dfrac{u'}{C}\right)_0+A_{12}(P_{YZ})_0\\ A_{21}\left(\dfrac{u'}{C}\right)_0+A_{22}(P_{YZ})_0\end{bmatrix} \tag{7.85}$$

根据面波存在条件，设最深界面为固体-固体分界，则频散方程为

$$0=A_{21}+\mu_n\gamma_{\beta n}A_{11} \tag{7.86}$$

式中，n 表示固体半空间. 如果最深界面相应为幔核边界，则频散方程为

$$0=A_{21} \tag{7.87}$$

频散曲线任一点的坐标(ω,c)，其函数 $F_1(\omega,c)$总是为零，故洛夫波频散函数可根据式(7.86)和式(7.87)定义为

$$F_{\mathrm{L}}(\omega,c)=\begin{cases}\dfrac{A_{21}-\mu_n\gamma_{\beta n}A_{11}}{\mathrm{i}}, & \text{最深界面在地幔中}\\ \dfrac{A_{21}}{\mathrm{i}}, & \text{最深界面在幔核边界}\end{cases} \tag{7.88}$$

还可写成更简捷的矩阵方程

$$F_{\mathrm{L}}(\omega,c)=[S,-\mathrm{j}]\begin{bmatrix}A_{11}\\ A_{21}\end{bmatrix} \tag{7.89}$$

式中，S 取决于地层模型. 若最深界面为固体-液体分界面，则 $S=0$；若最深界面为固体-固体分界面，则 $S=-\mu_n(1-c^2/\beta_n^2)^{1/2}$.

为了提高计算效率，我们不由式(7.84)计算 A_{11}、A_{21} 的值，因为这将做(2×2)(2×2)的矩阵运算，我们把它改为(1×2)(2×2)的矩阵运算，就可以提高速度，因为频散函数正好具有这种形式

$$F_{\mathrm{L}}(\omega,c)=[S,-\mathrm{j}]a_{n-1}a_{n-2}\cdots a_2\begin{bmatrix}a_{11}\\ a_{21}\end{bmatrix} \tag{7.90}$$

矩阵运算从左向右进行，每次都做(1×2)(2×2)次运算. 为了得到频散函数的最终形式，还要消除复数运算，因为式(7.90)每个矩阵乘积都具有如下符号形式：

$$[RI]\begin{bmatrix}R & I\\ I & R\end{bmatrix} \tag{7.91}$$

为了消除复数运算，可以重新定义频散函数

$$F_L(\omega,c)=[S,-1]b_{n-1}\cdot b_{n-2}\cdots b_2\begin{bmatrix}b_{11}\\ b_{21}\end{bmatrix} \tag{7.92}$$

式中，子矩阵 b_m 仅包含实数，定义为

$$b_m=\begin{bmatrix}(a_m)_{11} & \dfrac{(a_m)_{12}}{\mathrm{j}}\\ \dfrac{(a_m)_{21}}{\mathrm{j}} & (a_m)_{22}\end{bmatrix} \tag{7.93}$$

矩阵乘积的修正形式定义为

$$(b_m b_{m-1})_{jk}=\begin{cases}(b_m)_{ji}(b_{m-1})_{ik}, & 若\ j+k\ 为奇数\\ (-1)^{j+1}(b_m)_{ji}(b_{m-1})_{ik}, & 若\ j+k\ 为偶数\end{cases} \tag{7.94}$$

下面讨论洛夫波的频散曲线的数值计算方法. 因为其频散方程具有下列形式 $F_L(\omega,c)=0$，固定 ω(或周期 T)值，用线性插值法或抛物线插值法求频散方程的根，即得到对应的相速度 c. 在计算相速度 c 值的同时，可按式(7.94)同时算出群速度

$$v=\frac{c}{1+\dfrac{T}{c}\cdot\dfrac{\mathrm{d}c}{\mathrm{d}T}}$$

式中，微分项 $\dfrac{\mathrm{d}c}{\mathrm{d}T}$ 可用差分项 $\dfrac{\Delta c}{\Delta T}$ 来代替.

例 7-2 反演实例.

1971 年 8 月 23 日发生在千岛群岛附近一次 6.2 级地震，该地震通过内蒙古高原，并由甘肃省高台地震台记录到. 本实例用该台面波测定的瑞利波群速度作数值反演，选择四层模型进行计算. 约束条件取为，地壳总厚度 H 在 40～50km 变化，地壳内横波速度的平均值 $\bar{v}_s$ 限制为 3.4～2.7km/s.

实测频散值与理论计算值如表 7-1 所示.

表 7-1

T/s	$v_{实测}$/(km/s)	$v_{理论}$/(km/s)	T/s	$v_{实测}$/(km/s)	$v_{理论}$/(km/s)
10.0	2.820	2.811	19.7	2.990	2.985
11.1	2.830	2.831	22.3	3.030	3.040
12.2	2.840	2.840	24.4	3.080	3.094
13.1	2.860	2.865	26.9	3.140	3.168
14.2	2.880	2.885	28.4	3.210	3.215
15.1	2.910	2.901	30.1	3.290	3.269
16.0	2.930	2.917	32.0	3.350	3.329
17.1	2.940	2.937	34.1	3.420	3.392
18.5	2.960	2.958	39.4	3.500	3.943
19.0	2.980	2.971			

反演结果如表 7－2 所示.

表 7－2

层次	初始值		反演值	
	厚度/km	β/(km/s)	厚度/km	β/(km/s)
1	6.0	2.90	5.8	2.00
2	15.0	3.60	14.5	3.52
3	25.0	3.90	24.8	3.99
4	∞	4.60	∞	4.51
β_1	0.7228	0.1242	0.0338	0.0833
β_2	0.1242	0.9367	−0.0191	−0.0644
β_3	0.0338	−0.0191	0.9818	−0.0498
β_4	0.0833	−0.0649	−0.0498	0.7493

习题与参考答案

1. 平面简谐 P 波的位移势函数 $\varphi=A\exp[\mathrm{i}(-kx_3-\omega t)]$，当 P 波垂直入射到半无限弹性空间自由表面上形成反射波时，试利用边界条件推导反射系数.

答案：$F_{\mathrm{PP}}=-1, F_{\mathrm{PV}}=0$.

2. 在与第 1 题相同的条件下，试利用边界条件推导位移的反射系数.

答案：$R_{\mathrm{PP}}=1, R_{\mathrm{PV}}=0$.

3. SV 波的位移矢势函数 $\Psi_2=B\exp[\mathrm{i}(-kx_3-\omega t)]$，当波垂直入射到介质自由表面时形成反射波. 试利用边界条件推导反射系数.

答案：$F_{\mathrm{VV}}=-1, F_{\mathrm{VP}}=0$.

4. 在与第 3 题相同条件下，利用边界条件推导位移的反射系数.

答案：$R_{\mathrm{VV}}=1, R_{\mathrm{VP}}=0$.

5. 试利用(7.23)式计算 SV 波入射到地表时，地表位移的水平分量与铅直分量的振幅.

答案：$U_1=2\cos\beta\cos2\beta/\Delta \quad U_3=\dfrac{2c_{\mathrm{s}}\cos\alpha\sin2\beta}{c_{\mathrm{p}}\Delta} \quad \Delta=\cos^2 2\beta+c_{\mathrm{s}}^2\sin2\alpha\sin2\beta/c_{\mathrm{p}}^2$.

6. 一 SH 波入射到二介质的分界面上，位移的反射系数与折射系数分别为 R_{HH}、$T_{\mathrm{HH'}}$，试证明它们满足 $T_{\mathrm{HH'}}=1+R_{\mathrm{HH}}$.

7. SV 波位移矢势为 $\Psi_2=B\exp[\mathrm{i}(-kx_3-\omega t)]$，波正入射到二个密接的介质分界面上时，试推导位移的反射系数和折射系数.

答案：见 7.6 节.

8. P 波势函数 $\varphi=A\exp[\mathrm{i}(k_1x_1-k_3x_3-\omega t)]$，当 P 波入射到两种半无限大理

想流体($\mu=\bar{\mu}=0$)的分界面上，形成反射波与折射波. 试推导势函数的反射系数与折射系数.

答案：$F_{PP}=\dfrac{\rho' c' \cos\alpha-\rho c\cos\alpha'}{\rho c\cos\alpha'+\rho' c' \cos\alpha}$.

9. 在第 8 题基础上讨论，在什么情况下发生全反射？反射波与入射波的相位有何不同？非均匀波的势函数形式如何？

10. 一平面 SH 波位移场为 $u=C\exp[\mathrm{i}(k_1x_1-k_3x_3-\omega t)]$入射到两种半无限大固体介质分界面上. 当入射角 $\beta>\beta_{cr}$ 时发生全反射. 试求出此非均匀波的位移，应变及应力分布.

答案：$u_2'=CT_{HH'}\exp k'\xi x_3\exp[\mathrm{i}(k'x_1-\omega t)]$，$e_{12}=\mathrm{i}k'u_2'/2$，$e_{23}=k'\xi u_2'/2$，$\sigma_{12}=\mathrm{i}\mu' k' u_2'$　$\sigma_{23}=\mu' k' \xi u_2'$.

11. 在第 10 题的基础上计算该非均匀波的能流密度矢量及在 $0\leqslant x_2\leqslant 1$，$-\infty\leqslant x_2\leqslant 0$的平面上的能流.

答案：$I_1=\mu' k' \omega(CT_{HH'})^2\exp 2k'\xi x_3\sin^2(k'x_1-\omega t)$，$I_3=-\mu'\omega k'\xi(CT_{HH'})^2\times\exp 2k'\xi x_3\sin[2(k'x_1-\omega t)/2\mu'\omega(CT_{HH'})^2]\sin^2[(k'x_1-\omega t)/2\xi]$.

12. 简述瑞利波的特点.

13. 简述洛夫波的特点及表层洛夫波的成因.

14. 试推导洛夫波波长 λ 与覆盖层厚度 h 之关系.

15. 波在介质内传播时，其振幅衰减到它原始值的 1/e 倍时的深度称为波的透入深度，用 h_e 表示. 试求洛夫波的透入深度与波长 λ 的关系.

答案：$h_e=\dfrac{\lambda}{2\pi\xi}$，$\xi=(1-c^2/c_s^2)^{1/2}$.

第 8 章

弹性波的激发

在前面 7 章里，通过求解齐次波动方程研究了弹性波的传播规律. 本章则是通过求解非齐次波动方程研究弹性波的激发问题，也就是外力(即波源)与波的关系问题.

根据力的特点及问题的条件，弹性波的激发可以分为点力、线力、面力、体力等激发问题及初始值问题.

对弹性波激发问题的研究，是一个复杂的问题. 即使用最简单的理论简化模型，其数学推导也是相当繁冗的. 这里仅介绍几个最简单然而又是比较典型的问题.

8.1　球面波的激发

人们为了弄清地震现象的起源，或是为了认识固体介质中某处爆炸所引起的波动现象，对于由弹性固体中球形空腔表面的作用力而激发的弹性波问题给以很大的注意和广泛地研究，并得出了精确解答. 人们把这方面的理论成功地应用在地震勘探、地下爆破、地下核爆炸等技术领域中.

下面研究均匀作用到球面上的力激发弹性波的两个典型实例：球面脉冲及球面简谐波的激发问题.

8.1.1　求解边值方程

设想一无限大固体弹性介质内有一半径为 a 的球形空腔，球心 O 为爆炸点. 设爆炸后作用到球腔表面上的力是均匀分布的，且沿径向向外(图 8－1). 这时只会产生球面 P 波，不会产生 S 波. 质点位移为 $u_\theta=u_\varphi=0$，$u_r=u(r,t)$. 位移势函数满足球坐标系下的波动方程

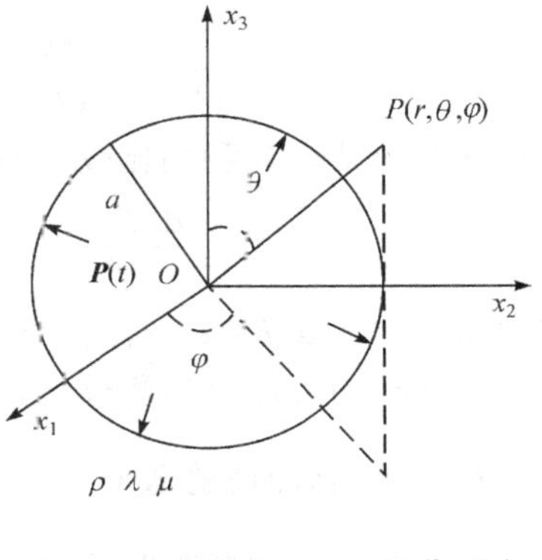

图 8－1　球腔及表面上的作用力

$$\frac{\partial^2}{\partial r^2}(r\varphi)=\frac{1}{c_{\mathrm{p}}^2}\frac{\partial^2}{\partial t^2}(r\varphi) \tag{8.1}$$

其通解为

$$\varphi(r,t)=\frac{1}{r}f\left(t-\frac{r-a}{c}\right)+\frac{1}{r}g\left(t+\frac{r+a}{c}\right) \tag{8.2}$$

式中，c 为波的相速度. 由索末菲的辐射条件可知，对于发散波其波函数应为

$$\varphi(r,t)=\frac{1}{r}f\left(t-\frac{r-a}{c}\right) \tag{8.3}$$

当爆炸的冲击波作用到腔壁上之前，腔壁不受力，即 $t\leqslant 0$ 时作用力为零；一旦爆炸的冲击波作用到腔壁上，对腔壁即产生压力，按符号规定压力应取负值，所以当 $t>0$时，边界条件为

$$\sigma_{rr}|_{r=a}=-P(t) \tag{8.4}$$

当爆炸的冲击波作用到腔壁之前，介质内没有波动，任一点的位移、速度及势函数都应等于零. 所以问题的初始条件为

$$\varphi(r,t)=0,\quad u(r,t)=0,\quad t\leqslant 0$$

而当 $t>0$ 时，介质内由于爆炸而形成波动，波前位置满足方程

$$r=a+ct \tag{8.5}$$

对于 $r\geqslant a+ct$ 处，根据函数的连续性有

$$\varphi(r,t)=0,\quad u(r,t)=0 \tag{8.6}$$

即此时波前上位移及其势函数都为零. 可写为

$$\varphi(r,t)|_{t=\frac{r-a}{c}}=0,\quad u(r,t)|_{t=\frac{r-a}{c}}=0 \tag{8.7}$$

由广义胡克定律在球坐标系中的形式可知，应力张量分量为

$$\sigma_{rr}=\lambda\theta+2\mu e_{rr}=\lambda\nabla^2\varphi+2\mu\frac{\partial u_r}{\partial r}$$

将 $u_r=\dfrac{\partial\varphi}{\partial r}$，式(8.3)及式(8.4)代入上式得到

$$\frac{\lambda+2\mu}{c^2a}\frac{\mathrm{d}^2f(t)}{\mathrm{d}t^2}+\frac{4\mu}{ca^2}\frac{\mathrm{d}f(t)}{\mathrm{d}t}+\frac{4\mu}{a^3}f(t)=-P(t)$$

稍加化简上式变为我们比较熟悉的强迫振动方程

$$\frac{\mathrm{d}^2f(t)}{\mathrm{d}t^2}+2h\omega\cdot f'(t)+\omega_0^2f(t)=gP(t) \tag{8.8}$$

式中，$\omega_0=2c_{\mathrm{s}}/a$，$h=c_{\mathrm{s}}/c_{\mathrm{p}}$，$g=-a/\rho$，其中 ω_0、h 分别为系统的固有角频率、阻尼因数. 对式(8.8)可以得出积分解，我们暂不研究它.

8.1.2 球面脉冲波的激发

下面我们研究球面脉冲波激发问题的一种简单的情形，即研究方程(8.8)在一

些特殊情况下的解答.

设球面上作用着的均布压强为

$$P(t)=P_0\mathrm{H}(t),\quad \mathrm{H}(t)=\begin{cases}1, & t>0\\ 0, & t\leqslant 0\end{cases} \tag{8.9}$$

将式(8.9)代入式(8.8)并解得

$$f(t)=\exp(-h\omega_0 t)(A\cos\omega t+B\sin\omega t)-\frac{P_0 a}{\rho\omega_0^2} \tag{8.10}$$

式中,$\omega=\omega(1-h^2)^{1/2}$,$A$ 与 B 为常数,可由边值条件及初值条件确定.将波前方程式(8.7)应用于腔壁上,得到

$$\varphi(r,t)\Big|_{\substack{r=a\\t=0}}=\frac{f(0)}{a}=0$$

$$u(r,t)\Big|_{\substack{r=a\\t=0}}=\frac{f'(0)}{c_{\mathrm{p}}(a)}-\frac{f(0)}{a^2}=0$$

由此条件及式(8.10)可以得出常数

$$A=\frac{P_0 a^3}{4\mu},\quad B=\frac{P_0 a^3}{4\mu}\sqrt{\frac{\mu}{\lambda+\mu}} \tag{8.11}$$

令 $\tau=t-(r-a)/c_{\mathrm{p}}$,对 $r>a$,用 τ 代替 t 可得一般解.于是位移

$$u_r=\frac{\partial}{\partial r}\left[\frac{f(\tau)}{r}\right]=-\frac{1}{c_{\mathrm{p}}r}f'(\tau)-\frac{1}{r^2}f(\tau)$$

将式(8.11)代入式(8.10),将得到的 $f(\tau)$ 代入上式得到

$$u_r=\frac{aP_0}{4\mu}\left\{2\sqrt{\frac{\mu}{\lambda+\mu}}\frac{a}{r}\exp\left(-\sqrt{\frac{\mu}{\lambda+\mu}}\omega\tau\right)\sin\omega\tau\right.$$
$$\left.+\frac{a^2}{r^2}\left[1-\sqrt{\frac{\lambda+2\mu}{\lambda+\mu}}\exp\left(-\sqrt{\frac{\mu}{\lambda+\mu}}\omega\tau\right)\sin(\omega\tau+\delta)\right]\right\}\mathrm{H}(\tau)$$

式中,$\delta=\arctan[(\lambda+\mu)/\mu]^{1/2}$.当 $r\gg a$ 时,可以忽略 a^2/r^2,上式变为

$$u_r=\frac{a^2P_0}{2\mu}\sqrt{\frac{\mu}{\lambda+\mu}}\frac{1}{r}\exp\left(-\sqrt{\frac{\mu}{\lambda+\mu}}\right)(\sin\omega\tau)\mathrm{H}(\tau) \tag{8.12}$$

也可写为

$$u_r=\frac{A}{r}\sin\omega\left(t-\frac{r-a}{c_{\mathrm{p}}}\right)\mathrm{H}\left(t-\frac{r-a}{c_{\mathrm{p}}}\right)$$

式中,$A=a^2P_0[\mu/(\lambda+\mu)]^{1/2}\exp[\mu/(\lambda+\mu)]^{-1/2}$.上式即为球面脉冲位移纵波的波函数.以上式中函数 $\mathrm{H}(r)$ 为阶跃函数,且有

$$\mathrm{H}(\tau)=\begin{cases}1, & \tau>0\\ 0, & \tau\leqslant 0\end{cases}$$

对于泊松固体,由式(8.12)可得

$$u_r=\frac{a^2P_0}{2\sqrt{2}\mu}\frac{1}{r}\exp\left(-\frac{\omega\tau}{\sqrt{2}}\right)(\sin\omega\tau)\mathrm{H}(\tau)$$

由上式可见，由于有指数项的存在致使振动衰减得很快. 经过一个往复运动后，振幅已衰减为原来的 $\exp(-\sqrt{2}\pi)$ 倍，约为 0.012A. 可见一个恒定力的脉冲只会引起介质内一个脉冲波动.

从数学上看，上述波的激发问题是在给定边界条件及初始条件下求解波动方程问题. 显然，对于其他形状的边界和其他形式的外力仍可用此法求解. 此外我们可以根据边界条件及初始条件的特点可以设出解的一部分，然后通过求解方程寻求解的另一部分. 这通常应用在分离变量法上. 下面用此法求解球面简谐 P 波的解式.

8.1.3 球面简谐 P 波的激发

设作用在球腔壁上的压强为 $P(t)=P_0\exp(-\mathrm{i}\omega t)$，显然介质内只能产生 P 波. 位移势函数 φ 满足的波动方程为

$$\frac{\partial^2\varphi}{\partial r^2}+\frac{2}{r}\frac{\partial\varphi}{\partial r}=\frac{1}{c_p^2}\frac{\partial^2\varphi}{\partial t^2} \tag{8.13}$$

设方程的通解为

$$\varphi(r,t)=\Phi(r)\exp(-\mathrm{i}\omega t) \tag{8.14}$$

将式(8.14)代入式(8.13)

$$\Phi''+\frac{2}{r}\Phi'+k^2\Phi=0 \tag{8.15}$$

式中，$k=\omega/c_p$. 式(8.15)为零阶贝塞尔方程，其解为

$$\Phi=A\mathrm{H}_0^{(1)}(kr)+B\mathrm{H}_0^{(2)}(kr) \tag{8.16}$$

式中，$\mathrm{H}_0^{(1)}$、$\mathrm{H}_0^{(2)}$ 是零阶第一种、第二种汉克尔函数. 若取时间因子为 $\exp(-\mathrm{i}\omega t)$，由辐射条件可知，发散波的形式为 $\exp[\mathrm{i}(kr-\omega t)]$，不存在会聚波，需取 $B=0$，于是，式(8.16)变为

$$\Phi=A\mathrm{H}_0^{(1)}(kr)$$

将上式代入式(8.14)得

$$\varphi=A\mathrm{H}_0^{(1)}(kr)\exp(-\mathrm{i}\omega r)=-\frac{\mathrm{i}A}{kr}\exp[\mathrm{i}(kr-\omega t)] \tag{8.17}$$

式中，

$$\mathrm{H}_0^{(1)}=-\frac{\mathrm{i}}{kr}\exp(\mathrm{i}kr)$$

且有

$$\frac{\mathrm{dH}_0^{(1)}}{\mathrm{d}r}=k\left(\frac{\mathrm{i}}{k^2r^2}+\frac{1}{kr}\right)\exp(\mathrm{i}kr)=k\mathrm{H}_1^{(1)}$$

边界条件为

$$\sigma_{rr}\big|_{r=a}=-P(t)=-P_0\exp(-\mathrm{i}\omega t)$$

在球坐标系下应力

$$\begin{aligned}\sigma_{rr}&=(\lambda+2\mu)\frac{\partial u}{\partial r}+2\lambda\frac{u}{r}=(\lambda+2\mu)\frac{\partial^2\varphi}{\partial r^2}+\frac{2\lambda}{r}\frac{\partial\varphi}{\partial r}\\&=\left[(\lambda+2\mu)\left(-\frac{2k}{r}\mathrm{H}_1^{(1)}-\mathrm{H}^2\mathrm{H}_0^{(1)}\right)A+\frac{2\lambda k}{r}A\,\mathrm{H}_1^{(1)}\right]\exp(-\mathrm{i}\omega t)\\&=-\left[(\lambda+2\mu)k^2\mathrm{H}_0^{(1)}+\frac{4\mu}{r}k\mathrm{H}_1^{(1)}\right]A\exp(-\mathrm{i}\omega t)\end{aligned}$$

由以上两式可得

$$A=\frac{P_0}{(\lambda+2\mu)k^2\mathrm{H}_0^{(1)}(ka)+\frac{4\mu}{a}k\mathrm{H}_1^{(1)}(ka)}$$

由式(8.17)可得位移场

$$u_r=\frac{\partial\varphi}{\partial r}=kA\left(\frac{\mathrm{i}}{k^2r^2}+\frac{1}{kr}\right)\exp(\mathrm{i}kr)\exp(-\mathrm{i}\omega t)=kA\mathrm{H}_1^{(1)}(kr)\exp(-\mathrm{i}\omega t)\tag{8.18}$$

若当 a 很小，波长 λ 很大，r 又比较小($r>0$)时，式(8.18)可以化为

$$u_r=\frac{\mathrm{i}A}{kr^2}\exp[\mathrm{i}(kr-\omega t)]\tag{8.19}$$

当 $r\gg\lambda$ 时，式(8.19)可以变为

$$u_r=\frac{A}{r}\exp[\mathrm{i}(kr-\omega t)]\tag{8.20}$$

式(8.20)就是我们通常所说的球面简谐 P 波. 介质内的应变及应力张量分量可由球坐标系下的广义胡克定律求出(参阅附录).

8.2　SH 波的激发

由于 SH 波仅有沿 x_2 方向的位移，因而波具有偏振性. SH 波的激发与传播是一个比较简单的二维问题. 产生 SH 波的力通常称为 SH 波源. 它们可以是面力、体力，也可以是集中线力. 本节将介绍求解非齐次波动方程的另一种方法，即积分变换法. 这种方法是将积分变换算符作用于微分方程，其优点在于变换后的方程简单易解，然后将所得结果进行逆变换，即得所求的解答.

8.2.1 体力激发 SH 波

设在无限大固体介质中存在着体力，并且体力及位移只有 x_2 分量，写成

$$f_1=f_3=0,\quad f_2=f(x_1,x_3,t)$$

$$u_1=u_3=0,\quad u_2=u(x_1,x_3,t)$$

位移 u_2 满足达朗贝尔方程

$$\nabla^2 u+f=\frac{1}{c_s^2}\frac{\partial^2 u}{\partial t^2} \tag{8.21}$$

设单位质量的体力按简谐规律变化，并且也只是空间坐标的函数，其形式为

$$f_2=F(x_1,x_3)\exp(-\mathrm{i}\omega t) \tag{8.22}$$

在简谐作用下，介质产生简谐波. 设式(8.21)的解为

$$u=U(x_1,x_3)\exp(-\mathrm{i}\omega t) \tag{8.23}$$

将式(8.23)代入方程式(8.21)得

$$\nabla^2 U+k^2 U=-F(x_1,x_3) \tag{8.24}$$

式中，$k=\omega/c_s$.

函数 $y(x_1,x_3)$ 的二维傅里叶积分变换及其逆变换为

$$\begin{aligned}\bar{y}(\xi,\zeta)&=\frac{1}{2\pi}\iint_{-\infty}^{+\infty} y(x_1,x_3)\exp[-\mathrm{i}(\xi x_1+\zeta x_3)]\mathrm{d}x_1\mathrm{d}x_3\\ y(x_1,x_3)&=\frac{1}{2\pi}\iint_{-\infty}^{+\infty}\bar{y}(\xi,\zeta)\exp[-\mathrm{i}(\xi x_1+\zeta x_3)]\mathrm{d}\xi\mathrm{d}\zeta\end{aligned} \tag{8.25}$$

将积分变换算符 $\frac{1}{2\pi}\iint_{-\infty}^{+\infty}\exp[\mathrm{i}(\xi x_1+\zeta x_3)]\mathrm{d}x_1\mathrm{d}x_3$ 作用到方程式(8.24)的两边得

$$\frac{1}{2\pi}\iint_{-\infty}^{+\infty}\left(\frac{\partial^2 U}{\partial x_1^2}+\frac{\partial^2 U}{\partial x_3^2}\right)\exp[-\mathrm{i}(\xi x_1+\zeta x_3)]\mathrm{d}x_1\mathrm{d}x_3+k^2\bar{U}(\xi,\zeta)=-\bar{F}(\xi,\zeta) \tag{8.26}$$

由于

$$\frac{\partial}{\partial x_1}U\exp[-\mathrm{i}(\xi x_1+\zeta x_3)]=\frac{\partial U}{\partial x_1}\exp[-\mathrm{i}(\xi x_1+\zeta x_3)]-\mathrm{i}\xi U\exp[-\mathrm{i}(\xi x_1+\zeta x_3)]$$

于是

$$\frac{\partial^2}{\partial x_1^2}U\exp[-\mathrm{i}(\xi x_1+\zeta x_3)]=\frac{\partial^2 U}{\partial x_1^2}\exp[-\mathrm{i}(\xi x_1+\zeta x_3)]$$
$$-2\mathrm{i}\xi\frac{\partial}{\partial x_1}U\exp[-\mathrm{i}(\xi x_1+\zeta x_3)]+\xi^2 U\exp[-\mathrm{i}(\xi x_1+\zeta x_3)]$$

如果当 $x_1, x_3 \to \pm\infty$ 时，$U=\frac{\partial U}{\partial x_1}=\frac{\partial U}{\partial x_3}=0$，那么

$$\begin{aligned}&\frac{1}{2\pi}\iint_{-\infty}^{+\infty}\frac{\partial^2 U}{\partial x_1^2}\exp[-\mathrm{i}(\xi x_1+\zeta x_3)]\mathrm{d}x_1\mathrm{d}x_3\\
&=\frac{1}{2\pi}\int_{-\infty}^{+\infty}\mathrm{d}x_3\int_{-\infty}^{+\infty}\frac{\partial^2}{\partial x_1^2}U\exp[-\mathrm{i}(\xi x_1+\zeta x_3)]\mathrm{d}x_1\\
&+\frac{\mathrm{i}\xi}{\pi}\int_{-\infty}^{+\infty}\mathrm{d}x_3\cdot\int_{-\infty}^{+\infty}\frac{\partial}{\partial x_1}U\exp[-\mathrm{i}(\xi x_1+\zeta x_3)]\mathrm{d}x_1\\
&-\frac{1}{2\pi}\int_{-\infty}^{+\infty}\mathrm{d}x_3\int_{-\infty}^{+\infty}\xi^2 U\exp[-\mathrm{i}(\xi x_1+\zeta x_3)]\mathrm{d}x_1=-\xi^2\overline{U}(\xi,\zeta)\end{aligned}$$

同理

$$\frac{1}{2\pi}\iint_{-\infty}^{+\infty}\frac{\partial^2 U}{\partial x_3^2}\cdot\exp[-\mathrm{i}(\xi x_1+\zeta x_3)]\mathrm{d}x_1\mathrm{d}x_3=-\zeta^2\overline{U}(\xi,\zeta)$$

由以上诸式可得

$$-\xi^2\overline{U}-\zeta^2\overline{U}+k^2=-\overline{F}(\xi,\zeta)$$

于是

$$\overline{U}=\frac{\overline{F}(\xi,\zeta)}{\xi^2+\zeta^2-k^2}$$

由傅里叶逆变换可得

$$U(x_1,x_3)=\frac{1}{2\pi}\iint_{-\infty}^{+\infty}\frac{\overline{F}(\xi,\zeta)}{\xi^2+\zeta^2-k^2}\exp[\mathrm{i}(\xi x_1+\zeta x_3)]\mathrm{d}\xi\mathrm{d}\zeta \qquad (8.27)$$

将式(8.27)代入式(8.23)即可得到方程式(8.21)的解.

8.2.2　集中线力激发 SH 波

设有一条平行于 x_2 方向的无限长直线，它的坐标为 (x_{01}, x_{03}). 直线上均匀分布着平行于 x_2 方向的作用力，在煤质内可以激发圆柱状 SH 波. 作用力写成

$$f_2=F(x_1,x_3)\exp(-\mathrm{i}\omega t)=P_0\delta(x_1-x_{01})(x_3-x_{03})\exp(-\mathrm{i}\omega t) \qquad (8.28)$$

$F(x_1,x_3)$ 的傅里叶变换为

$$\overline{F}(\xi,\zeta)=\frac{P_0}{2\pi}\exp[-\mathrm{i}(\xi x_{01}+\zeta x_{03})]$$

把上式代入式(8.27)得到

$$U(x_1,x_3)=\frac{P_0}{4\pi^2}\iint_{-\infty}^{+\infty}\frac{1}{\xi^2+\zeta^2-k^2}\exp\{\mathrm{i}[\xi(x_1-x_{01})+\zeta(x_3-x_{03})]\}\mathrm{d}\xi\mathrm{d}\zeta \tag{8.29}$$

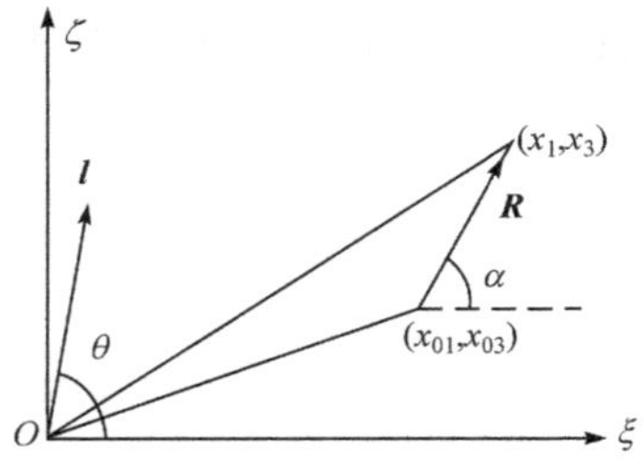

图 8-2　ξζ 平面

若在 ξ-ζ 平面内有两个矢量(图 8-2)

$$\boldsymbol{l}=\xi\boldsymbol{i}_1+\zeta\boldsymbol{i}_3$$

$$\boldsymbol{R}=(x_1-x_{01})\boldsymbol{i}_1+(x_3-x_{03})\boldsymbol{i}_3$$

$\boldsymbol{l}$ 与 $\boldsymbol{R}$ 的标积为

$$\boldsymbol{l}\cdot\boldsymbol{R}=\xi(x_1-x_{01})+\zeta(x_3-x_{03})=lR\cos(\theta-\alpha)$$

式(8.29)在极坐标中的形式为

$$U(r,r_0)=\frac{P_0}{4\pi^2}\int_0^{\infty}\int_0^{2N}\frac{1}{l^2-k^2}\exp[\mathrm{i}lR\cos(\theta-\alpha)]l\mathrm{d}l\mathrm{d}\theta \tag{8.30}$$

式中

$$l^2=\xi^2+\zeta^2,\quad \mathrm{d}\xi\mathrm{d}\zeta=l\mathrm{d}l\mathrm{d}\theta$$

式(8.30)右端的积分是贝塞尔函数 $2\pi\mathrm{J}_0(lR)$,于是式(8.30)变为

$$U(r,r_0)=\frac{P_0}{2\pi}\int_0^{\infty}\frac{\mathrm{J}_0(lR)}{l^2-k^2}l\mathrm{d}l=\frac{\mathrm{i}P_0}{4}\mathrm{H}_0^{(1)}(kR)$$

式中,

$$\int_0^{\infty}\frac{\mathrm{J}_0(lR)}{l^2-k^2}l\mathrm{d}l=\frac{\mathrm{i}\pi}{2}\mathrm{H}_0^{(1)}(lR)$$

上述方程除应用傅里叶变换求解外,尚可用拉普拉斯变换,汉克尔变换等其他类型的变换.对于非简谐力的波源可应用三维傅里叶变换求解.若不限于 SH 波,则可以应用四维傅里叶变换,当然其过程要更复杂一些.

8.3　初 值 问 题

三维弹性空间中的扰动是以波速向外传播,对周围介质要产生一定影响.换句话说,空间某点的扰动状态与波源的初始扰动有关.

设在介质内的某一有限区间 V 内存在一初始扰动,即在 $t=0$ 时刻该区域的初始位移和初始速度可以不为零,可写成

$$u(x_1,x_2,x_3,0)=u_0(x_1,x_2,x_3)$$

$$\dot{u}(x_1,x_2,x_3,0)=\dot{u}_0(x_1,x_2,x_3)$$

由于存在不为零的初始扰动,故从扰动处将有弹性波向外传播.对于弹性体内任一点 P,它在 t 时刻的位移 u 可以由泊松公式给出,即

$$u(P,t)=\frac{1}{4\pi c}\left[\frac{\partial}{\partial t}\iint_{S_{ct}^P}\frac{u_0}{r}\mathrm{d}s+\iint_{S_{ct}^P}\frac{\dot{u}_0}{r}\mathrm{d}s\right] \tag{8.31}$$

式中，S_{ct}^{P}是以 P 点为心，以 $r=ct$ 为半径的球面.

下面我们来推导式(8.31). 在介质中以 P_i 为中心以 r 为半径作一球面，并记为 $S_r^{P_i}$，以$\langle u(r,t)\rangle$表示该球面上位移的平均值，写成

$$\langle u(r,t)\rangle=\frac{1}{4\pi r^2}\iint_{S_r^{P_i}}u\,\mathrm{d}s=\frac{1}{4\pi}\int_{S_r^{P_i}}u\,\mathrm{d}\Omega \tag{8.32}$$

式中，$\mathrm{d}\Omega=\mathrm{d}s/r^2$ 是面元 ds 对应的立体角. 显然，当 $r\to 0$ 时有

$$u(P_i,t)=\langle u(0,t_i)\rangle$$

显见$\langle u(r,t)\rangle$不依赖于方位角 θ,φ，故此在球坐标系中$\langle u(r,t)\rangle$应该满足波动方程

$$\frac{1}{r^2}\frac{\partial}{\partial r}\left(r^2\frac{\partial\langle r\rangle}{\partial r}\right)-\frac{1}{c^2}\frac{\partial^2\langle u\rangle}{\partial t^2}=0 \tag{8.33}$$

不难得到式(8.33)之解为

$$\langle u\rangle=\frac{1}{r}\left[f_{\mathrm{I}}\left(t-\frac{r}{c}\right)+f_{\mathrm{II}}\left(t+\frac{r}{c}\right)\right]$$

由此可见，当 $r\to 0$ 时，因为$\langle u\rangle$是有限量，所以有 $f_{\mathrm{I}}+f_{\mathrm{II}}=0$，即 $f_{\mathrm{I}}(t)=-f_{\mathrm{II}}(t)=-f(t)$；当 $r\neq 0$ 时，有

$$r\langle u\rangle=f\left(t+\frac{r}{c}\right)-f\left(t-\frac{r}{c}\right) \tag{8.34}$$

将式(8.34)对 r 求偏导数，得

$$\langle u\rangle+r\frac{\partial\langle u\rangle}{\partial r}=\frac{1}{c}\left[f'\left(t-\frac{r}{c}\right)+f'\left(t+\frac{r}{c}\right)\right] \tag{8.35}$$

当 $r=0,t=t_i$ 时，由式(8.35)可得

$$\langle u(0,t_i)\rangle=u(P_i,t_i)=\frac{2}{c}f'(t_i) \tag{8.36}$$

将式(8.34)两边对 t 求偏导数后乘以 $1/c$ 得

$$\frac{1}{c}\frac{\partial}{\partial t}(r\langle u\rangle)=\frac{1}{c}\left[-f'\left(t-\frac{r}{c}\right)+f'\left(t+\frac{r}{c}\right)\right] \tag{8.37}$$

将式(8.35)与式(8.37)相加得

$$\frac{\partial}{\partial r}(r\langle u\rangle)+\frac{1}{c}\frac{\partial(r\langle u\rangle)}{\partial t}=\frac{2}{c}f'\left(t+\frac{r}{c}\right)$$

令 $t=0,r=ct$ 时，比较式(8.36)与式(8.37)得

$$u(P_i,t_i)=\left[\frac{\partial}{\partial r}(r\langle u\rangle)+\frac{1}{c}\frac{\partial}{\partial t}(r\langle u\rangle)\right]_{t=0}^{r=ct_i}$$

将式(8.32)代入上式可得

$$u(P_i,t_i)=\frac{1}{4\pi c}\left[\frac{\partial}{\partial t}\iint\limits_{S_r^{P_i}} ru\,\mathrm{d}\Omega+\iint\limits_{S_r^{P_i}} r\,\frac{\partial u}{\partial t}\mathrm{d}\Omega\right]_{t=0}^{r=ct_i}$$

将初始条件代入上式，并考虑 P_i,t_i 是任意选定的，略去角标 i 得

$$u(P,t)=\frac{1}{4\pi c}\left[\frac{\partial}{\partial t}\iint\limits_{S_r^P}\frac{u_0}{r}\mathrm{d}s+\iint\limits_{S_r^P}\frac{\dot{u}_0}{r}\mathrm{d}s\right]\tag{8.38}$$

式中，$r=ct$. 式(8.38)即为泊松公式. 它的物理意义是很明显的，它表明在 t 时刻，任意一点 P 处的位移 u，是由球心为 P 半径 $r=ct$ 的球面 S_{ct}^P 上各点的初始状态所决定的. 换句话说，三维无界空间中的扰动，只要知道它的初始状况，就可以用泊松公式推算它以后任一时刻的状况. 既然扰动是以速度 c 传播的，那么，只有扰动区域与 P 点相距为 ct 的那些点的初始扰动经过了时间 t 传过了 r 的距离到达 P 点，如图 8-3 所示. 设初始扰动局限在 V_0 内，只有当球面 S_{ct}^P 与 V 相交，式(8.38)的积分才不为零. 设 d 和 D 分别为 P 点到区域 V_0 的最近和最远距离，显然，当 $t<t_d=d/c$，式(8.38)的面积分为零，表示扰动的前峰尚未到达 P 点；若 $d/c\leqslant t\leqslant D/c$，曲面 S_{ct}^P 与区域 V_0 相交，泊松公式的面积分不为零，表示区域 V_0 的扰动正在经过 P 点；若 $t>t_D=D/c$，上述面积分为零，表明扰动阵尾已过了 P 点.

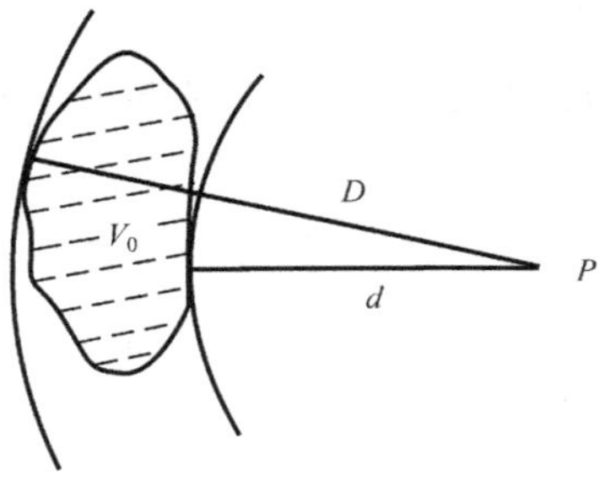

图 8-3　域 V 内扰动到达 P 点的情形

例 8-1　在无限大的均匀介质中有一半径为 1 的球体区域，其内初始位移为 a，初始速度为零，球外位移也为零. 试求球内、外满足波动方程 $c^2\nabla^2u-\dfrac{\partial^2u}{\partial t^2}=0$ 的解.

解　由于不存在边界，仅由初始条件即可定解.

(1) 球内. 当 $t<(1-R)/c$ 时，如图 8-4 所示. 球体内以 P 为球心，以 $ct<1-R$ 为半径的球面 S_{ct}^P 上的扰动，经过时间 t 恰好到达 P 点. 于是由泊松公式可算出 P 点之位移，即

$$u=\frac{1\partial}{4\pi c\partial t}\iint\limits_{S_{ct}^P}\frac{a}{ct}\mathrm{d}s=\frac{a}{4\pi c}\frac{\partial}{\partial t}\int_0^{\pi}\frac{2\pi(ct)^2}{ct}\sin\theta\mathrm{d}\theta=\frac{a}{2}\int_0^{\pi}\sin\theta\mathrm{d}\theta=a$$

当$(1-R)\ /c<t<(1+R)/c$ 时，如图 8-5 所示，半径为$(1-R)<ct<(1+R)$ 的球面 S_{ct}^P 上的扰动经过 t 时间恰好到达 P 点. 方位角 θ_0 可由余弦定理求出为

$$\cos\theta_0=\frac{c^2t^2+R^2-1}{2cR}$$

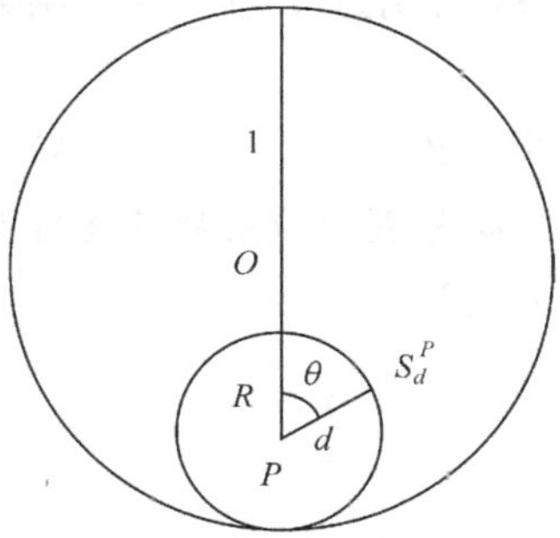

图 8-4　例 8-1(1)用图[$t<(1-R)/c$]

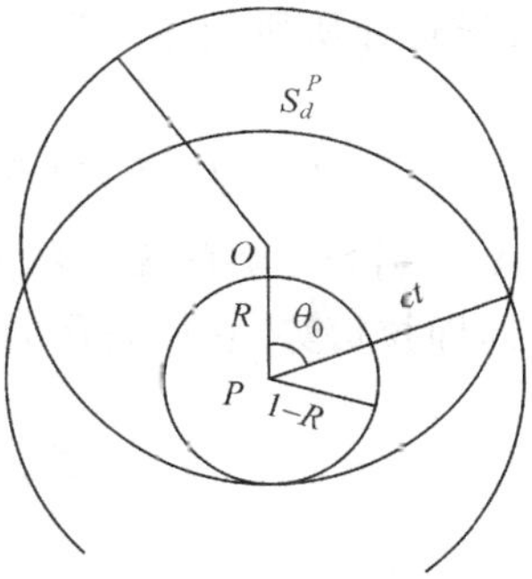

图 8-5　例 8-1(1)用图[$(1-R)/c<t<(1+R)/c$]

由泊松公式可知

$$u=\frac{1}{4\pi c}\frac{\partial}{\partial t}\iint\limits_{S_{ct}^P}\frac{a}{ct}\mathrm{d}s=\frac{a}{4\pi c}\frac{\partial}{\partial t}\int_0^{\theta_0}\frac{2\pi c^2t^2}{ct}\sin\theta\mathrm{d}\theta$$

$$=\frac{a}{2}\frac{\partial}{\partial t}\left(t-\frac{c^2t^2+R^2-1}{2Rc}\right)=\frac{a}{2}\left(1-\frac{ct}{R}\right)$$

当 $t>(1+R)/c$ 时,球内距 P 点最远处的扰动已经过了 P 点,故 P 点位移为零,当 P 点恰在单位球面上时,$t>2/c$ 时,球内各点位移皆为零.

(2) 球外. 当 $t<(R-1)/c$ 时,扰动未到达 P 点,位移 $u=0$.

当$(R-1)/c<t$ $(1+R)/c$ 时,由泊松公式可算出 P 点的位移,它是由球面 S_{ct}^P 在单位球内的部分上的位移传播到 P 点叠加而成. 于是由图 8-6 可知

$$u=\frac{1}{4\pi c}\frac{\partial}{\partial t}\iint\limits_{S_{ct}^P}\frac{a}{ct}\mathrm{d}s=\frac{1\partial}{4\pi c\partial t}\int_0^{\theta_0}\frac{2\pi(ct)^2}{ct}\sin\theta\mathrm{d}\theta$$

$$=\frac{a}{2}\left(1-\frac{ct}{R}\right)$$

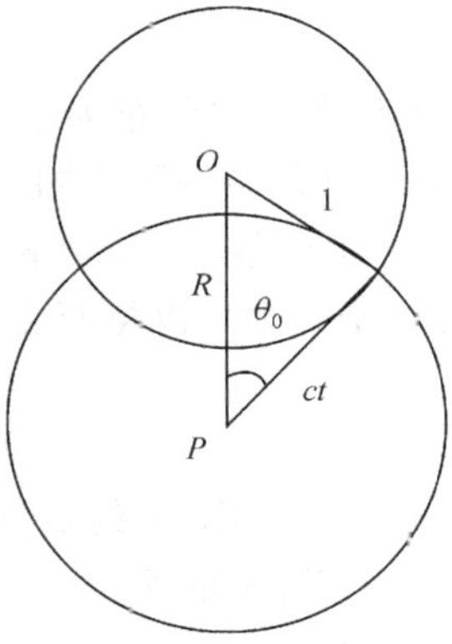

图 8-6　例 8-1(2)用图
[$(R-1)/c<t<(1+R)/c$]

当 $t>(1+R)/c$ 时, $u=0$.

本例题是讨论单位球体内的初始扰动对介质的影响. 可以理解为一个时间极短的脉冲向外传播时的情形.

8.4　势函数的非齐次波动方程及其解

研究体力激发弹性波问题时,也可以把体力和位移用相应的势函数表示出来,这样就变成求解势函数的非齐次波动方程.

设单位质量介质所受体力为 $\boldsymbol{f}(\boldsymbol{r},t)$，位移为 $\boldsymbol{u}(\boldsymbol{r},t)$. 引进 $\boldsymbol{f}$ 与 $\boldsymbol{u}$ 的势函数并写成

$$\boldsymbol{f}=\nabla \Xi+\nabla\times\boldsymbol{\Lambda},\quad \boldsymbol{u}=\nabla\varphi+\nabla\times\boldsymbol{\psi} \tag{8.39}$$

式中，Ξ 与 $\boldsymbol{\Lambda}$ 分别为力势的无旋部分与无散部分，φ 与 $\boldsymbol{\psi}$ 分别为位移势的无旋部分与无散部分，即拉梅势. 它们满足的非齐次波动方程分别为

$$\nabla^2\varphi-\frac{1}{c_{\mathrm{p}}^2}\frac{\partial^2\varphi}{\partial t^2}=-\frac{1}{c_{\mathrm{p}}^2}\Xi$$

$$\nabla\boldsymbol{\psi}-\frac{1}{c_{\mathrm{s}}^2}\frac{\partial^2\boldsymbol{\psi}}{\partial t^2}=-\frac{1}{c_{\mathrm{s}}^2}\boldsymbol{\Lambda} \tag{8.40}$$

如果 Ξ、Λ 为已知，则可由式(8.40)求出 φ 和 $\boldsymbol{\psi}$，然后由式(8.39)求出位移 $\boldsymbol{u}$. 因此，现在的关键问题是如何由给定的 $\boldsymbol{f}$ 求出 Ξ 与 $\boldsymbol{\Lambda}$. 下面我们就讨论这个问题.

8.4.1 力势函数

对式(8.39)分别取散度和旋度，可以得到如下形式的泊松方程

$$\nabla^2\Xi=\nabla\cdot\boldsymbol{f},\quad \nabla^2\cdot\boldsymbol{\Lambda}=-\nabla\times\boldsymbol{f}$$

如果力源 f 的分布为已知，则求解力势函数归结为求解上述泊松方程的问题. 为此我们必须掌握下面两个定理：

(1) 函数 $A=1/r$ 满足拉普拉斯方程 $\nabla^2A=0$，并且除在 $r=0$ 的地点外处处有限. 这个定理可以将两点间距离

$$r=\sqrt{(x_1-x_1')^2+(x_2-x_2')^2+(x_3-x_3')^2}$$

对 x_1、x_2、x_3 求偏导数来证明.

(2) 格林定理.

在高斯定理

$$\oint_S\boldsymbol{B}\cdot\boldsymbol{n}\mathrm{d}S=\int_V\nabla\cdot\boldsymbol{B}\mathrm{d}V$$

中设

$$\boldsymbol{B}=U\nabla A-A\nabla U$$

则会得到下面的格林定理：

$$\oint_S\left(U\frac{\partial A}{\partial n}-A\frac{\partial U}{\partial n}\right)\mathrm{d}S=\int_V(U\nabla^2A-A\nabla^2U)\mathrm{d}V \tag{8.41}$$

式中，U 与 A 为区域 V 内及界面 S 上任意两个连续函数，并且存在一阶、二阶的连续偏导数.

现在回到我们讨论的问题上来. 如图 8-7 所示，设在势场中给定任一正规闭

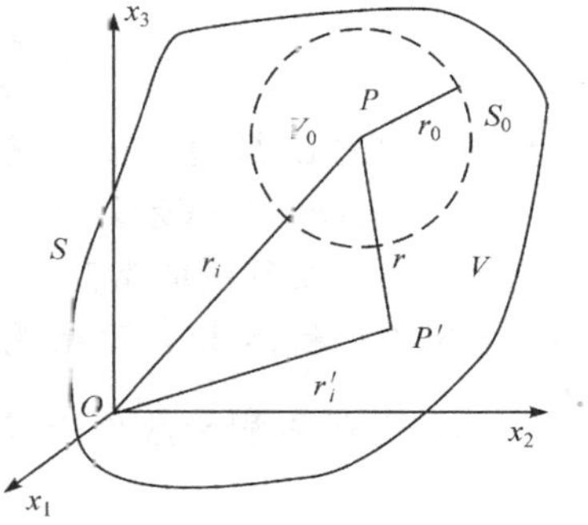

图 8-7　力源区及待求势点

合曲面 S，面内包含的体积为 V. 力源可以分布在 S 面内，也可部分在 S 面外. 在区域 V 内任选一点（定点）$P(r_i)$ 为待求势点，此外的任意点（变点）以 $P'(r_i)$ 表示.

设在格林公式中取 U 为 P 点的力势，连同其导数都在 V 内连续；取函数 $A=1/r$，函数 A 及其导数除在 P 点外在整个空间都连续、有限. 根据格林公式对函数 U、A 连续性的要求必须除去 P 点. 为此，我们可以 P 点为球心，以 r_0 为半径作一个任意小的球面 S_0，并从区域 V 内挖除 S_0 所包围的体积 V_0. 这样，在 $V-V_0$ 的区域内，函数 U 和 A 满足格林定理要求的连续性. 在这种情况下，格林定理变为

$$-\int_{V-V_0}\frac{\nabla^2 U}{r}\mathrm{d}V=\oint_{S+S_0}\left[U\frac{\partial}{\partial n}\left(\frac{1}{r}\right)-\frac{1}{r}\frac{\partial U}{\partial n}\right]\mathrm{d}S \tag{8.42}$$

对于体积 $V-V_0$ 而言，球面 S_0 的外法线指向球心 P，r 则沿此方向减少. 在 S_0 面上有

$$\frac{\partial U}{\partial n}=-\frac{\partial U}{\partial r},\quad \frac{\partial}{\partial n}\left(\frac{1}{r}\right)=-\frac{\partial}{\partial r}\left(\frac{1}{r}\right)=\frac{1}{r^2}=\frac{1}{r_0^2}$$

将此二式应用在式(8.42)中面 S_0 的面积分，并运用积分中值定理可得

$$\oint_{S_0}\left[U\frac{\partial}{\partial n}\left(\frac{1}{r}\right)-\frac{1}{r}\frac{\partial}{\partial n}\right]\mathrm{d}S=\oint_{S_0}\left[\frac{U}{r_0^2}+\frac{1}{r_0}\frac{\partial U}{\partial r}\right]\mathrm{d}S$$
$$=\left[\frac{1}{r_0^2}\langle U\rangle+\frac{1}{r_0}\frac{\partial\langle U\rangle}{\partial r}\right]\oint_{S_0}\mathrm{d}S=4\pi\langle U\rangle+4\pi r_0\frac{\partial\langle U\rangle}{\partial r}$$

式中，$\langle U\rangle$ 和 $\frac{\partial\langle U\rangle}{\partial r}$ 分别表示 U 及 $\frac{\partial U}{\partial r}$ 在球面上 S_0 上的平均值.

当 $r_0\to 0$ 时，上式最后一项变为零，而势 U 在无限小球面上的平均值 $\langle U\rangle$ 和势在球心 P 点的势 U_P 可以认为相等，于是

$$U_P=\lim_{r_0\to 0}\frac{1}{4\pi}\oint_{S_0}\left[U\frac{\partial}{\partial n}\left(\frac{1}{r}\right)-\frac{1}{r}\frac{\partial u}{\partial n}\right]\mathrm{d}S$$

由式(8.42)可进一步得出

$$U_P=-\frac{1}{4\pi}\int_V\frac{\nabla^2 U}{r}\mathrm{d}V+\frac{1}{4\pi}\oint_S\left[\frac{1}{r}\frac{\partial U}{\partial n}-U\frac{\partial}{\partial n}\left(\frac{1}{r}\right)\right]\mathrm{d}S \tag{8.43}$$

当 $r_0\to 0$ 时，$V_0\to 0$，这样式(8.43)中的体积可以遍及面 S 所包围的整个体积 V. 由此可见，势场中任何一区域 V 内任意 P 点的势 U_P 可以表示成一个体积分和一个面积分的和.

当势 U 满足拉普拉斯(Laplace)方程 $\nabla^2 U=0$ 时，式(8.43)变为

$$U_P=\frac{1}{4\pi}\oint_S\left[\frac{1}{r}\frac{\partial U}{\partial n}-U\frac{\partial}{\partial n}\left(\frac{1}{r}\right)\right]\mathrm{d}S \tag{8.44}$$

以上诸式中的 U 是由分布在域 V 内、外的力源产生的. 如果力源全部分布在区域 U 之外，则式(8.44)表示域内任意一点 P 的势完全由域外的力源产生的，并等于区域面上的势及其法向微商有关的一个面积分之和.

如果我们将体积 V 理解为无限空间，即边界面 S 在无穷远，并且当 $r\to\infty$，$\frac{\partial U}{\partial n}\to 0$，积分的被积函数趋于零的速度并不比 $1/r^3$ 趋于零的速度来得慢. 这样式(8.43)变为

$$U=-\frac{1}{4\pi}\int_V\frac{\nabla^2 U}{r}\mathrm{d}V \tag{8.45}$$

如果用 U 表示力的标势 $\varXi$ 或矢势 $\boldsymbol{\Lambda}$ 的一个分量，则由式(8.45)可以得到

$$\varXi=-\frac{1}{4\pi}\int_V\frac{\nabla\cdot\boldsymbol{f}}{r}\mathrm{d}V,\quad \boldsymbol{\Lambda}=-\frac{1}{4\pi}\int_V\frac{\nabla\times\boldsymbol{f}}{r}\mathrm{d}V \tag{8.46}$$

根据矢量微商公式

$$\nabla\cdot\frac{\boldsymbol{v}}{u}=\frac{1}{u}\nabla\cdot\boldsymbol{v}+\boldsymbol{v}\cdot\nabla\frac{1}{u}$$

由式(8.46)可得

$$\varXi=\frac{1}{4\pi}\left[-\int_V\nabla\cdot\frac{\boldsymbol{f}}{r}\mathrm{d}V+\int_V\boldsymbol{f}\cdot\nabla\frac{1}{r}\mathrm{d}V\right]$$

根据高斯定理上式又可化为

$$\varXi=\frac{1}{4\pi}\left[\int_V\boldsymbol{f}\cdot\nabla\frac{1}{r}\mathrm{d}V-\oint_S\frac{\boldsymbol{f}}{r}\cdot\boldsymbol{n}\mathrm{d}S\right]$$

当 $r\to\infty$ 时，我们给出边界条件 $f\to 0$ 的速度并不比 $1/r^2\to 0$ 的速度来得慢，这样上式中的面积分为零. 若以 ∇' 表示对变点 P' 的坐标求导数，则有 $\nabla'=-\nabla$（可以对 r 求导数证明之)，这样，上式变为

$$\varXi=-\frac{1}{4\pi}\int_V\boldsymbol{f}\cdot\nabla'\frac{1}{r}\mathrm{d}V \tag{8.47}$$

式中，V' 表示力源分布的区域.

同理根据矢量微商公式

$$\nabla\times\frac{\boldsymbol{v}}{u}=\frac{1}{u}\nabla\times\boldsymbol{v}-\boldsymbol{v}\times\nabla\frac{1}{u}$$

及定理

$$\int_V\nabla\times\boldsymbol{A}\mathrm{d}V=\oint_S\boldsymbol{n}\times\boldsymbol{A}\mathrm{d}S$$

可得

$$\boldsymbol{\Lambda}=-\frac{1}{4\pi}\int_V\boldsymbol{f}\times\nabla'\frac{1}{r}\mathrm{d}V \tag{8.48}$$

式(8.47)、式(8.48)即为泊松方程的积分解，已知力的分布，即可求出力势的分布.

如果力源分布在有限区间，则区域外的体力 f 为零，于是式(8.47)及式(8.48)可以化为在力源区 V' 内的积分，即

$$\Xi = -\frac{1}{4\pi}\int_{V'} \boldsymbol{f} \cdot \nabla' \frac{1}{r} \mathrm{d}V'$$

$$\boldsymbol{\Lambda} = -\frac{1}{4\pi}\int_{V'} \boldsymbol{f} \times \nabla' \frac{1}{r} \mathrm{d}V'$$

8.4.2　推迟势

以上讨论的体力 $\boldsymbol{f}$ 和力势 Ξ、$\boldsymbol{\Lambda}$ 是空间及时间的函数. 由于振源的扰动以相速度 c 向外传播，显示，力源区域外的空间的 Ξ、$\boldsymbol{\Lambda}$、φ 及 $\boldsymbol{\Psi}$ 将比振源落后，即存在相位差. 通过求解方程(8.40)可以进一步阐明这种关系.

若以 ψ 表示位移势，它可以表示标势 φ 也可以表示矢势 $\boldsymbol{\Psi}$ 的分量；以 U 表示力标势 Ξ 或力矢势 $\boldsymbol{\Lambda}$ 的分量. 方程(8.40)可变为下述形式：

$$\frac{\partial^2 \boldsymbol{\Psi}}{\partial t^2} - c^2 \nabla^2 \boldsymbol{\Psi} = U \tag{8.49}$$

初始条件为

$$\boldsymbol{\Psi}|_{t=0} = 0,\quad \left.\frac{\partial \boldsymbol{\Psi}}{\partial t}\right|_{t=0} = 0$$

我们可以利用冲量定理法求解上述方程. 冲量定理认为：从时刻 $t=0$ 一直延续到时刻 t 的力势 $U(\boldsymbol{r}_i,t)$，可以看作许多前后相继的 $U(\boldsymbol{r}_i,\tau)\delta(t-\tau)\mathrm{d}\tau$ 的叠加，而所求的 $\boldsymbol{\Psi}$ 是许多 $U(\boldsymbol{r}_i,\tau)\delta(t-\tau)\mathrm{d}\tau$ 作用的位移势 $v(\boldsymbol{r}_i,t;\tau)$ 的叠加，即

$$\boldsymbol{\Psi}(\boldsymbol{r}_i,t) = \int_0^i v(\boldsymbol{r}_i,t;\tau)\mathrm{d}\tau$$

式中，$v(\boldsymbol{r}_i,t;\tau)$ 表示 v 是 $\boldsymbol{r}_i,t$ 的函数，而 r_i,t 又与 τ 有关. 而 $v(\boldsymbol{r}_i,t;\tau)$ 的定解问题是

$$\frac{\partial^2 v}{\partial t^2} - c^2 \nabla^2 v = U(\boldsymbol{r}_i,\tau)\delta(t-\tau)$$

$$v|_{t=0} = 0,\quad \left.\frac{\partial v}{\partial t}\right|_{t=0} = 0$$

瞬时的 $U(\boldsymbol{r}_i,\tau)\delta(t-\tau)\mathrm{d}\tau$ 在时刻 $\tau+0$ 以后不起作用，改用 $\tau+0$ 作为初始时刻，问题变为自由振动，但初始条件要有相应地修改. 这样，上面的方程转化为

$$\frac{\partial^2 v}{\partial t^2} - c^2 \nabla^2 v = 0$$

$$v|_{t=\tau+0} = 0,\quad \left.\frac{\partial v}{\partial t}\right|_{t=\tau+0} = U(\boldsymbol{r}_i,\tau)$$

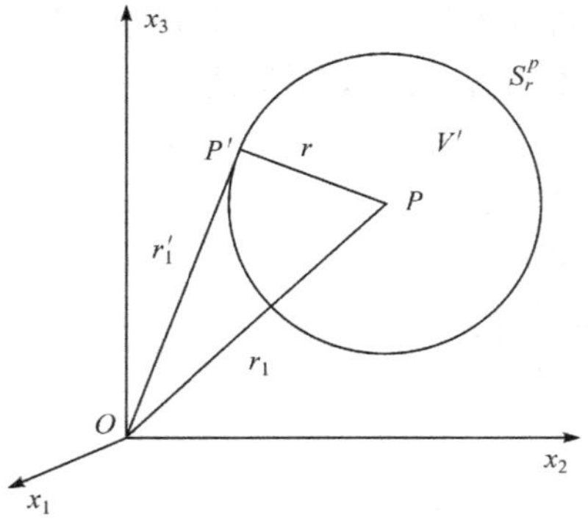

图 8－8　求推迟势用图

这个问题的解可以由泊松公式(8.38)给出，只是公式中的 t 应改为 $t-\tau$，于是

$$v(\boldsymbol{r}_i,t;\tau)=\frac{1}{4\pi c}\iint_{S^P_{c(t-\tau)}}\frac{U(\boldsymbol{r}'_i,\tau)}{c(t-\tau)}\mathrm{d}S'$$

$$\boldsymbol{\Psi}(\boldsymbol{r}_i,t)=\int_0^t v(\boldsymbol{r}_i,t;\tau)\mathrm{d}\tau=\frac{1}{4\pi c}\int_0^t\iint_{S^P_{c(t-\tau)}}\frac{U(\boldsymbol{r}'_i,\tau)}{c(t-\tau)}\mathrm{d}S'\mathrm{d}\tau$$

如图 8－8 所示，P 为任意选定的观测点，P' 为势场中任意点，这时恰好位在半径为 r 的球面上. 可以把积分球面的半径 $|\boldsymbol{r}_i-\boldsymbol{r}'_i|$ 即 $c(t-\tau)$ 记成 r，即

$$c(t-\tau)=r,\quad \tau=t-\frac{r}{c},\quad \mathrm{d}\tau=-\frac{\mathrm{d}r}{c}$$

则

$$\boldsymbol{\Psi}(r_i,t)=-\frac{1}{4\pi c}\int_{ct}^0\iint_{S_r^P}\frac{U\left(\boldsymbol{r}'_i,t-\dfrac{r}{c}\right)}{r}\mathrm{d}S'\frac{\mathrm{d}r}{c}$$

$$=\frac{1}{4\pi c^2}\int_0^{ct}\iint_{S_r^P}\frac{U\left(\boldsymbol{r}'_i,t-\dfrac{r}{c}\right)}{r}\mathrm{d}S'\mathrm{d}r=\frac{1}{4\pi c^2}\int_{V_r^p}\frac{U\left(\boldsymbol{r}'_i,t-\dfrac{r}{c}\right)}{r}\mathrm{d}V' \tag{8.50}$$

式中，V_r^P 是球面 S_r^P 所包围的球体，$\mathrm{d}V'$ 是体积元 $\mathrm{d}S'\mathrm{d}r$. 式(8.50)称为推迟势，因为扰动是以速度 c 传播的，从 P' 点出发的扰动如果在时刻 t 对 P 点产生影响，必须是从 $t-r/c$ 时刻发出的，可见，ψ 是由 U/r 在时刻$(t-r/c)$状态决定的，r/c 这个时间间隔即从 P' 点到 P 点的传播时间. 在 t 时刻体积 V_r^P 内的每个微体元都有各自的 U/r，对 P 点的位移势都有一份贡献，因而必须进行积分.

将 $\boldsymbol{\Psi}$ 换成位移势，U 换成力势，方程(8.40)的解为

$$\begin{aligned}\varphi&=\frac{1}{4\pi c_\mathrm{p}^2}\int_{V_r^P}\frac{\Xi\left(x'_1,x'_2,x'_3,t-\dfrac{r}{c_\mathrm{p}}\right)}{r}\mathrm{d}V'\\ \boldsymbol{\Psi}&=\frac{1}{4\pi c_\mathrm{s}^2}\int_{V_r^P}\frac{\boldsymbol{\Lambda}\left(x'_1,x'_2,x'_3,t-\dfrac{r}{c_\mathrm{s}}\right)}{r}\mathrm{d}V'\end{aligned}\tag{8.51}$$

综上所述，可以得出求解位移 $\boldsymbol{u}$ 的步骤如下：

(1) 由已知的外力场通过式(8.47)、式(8.48)求出力势函数 Ξ、$\boldsymbol{\Lambda}$；

(2) 由力势 Ξ、$\boldsymbol{\Lambda}$ 通过式(8.51)求出位移 φ、$\boldsymbol{\Psi}$；

(3) 由 φ、$\boldsymbol{\Psi}$ 通过式(8.39)求出位移 $\boldsymbol{u}$.

8.5　集中力激发的波

8.4 节讨论了在一般情况下任意外力场激发弹性波问题,并求解了势函数的非齐次波动方程.本节以一特殊情况为例,按 8.4 节求位移 $\boldsymbol{u}$ 的步骤,讨论一种特殊外力作用下激发的位移波场问题.

设有集中力 $\boldsymbol{F}(t)\delta(\boldsymbol{r}'-\boldsymbol{r}_0)$,即表示体力场强度 $\boldsymbol{f}$ 的作用区域包括 $\boldsymbol{r}_0$ 而无限缩小,当收缩到 $\boldsymbol{r}_0$ 时,体力 $\rho\boldsymbol{f}$ 的体积分趋于一非零的有限值 $\boldsymbol{F}(t)$ 的情况.

写成数学表达式为

$$\int_{V'}\rho\boldsymbol{f}\,\mathrm{d}V'=\int_{V'}\boldsymbol{F}(t)\delta(\boldsymbol{r}'-\boldsymbol{r}_0)\mathrm{d}V'=\boldsymbol{F}(t)$$

图 8-9 给出集中力位置 $P_0(x_{01},x_{02},x_{03})$、任意点(变点)力势位置 $P'(x_1',x_2',x_3')$ 以及观测点(定点)$P(x_1,x_2,x_3)$位置.下面我们按照 8.4 节的求 $\boldsymbol{u}$ 步骤进行.

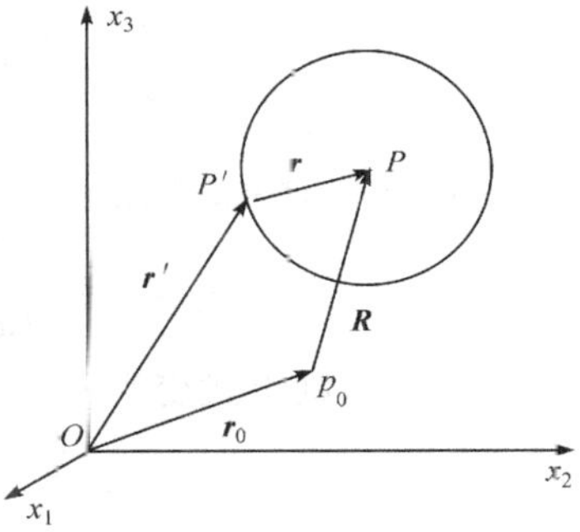

图 8-9　求集中力势用图

首先,求集中力 $\boldsymbol{F}(t)\delta(\boldsymbol{r}'-\boldsymbol{r}_0)$的力势 Ξ、$\boldsymbol{\Lambda}$.令

$$\boldsymbol{F}(t)\delta(\boldsymbol{r}'-\boldsymbol{r}_0)=\nabla\Xi+\nabla\times\boldsymbol{\Lambda}\qquad(8.52)$$

由式(8.47)及式(8.48)可知 P'点力的标势及矢势分别为

$$\Xi(x_1',x_2',x_3',t)=\frac{1}{4\pi}\int_{V'}\frac{\boldsymbol{F}(t)\delta(\boldsymbol{r}'-\boldsymbol{r}_0)}{\rho}\cdot\nabla'\frac{1}{r_k}\mathrm{d}V'=\frac{\boldsymbol{F}(t)}{4\pi\rho}\cdot\frac{\boldsymbol{r}_k}{\boldsymbol{r}_k^3}$$

$$\boldsymbol{\Lambda}(x_1',x_2',x_3',t)=\frac{1}{4\pi}\int_{V'}\frac{\boldsymbol{F}(t)\delta(\boldsymbol{r}'-\boldsymbol{r}_0)}{\rho}\times\nabla'\frac{1}{r_k}\mathrm{d}V'=\frac{\boldsymbol{F}(t)}{4\pi\rho}\times\frac{\boldsymbol{r}_k}{\boldsymbol{r}_k^3}$$

式中

$$r_k=[(x_1'-x_{01})^2+(x_2'-x_{02})^2+(x_3'-x_{03})^2]^{1/2}$$

其次,由上式及式(8.51)求 P'点的位移势为

$$\varphi(x_1,x_2,x_3,t)=\frac{1}{4\pi c_{\mathrm{p}}^2}\int_{V_r^P}\frac{\boldsymbol{F}\left(t-\dfrac{r}{c}\right)}{4\pi\rho r}\cdot\frac{\boldsymbol{r}_k}{\boldsymbol{r}_k^3}\mathrm{d}V'$$

$$\boldsymbol{\Psi}(x_1,x_2,x_3,t)=\frac{1}{4\pi c_{\mathrm{s}}^2}\int_{V_r^P}\frac{\boldsymbol{F}\left(t-\dfrac{r}{c_{\mathrm{s}}}\right)}{4\pi\rho r}\times\frac{\boldsymbol{r}_h}{\boldsymbol{r}_k^3}\mathrm{d}V'\qquad(8.53)$$

式中

$$r_k=[(x_1-x_1')^2+(x_2-x_2')^2+(x_3-x_3')^2]^{1/2}$$

上式中的体积分可以写成以 P 为球心、r 为半径的球面 S' 上的面积分，然后对半径 r 的积分. 对于 φ 则有

$$\varphi=\frac{1}{4\pi c_{\mathrm{p}}^2}\int_0^{\infty}\frac{\boldsymbol{F}\left(t-\dfrac{r}{c_{\mathrm{p}}}\right)}{4\pi\rho r}\mathrm{d}r\cdot\int_{S'}\cdot\frac{\boldsymbol{r}_k}{\boldsymbol{r}_k^3}\mathrm{d}S' \tag{8.54}$$

设以 $\boldsymbol{R}$ 表示观测点 P 对力的作用点 P_0 的径矢，且

$$R=[(x_1-x_{01})^2+(x_2-x_{02})^2+(x_3-x_{03})^2]^{1/2}$$

利用球函数展开定理可得

$$\int_{S'}\cdot\frac{\boldsymbol{r}_k}{\boldsymbol{r}_k^3}\mathrm{d}S'=\begin{cases}0, & r>R\\ 4\pi r^2\dfrac{R}{R^3}, & r<R\end{cases}$$

因此，式(8.54)对 r 之积分应以 R 为积分上限，于是

$$\varphi=\frac{1}{4\pi\rho c_{\mathrm{p}}^2}\frac{\boldsymbol{R}}{R^3}\cdot\int_0^R r\boldsymbol{F}\left(t-\frac{r}{c_{\mathrm{p}}}\right)\mathrm{d}r$$

若令 $\tau'=r/c_{\mathrm{p}}$，则上式变为

$$\varphi=\frac{1}{4\pi\rho}\frac{\boldsymbol{R}}{R^3}\cdot\int_0^{\frac{R}{c_{\mathrm{p}}}}\tau'\boldsymbol{F}(t-\tau')\mathrm{d}\tau'$$

同理可得

$$\boldsymbol{\Psi}=\frac{1}{4\pi\rho}\frac{\boldsymbol{R}}{R^3}\cdot\int_0^{\frac{R}{c_{\mathrm{s}}}}\tau'\boldsymbol{F}(t-\tau')\mathrm{d}\tau'$$

最后，由以上两式可求出观测点处的位移为

$$\boldsymbol{u}=\nabla\varphi+\nabla\times\boldsymbol{\Psi}=\boldsymbol{u}_{\mathrm{p}}+\boldsymbol{u}_{\mathrm{s}}+\boldsymbol{u}_{\mathrm{L}}$$

式中

$$\boldsymbol{u}_{\mathrm{p}}=\frac{\boldsymbol{R}\cdot\boldsymbol{F}\left(t-\dfrac{R}{c_{\mathrm{p}}}\right)}{4\pi\rho c_{\mathrm{p}}^2R}\frac{\boldsymbol{R}}{R^3}=\frac{1}{4\pi\rho c_{\mathrm{p}}^2R}\boldsymbol{P}\left(t-\frac{R}{c_{\mathrm{p}}}\right)$$

$$\boldsymbol{u}_{\mathrm{s}}=\frac{1}{4\pi\rho c_{\mathrm{s}}^2}\left\{\frac{1}{R}\boldsymbol{F}\left(t-\frac{R}{c_{\mathrm{s}}}\right)-\left[\boldsymbol{R}\cdot\boldsymbol{F}\left(t-\frac{R}{c_{\mathrm{s}}}\right)\right]\frac{\boldsymbol{R}}{R^3}\right\}=\frac{1}{4\pi\rho c_{\mathrm{s}}^2R}\boldsymbol{S}\left(t-\frac{R}{c_{\mathrm{s}}}\right) \tag{8.55}$$

$$\boldsymbol{u}_{\mathrm{L}}=\frac{1}{4\pi\rho}\int_{\frac{R}{c_{\mathrm{p}}}}^{\frac{R}{c_{\mathrm{s}}}}\tau'\left[3\boldsymbol{R}\cdot\boldsymbol{F}(t-\tau')\frac{\boldsymbol{R}}{R^5}-\frac{\boldsymbol{F}\left(t-\tau'\right)}{R^3}\right]\mathrm{d}\tau'$$

$$=\frac{1}{4\pi\rho R^3}\int_{\frac{R}{c_{\mathrm{p}}}}^{\frac{R}{c_{\mathrm{s}}}}\tau'[2\boldsymbol{P}(t-\tau')-\boldsymbol{S}(t-\tau')]\mathrm{d}\tau'$$

式(8.55)要经过较繁冗的计算才能得到，在此我们省略了计算过程，只给出结果. 式(8.55)中 $\boldsymbol{P}(t)$代表集中力 $\boldsymbol{F}(t)$在 R 方向上的分量，$\boldsymbol{S}(t)$代表 $\boldsymbol{F}(t)$垂直于 $\boldsymbol{R}$ 方向的分量. 式(8.55)表示总的位移由 $\boldsymbol{u}_{\mathrm{p}}$、$\boldsymbol{u}_{\mathrm{s}}$、$\boldsymbol{u}_{\mathrm{L}}$ 等三部分组成. 第一部分为 $\boldsymbol{u}_{\mathrm{p}}$. $\boldsymbol{u}_{\mathrm{p}}$ 的传播速度为 c_{p}，其方向与力的作用点(震源)到观测点(台站)的径矢 $\boldsymbol{R}$ 的方向一致，故为纵波(P 波). 振幅大小与集中力 $\boldsymbol{F}(t)$在 $\boldsymbol{R}$ 上的分量有关. 若 $\boldsymbol{R}$ 大小不变，只是方向变化，$\boldsymbol{F}$ 在 $\boldsymbol{R}$ 上的分量也变化. 因此，球面纵波振幅大小依方向而改变. 同理，第二部分 u_{s} 为横波(S 波)位移，其传播速度为 c_{s}，位移方向与波的传播方向相互垂直，且与 $\boldsymbol{F}$、$\boldsymbol{R}$ 共面. 横波振幅也随 $\boldsymbol{R}$ 方向的变化而改变. 第三部分 $\boldsymbol{u}_{\mathrm{L}}$ 是拉普拉斯波位移，它在 P 波与 S 波位移之间. 下面我们利用图 8 - 10 对式(8.55)作进一步讨论.

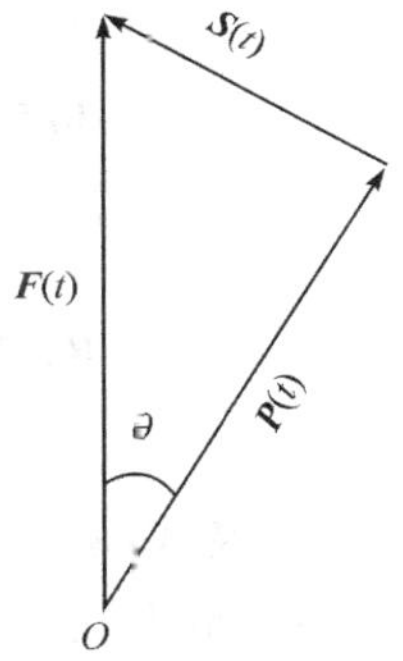

图 8 - 10　集中力及其分量

如图 8 - 10 所示，在球坐标系中，力的作用点选在坐标原点，力 $\boldsymbol{F}(t)$沿 x_3 方向，且有

$$\boldsymbol{F}(t)=F(t)\boldsymbol{i}_3$$

由式(8.55)可得

$$\boldsymbol{P}(t)=F(t)\cos\theta\boldsymbol{e}_r$$

$$\boldsymbol{S}(t)=-F(t)\sin\theta\boldsymbol{e}_\theta$$

于是式(8.55)变为

$$\begin{aligned}
\boldsymbol{u}_{\mathrm{p}}&=\frac{F\left(t-\dfrac{R}{c_{\mathrm{p}}}\right)}{4\pi\rho Rc_{\mathrm{p}}^2}\cos\theta\boldsymbol{e}_r\\
\boldsymbol{u}_{\mathrm{s}}&=-\frac{F\left(t-\dfrac{R}{c_{\mathrm{s}}}\right)}{4\pi\rho Rc_{\mathrm{s}}^2}\sin\theta\boldsymbol{e}_\theta\\
\boldsymbol{u}_{\mathrm{L}}&=\frac{1}{4\pi\rho R^3}\int_{\frac{R}{c_{\mathrm{p}}}}^{\frac{R}{c_{\mathrm{s}}}}\tau'F(t-\tau')[2\cos\theta\boldsymbol{e}_r+\sin\theta\boldsymbol{e}_\theta]\mathrm{d}\tau'
\end{aligned}\tag{8.56}$$

当 $\boldsymbol{F}(t)$为集中瞬时脉冲力时，设

$$\boldsymbol{F}(t)=F_0\delta(t)\boldsymbol{i}_3$$

则由上式可得

$$
\boldsymbol{u}_{\mathrm{p}}=\frac{F_0\delta\left(t-\dfrac{R}{c_{\mathrm{p}}}\right)}{4\pi\rho R c_{\mathrm{p}}^2}\cos\theta\boldsymbol{e}_r
$$

$$
\boldsymbol{u}_{\mathrm{s}}=-\frac{F_0\delta\left(t-\dfrac{R}{c_{\mathrm{s}}}\right)}{4\pi\rho R c_{\mathrm{s}}^2}\sin\theta\boldsymbol{e}_\theta \tag{8.57}
$$

$$
\boldsymbol{u}_{\mathrm{L}}=\begin{cases}\dfrac{F_0 t}{4\pi\rho R^3}(2\cos\theta\boldsymbol{e}_r+\sin\theta\boldsymbol{e}_\theta), & \dfrac{R}{c_{\mathrm{p}}}<t<\dfrac{R}{c_{\mathrm{s}}}\\ 0, & t<\dfrac{R}{c_{\mathrm{p}}},t>\dfrac{R}{c_{\mathrm{s}}}\end{cases}
$$

由式(8.56)及式(8.57)可知，当 $\theta=0$ 时，$|\boldsymbol{u}_{\mathrm{p}}|$ 最大，而 $|\boldsymbol{u}_{\mathrm{s}}|$ 最小；当 $\theta=\pi/2$ 时，$|\boldsymbol{u}_{\mathrm{p}}|$ 最小，而 $|\boldsymbol{u}_{\mathrm{s}}|$ 最大；$\boldsymbol{u}_{\mathrm{L}}$ 与 R^3 成反比，$\boldsymbol{u}_{\mathrm{L}}$ 随着 R 的增大而迅速地减小，当 R 充分大时，$\boldsymbol{u}_{\mathrm{L}}$ 小到可以忽略，故距震源很远的观测点只能收到 P 波、S 波而不能接收到 L 波.

综上所述，可以得出如下结论：在均匀无限的弹性介质中，集中力产生的位移场主要为纵波与横波. 纵波在力的方向上最强，而在过力的作用点垂直于力的方向的平面内为零；横波在过力的作用点而垂直于力的方向的平面内最强，而在力的方向上为零.

集中力的位移场全部推导过程较为繁复，本节是要了解须用什么样的方法分析和解决这一类问题，并得到怎样的结果，其作用和意义如何. 这种处理问题的方法具有相当普遍的意义，在地震学、声学及电动力学中曾被广泛地采用，所得结果也颇为重要.

讨　论

1960 年前后，国际上兴起了地震源计算机定位的热潮，采用计算机测定地震台网记录到的地震基本参数. 例如，发震时刻、震中位置及震源深度等. 后来经很多人的研究改进，计算机定位的算法及程序已得到了广泛的应用.

测定震源位置及发震时刻最常用的方法是格革引入的，通常称为格革法. 这种方法实质上是将非线性问题化为线性问题，然后利用最小二乘法原理迭代求解. 通过反复修定，以得到震源参数的最佳值.

近年来，由于数学方法的发展，计算机定位问题有了更普遍而行之有效的方法. 利用广义逆或最优化方法修定震源参数，可以得到更快的收敛速度和更高的精度.

一般来说，计算机定位需要确定 4 个参数，即震源的空间坐标 (λ,φ,h) 及发震时刻(t). 为此,我们需要知道台网各个台站的坐标,以及至少 4 个台的地震波到时. 由台网提供的到时数据主要是指 P 波的到时,因为各种续至波的相位通常是难以识别的. 如果地震发生在台网以外,这种解答是不确定的. 为了进行参数的修定,一般要用到走时表(有时是区域走时表)或对地壳平均速度作出假设.

例 8 - 2　近震的初步定位.

利用区域台网记录对近震及地方震定位,可以得到较高的定位精度. 定位计算分初定和修定两步进行. 初定震中时,仅需根据区域台网提供的直达波到时,将走时方程线性化,从而解出 4 个基本震源参数. 在初定震源参数的基础上,采用"中国地区近震走时表"(或区域走时表),以最小二乘法或其他最优化方法对这些参数进行修定. 为保证修定质量,必须在修定前对台站数据进行检查,剔除那些明显错误的数据.

对于近震和地方震的计算,采用平面坐标比球面坐标方便,要将经纬度换算为局部的直角坐标系.

为了处理数据方便,一般将国内基准台网及区域台网的全部台站的经纬度及高程均输入计算机内. 但在作具体计算时,只用到其中一部分台站,即只需把这部分台站的经纬度化为平面坐标. 因而,直角坐标系的原点是浮动的,每次都选尽可能的靠近震中区,以减少变换过程带来的误差. 在计算程序中,坐标原点确定在接收到该次地震信号各台站经纬度的平均值 λ_0 和 φ_0 上,x 轴向东,y 轴向北. 于是地面上任一点(其经纬度为 λ,φ)相对于坐标原点 $O(\lambda_0,\varphi_0)$ 的直角坐标 x,y 的换算公式为

$$\begin{aligned} x &= R_n(\lambda-\lambda_0)\cos\varphi_0 \\ y &= R_m(\varphi-\varphi_0)+\frac{x^2\tan\varphi_0}{2R_n} \end{aligned} \tag{8.58}$$

其中,参数

$$R_n=\frac{a}{(1-e^3\sin^2\varphi_0)^{1/2}}$$

$$R_m=\frac{a(1-e^2)}{(1-e^2\sin^2\varphi_0)^{3/2}}$$

参数 R_n 及 R_m 中的常数为

$$e^2=\frac{a^2-b^2}{a^2}=0.0066935165 \quad (\text{地球的偏心率})$$

$$a=6378.160\text{km} \quad (\text{地球长半径})$$

$$b=6356.778\text{km}\quad（地球短半径）$$

换算为平面坐标系后，就可利用计算机确定震源参数，但这样得到的震中位置仍是局部的 x、y 坐标，因此必须化为经纬度 λ、φ 输出．将直角坐标值 x、y 化为经纬度 λ、φ 的换算公式为

$$\begin{aligned}\lambda&=\frac{x}{R_n\cos\varphi_0}+\lambda_0\\\varphi&=\frac{y}{R_m}-\frac{x^2+\tan\varphi_0}{2R_nR_m}+\varphi_0\end{aligned}\tag{8.59}$$

为了使修定震源参数的初始值尽可能接近实际值，有必要对震源参数进行初定，以减少修定时的迭代次数．只要输入数据正确，初定的震源位置及发震时刻足够精确，就可供地震速报之用．具体方法如下：

设接收到某次地震直达波到时的台站有 n 个（$n\geqslant4$）．其中任一台站的坐标为 (x_i,y_i)，相应的直达波到时为 T_i．待求的震中位置为 x、y，震源深度为 Z，发震时刻为 T．按照均匀地壳模型，可列出下列方程：

$$(x-x_i)^2+(y-y_i)^2+Z^2=c^2(T_i-T)^2,\quad i=1,2,3,\cdots,n\tag{8.60}$$

式中，c 为地震波在地壳中的平均传播速度，因区域不同而异．例如，北京台网取 $c=6.0\text{km/s}$，四川台网取 $c=5.5\text{km/s}$，均能取得较好的计算结果．

式(8.60)为非线性方程组，为便于直接求解，首先应将其线性化，变为线性方程组．为此将式(8.60)展开得

$$x^2-2x_ix+x_i^2-y^2-2y_iy+y_i^2+Z^2=c^2(T_i^2-2TT_i+T^2),\quad i=1,2,\cdots,n\tag{8.61}$$

对第一个台，$i=1$，可写成

$$x^2-2x_1x+x_1^2+y^2-2y_1y+y_1^2+Z^2=c^2(T_1^2-2TT_1+T^2)\tag{8.62}$$

将式(8.61)中 i 分别代以 $2,3,\cdots,n$ 与式(8.62)相减，得

$$\begin{aligned}&(x_i-x_1)x+(y_i-y_1)y-c^2(T_i-T_1)T\\&=\frac{1}{2}[(x_i^2+y_i^2-c^2T_i^2)-(x_1^2+y_1^2-c^2T_1^2)],\quad i=2,3,\cdots,n\end{aligned}\tag{8.63}$$

共有 $n-1$ 个线性方程式．式(8.63)已消去了深度参数 Z，只有 x、y、T 三个未知数．由于 $n-1$ 一般都大于 3，故式(8.63)所表示的线性方程的个数多于未知数个数，即构成下列所谓超定方程组

$$
\begin{aligned}
&(x_2-x_1)x+(y_2-y_1)y-c^2(T_2-T_1)T\\
&=\frac{1}{2}[(x_2^2+y_2^2-c^2T_2^2)-(x_1^2+y_1^2-c^2T_1^2)]\\
&(x_3-x_1)x+(y_3-y_1)y-c^2(T_3-T_1)T\\
&=\frac{1}{2}[(x_3^2+y_3^2-c^2T_3^2)-(x_1^2+y_1^2-c^2T_1^2)]\\
&\cdots\cdots\\
&(x_n-x_1)x+(y_n-y_1)y-c^2(T_n-T_1)T\\
&=\frac{1}{2}[(x_n^2+y_n^2-c^2T_n^2)-(x_1^2+y_1^2-c^2T_1^2)]
\end{aligned}
\tag{8.64}
$$

为了表达简捷起见，将此超定方程用矩阵形式表达

$$
\boldsymbol{AX}=\boldsymbol{b} \tag{8.65}
$$

式中，

$$
\boldsymbol{A}=\begin{bmatrix} x_2-x_1 & y_2-y_1 & -c^2(T_2-T_1)\\ x_3-x_1 & y_3-y_1 & -c^2(T_3-T_1)\\ \vdots & \vdots & \vdots\\ x_n-x_1 & y_n-y_1 & -c^2(T_n-T_1)\end{bmatrix}
$$

$$
\boldsymbol{X}=\begin{bmatrix} x\\ y\\ T\end{bmatrix}
$$

$$
\boldsymbol{b}=\begin{bmatrix} \frac{1}{2}[(x_2^2+y_2^2-c^2T_2^2)-(x_1^2-y_1^2-c^2T_1^2)]\\ \frac{1}{2}[(x_3^2+y_3^2-c^2T_3^2)-(x_1^2+y_1^2-c^2T_1^2)]\\ \vdots\\ \frac{1}{2}[(x_n^2+y_n^2-c^2T_n^2)-(x_1^2+y_1^2-c^2T_1^2)]\end{bmatrix}
$$

可以证明矩阵 $\boldsymbol{A}$ 是满秩的. 按照广义逆理论存在左逆 $\boldsymbol{A}_L^{-1}=(\boldsymbol{A}^{\mathrm{T}}\boldsymbol{A})^{-1}\boldsymbol{A}^{\mathrm{T}}$，线性方程组式(8.65)的解答为

$$
\boldsymbol{X}=\boldsymbol{A}_L^{-1}\mathrm{b}=(\boldsymbol{A}^{\mathrm{T}}\boldsymbol{A})^{-1}\boldsymbol{A}^{\mathrm{T}}\boldsymbol{b} \tag{8.66}
$$

由此便确定了 $X=(x,y,T)$ 三个震源参数.

为了确定震源深度 Z，可把求得的震源参数 x、y、T 回代入式(8.60)后，由 n 个台站的数据计算平均的震源深度 Z

$$Z=\left\{\sum_{i=1}^{n}\left[V^2(T_i-T)^2-(x-x_i)^2-(y-y_i)^2\right]^{1/2}\right\}/u \qquad (8.67)$$

在初定震源参数 x、y、Z、T 后，即可利用这些数值去检查由于时间服务不准或其他各种原因导致的地震波到时的错误数据. 在处理大量资料时，输入一些个别的错误数据是难免的. 为保证被修定的震源参数的质量，必须对台站的资料进行检查，这可用下述方法进行.

根据初定的震中位置 x、y 及各台站的坐标 x_i、y_i，可以算出相对于各台站的震中距

$$d_i=\sqrt{(x_i-x)^2+(y_i-y)^2}$$

由震中距 d_i 根据"中国地区近震走时表"（或区域走时表）内插求得理论走时 $\Delta T_i^{理}$，则各相应的理论到时为 $\Delta T_i^{理}=T+\Delta T_i^{理}$，其中 T 为发震时刻. 将计算得到的理论值 $T_i^{理}$ 与实际观测的到时 $T_i^{理}$ 相比较，若二者相差在 $\pm(1\sim2)$s，则认为是正常偏差. 若二者相差超过此范围，则认为该台站观测到时 $T_i^{理}$ 的数据有错误而予以剔除.

当一组数据经剔除后剩下的台站不足 4 个时，则停止运算. 若等于或多于 4 个，则利用这些满足要求的台站到时继续进行震源参数的修定.

习题与参考答案

1. 在弹性空间表面上作用着均匀压力 $P(t)$，在介质内产生 P 波. 初始条件为 $\varphi(x_1,x_2,0,0)=u(x_1,x_2,0,0)=0$，求介质内的应力张量分量. 力的形式为

(1) $$P(t)=\begin{cases}P_0, & 0<t<\hat{t},\\ 0, & t<0;\end{cases}$$

(2) $$P(t)=\begin{cases}P_0\exp(-\mathrm{i}\omega t), & t>0,\\ 0, & t\leqslant 0;\end{cases}$$

(3) $$P(t)=\begin{cases}P_0\exp(-at), & t>0,\\ 0, & t\leqslant 0;\end{cases}$$

(4) $$P(t)=\begin{cases}P_0t^2, & 0<t\leqslant\hat{t},\\ 0, & t\leqslant 0.\end{cases}$$

答案：

(1) $\sigma_{12}=\sigma_{13}=\sigma_{23}=0$，$\sigma_{11}=\sigma_{22}=\left(\dfrac{\lambda R_0}{\rho c_{\mathrm{p}}^2}\right)\mathrm{H}(\tau)$，$\sigma_{33}=P_0\mathrm{H}(\tau)$；

(2) $\sigma_{12}=\sigma_{13}=\sigma_{23}=0$，$\sigma_{11}=\sigma_{22}=-\left(\dfrac{\lambda P_0}{\rho c_{\mathrm{p}}^2}\right)\mathrm{expi}(kx_3-\omega t)\mathrm{H}(\tau)$，

$\sigma_{33}=-P_0\mathrm{expi}(kx_3-\omega t)\mathrm{H}(\tau)$；

(3) $\sigma_{12}=\sigma_{13}=\sigma_{23}=0$，$\sigma_{11}=\sigma_{22}=-\left(\frac{\lambda P_0}{\rho c_p^2}\right)\exp[-a(t-x_3/c_p)]\mathrm{H}(\tau)$，

$\sigma_{33}=-P_0\exp[-a(t-x_3/c_p)]\mathrm{H}(\tau)$；

(4) $\sigma_{12}=\sigma_{13}=\sigma_{23}=0$，$\sigma_{11}=\sigma_{22}=-\left(\frac{\lambda P_0}{\rho c_p^2}\right)(t-x_3/c_p)^2[\mathrm{H}(\tau)-\mathrm{H}(\tau-\hat{t})]$，

$\sigma_{33}=-P_0(t-x_3/c_p)^2[\mathrm{H}(\tau)-\mathrm{H}(\tau-\hat{t})]$.

以上各题答案中 $\tau=t-x_3/c_p$，以下各题同此.

2. 在弹性半空间的表面作用着均匀的剪切力，使介质中产生 SH 波. 初始条件为 $u_2(x_j,0)=0$，$\dot{u}_2(x_j,0)=0$，求介质内的应力张量分量. 力的形式为

(1) $$P(t)=\begin{cases}P_0/(1+t), & t>0,\\0, & t\leqslant 0;\end{cases}$$

(2) $$P(t)=\begin{cases}P_0(1-t), & 0<t<\hat{t},\\0, & t\leqslant 0;\end{cases}$$

(3) $$P(t)=\begin{cases}P_0 t\sin t, & 0<t<\hat{t},\\0, & t\leqslant 0;\end{cases}$$

(4) $$P(t)=\begin{cases}P_0 t\exp(-at), & t>0,\\0, & t<0.\end{cases}$$

答案：

(1) $\sigma_{23}=\left(\frac{P_0}{1+\tau}\right)\mathrm{H}(\tau)$；

(2) $\sigma_{23}=P_0(1-\tau)[\mathrm{H}(\tau)-\mathrm{H}(\tau-\hat{t})]$；

(3) $\sigma_{23}=-\left(\frac{P_0}{\rho c_s}\right)(\sin\tau-\tau\cos\tau)[\mathrm{H}(\tau)-\mathrm{H}(\tau-\hat{t})]$；

(4) $\sigma_{23}=P_0\tau\exp(-at)\mathrm{H}(\tau)$.

其余应力分量为零.

3. 在半径为 r_0 的空腔壁上，沿径向向外单位面积上的均布压力为 $P(t)$，求介质中的纵波标势 $\varphi(r,t)$. 力的形式为

(1) $$P(t)=\begin{cases}P_0\exp(-\mathrm{i}\omega t), & t>0,\\0, & t\leqslant 0;\end{cases}$$

(2) $$P(t)=\begin{cases}P_0\exp(-at), & t>0,\\0, & t\leqslant 0;\end{cases}$$

(3) $$P(t)=\begin{cases}P_0[1-\exp(-at)], & t>0,\\0, & t\leqslant 0.\end{cases}$$

答案:

(1) $\varphi=[\exp(-h\omega_0\tau)(A\cos\omega'\tau-B\sin\omega'\tau)+CP_0\exp(-\mathrm{i}\omega t)/(\omega_0^2-\omega^2-2h\omega_0 i)]\mathrm{H}(\tau)$

(2) $\varphi=[\exp(-h\omega_0\tau)(A\cos\omega'\tau+B\sin\omega'\tau)+CP_0\exp(-a\tau)/(\omega_0^2+a^2-2h\omega_0 a)]\mathrm{H}(\tau)$

(3) $\varphi=[\exp(-h\omega_0\tau)(A\cos\omega'\tau+B\sin\omega'\tau)+CP_0/\omega_0^2-CP_0\exp(-a\tau)/(\omega_0^2+S^2-2h\omega_0 S)]\mathrm{H}(S)$

$\tau=t-(r-r_0)/c_p\omega'=\omega_0(1-h^2)^{1/2}C=-r_0/\rho$,利用波前方程 $\varphi(r,t),\varphi'(r,t)=0$(当 $r=r_0,t=0$)确定常数 A、B.

4. 在无限大介质内挖一半径为 r_0 的无限长圆柱形空腔,腔壁受到均匀作用力,试求介质内产生的纵波 φ 或横波 Ψ. 腔壁单位面积受力的形式为

(1) 均匀压力 $P(t)=\begin{cases}P_0\exp(-\mathrm{i}\omega t), & t>0,\\ 0, & t\leqslant 0;\end{cases}$

(2) 沿柱轴方向剪切力 $P(t)=\begin{cases}P_0\exp(-\mathrm{i}\omega t), & t>0,\\ 0, & t\leqslant 0;\end{cases}$

(3) 沿方位角 θ 方向剪切力 $P(t)=\begin{cases}P_0\exp(-\mathrm{i}\omega t), & t>0,\\ 0, & t\leqslant 0.\end{cases}$

答案:

(1) $\varphi=\dfrac{P_0\mathrm{H}_0^{(1)}(k_pr)\exp(-\mathrm{i}\omega\tau)}{\rho c_p\omega\mathrm{H}_0^{(1)}(k_pr_0)+2\rho c_s^2\omega\mathrm{H}_1^{(1)}(k_pr_0)/c_pr_0}$;

(2) $\Psi_n=\dfrac{P_0}{\rho c_s^2N(k_sr_0)}\mathrm{H}_0^{(1)}(k_sr)\exp(-\mathrm{i}\omega\tau)$ 其中 $N(k_s,r_0)=k_s^2\mathrm{H}_0^{(1)}(k_sr_0)-2k_s\mathrm{H}_1^{(1)}(k_s,r_0)/r_0$;

(3) 与(2)类同.

5. 在半无限大弹性空间的表面上作用着剪切力 $P(x_1,t)=P_0\exp(-x_1^2-\mathrm{i}\omega t)$ 为在介质内产生 SH 波. 试用积分变换法求出介质内位移的积分表达式.

答案: $u_2'=\dfrac{-\mathrm{i}P_0\exp(-\mathrm{i}\omega t)}{2\sqrt{\pi}\mu}\displaystyle\int_{-\infty}^{+\infty}\dfrac{\exp[\mathrm{i}\omega(x_1-\sqrt{\omega^2+k^2}x_3)-\omega^2/4]}{\sqrt{\omega^2+k^2}}\mathrm{d}\omega$. 提示:当 $x_1\to\infty$ 时,$U=\dfrac{\partial U}{\partial x_1}=\dfrac{\partial^2 U}{\partial x_1^2}=0$;泊松积分 $\displaystyle\int_{-\infty}^{+\infty}\exp(-\xi^2)\mathrm{d}\xi=\sqrt{\pi}$.

6. 在无限大的介质内有一半径为 r_0 的球域,域内初始速度为零,初始位移为 $a\cos(\pi r/2r_0)$,球外初始位移与速度皆为零. 试用泊松公式计算满足方程 $c^2\nabla^2u-\dfrac{\partial^2u}{\partial t^2}=0$ 的解.

答案：

球内当 $t<(r_0-R)/c$ 时，$u=\dfrac{a}{2R}\left[(R-ct)\cos\dfrac{\pi(R-ct)}{2r_0}+(R+ct)\times\cos\dfrac{\pi(R+ct)}{2r_0}\right]$；当 $(r_0-R)/c<t<(r_0+R)/c$ 时，$u=\dfrac{A}{2R}(R-ct)\cos\dfrac{\pi(R-ct)}{2r_0}$；当 $t>(r_0+R)/c$ 时，$u=0$.

球外，当 $t<(R-r_0)/c$ 时，$u=0$；当 $(R-r_0)/c<(R+r_0)/c$ 时，$u=\dfrac{a}{2R}(R-ct)\times\cos\dfrac{\pi(R-ct)}{2r_0}$；当 $t>(R+r_0)/c$ 时，$u=0$，R 为任意点到球心之距离.

第9章

线性黏弹体与黏弹波

在前面几章里，已经比较详细地阐述了弹性体及弹性波等基础知识. 本章介绍有关黏滞性弹性体（简称滞弹体或黏弹体）与黏滞性介质内弹性波的传播等方面知识.

黏弹体与弹性体相比，一个重要的区别在于应力与应变关系（或者本构关系）不是简单的瞬时关系，而与应变的历史有关. 对于小应变而言，黏弹体的本构关系仍呈线性，我们称这类黏弹体为线性黏弹体.

黏弹体中传播的机械波动称为黏弹波. 黏弹波与弹性波相比有许多新特点，如有能量损耗，偏振性也复杂得多.

黏弹体比弹性体更接近实际物体. 地球可视为黏弹体. 研究黏弹波可以进一步了解物体的成分和密度情况. 例如，可以更多地较为准确地获取地球内部物理状态的信息.

9.1 黏弹体及其性质

当应力超过弹性极限后取消外力，物体不能恢复原状而留有剩余形变，这种形变称为永久形变. 图9-1所示，若应力逐渐减小，应变并不沿开始的曲线减少到零，而是沿另一条曲线 BD 减少到有限值（图9-1中 OD 段）. 固体具有永久形变的性质叫做范性，工程上常称为塑性，故永久形变也称为范性形变或塑性形变.

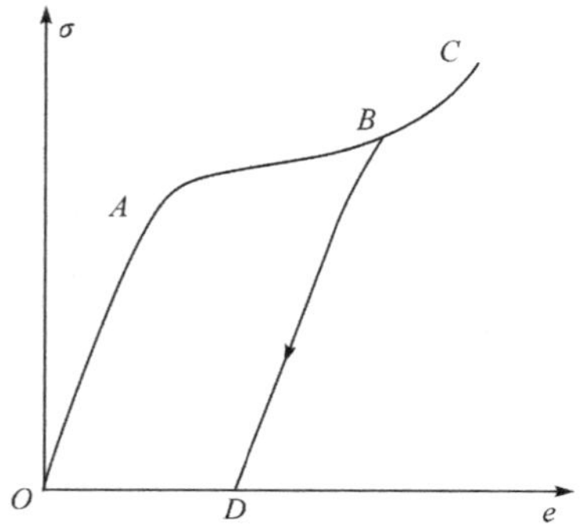

图9-1

固体除了在大应力时具有范性形变外，在小应力长时间作用下也会发生范性形变. 这种应力处于弹性极限内的范性形变称为蠕变. 在应力不变的条件下，固体内部的应力会随着时间的增加而自动降低，这称为应力弛豫（或松弛）.

由于存在应力弛豫,实验表明形变体在相当长的时间后取消负载仍能维持形变. 这点与流体性质很相似. 因为流体在无外力时仍能维持永久形变. 为说明得更详细一些,我们先来研究黏滞性流体的特性.

设在一很宽的槽内盛有流体,沿表面施一切向力 P_0,在此力作用下,流体沿 x_1 方向产生层流(图 9-2). 对于黏滞性流体,它有反抗流体流动的趋势,因而上、下流体速度各不相同. 如果流体沿 x_1 方向流动,并设速度的大小只是坐标 x_2 的函数,即

$$v_1=v(x_2),\quad v_2=0,\quad v_3=0$$

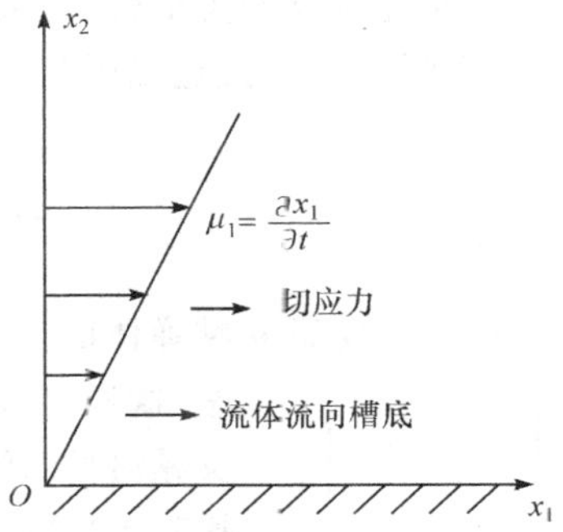

图 9-2

再假定愈靠近槽底壁(图 9-2 中 x_1x_3 平面)的那层流速愈小,离槽壁愈远的那层流速就愈大. 在 $x_2=C$(常数)的平面上,上面一层的流体在下面一层的流体上沿 x_1 方向滑动,并且有一个力作用在流体较慢的下层流体上. 这个力的方向和运动方向相同,企图迫使下层流体加快速度,和上层流体一同运动. 同理,流动得比较慢的下层流体也有一个力作用在流动得比较快的上层流体上. 这个力和运动方向相反,企图迫使上层流体减低速度,和下层流体一同运动.

通常把当两层流体相互滑动时,作用在两层流体之间的力称为黏滞力,或内摩擦力. 它实际上是剪应力的一个分量. 因为该力沿着所考虑的面 C 的切线方向.

实验发现,如果流体流动的情况如图 9-2 所示,那么黏滞力(即剪应力)σ_{21} 与剪速度(即速度梯度)$\partial v_1/\partial x_2$ 成比例,即

$$\sigma_{21}=\eta\frac{\partial v_1}{\partial x_2}\tag{9.1}$$

式中,η 称为黏滞系数. 式(9.1)通常称为牛顿定律. 速度 $v_1=\frac{\mathrm{d}x_1}{\mathrm{d}t}$,它只是 x_2 的函数. 式(9.1)还可以变为

$$\sigma_{21}=\eta\frac{\mathrm{d}}{\mathrm{d}x_2}\left(\frac{\mathrm{d}x_1}{\mathrm{d}t}\right)=\eta\frac{\mathrm{d}}{\mathrm{d}t}\left(\frac{\mathrm{d}x_1}{\mathrm{d}x_2}\right)=\eta\frac{\mathrm{d}e}{\mathrm{d}t}=\eta D$$

式中,e 表示切应变,$D=\frac{\mathrm{d}e}{\mathrm{d}t}$表示应变对时间变化率,即单位时间内切应变的改变量. 如果黏滞系数是恒定常数,则遵从式(9.1)的流体称为牛顿流体. 牛顿流体只是对实际流体的近似描述.

黏滞系数 η 表示流体反抗流动的阻力大小,即等于单位应变力时的切应力. 量纲是 $\mathrm{ML^{-1}T^{-1}}$,在国际单位制中其单位是千克/(米 · 秒),即帕斯卡/秒. 黏滞系数与流体的温度有关,随温度的升高,液体的黏滞系数减小,气体的黏滞系数

增大.

对于牛顿流体,当应力维持恒定时,应变率也应为常量.这说明应变与时间成线性关系.固体的行为与牛顿流体行为相似,这表明在长时间的力的作用下,固体具有黏滞性流体的类似性质.我们把既有弹性又有黏滞性的固体称为滞弹体或黏弹体.实际的固体接近黏弹体.

9.2 简单线性黏弹体

我们主要研究黏弹体的宏观性质,至于其微观结构及其作用机制可以不予考虑.这样可以用简单、直观、现成的力学元件去模拟固体的弹性及黏滞性.用一个弹簧表示固体的弹性,用牛顿流体做成的阻尼器表示黏滞性.阻尼器又叫做吸收器,是由圆筒与活塞组成,筒内装满牛顿流体,活塞运动时受到流体的阻力.图 9-3(a)和(b)分别表示弹簧和阻尼器.这两种元件以串联、并联及混联等各种方式组成各种不同类型的力学体系,用以模拟各种不同类型的黏弹体的弹性和黏滞性.将这种力学体系称为描写黏弹体的"力学模式".此后将按力学模式考虑黏弹体的本构关系(即应力-应变关系).

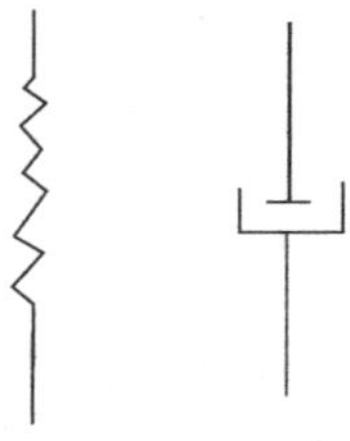

(a) (b)

图 9-3

弹簧的应力-应变关系遵从胡克定律,即

$$\sigma_1 = E e_1 \tag{9.2}$$

式中,σ_1 为应力,e_1 为弹性应变,E 为弹性模量.

用阻尼器表示黏滞性时,它的应力-应变关系由牛顿流体来决定,即

$$\sigma_2 = \eta \dot{e}_2 \tag{9.3}$$

式中,σ_2 表示存在黏滞作用时的应力,即属于剪应力.η 为黏滞系数,$\dot{e}_2$ 表示黏滞(剪切)应变对时间变化率.

用力学模式表示黏弹体,弹簧和阻尼器构成的网络应遵从下述原则:如果两个元件串联,每个元件上的应力相同并等于总应力,即有 $\sigma=\sigma_1=\sigma_2$.总应变则是两个元件应变之和,即 $e=e_1+e_2$.如果两个元件并联,则两个元件的总应变相同,并等于系统的总应变,即 $e=e_1=e_2$.系统的总应力等于各元件上应力之和即 $\sigma=\sigma_1+\sigma_2$.

一个弹簧和一个阻尼器串联而成的网络表示麦克斯韦(Maxwell)体[图 9-4(a)];一个弹簧和一个阻尼器并联表示伏各特体(Voigt)[图 9-4(b)];一个弹簧与伏各特体串联称为标准线性体[图 9-4(c)].

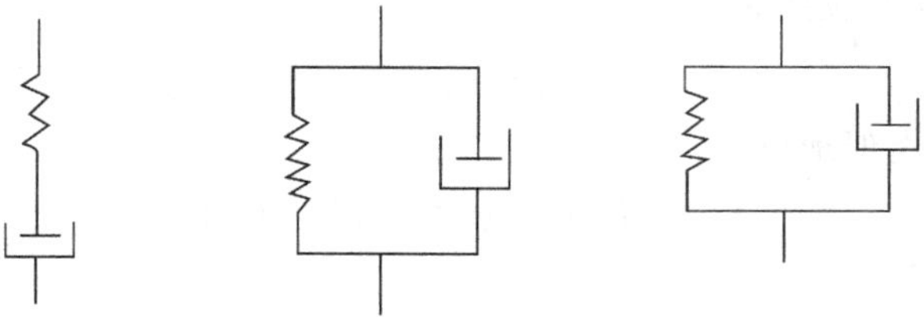

(a)　(b)　(c)

图 9-4

下面以细长棒的简单拉伸实验来建立麦克斯韦体的本构关系.设长为 l 的细长棒受拉力 F,相当于图 9-4(a)系统上受一拉力 F。发生的形变设为 x,同时发生的弹性形变以弹簧的伸长 x_{AC} 表示,非弹性形变以阻尼器活塞的位移 x_{CB} 表示.

于是总形变为

$$x=x_{AC}+x_{CB}$$

将上式两端同除以 l 得

$$e=e_1+e_2$$

式中,e 表示细长棒的总应变,e_1、e_2 分别表示弹性与非弹性应变.将上式对时间 t 求微商得

$$\dot{e}=\dot{e}_1+\dot{e}_2$$

将式(9.2)对时间 t 求微商后连同式(9.3)一起代入上式可得

$$\dot{e}=\frac{1}{E}\dot{\sigma}+\frac{1}{\eta}\sigma \tag{9.4}$$

若 σ 为切应力,则 $E=\mu$,e 为切应变.

当麦克斯韦体受一突然形变,以后保持恒定的形变,则式(9.4)变为

$$\dot{\sigma}+\frac{E}{\eta}\sigma=0$$

上式的解为

$$\sigma=\sigma_0 \mathrm{e}^{-\frac{t}{\tau}} \tag{9.5}$$

式中,σ_0 是由胡克定律确定的应力最大值,$\tau=\eta/E$ 是应力弛豫时间.式(9.5)表明在常应变时,应力按指数减少.

同理,重复类似上述的方法可以得到伏各特体的本构关系为

$$\sigma=Ee+\eta\dot{e} \tag{9.6}$$

当一恒定的应力脉冲加在伏各特体上时,则式(9.6)的解为

$$e=\frac{\sigma_0}{E}(1-\mathrm{e}^{-\frac{t}{\tau}}) \tag{9.7}$$

当应力突然撤除时，应变为

$$e=e_0\mathrm{e}^{-\frac{t}{\tau}} \tag{9.8}$$

对于标准线性体类似地可有

$$(E_1+E_2)\sigma+\eta\dot{\sigma}=E_1E_2+E_1\eta\dot{e} \tag{9.9}$$

式(9.9)也可写成

$$P_0\sigma+P_1\dot{\sigma}=q_0e+q_1\dot{e} \tag{9.10a}$$

式中，

$$P_0=E_1+E_2,\quad P_1=\eta$$
$$q_0=E_1E_2,\quad q_1=\eta E_1$$

令

$$\tau_1=\frac{P_1}{P_0},\quad \tau_2=\frac{q_1}{q_0},\quad M=\frac{q_0}{P_0}$$

式中，τ_1 是常应变时的应力弛豫时间，τ_2 是常应力时应变的弛豫时间. M 是系统完全松弛后应力与应变之比. 式(9.10a)可以写作

$$\sigma+\tau_1\dot{\sigma}=M(e+\tau_2\dot{e}) \tag{9.10b}$$

设在 $t=0$ 时，一个恒定应力 σ_0 突然加在标准线性体上，则式(9.10b)的解为

$$e=\frac{\sigma_0}{M}+\left(e_0-\frac{\sigma_0}{M}\right)\mathrm{e}^{-\frac{t}{\tau_2}} \tag{9.11}$$

式(9.11)表明，当 $t=0$ 时，即刚刚加上应力时，应变有一瞬时上升值，以后逐渐上升到 σ_0/M；当应力去掉后，应变突然降到 e_0，以后逐渐减少到零. 式(9.11)所描述的情形与实际固体的行为很接近，所以称这种黏弹体为标准线性体.

当 $t=0$ 时，标准线性体发生一常应变，则式(9.10b)的解可以写作

$$\sigma=Me_0+(\sigma_0-Me_0)\mathrm{e}^{-\frac{t}{\tau_1}}$$

黏弹体在载荷为单位阶跃函数

$$\mathrm{H}(t)=\begin{cases}1, & t\geqslant 0\\ 0, & t<0\end{cases}$$

的作用下的应变 $e(t)$ 称为蠕变函数. 产生单位阶跃函数 $\mathrm{H}(t)$ 的形变所必须加在黏弹体上的载荷称为弛豫函数.

以上 3 种黏弹体统称为简单线性黏弹体. 利用力学模式可以描述各种黏弹体，它们的本构关系可以表示成

$$p(D)\sigma(t)=Q(D)e(t) \tag{9.12}$$

式中

$$p(D)=p_0+p_1\frac{\partial}{\partial t}+p_2\frac{\partial^2}{\partial t^2}+\cdots+p_n\frac{\partial^n}{\partial t^n}$$

$$Q(D)=q_0+q_1\frac{\partial}{\partial t}+q_2\frac{\partial^2}{\partial t^2}+\cdots+q_n\frac{\partial^n}{\partial t^n}$$

$$D_1=\frac{\partial}{\partial t},\quad D_2=\frac{\partial^2}{\partial t^2},\cdots,D_n=\frac{\partial^n}{\partial t^n}$$

严格说来,黏滞系数并非标量而是张量,称为黏滞张量.在各向异性物体中它有 81 个分量,在各向同性物质中可减少到 2 个分量,与拉梅系数情况很相似.

9.3 简单线性黏弹体中的波

简单线性黏弹体包括麦克斯韦体、伏各特体和标准线性体.以伏各特体为例研究简单线性黏弹体的波动特性.

对于小形变,黏弹体的动量方程、本构方程、应变张量和旋转张量,在形式上仍如弹性体那样定义,可重新写作

$$\frac{\partial\sigma_{ji}}{\partial x_j}+\rho f_i=\rho\ddot{u}_i$$

$$\epsilon_{ji}=\frac{1}{2}\left(\frac{\partial u_i}{\partial x_j}+\frac{\partial u_j}{\partial x_i}\right)$$

$$\omega_{ji}=\frac{1}{2}\left(\frac{\partial u_i}{\partial x_j}-\frac{\partial u_j}{\partial x_i}\right)$$

$$\sigma_{ji}=\lambda e_{kk}\delta_{ji}+2\mu e_{ji}$$

对于伏各特体,应力张量应当包括弹性与黏滞性等两部分应力张量.理论推导及实验表明,只要将 $\lambda+\lambda'\frac{\partial}{\partial t}$,$\mu-\mu'\frac{\partial}{\partial t}$分别代替上述方程的 λ 与 μ 可得伏各特体的本构方程

$$\sigma_{ji}=\left(\lambda+\lambda'\frac{\partial}{\partial t}\right)e_{kk}\delta_{ji}+2\left(\mu+\mu'\frac{\partial}{\partial t}\right)e_{ji}\tag{9.13}$$

式中,λ'与μ'是描写黏弹体性质的两个参量,其地位与作用分别相当于描述弹性体时的 λ 与 μ.

若只考虑波的传播特性,可令体力为零.将式(9.13)代入上述动量方程中可得伏各特体运动方程为

$$\rho\ddot{u}=(\lambda+\mu)\frac{\partial^2 u_j}{\partial x_i x_j}+(\lambda'+\mu')\frac{\partial^2 u_j}{\partial x_i x_j}+\mu\nabla^2 u_i+\mu'\nabla^2 u_i\tag{9.14}$$

对于纵波,由式(9.14)可得

$$\left(\lambda-\lambda'\frac{\partial}{\partial t}\right)\frac{\partial^2 u_j}{\partial x_i\partial x_j}+2\left(\mu+\mu'\frac{\partial}{\partial t}\right)\frac{\partial^2 u_j}{\partial x_i\partial x_j}=\rho\ddot{u}_i\tag{9.15}$$

对于横波 $e_{kk}=0$，由式(9.14)可得

$$\left(\mu+\mu'\frac{\partial}{\partial t}\right)\frac{\partial^2 u_i}{\partial x_j \partial x_j}=\rho\ddot{u}_i \tag{9.16}$$

由式(9.15)、式(9.16)可以看出，在黏弹性介质中纵波与横波也可以分开独立地传播. 但是，它们所满足的方程都出现了含有对时间 t 的一阶偏导数的项. 为了研究这些附加项的影响，以沿 x_1 方向传播的简谐横波为例加以讨论.

波场内质点位移在 x_2x_3 平面内，满足方程

$$\mu\frac{\partial^2 u_2}{\partial x_1^2}+\mu'\frac{\partial}{\partial t}\left(\frac{\partial^2 u_2}{\partial x_1^2}\right)=\rho\frac{\partial^2 u_2}{\partial t^2}$$

$$\mu\frac{\partial^2 u_3}{\partial x_1^2}+\mu'\frac{\partial}{\partial t}\left(\frac{\partial^2 u_3}{\partial x_1^2}\right)=\rho\frac{\partial^2 u_3}{\partial t^2}$$

可见两式具有相同形式，必具有相同形式的解. 如令其解为

$$\mu=Be^{i(kx_1-\omega t)} \tag{9.17}$$

将式(9.17)代入上述方程中可得

$$\mu k^2-i\mu'\omega k^2=\rho\omega^2$$

欲使上式成立，k 必为复数. 设

$$k=k'+ik'' \tag{9.18}$$

并代入式(9.18)，使其实部、虚部各自相等，于是可得

$$\mu(k'^2-k''^2)+2\mu'\omega k'k''=\rho\omega^2$$

$$2\mu k'k''=\mu'\omega(k'^2-k''^2)$$

解此方程组得

$$\left.\begin{aligned}k'^2&=\frac{\mu\rho\omega^2}{2\left(\mu^2+\mu'^2\omega^2\right)}\left\{\left[1+\left(\frac{\mu'\omega}{\mu}\right)^2\right]^{1/2}+1\right\}\\k''^2&=\frac{\mu\rho\omega^2}{2\left(\mu^2+\mu'^2\omega^2\right)}\left\{\left[1+\left(\frac{\mu'\omega}{\mu}\right)^2\right]^{1/2}-1\right\}\end{aligned}\right. \tag{9.19}$$

将式(9.18)代入式(9.17)可得

$$\mu=Be^{-k''x_1}e^{i(k'x_1-\omega t)}$$

式中，B 为无衰减时波的振幅，即弹性波的振幅. 可见弹性波在黏滞性介质内传播时，沿传播方向振幅随 x_1 增大呈指数方式衰减. $k'=\omega/v$，为沿 x_1 方向的波数，也称传播常数. k''为衰减系数，当 $k''>0$，使得波幅随 x_1 增加而减小.

从式(9.19)可知，k'与k''都与 ω 有关. 这表明波的传播速度与衰减系数随波的频率而变化，即存在频散效应. 当 $\mu'\ll u$，且 ω 较小时，近似可得

$$k''=\frac{\rho^{1/2}\mu'\omega^2}{2\mu^{3/2}},\quad v=\sqrt{\frac{\mu}{\rho}} \tag{9.20}$$

可见，此时衰减系数 k'' 与频率 ω 的平方成正比，波速与弹性波的相速度一致. 若当频率 ω 较大且 $\mu'\omega \gg \mu$，近似可得

$$k''=\left(\frac{\rho\omega}{2\mu'}\right)^{1/2}, \quad v=\left(\frac{2\mu\omega}{\rho}\right)^{1/2}$$

这时，衰减系数、波速都和频率的平方根成正比.

如果把地球看作伏各特体，由上面的讨论可知：远离震源处接收到的地震波中，低频成分比高频成分丰富. 这样，在远离震源处接收的波谱与震源实际的波谱是不同的. 大地就相当于一个滤波器，滤去了高频成分而保留了低频成分. 这种作用叫做“大地滤波”.

对平面纵波可作类似地讨论，设有一平面纵波沿 x_1 方向传播，位移为

$$\mu=A\mathrm{e}^{\mathrm{i}(kx_1-\omega t)}$$

将上式代入式(9.15)可得类似横波的情况. 当低频时，近似得到纵波的相速度和衰减系数为

$$v=\left(\frac{\lambda+2\mu}{\rho}\right)^{1/2}, \quad k''=\frac{\omega^2(\lambda'+2\mu')}{2\rho v^3}$$

上式表明黏弹体的纵波速与弹性体的相同，由弹性系数决定. 衰减系数 k'' 与频率平方成正比.

下面我们介绍一下讨论黏弹体经常用到的一个参数——品质因数 Q.

从黏弹体的力学模式上看，弹性元件可以储存一部分势能，黏弹性元件必须耗一部分能量. 当一简谐波沿 x_1 方向通过黏弹体时，设一个周期内耗损能量为 Δw，也就是在 $x_1=x_0$ 处及 $x_1=x_0-\lambda$ 处(λ 为波长)，一个周期内通过的能量之差. w 为一个周期内通过垂直于 x_1 轴单位截面上的能量. 定义

$$\frac{1}{Q}=\frac{1}{2\pi}\frac{\Delta w}{w} \tag{9.21}$$

仿照电路品质因数的意义，称 Q 为品质因数. Q^{-1} 是介质对能量损耗的量度，称为损耗因数. 介质的衰减系数 k'' 是与 Q^{-1} 成比例的，因此它也是介质能量损耗的度量. 这一点，可以作如下简单地证明.

设一简谐波位移为 $\mu=A\exp[\mathrm{i}(kx_1-\omega t)]$，其能量正比于 μ^2，式(9.21)可以写作

$$\frac{1}{Q}=\frac{1}{2\pi}\frac{\int_0^T A^2\mathrm{e}^{2\mathrm{i}(kx_1-\omega t)}\mathrm{d}t-\int_0^T A^2\mathrm{e}^{2\mathrm{i}[k(x_1+\lambda)-\omega t]}\mathrm{d}t}{\int_0^T A^2\mathrm{e}^{2\mathrm{i}(kx_1-\omega t)}\mathrm{d}t}=\frac{1}{2\pi}(1-\mathrm{e}^{2\mathrm{i}k\lambda})$$

将 $k=k'+\mathrm{i}k''$ 代入上式并注意 $k'\lambda=2\pi$，则上式可变为

$$\frac{1}{Q}=\frac{1}{2\pi}(1-\mathrm{e}^{-2k''\lambda})$$

当 $\gamma\lambda \ll 1$ 时,即在一个波长范围内衰减足够小时

$$\frac{1}{Q} \approx \frac{k''\lambda}{\pi} = \frac{2k''}{k'}$$

式中,$k' = 2\pi/\lambda$. 由上式可见 Q^{-1} 与 k'' 成正比.

9.4 线性黏弹体中的波

线性黏弹体的应力张量 σ_{ji} 与同一点的应力张量 e_{ji} 的历史有关. 可表示为

$$\sigma_{ji}(t) = \underset{t=-\infty}{\overset{t}{T_{ij}}} e_{kl}(\tau) \tag{9.22}$$

式中,T_{ji} 是一个函数,对各向异性黏弹体,它的各个分量是不同的. 在线性理论中,式(9.22)可表示为

$$\sigma_{ji}(t) = \int_{-\infty}^{t} C_{ijkl}(t-\tau)\dot{e}_{kl}\mathrm{d}\tau \tag{9.23}$$

式中,C_{ijkl} 是三维应力弛豫函数,是个四阶张量. 当 $\tau = -\infty$ 时,认为是固体尚未形变时的初始状态,对各向同性黏弹体式(9.23)可表示为

$$\sigma_{ji}(t) = \delta_{ji}\int_{-\infty}^{t} \lambda(t-\tau)\dot{e}_{kk}(\tau)\mathrm{d}\tau + 2\int_{-\infty}^{t} \mu(t-\tau)\dot{e}_{ji}(t)\mathrm{d}\tau \tag{9.24}$$

若把对角元素与非对角元素分开表示,式(10.24)可表示为

$$\sigma'_{ji}(t) = \int_{-\infty}^{t} r_{\mathrm{s}}(t-\tau)\mathrm{d}e'_{ji}(\tau)$$

$$\sigma_{ji}(t) = \int_{-\infty}^{t} r_{\mathrm{f}}(t-\tau)\mathrm{d}e_{kk}(\tau)$$

式中,r_{s} 表示与切变有关的弛豫函数,r_{f} 表示与胀缩形变有关的弛豫函数. 上式中带撇的量表示非对角元素.

对于波的传播问题,波源影响可以忽略. 令体力 $f_i = 0$,黏弹体的动量方程为

$$\frac{\partial \sigma_{ji}}{\partial x_j} = \rho\ddot{u}_i \tag{9.25}$$

应变与位移关系为

$$e_{ji} = \frac{1}{2}\left(\frac{\partial u_i}{\partial x_j} + \frac{\partial u_j}{\partial x_i}\right) \tag{9.26}$$

式(9.24)~式(9.26)即为均匀各向同性线性黏弹体的基本方程,利用它们就可以描述线性黏弹体的运动.

为了研究波的定态传播,须研究波方程的稳态解. 我们认为波被激发后会传播很长时间,初始条件的影响甚微,可以略去不计. 所有与时间相联系的物理量都随时间呈简谐规律变化. 写成复数形式为

$$u_j = U_j \mathrm{e}^{-\mathrm{i}\omega t} \tag{9.27}$$

$$\sigma_{ji}=P_{ji}\mathrm{e}^{-\mathrm{i}\omega t}$$
$$e_{ji}=E_{ji}\mathrm{e}^{-\mathrm{i}\omega t}$$

式中，U_j、P_{ji}、E_{ji} 都是空间坐标的复函数，其实部表示真实数值. 对稳态运动的黏弹体，把式(9.27)代入式(9.24)～式(9.26)可以得到如下方程：

$$\begin{aligned}&\frac{\partial P_{ji}}{\partial x_j}+\rho\omega^2 U_i=0\\&E_{ji}=\frac{1}{2}\left(\frac{\partial U_i}{\partial x_j}+\frac{\partial U_j}{\partial x_i}\right)\\&P_{ji}=\mathrm{i}\omega R_s E_{ji},\quad i\neq j\\&P_{kk}=\mathrm{i}\omega R_f E_{kk}\end{aligned}\tag{9.28}$$

式中，R_s、R_f 分别是弛豫函数 r_s、r_f 的傅里叶变换的负值. 如果定义复的切变模量

$$M=\frac{\mathrm{i}\omega}{2}R_s$$

复的体变模量

$$K=\frac{\mathrm{i}\omega}{3}R_f$$

则黏弹体的本构关系为

$$\begin{aligned}&P'_{ji}=2ME_{ji},\quad i\neq j\\&P_{kk}=3KE_{kk}\end{aligned}$$

或者写成

$$P_{ji}=\delta_{ji}\left(K-\frac{2}{3}M\right)E_{kk}+2\mu E_{ji}$$

把上式代入式(9.28)的第一式可得

$$\left(K+\frac{M}{3}\right)\nabla(\nabla\cdot\boldsymbol{u})+M\nabla^2\boldsymbol{u}=\rho\ddot{\boldsymbol{u}}\tag{9.29}$$

式(9.29)与弹性体的运动方程具有非常相似的形式.

像研究弹性波那样，对黏弹体中的平面波也可以引入位移矢量的标势 φ 和矢势 $\boldsymbol{\psi}$. 位移矢量同样可以表示为

$$\boldsymbol{u}=\nabla\varphi+\nabla\times\boldsymbol{\psi},\quad 且\nabla\cdot\boldsymbol{\psi}=0$$

将上式代入式(9.29)可以得到势函数 φ 与 $\boldsymbol{\Psi}$ 满足的方程分别为

$$\nabla^2\varphi=\frac{1}{v_p^2}\frac{\partial^2\varphi}{\partial t^2},\quad \nabla^2\boldsymbol{\Psi}=\frac{1}{v_s^2}\frac{\partial^2\boldsymbol{\Psi}}{\partial t^2}\tag{9.30}$$

式中，v_p、v_s 分别为纵波与横波的复速度，且

$$v_p=\left[\left(K+\frac{4}{3}M\right)\Big/\rho\right]^{1/2}$$

$$v_s=\left(\frac{M}{\rho}\right)^{1/2}$$

设
$$\varphi=\Phi e^{-i\omega t},\quad \psi=\Psi e^{-i\omega t}$$

并代入式(9.30)可得复的亥姆霍兹方程

$$\nabla^2\Phi+k_p^2\Phi=0 \tag{9.31}$$
$$\nabla^2\Psi+k_s^2\Psi=0$$

式中,k_p、k_s 为复波数,且

$$k_p=\frac{\omega}{v_p},\quad k_s=\frac{\omega}{v_s}$$

为方便讨论可将式(9.31)形式相同的两个方程以统一形式,即

$$\nabla^2\Psi+k^2\Psi=0 \tag{9.32}$$

对于 P 波 Ψ 表示势 Φ,对于 S 波表示 $\Psi_i(i=1,2,3)$.

若定义复波矢量为

$$\boldsymbol{k}=\boldsymbol{k}'+i\boldsymbol{k}'' \tag{9.33}$$

式中,$\boldsymbol{k}'$为传播矢量,$\boldsymbol{k}''$为衰减矢量,表示波的衰减程度且指向衰减最大方向.

由分离变量法可得式(9.32)的解为

$$\Psi=Ae^{-\boldsymbol{k}''\cdot\boldsymbol{r}}e^{i\boldsymbol{k}'\cdot\boldsymbol{r}}$$

考虑时间因子 $\exp(-i\omega t)$,则式(9.30)的解为

$$\varphi=Ae^{-\boldsymbol{k}''\cdot\boldsymbol{r}}e^{i(\boldsymbol{k}'\cdot\boldsymbol{r}-\omega t)} \tag{9.34}$$
$$\psi=Be^{-\boldsymbol{k}''\cdot\boldsymbol{r}}e^{i(\boldsymbol{k}'\cdot\boldsymbol{r}-\omega t)}$$

由式(9.33)可知

$$Re k^2=\boldsymbol{k}'\cdot\boldsymbol{k}'-\boldsymbol{k}''\cdot\boldsymbol{k}''=\boldsymbol{k}'^2-\boldsymbol{k}''^2 \tag{9.35}$$
$$Im k^2=2\boldsymbol{k}''\cdot\boldsymbol{k}'=2\boldsymbol{k}'\boldsymbol{k}''\cos\varphi$$

由式(9.35)可以解出 $\boldsymbol{k}'$、$\boldsymbol{k}''$. $\boldsymbol{k}'$垂直与 $\boldsymbol{k}'\cdot\boldsymbol{r}=\text{const}$ 所定义的等相位面;$\boldsymbol{k}''$垂直于 $\boldsymbol{k}''\cdot\boldsymbol{r}$ 所定义的等振幅面.

按照能量守恒定律,波的振幅在波的传播方向上不能增长,更不能无穷大,这要求矢量 $\boldsymbol{k}''$与 $\boldsymbol{k}'$之间夹角满足 $0\leqslant\varphi\leqslant\pi/2$.

对于平面波,若其等相位面与等振幅面平行,或者说 $\boldsymbol{k}'/\!/\boldsymbol{k}''$则称为均匀波,否则称为非均匀波.

对于无耗散的介质(如弹性体)与有耗散介质(如黏弹体)都可以传播均匀波与非均匀波,但它们仍然有本质差别. 对于无耗散介质,若 $Im k^2=0$,从式(9.35)可知有两种可能:其一是 $k''=0$,此时 $k^2=k'^2$,即为无衰减的均匀波;其二是 $\varphi=\pi/2$,波的最大衰减方向与其传播方向垂直,此即非均匀波. 反之,若 $k''=0$ 或 $\varphi=\pi/2$,则介质是非耗散的. 那么,不难得出当 $k''\neq0$,$\varphi\neq\pi/2$,则介质一定是耗散的结论.

上述结论表明,无耗散介质中的非均匀波 $\boldsymbol{k}'$必须与 $\boldsymbol{k}''$垂直;耗散介质中的非

均匀波的 $\boldsymbol{k}'$ 与 $\boldsymbol{k}''$ 并不互相垂直. 可见,线性黏弹体内的波与弹性体内的波性质是不同的. 在耗散介质中的非均匀波不能在无耗散介质内传播;而无耗散介质中的非均匀波,也不能在耗散介质内传播.

对于(9.34)式表示的平面波,等相面的速度为

$$\boldsymbol{v}=\frac{\omega \boldsymbol{k}'}{|\boldsymbol{k}'|^2} \tag{9.36}$$

最大衰减值为 $|\boldsymbol{k}''|$.

当传播矢量 $\boldsymbol{k}'$ 与衰减矢量 $\boldsymbol{k}''$ 之夹角 $\varphi\neq\pi/2$ 时,从式(9.35)可解得

$$|\boldsymbol{k}'|=\left\{\frac{1}{2}\left[\mathrm{Re}k^2+\sqrt{(\mathrm{Re}k^2)^2+\frac{(\mathrm{Im}k^2)^2}{\cos^2\varphi}}\right]\right\}^{1/2}$$

$$|\boldsymbol{k}''|=\left\{\frac{1}{2}\left[-\mathrm{Re}k^2+\sqrt{(\mathrm{Re}k^2)^2+\frac{(\mathrm{Im}k^2)^2}{\cos^2\varphi}}\right]\right\}^{1/2}$$

上式表明,对给定的 φ,传播矢量和衰减矢量的数值由介质的参数唯一确定.

对于均匀波,由于 $\boldsymbol{k}'/\!/\boldsymbol{k}''$,$\cos\varphi=1$,由式(9.36)可知相速度大小及衰减系数的值为

$$|\boldsymbol{v}_{\mathrm{H}}|=\omega/R_0|\boldsymbol{k}|,\quad |\boldsymbol{k}''|=\mathrm{Im}|\boldsymbol{k}|$$

对于非均匀波,由于 $\cos\varphi<1$,故此时的 $|\boldsymbol{k}'|$ 及 $|\boldsymbol{k}''|$ 比均匀波的都大.

综上所述,可知在同一介质中非均匀波的相速度小于均匀波的相速度,最大衰减则刚好相反,即

$$|\boldsymbol{v}_{\mathrm{Ik}}|<|\boldsymbol{v}_{\mathrm{H}}|,\quad |\boldsymbol{k}''_{\mathrm{H}}|<|\boldsymbol{k}''_{\mathrm{Ik}}|$$

对于均匀 S 波可有

$$|\boldsymbol{v}_{\mathrm{HS}}|=\mathrm{Re}\sqrt{\frac{M}{\rho}},\quad |\boldsymbol{k}''_{\mathrm{HS}}|=\mathrm{Im}\frac{\omega}{v_{\mathrm{HS}}} \tag{9.37}$$

只有当 $\mathrm{Re}(M/\rho)^{1/2}$ 是常数时,即 M 是实常数时,S 波的波速才与频率 ω 无关. 对于弹性介质 $M=\mu$,有 $v_s=(\mu/\rho)^{1/2}$. 式(9.37)表明对完全弹性体,衰减为零;对于黏弹体,M 为复数,衰减不为零,而且与频率有关. 所以黏弹体内的平面 S 波既有频散也有耗散.

同样,对于均匀 P 波有

$$|\boldsymbol{v}_{\mathrm{HP}}|=\mathrm{Re}\left[\frac{\left(|\boldsymbol{k}|+\frac{4}{3}M\right)}{\rho}\right]^{1/2}$$

$$|\boldsymbol{k}''_{\mathrm{HP}}|=\mathrm{Im}\frac{\omega}{v_{\mathrm{HP}}}$$

上式表明,只有当 $|\boldsymbol{k}|$、M 皆为实数时,开平方的结果为实数,对弹性体才不存在衰减. 对于黏弹体因 $|\boldsymbol{k}|$ 与 M 均为复数,故表示黏弹体内均匀 P 波既有频散也有耗散.

9.5　黏弹波的波型

本节介绍几种类型的黏弹波及质点运动轨迹的特点.

黏弹波也可分为P波和S波两大类型,也有均匀波与非均匀波的区别.

对于P波,位移势函数为

$$\varphi = A\mathrm{e}^{-\boldsymbol{k}''\cdot\boldsymbol{r}}\mathrm{e}^{\mathrm{i}(\boldsymbol{k}'\cdot\boldsymbol{r}-\omega t)} \tag{9.38}$$

位移场为

$$\begin{aligned}\boldsymbol{u} &= \mathrm{Re}\,\nabla\varphi = \mathrm{e}^{-\boldsymbol{k}''\cdot\boldsymbol{r}}\mathrm{Re}(-\boldsymbol{k}''+\mathrm{i}\boldsymbol{k}')A\mathrm{e}^{\mathrm{i}(\boldsymbol{k}'\cdot\boldsymbol{r}-\omega t)}\\ &= \mathrm{e}^{-\boldsymbol{k}''\cdot\boldsymbol{r}}\mathrm{Re}\,\mathrm{i}(\boldsymbol{k}'+\mathrm{i}\boldsymbol{k}'')A\mathrm{e}^{\mathrm{i}(\boldsymbol{k}'\cdot\boldsymbol{r}-\omega t)}\\ &= \mathrm{e}^{-\boldsymbol{k}''\cdot\boldsymbol{r}}\mathrm{Re}A\boldsymbol{k}\,\mathrm{i}\mathrm{e}^{\mathrm{i}(\boldsymbol{k}'\cdot\boldsymbol{r}-\omega t)}\\ &= \mathrm{e}^{-\boldsymbol{k}''\cdot\boldsymbol{r}}\mathrm{Re}\,|A\boldsymbol{k}|\frac{\boldsymbol{k}\boldsymbol{k}}{|\boldsymbol{k}|^2}\mathrm{e}^{\mathrm{i}\left(\boldsymbol{k}'\cdot\boldsymbol{r}-\omega t+\frac{\pi}{2}+\arg|A\boldsymbol{k}|\right)}\\ &= \frac{C\mathrm{Re}\boldsymbol{k}(\boldsymbol{k}'+\mathrm{i}\boldsymbol{k}'')(\cos\xi+\mathrm{i}\sin\xi)}{|\boldsymbol{k}|^2}\\ &= \frac{C[(\mathrm{Re}\boldsymbol{k}\boldsymbol{k}'+\mathrm{Im}\boldsymbol{k}\boldsymbol{k}'')\cos\xi+\mathrm{Im}\boldsymbol{k}\boldsymbol{k}'-\mathrm{Re}\boldsymbol{k}\boldsymbol{k}'']}{|\boldsymbol{k}|^2}\\ &= C[\boldsymbol{\xi}_1\cos\boldsymbol{\xi}(t)+\boldsymbol{\xi}_2\sin\boldsymbol{\xi}(t)]\end{aligned} \tag{9.39}$$

式中

$$C = |A\boldsymbol{k}|\mathrm{e}^{-\boldsymbol{k}''\cdot\boldsymbol{r}}$$

$$\boldsymbol{\xi}_1 = \frac{\mathrm{Re}\boldsymbol{k}\boldsymbol{k}'+\mathrm{Im}\boldsymbol{k}\boldsymbol{k}''}{|\boldsymbol{k}|^2}$$

$$\boldsymbol{\xi}_2 = \frac{\mathrm{Im}\boldsymbol{k}\boldsymbol{k}'-\mathrm{Re}\boldsymbol{k}\boldsymbol{k}''}{|\boldsymbol{k}|^2}$$

$$\xi(t) = \boldsymbol{k}'\cdot\boldsymbol{r}-\omega t+\frac{\pi}{2}+\arg|A\boldsymbol{k}|$$

式(9.35)表示有下列关系:

$$\boldsymbol{\xi}_1\cdot\boldsymbol{\xi}_2 = 0,\quad \boldsymbol{\xi}_1\cdot\boldsymbol{\xi}_2-\boldsymbol{\xi}_2\cdot\boldsymbol{\xi}_2 = 1 \tag{9.40}$$

引入变换

$$\tilde{\boldsymbol{u}}_1 = \frac{\boldsymbol{u}\cdot\boldsymbol{\xi}_1}{C|\boldsymbol{\xi}_1|},\quad \tilde{\boldsymbol{u}}_2 = \frac{\boldsymbol{u}\cdot\boldsymbol{\xi}_2}{C|\boldsymbol{\xi}_2|} \tag{9.41}$$

由式(9.39)和式(9.40)可得

$$\cos\xi(t) = \frac{\tilde{u}_1}{|\boldsymbol{\xi}_1|}\quad \sin\xi(t) = \frac{\tilde{u}_2}{|\boldsymbol{\xi}_2|}$$

把上式平方后相加可得

$$\frac{\tilde{u}_1^2}{|\boldsymbol{\xi}_1|^2}+\frac{\tilde{u}_2^2}{|\boldsymbol{\xi}_2|^2}=1$$

上式为一椭圆方程.长半轴为$|\boldsymbol{\xi}_1|$,短半轴为$|\boldsymbol{\xi}_2|$,偏心率为

$$\left(1-\frac{|\boldsymbol{\xi}_2|^2}{|\boldsymbol{\xi}_1|^2}\right)^{1/2}$$

可见对于 P 波,粒子在 $\boldsymbol{k}'\cdot\boldsymbol{k}''$ 平面内做椭圆运动,如图 9－5 所示.旋转方向由 $\boldsymbol{k}'$ 向 $\boldsymbol{k}''$.椭圆长轴与传播方向的夹角由下式确定:

$$\cos\theta=\frac{\boldsymbol{\xi}_1\cdot\boldsymbol{k}'}{|\boldsymbol{\xi}_1|/|\boldsymbol{k}'|}=\mathrm{Re}\frac{\boldsymbol{k}'|\boldsymbol{k}|}{|\boldsymbol{k}'\boldsymbol{k}|}\left[1+\frac{(\mathrm{Im}\boldsymbol{k}'|\boldsymbol{k}|)^2}{|\boldsymbol{k}'|^2}\right]^{1/2}$$

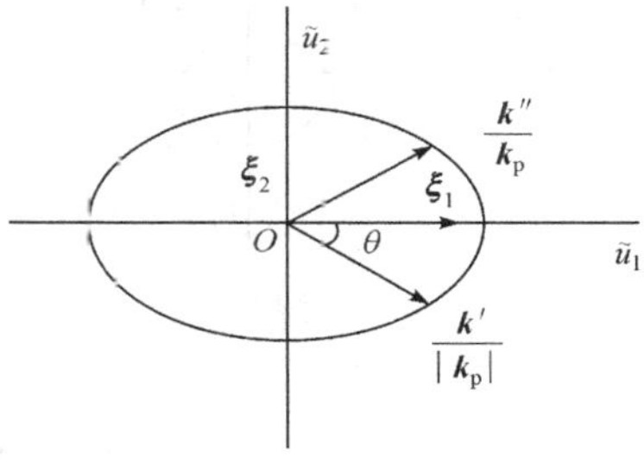

图 9－5

对于均匀 P 波,粒子的椭圆运动退化为沿波的传播方向的直线运动.因为这时$|\boldsymbol{k}'|=\mathrm{Re}|\boldsymbol{k}|$,$|\boldsymbol{k}''|=\mathrm{Im}|\boldsymbol{k}|$,$|\boldsymbol{\xi}_2|=0$,$\theta=0$.

对于 S 波,位移矢势函数为

$$\boldsymbol{\Psi}=B\mathrm{e}^{-\boldsymbol{k}''\cdot\boldsymbol{r}}\mathrm{e}^{\mathrm{i}(\boldsymbol{k}'\cdot\boldsymbol{r}-\omega t)}$$

仿照对 P 波的分析可知,粒子的运动轨迹也成椭圆,如图 9－6 所示.旋转方向由 $\boldsymbol{k}'$ 向 $\boldsymbol{k}''$.上述这种非均匀波的复振幅矢量 $\boldsymbol{B}=B_0\boldsymbol{n}$,其中 B_0 为一复数,$\boldsymbol{n}$ 是实数的单位矢量.这种波称为 S-Ⅰ型波.若为均匀 S 波,粒子的椭圆运动退化为直线运动,它的方向与波的传播方向垂直.

S 波除上述 S-Ⅰ型波外,还有另外一种类型.它的复振幅矢量是一般的复矢量形式,即

$$\boldsymbol{B}=Z_1\boldsymbol{i}_1+Z_2\boldsymbol{i}_2+Z_3\boldsymbol{i}_3$$

式中,Z_1、Z_2、Z_3 为任意复数.$\boldsymbol{B}$ 应当满足$\nabla\cdot\boldsymbol{\psi}=0$.这时粒子的运动并不一定是椭圆,也不一定限定在 $\boldsymbol{k}''$ 和 $\boldsymbol{k}'$ 所确定的平面内,特别是当 $Z_2=0$ 时,这种波的位移场为

$$\boldsymbol{u}=\mathrm{Re}(\nabla\times\boldsymbol{\psi})=|\boldsymbol{C}|\mathrm{e}^{-\boldsymbol{k}''\cdot\boldsymbol{r}\cos\left(\boldsymbol{k}''\cdot\boldsymbol{r}-\omega t+\frac{\pi}{2}+\arg D\right)}\boldsymbol{i}_2$$

式中

$$|\boldsymbol{C}|=|(Z_3\boldsymbol{i}_1-Z_1\boldsymbol{i}_3)\cdot(\boldsymbol{k}'+i\boldsymbol{k}'')|,\quad D=|k_sB|$$

上式指出,对于这种非均匀 S 波,粒子并不在 $\boldsymbol{k}'$ 和 $\boldsymbol{k}''$ 的平面内做椭圆运动,而是垂直于 $\boldsymbol{k}'$ 和 $\boldsymbol{k}''$ 的平面上做线振动,图 9－7 表明了这种波场粒子的运动情况($\boldsymbol{k}'$、$\boldsymbol{k}''$ 在 x_1x_3 平面内,$\boldsymbol{n}$ 沿 x_2 方向).等相位面与传播矢量 $\boldsymbol{k}'$ 垂直,等振幅与衰减矢量 $\boldsymbol{k}''$ 垂直.把这种波称为 S-Ⅱ型波,用以区别 S-Ⅰ型波.当一个平面界面垂直与 $\boldsymbol{k}''$ 和 $\boldsymbol{k}'$ 确定的平面时,作为弹性介质中定义的推广,S-Ⅱ波也称为 SH 波.对于均匀的 S-Ⅰ型和 S-Ⅱ型波,$\boldsymbol{k}'$ 与 $\boldsymbol{k}''$ 平行,粒子做直线运动并且都和波的传播方向垂直.

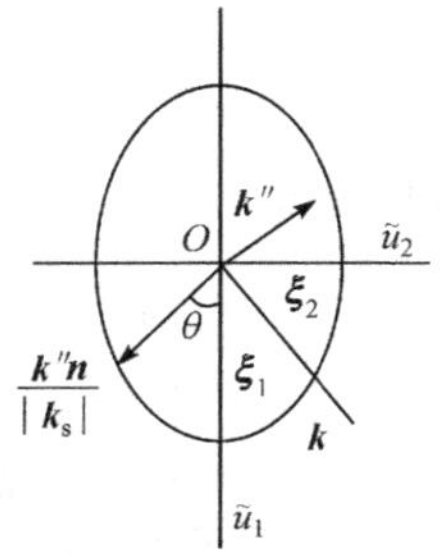

图 9－6

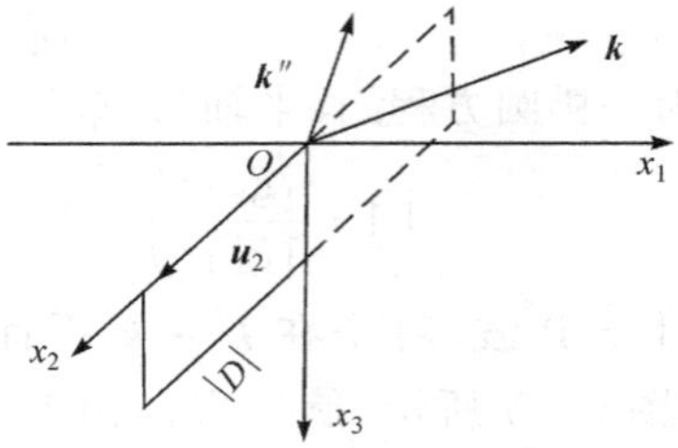

图 9－7

9.6 S-Ⅱ波的反射和折射

设有两种半无限大黏弹介质 1 和 2 紧密接触. 坐标面 x_1、x_2 为介质分界面. $x_3>0$的空间为介质 1，$x_3<0$ 的空间为介质 2. $\boldsymbol{i}_1$、$\boldsymbol{i}_2$、$\boldsymbol{i}_3$ 为 x_1、x_2、x_3 轴的单位矢量.

今有一 S-Ⅱ波从介质 1 入射到分界面上，它的传播矢量 $\boldsymbol{k}'$和衰减矢量 $\boldsymbol{k}''$均在入射面(x_1x_3 平面)内. 由于位移只有 x_2 方向分量，所以方程可以化为标量求解.

介质 1 中位移矢量为

$$\boldsymbol{u}=\boldsymbol{u}_1+\boldsymbol{u}_2=\sum_{j=1}^{2}C_j\mathrm{e}^{-\boldsymbol{k}_j''\cdot\boldsymbol{r}}\mathrm{e}^{\mathrm{i}(\boldsymbol{k}_j'\cdot\boldsymbol{r}-\omega t)}\boldsymbol{i}_2 \tag{9.42}$$

式中，$\boldsymbol{u}_1$、$\boldsymbol{u}_2$ 分别为入射与反射波引起的质点位移.

介质 2 中位移矢量为

$$\bar{\boldsymbol{u}}=\bar{C}\mathrm{e}^{-\bar{\boldsymbol{k}}''\cdot\boldsymbol{r}}\mathrm{e}^{\mathrm{i}(\bar{\boldsymbol{k}}'\cdot\boldsymbol{r}-\omega t)}\boldsymbol{i}_2 \tag{9.43}$$

式(9.42)中 $C_j=(j=1,2)$和 $\bar{C}$ 是位移复振幅. 介质 1 中波的传播矢量和衰减矢量定义为

$$\boldsymbol{k}_j'=k_{\mathrm{R}}\boldsymbol{i}_1+(-1)^jV_{\beta\mathrm{R}}\boldsymbol{i}_3$$
$$\boldsymbol{k}_j''=-k_1\boldsymbol{i}_1+(-1)^{j+1}V_{\beta\mathrm{J}}\boldsymbol{i}_3$$
$$v_\beta=\pm(k_{\mathrm{s}}^2-k^2)^{1/2}$$

传播矢量 $\boldsymbol{k}_j'$与衰减矢量 $\boldsymbol{k}_j''$满足

$$\boldsymbol{k}_j'\cdot\boldsymbol{k}_j'-\boldsymbol{k}_j''\cdot\boldsymbol{k}_j''=\mathrm{Re}(\boldsymbol{k}_{\mathrm{s}}^2)$$
$$\boldsymbol{k}_j'\cdot\boldsymbol{k}_j''=-\frac{1}{2}\mathrm{Im}(\boldsymbol{k}_{\mathrm{s}}^2)$$

在介质 2 中则有

$$\bar{\boldsymbol{k}}'=\bar{k}_{\mathrm{R}}\boldsymbol{i}_i-\bar{\gamma}_{\beta\mathrm{K}}\boldsymbol{i}_3$$
$$\bar{\boldsymbol{k}}''=-\bar{k}\boldsymbol{i}_1+\bar{\gamma}_{\beta\mathrm{J}}\boldsymbol{i}_3$$
$$\bar{\gamma}_\beta=\pm(\bar{k}_{\mathrm{s}}^2-\bar{k}^2)^{1/2}$$

且有

$$\bar{\boldsymbol{k}}'\cdot\bar{\boldsymbol{k}}'-\bar{\boldsymbol{k}}''\cdot\bar{\boldsymbol{k}}''=\mathrm{Re}(\bar{\boldsymbol{k}}_{\mathrm{s}}^2)$$

$$\bar{\boldsymbol{k}}' \cdot \bar{\boldsymbol{k}}'' = -\frac{1}{2}\mathrm{Im}(\bar{\boldsymbol{k}}_s^2)$$

角标 R、J 分别表示各量取其实部和虚部. γ_β 及 $\bar{\gamma}_\beta$ 的符号由边界上能流的方向确定. 例如，入射波能流为 $-x_3$ 方向，反射波为 x_3 正方向，折射波为 $-x_3$ 方向.

方程式(9.42)、式(9.43)的位移可以是均匀波的也可以是非均匀波的.

由边界条件可知，在分界面上应力和位移应该连续，即

$$(C_1+C_2)\mathrm{e}^{\mathrm{i}kx_1}=\bar{C}\mathrm{e}^{\mathrm{i}\bar{k}x_1}$$
$$\mu\gamma_\beta(C_1-C_2)\mathrm{e}^{\mathrm{i}kx_1}=\bar{C}\bar{\mu}\bar{\gamma}_\beta\mathrm{e}^{k\bar{x}_1}$$

由上式可得

$$C_2=\frac{C_1(\mu\gamma_\beta-\bar{\mu}\bar{\gamma}_\beta)}{(\bar{\mu}\bar{\gamma}_\beta+\mu\gamma_\beta)}$$

$$\bar{C}=\frac{C_1(2\mu\gamma_\beta)}{(\bar{\mu}\bar{\gamma}_\beta+\mu\gamma_\beta)}$$

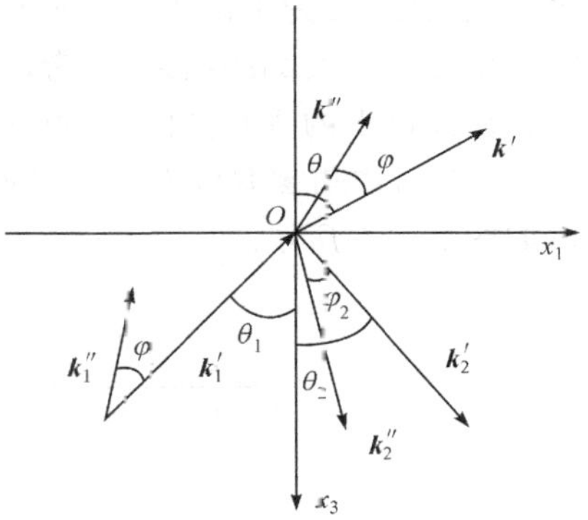

图 9 - 8

由以上方程组可知，当入射 S-Ⅱ 波，反、折射波也只有 S-Ⅱ 波，并可直接得出振幅和相位关系、反射系数和折射系数.

为了认识 SH 波在平面上的反射、折射特性可以利用图 9 - 8 所示的符号. 其中 C_1、θ_1、φ_1、ω 为入射波参量. θ_1 为入射角，φ_1 是传播方向与衰减方向之间夹角，且 $0\leqslant\varphi<\frac{\pi}{2}$. 由方程式(9.42)可得

$$|\boldsymbol{k}|=|\boldsymbol{k}_j'|\sin\theta_j-\mathrm{i}|\boldsymbol{k}_j''|\sin(\theta_j-\varphi_j)$$
$$|\bar{\boldsymbol{k}}|=|\boldsymbol{k}'|\sin\bar{\theta}-\mathrm{i}|\boldsymbol{k}''|\sin(\bar{\theta}-\bar{\varphi})$$

由此得到

$$\mathrm{Re}|\boldsymbol{k}|=|\boldsymbol{k}_1'|\sin\theta_1=|\boldsymbol{k}_2'|\sin\theta_2=|\bar{\boldsymbol{k}}'|\sin\bar{\theta}=\mathrm{Re}|\bar{\boldsymbol{k}}'|$$

$$\begin{aligned}-\mathrm{Im}|\boldsymbol{k}|&=|\boldsymbol{k}''|\sin(\theta_1-\varphi_1)\\&=|\boldsymbol{k}_2''|\sin(\theta_2-\varphi_2)\\&=|\bar{\boldsymbol{k}}''|\sin(\bar{\theta}-\bar{\varphi})\\&=-\mathrm{Im}|\bar{\boldsymbol{k}}|\end{aligned}$$

引入波的相速度可得

$$\frac{|\boldsymbol{v}|}{\sin\theta_1}=\frac{|\boldsymbol{v}|}{\sin\theta_2}=\frac{|\bar{\boldsymbol{v}}|}{\sin\bar{\theta}}$$

上述方程表明，在分界面上，反射、折射波的视速度和衰减与入射波的相等. 同时，从以上诸式可知($|\boldsymbol{k}_1'|=|\boldsymbol{k}_2'|$，$|\boldsymbol{k}_1''|=|\boldsymbol{k}_2''|$)

$$\theta_1=\theta_2$$

$$\theta_1-\varphi_1=\theta_2-\varphi_2$$

即入射角等于反射角. 因此当入射波为均匀波时,反射波也为均匀波;当入射波为非均匀波时,反射波也是非均匀波.

9.7 实际介质中黏弹波的衰减

在波的衰减研究中,通常是借用实验室条件对高频、超高频波进行研究,得到许多有益的结论. 为了说明在实际介质中黏弹波的衰减,用一实例叙述. 该实例是地震勘探工程中实测的结果,所考虑的频带是低频范围.

在地面以下的垂直方向上,每 5m 布置一次三分量(x_1, x_2, x_3)观测,其深度自 250～2455m,炸药震源位于地表附近. 震源子波如图 9－9 所示,它们相应的傅里叶谱如图 9－10 所示.

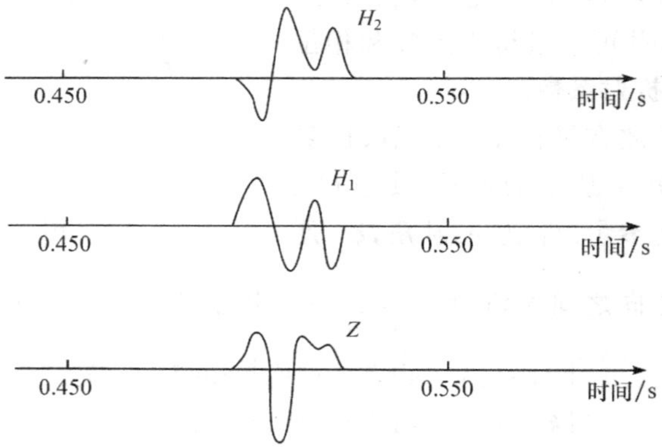

图 9－9

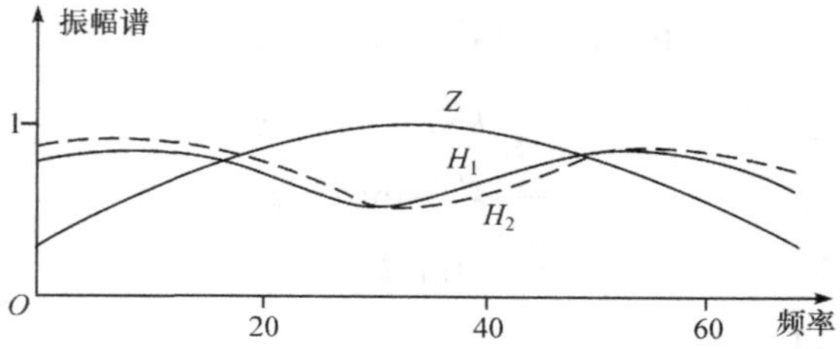

图 9－10

由原始记录可以确定出 4 个强反射层,深度为 1960m、1700m、1260m 和 815m. 把它们分别命名为 4、3、2、1 反射层,震源记为 0. 本书只列出几组结果. 包括

0、1 之间黏弹波的衰减，0、2，0、4，0、3 等组（图 9－11）所使用的信息已经过真振幅恢复处理，可以较真实地反映相应反射层之间真实介质对黏弹波的影响. 440m 距离内 3 个分量 x_1、x_2、x_3 的衰减是有较大差异的，x_1、x_2 分量即图 9－12 中 H_1、H_2 分量分别在 20Hz 与 37Hz 处有一极大衰减，在其两侧逐渐减小. 这表明在同一种介质中，胀缩波和剪切波所经受的衰减可以是不同的. 波的衰减表现的机制还没有完整的理论，下面简要综述.

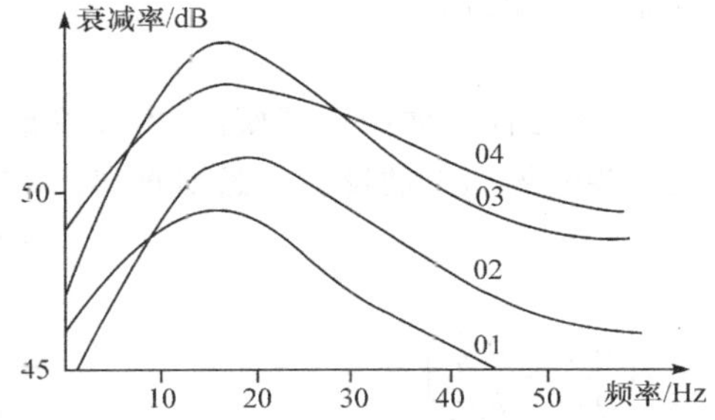

图 9－11

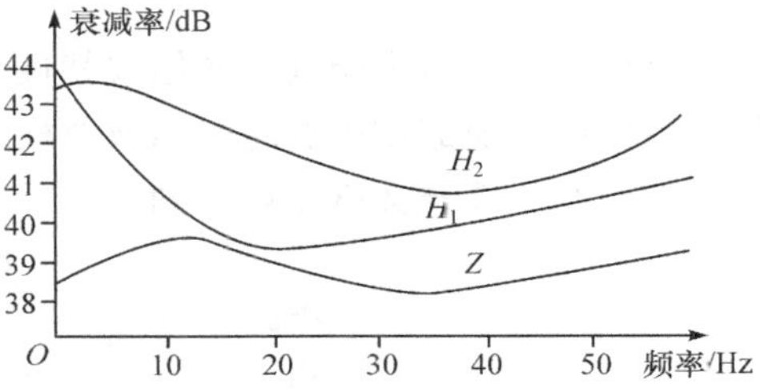

图 9－12

可以假定各种衰减机制是相互独立的，因此可单独地研究每一种机制，然后结合每一种机制的作用，以便确定总的衰减. 地震波在地下岩层中传播发生衰减的原因是很多的，包括基质黏弹性引起的衰减，饱和流体的黏弹性，压力与温度的影响，局部饱和的张弛效应等. 地震波在岩石格架中的衰减可以认为是由两种因素产生的：一是基质矿物的固有黏弹性；二是由于在颗粒之间界面上和裂缝两个表面的相对运动而引起的摩擦损耗. 矿物的固有黏弹性一般是小的. 在各个晶体中，Q 一般高于几千，而在整个岩石中，正常的 Q 低于几百. 因此，在研究基质衰减时，忽略矿物的固有衰减，仅考虑在颗粒表面间与窄裂隙表面间的衰减是合理的. 岩层的颗粒界面和裂隙损耗的确切机制还不知道，但由于界面两边的相对运动而引起的摩擦损耗可能是主要因素. 如果是这样，那么衰减应很大程度地决定于改变颗粒之间对摩擦有影响的表面条件. 无论岩石是饱和的，还是干燥的，这些条件包括饱和流体的性质、基质中黏土的数量或者其他柔软成分.

在地壳上部的所有岩石部分地或全部地由某些液体所饱和. 因而在一个固体岩石格架中考虑黏滞液体效应是特别有意义的. 这里的液体效应包括促进摩擦的裂缝润滑作用、带有界面切变的毕奥（Biot）型液体流动、孔隙裂缝的喷射流动、气泡运动和挤压等. 对于大部分被水饱和的沉积岩来说，在地震频带范围的（$f=10\sim200$Hz）液体流动的效应是小的，而在超声频率范围，这种效应会变得重要.

对上面提到的实例，衰减表现基本是二次曲线，对 x_3 分量有极小值. 岩层中的流体由于地温的增加，可以部分挥发生成气体弥散在孔隙中. 这样岩层物质中有三种物态.地震波经过岩层、骨架引起振动,然后是孔隙中气态物质振动和液态物质振动.在一定条件下,气态分子组合与液态分子组合可以发生共振,其相应频率成分衰减相对地少,因而衰减曲线出现极小值.此外固体物质骨架是由无数晶体组成的,晶体格波的频谱分布很可能有极大值,从而该极大值对应的频率将受到较小的衰减.综合岩层中各种物质效应,产生实测衰减曲线.

9.8　黏性可压缩流体中的波

流体的黏滞力影响其中的纵波特性,而且导致黏性流体中出现横波.本节着重研究黏性可压缩流体中有耗损纵波及横波在某些分界面上的反射与透射规律.

参照 9.4 节与文献可以得到

$$\frac{\partial^2 \varphi}{\partial t^2}=\left(\frac{K}{\rho}+\frac{\xi+\frac{4}{3}\eta}{\rho}\frac{\partial}{\partial t}\right)\left(\frac{\partial^2 \varphi}{\partial x_1^2}+\frac{\partial^2 \varphi}{\partial x_3^2}\right)$$

$$\frac{\partial^2 \boldsymbol{\Psi}}{\partial t^2}=\frac{\eta}{\rho}\left(\frac{\partial^2 \boldsymbol{\Psi}}{\partial x_1^2}+\frac{\partial^2 \boldsymbol{\Psi}}{\partial x_3^2}\right)$$

式中,$\boldsymbol{u}=\nabla\varphi+\nabla\times\boldsymbol{\psi}$,$\rho$ 为流体的密度,K 为流体的不可压缩系数,η、ξ 分别为第一黏性系数和第二黏性系数.

用分离变量法求出它们的通解为

$$\varphi=A\mathrm{e}^{\pm k\sigma x_3-\mathrm{i}kx_1+\mathrm{i}\omega t}$$

$$\boldsymbol{\Psi}=B\mathrm{e}^{\pm k\tau x_3-\mathrm{i}kx_1+\mathrm{i}\omega t}$$

式中,$k=\omega/v$,v 为波沿 x_1 方向的相速度,A 和 B 为常数,而

$$\sigma=g+\mathrm{i}f,\quad \tau=q+\mathrm{i}s$$

$$f=\sqrt{\frac{\sqrt{M^2+N^2}+M}{2}},\quad g=\sqrt{\frac{\sqrt{M^2+N^2}-M}{2}}$$

$$M=\frac{v^2a^2}{a^4+\omega^2k''^2}-1,\quad N=\frac{v^2\omega k''}{a^4+\omega^2k''^2}$$

$$\alpha=\sqrt{\frac{K}{\rho}},\quad \gamma=\frac{\left(\xi+4\eta/3\right)}{\rho}$$

$$s=\sqrt{\frac{\sqrt{1+v^4/\omega^2k''^2}-1}{2}},\quad q=\sqrt{\frac{\sqrt{1+v^4/\omega^2/k''}+1}{2}}$$

$$k''=\eta\rho$$

连续介质位移的水平分量及垂直分量为

$$
\begin{aligned}
u_1 &= \frac{\partial \varphi}{\partial x_1} - \frac{\partial \Psi}{\partial x_3} \\
u_3 &= \frac{\partial \varphi}{\partial x_3} - \frac{\partial \Psi}{\partial x_1}
\end{aligned}
\tag{9.44}
$$

弹性固体的应力分量为

$$
\begin{aligned}
\sigma_{13} &= \mu\left(2\,\frac{\partial^2 \varphi}{\partial x_1 \partial x_3} + \frac{\partial^2 \Psi}{\partial x_1^2} - \frac{\partial^2 \Psi}{\partial x_3^2}\right) \\
\sigma_{33} &= \lambda\,\frac{\partial^2 \varphi}{\partial x_1^2} + (\lambda + 2\mu)\frac{\partial^2 \varphi}{\partial x_3^2} + 2\mu\,\frac{\partial^2 \Psi}{\partial x_1 \partial x_3}
\end{aligned}
\tag{9.45}
$$

黏性流体应力分量为

$$
\begin{aligned}
\sigma_{13} &= \eta\,\frac{\partial}{\partial t}\left(\frac{\partial u_1}{\partial x_3} + \frac{\partial u_3}{\partial x_1}\right) = \mathrm{i}\omega\eta\left(2\,\frac{\partial^2 \varphi}{\partial x_1 \partial x_3} + \frac{\partial^2 \Psi}{\partial x_1^2} - \frac{\partial^2 \Psi}{\partial x_3^2}\right) \\
\sigma_{33} &= k\left(\frac{\partial u_1}{\partial x_1} + \frac{\partial u_3}{\partial x_3}\right) + \xi\,\frac{\partial}{\partial t}\left(\frac{\partial u_1}{\partial x_1} + \frac{\partial u_3}{\partial x_3}\right) = \xi\left(\frac{\partial^2 \varphi}{\partial x_1^2} + \frac{\partial^2 \varphi}{\partial x_3^2}\right)
\end{aligned}
\tag{9.46}
$$

式中，$\xi = k + \mathrm{i}\omega\zeta$.

利用上述的连续条件可以研究黏性流体之间的界面上的反射和透射问题.

设两个半无限可压缩流体之间的界面为平面，如图 9－13 所示，用下标 1、2 区分两种流体. 因为波在分界面上具有相同的相速度 v，于是两种流体中的波可表示为

$$
\varphi = (A\mathrm{e}^{k\sigma x_3} + B\mathrm{e}^{-k\sigma x_3})\,\mathrm{e}^{\mathrm{i}k(vt - x_1)}
$$

$$
\Psi = (D\mathrm{e}^{k\tau x_3} + E\mathrm{e}^{-k\tau x_3})\,\mathrm{e}^{\mathrm{i}k(vt - x_1)}
$$

及

$$
\bar{\varphi} = C\mathrm{e}^{k\bar{\sigma} x_3}\,\mathrm{e}^{\mathrm{i}k(vt - x_1)},\quad \bar{\Psi} = F\mathrm{e}^{k\bar{\tau} x_3}\,\mathrm{e}^{-\mathrm{i}k(vt - x_1)}
$$

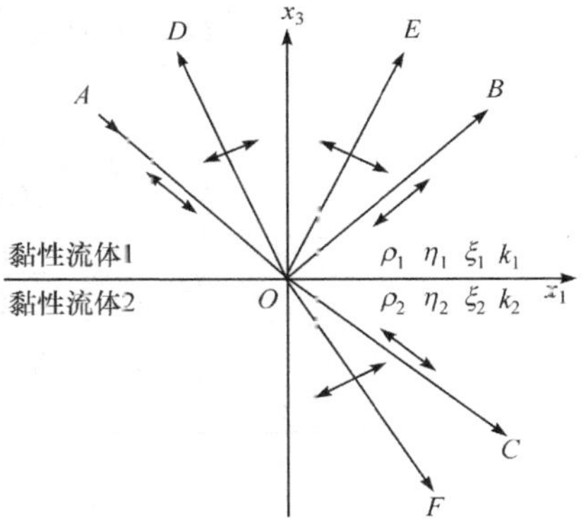

图 9－13

由流体的分界面上位移和应力连续条件式(9.44)、式(9.46)，即当 $x_3 = 0$ 时，$u_1 = \bar{u}_1$，$u_3 = \bar{u}_3$，$\sigma_{13} = \bar{\sigma}_{13}$，$\sigma_{33} = \bar{\sigma}_{33}$，于是得到联立方程

$$
\begin{gathered}
\mathrm{i}(A + B) + \tau(D - E) = \mathrm{i}C + \bar{\tau}F \\
\sigma(A - B) - \mathrm{i}(D + E) = \bar{\sigma}C - \mathrm{i}F \\
\mathrm{i}2\eta\sigma(A - B) + \eta(\tau^2 + 1)(D + E) = \mathrm{i}2\bar{\eta}\bar{\sigma}C + \bar{\eta}(\bar{\tau}^2 + 1)F \\
\xi(\sigma^2 - 1)(A + B) = \bar{\xi}(\bar{\sigma}^2 - 1)C
\end{gathered}
$$

解得

当只入射 P 波($D=0$)时

$$\begin{aligned}
\frac{B}{A}&=\frac{(l_1-l_3)(m_2+m_4)-(l_2+l_4)(m_1-m_3)}{(l_1+l_3)(m_2+m_4)-(l_2+l_4)(m_1+m_3)}\\
\frac{C}{A}&=\frac{2(m_2+m_4)}{(l_1+l_3)(m_2+m_4)-(l_2+l_4)(m_1+m_3)}\\
\frac{E}{A}&=\frac{2(l_4m_2-l_2m_4)}{(l_1+l_3)(m_2+m_4)-(l_2+l_4)(m_1+m_3)}\\
\frac{F}{A}&=\frac{-2(l_2+l_4)}{(l_1+l_3)(m_2+m_4)-(l_2+l_4)(m_1+m_3)}
\end{aligned}\tag{9.47}$$

当只入射 SV 波($A=0$)时

$$\begin{aligned}
\frac{E}{D}&=\frac{(l_2-l_4)(m_1+m_3)-(m_2-m_4)(l_1+l_3)}{(l_1+l_3)(m_2+m_4)-(l_2+l_4)(m_1+m_3)}\\
\frac{B}{D}&=\frac{(l_3-l_1)(m_1+m_3)+(l_1+l_3)(m_1-m_3)}{(l_1+l_3)(m_2+m_4)-(l_2+l_4)(m_1+m_3)}\\
\frac{F}{D}&=\frac{2(l_1+l_3)}{(l_1+l_3)(m_2+m_4)-(l_2+l_4)(m_1+m_3)}\\
\frac{C}{D}&=\frac{-2(m_1+m_3)}{(l_1+l_3)(m_2+m_4)-(l_2+l_4)(m_1+m_3)}
\end{aligned}\tag{9.48}$$

式中

$$l_1=\frac{\bar{\xi}(\bar{\sigma}^2-1)}{\xi(\sigma^2-1)},\quad m_1=0$$

$$l_2=\frac{\mathrm{i}}{\tau}\left[1-\frac{\bar{\xi}(\bar{\sigma}^2-1)}{\xi(\sigma^2-1)}\right],\quad m_2=\frac{\bar{\tau}}{\tau}$$

$$l_3=\frac{\bar{\sigma}}{\sigma}=\frac{\tau^2+1-2\dfrac{\bar{\eta}}{\eta}}{\tau^2-1},\quad m_3=\frac{\mathrm{i}}{\sigma}\,\frac{\dfrac{\bar{\eta}}{\eta}(\tau^2+1)-(\tau^2+1)}{\tau^2-1}$$

$$l_4=\mathrm{i}2\bar{\sigma}\,\frac{\dfrac{\bar{\eta}}{\eta}-1}{\tau^2-1},\quad m_4=\frac{\dfrac{\bar{\eta}}{\eta}(\bar{\tau}^2+1)-2}{\tau^2-1}$$

当两种流体的黏性都趋于零. 即 η、ξ、$\bar{\eta}$、$\bar{\xi}\to0$,有 $\sigma\to\mathrm{i}f$,$\bar{\sigma}\to\mathrm{i}\bar{f}$,$|\tau|$、$|\bar{\tau}|\to\infty$,于是可得

$$\begin{aligned}
\frac{B}{A}&=\frac{\bar{Z}-Z}{\bar{Z}+Z}\\
\frac{C}{A}&=\frac{2\bar{Z}}{(\bar{\rho}/\rho)(\bar{Z}+Z)}\\
\frac{D}{A}&=0
\end{aligned}\tag{9.49}$$

$$\frac{F}{A}=0$$

式中,波阻抗

$$Z=\frac{\rho a}{\cos\theta}$$

$$\bar{Z}=\frac{\bar{\rho}\bar{a}}{\cos\theta}$$

式中,a 为理想流体中的声波速度,θ 为声波射线与界面法线的夹角.式(9.49)为理想流体分界面上的声波反射系数与透射系数.

下面考虑从黏性流体到弹性固体的分界面的情况.

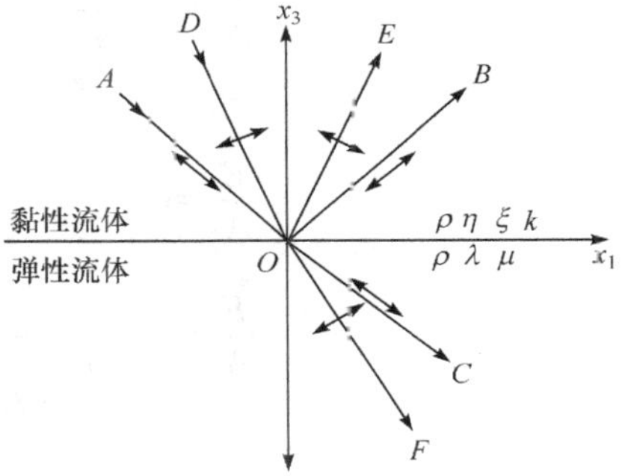

图 9-14

假设 P 波及 SV 波从黏性可压缩流体入射到它与均匀各向同性弹性固体的平面上.这时将产生同型波及转换波的反射与透射(图 9-14)在界面上波是协调的,设黏性流体中的波为

$$\varphi'=(A\mathrm{e}^{k\sigma x_3}+B\mathrm{e}^{-k\sigma x_3})\mathrm{e}^{\mathrm{i}k(\omega t-x_1)}$$

$$\Psi'=(D\mathrm{e}^{k\tau x_3}+E\mathrm{e}^{-k\tau x_3})\mathrm{e}^{\mathrm{i}k(\omega t-x_1)}$$

弹性固体中的波为

$$\varphi=C\mathrm{e}^{\mathrm{i}k\sigma x_3}\mathrm{e}^{\mathrm{i}k(\omega t-x_1)}$$

$$\Psi=F\mathrm{e}^{\mathrm{i}k\sigma x_3}\mathrm{e}^{\mathrm{i}k(\omega t-x_1)}$$

由无滑动条件:在黏性流体与弹性固体的分界上位移及应力连续,即当 $x_3=0$ 时,$u_1=u_1'$,$u_3=u_3'$,$\sigma_{13}=\sigma_{13}'$,$\sigma_{33}=\sigma_{33}'$,可以得到联立方程

$$\begin{aligned}&\mathrm{i}(A+B)+\tau(D-E)=\mathrm{i}C+\mathrm{i}bF\\&\sigma(A-B)-\mathrm{i}(D+E)=\mathrm{i}aC-\mathrm{i}F\\&2\omega\eta\sigma(A-B)-\mathrm{i}\omega\eta(\tau^2+1)(D+E)=2\mu aC+\mu(b^2-1)F\\&\xi(\sigma^2-1)(A+B)=-\mu(b^2-1)C+2\mu bF\end{aligned}\tag{9.50}$$

解此方程组可得形如式(9.47)、式(9.48)的反射系数及透射系数公式如下:

$$l_1=-\frac{\mu(b^2-1)}{\xi(\sigma^2-1)},\quad m_1=\frac{2\mu b}{\xi(\sigma^2-1)}$$

$$l_2=\mathrm{i}\frac{\xi(\sigma^2-1)+\mu(b^2-1)}{\xi\tau(\sigma^2-1)},\quad m_2=\mathrm{i}\frac{\xi b(\sigma^2-1)-2\mu b}{\xi\tau(\sigma^2-1)}$$

$$l_3=\frac{\mathrm{i}a\omega\eta(\tau^2+1)-2\mu a}{\omega\eta\sigma(\tau^2-1)},\quad m_3=-\frac{\mu(b^2-1)+\mathrm{i}\omega\eta(\tau^2+1)}{\omega\eta\sigma(\tau^2-1)}$$

$$l_4=\frac{2\omega\eta a+\mathrm{i}2\mu a}{\omega\eta(\tau^2-1)},\quad m_4=\frac{\mathrm{i}\mu(b^2-1)-2\omega\eta}{\omega\eta(\tau^2-1)}$$

当流体的黏性趋于零($\eta,\xi\to0$),以上结果化为

$$\frac{B}{A}=\frac{-\rho' a\dfrac{v^4}{\beta^2}+\mu a'\left[\left(\dfrac{v^2}{\beta^2}-2\right)^2+4ab\right]}{\rho' a\dfrac{v^4}{\beta^2}+\mu a'\left[\left(\dfrac{v^2}{\beta^2}-2\right)^2+4ab\right]}$$

$$\frac{C}{A}=\frac{-2\rho' a' v^2\left(\dfrac{v^2}{\beta^2}-2\right)}{\rho' a\dfrac{v^4}{\beta^2}+\mu a'\left[\left(\dfrac{v^2}{\beta^2}-2\right)^2+4ab\right]}$$

$$\frac{E}{A}=0$$

$$\frac{F}{A}=\frac{-4\rho' a' a v^2}{\rho' a\dfrac{v^4}{\beta^2}+\mu a'\left[\left(\dfrac{v^2}{\beta^2}-2\right)^2+4ab\right]}$$

从上面的公式可以看出,在两相介质(以黏性流体到弹性固体)分界面上的反射波的强弱既与介质性质有关,又与波速有关,还与频率有关.

9.9　关于黏弹波的瑞克理论的概述

在本章的前几节里,我们叙述了黏滞性介质中的弹性波.自本节以后的内容着重阐述瑞克提出的黏弹性介质中的地震子波理论.对于黏弹性介质中弹性波方程,瑞克指出一种解法,进而得到接近实际情况的地震子波,包括质点运动的位移、速度、加速度函数形式.

黏弹性介质中的弹性波的传播可用著名的斯托克斯(Stokes)波动方程描述.但这个方程仅涉及剪切应变.实际上还有一种与体积有关的黏滞性.考虑到两种黏滞性,对方程引进一个参量 ω,再经过一些数学推导(9.13 节),即可得到瑞克处理的波动方程

$$\frac{\partial}{\partial k^2}\left(\Phi+\frac{\partial\Phi}{\partial T}\right)=\frac{\partial^2\Phi}{\partial T^2}$$

瑞克在求解此方程时,采取的是不同于一般的极数解法,最终的解答也是级数形式,所以得到的解答与实际地层中记录子波相比,在时间域与频率域,都拟合得较为理想.瑞克进一步进行了子波衰减方面的探讨,得出一些有益的结果.

瑞克理论的特点是把地震子波数学化，一方面便于理论研究，从不同的物理量描述子波状态，探讨子波变化机制.另一方面便于进行模型设计，长时间以来许多地震工作者使用瑞克子波作为地震模型技术的震源脉冲形式，收到较满意的结果.

9.10　经典弹性波理论的问题

根据经典弹性固体理论，弹性位移 $\boldsymbol{u}$ 可以由无旋向量 $\boldsymbol{u}_{(1)}$ 与无散向量 $\boldsymbol{u}_{(2)}$ 组成，并且 $\boldsymbol{u}_{(1)}$、$\boldsymbol{u}_{(2)}$ 分别满足下列方程：

$$\nabla^2 \boldsymbol{u}_{(1)} = \frac{\rho}{\lambda + 2\mu} \frac{\partial^2 \boldsymbol{u}_{(1)}}{\partial t^2}$$

$$\nabla^2 \boldsymbol{u}_{(2)} = \frac{\rho}{\mu} \frac{\partial^2 \boldsymbol{u}_{(2)}}{\partial t^2}$$

式中

$$u_{\mathrm{p}} = \sqrt{\frac{\lambda + 2\mu}{\rho}}$$

$$u_{\mathrm{s}} = \sqrt{\frac{\mu}{\rho}}$$

分别为纵波与横波的传播速度.

为讨论方便而不失一般性，我们仅考虑沿 x_1 轴正方向传播的平面波.这时波动方程变为

$$\frac{\partial^2 u_{(1)}}{\partial^2 x_1} = \frac{1}{v^2} \frac{\partial^2 u_{(1)}}{\partial t^2}$$

该方程的通解为

$$u_{(1)} = F_1(x_1 - vt) + F_2(x_1 + vt)$$

式中，F_1、F_2 均为完全任意的函数，F_1 代表沿 x_1 轴正方向传播的波，F_2 代表沿 x_1 轴负方向传播的波.每一部分中的波形均保持不变.因此如果波由尖锐爆炸脉冲产生，则它应以尖锐波形而传播.

现在不考虑波数，即低频波和高频波具有相同的速度.

震源脉冲假定如图 9－15 所示.若地震波的传播严格遵从弹性方程，则用无时变机械地震仪所记录的地震记录就应该是由一系列这样的尖锐扰动组成.预期的地震记录如图 9－16 所示.可是，实际地震波在地下传播时所接收的并非如此简单的地震记录，而是类似于图 9－17 所示的那种地震记录.

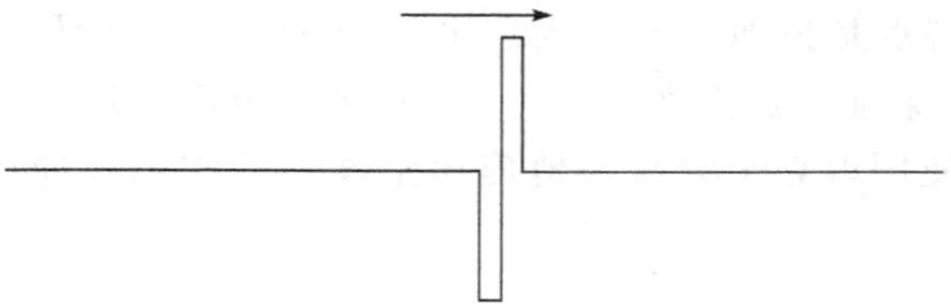

图 9－15

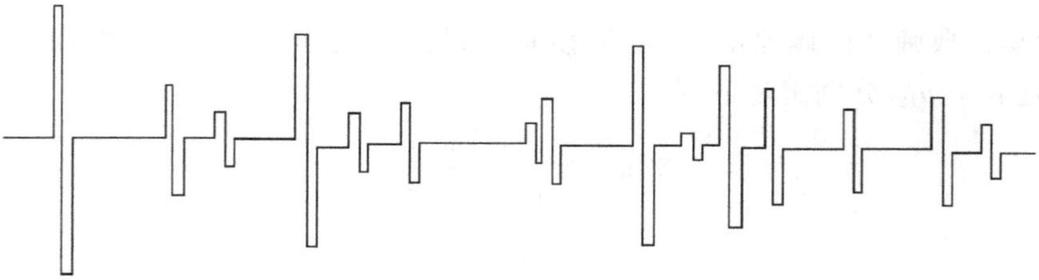

图 9－16

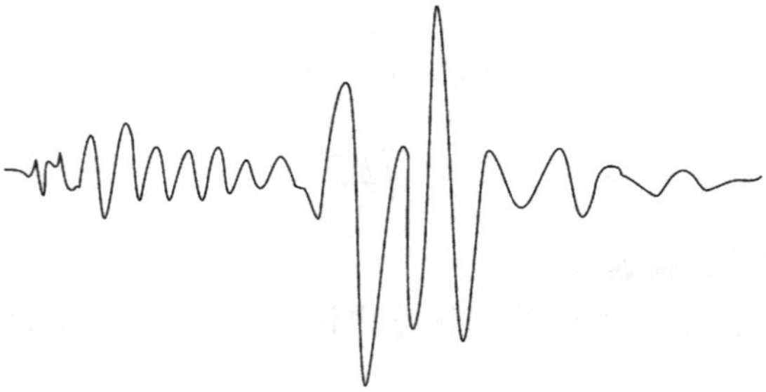

图 9－17

经典弹性波理论是对精确遵守胡克定律的理想介质建立的.其中并未考虑因为磨擦而产生的能量耗散.满足经典弹性固体理论之理想要求的实际介质是不存在的.地下的花岗岩之类的岩石并不严格服从完全弹性理论,由泥岩、砂岩及页岩组成的大多数近地表地层也是如此.由此可知,严格按弹性固体而建立的经典波动方程绝不会对弹性波这些构成地下岩层的物质中的传播情形做出真实描述.

9.11 大地介质的地震波吸收作用

爆炸产生的震源脉冲可以认为是从零至无穷大整个频率范围单频分量的无限系列构成.脉冲波形与频率间关系可由傅里叶积分来表示.

图 9－18 作为一个爆炸脉冲,其波形我们以下式表示:

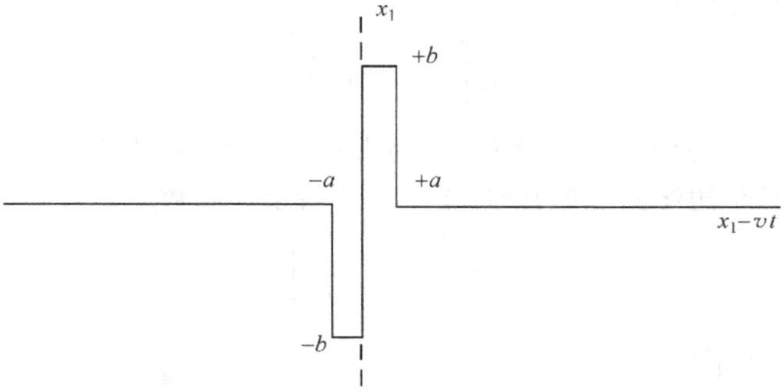

图 9-18

$u=0$,　　当 $-\infty<(x_1-vt)<-a$ 时

$u=-b$,　　当 $-a<(x_1-vt)<0$ 时

$u=+b$,　　当 $0<(x_1-vt)<+a$ 时

$u=0$,　　当 $+a<(x_1-vt)<+\infty$ 时

$u=0$,　　当 $x_1-vt=0$

可以利用奇函数的傅里叶积分,得

$$
\begin{aligned}
u(x_1-vt) &= \frac{2}{\pi}\int_0^\infty u(\lambda)\mathrm{d}\lambda\int_0^\infty \sin\xi\lambda\sin\xi(x_1-vt)\mathrm{d}\xi \\
&= \frac{2}{\pi}\int_0^\infty \sin\xi(x_1-vt)\mathrm{d}\xi\int_0^a b\sin\xi\lambda\,\mathrm{d}\lambda \\
&= \frac{2b}{\pi}\int_0^\infty \frac{1-\cos\xi a}{\xi}\sin(x_1-vt)\mathrm{d}\xi
\end{aligned}
$$

若令

$$\xi=\frac{2\pi f}{v}$$

$$u(x_1-vt)=-\frac{2b}{\pi}\int_0^\infty \frac{1-\cos\dfrac{2\pi fa}{v}}{f}\sin2\pi f\left(t-\frac{x_1}{v}\right)\mathrm{d}f \tag{9.51}$$

式中,f 为频率.对式(9.51)余弦展开,并用傅里叶变换的表达,可得到该扰动的傅里叶谱为

$$\frac{2b}{\pi}\left[\left(\frac{2\pi a}{v}\right)^2\frac{f}{2!}-\left(\frac{2\pi a}{v}\right)^4\frac{f^3}{4!}+\left(\frac{2\pi a}{v}\right)^6\frac{f^5}{6!}-,\cdots\right]\mathrm{d}f$$

方程(9.51)给出的这种波形属于无吸收时类型,并且是经典波动方程的一个解.已知扰动通过地层时,波形发生变化,它相应的谱将因吸收而被改造.其结果基本是记录的频率低于震波脉冲,高频比低频的衰减程度更大.

描述上述吸收性质的方法是将大地透过因子写为

$$\exp\left[-\left(\frac{f}{f_c}\right)^q \frac{x_1}{x_c}\right]$$

式中，f 为频率，f_0 为恒定参考频率，x_0 为常数，x_1 为波在大地中的传播距离，q 为一个决定吸收频带边缘陡度的常量. 图 9－19 所示为函数

$$\exp\left[-\left(\frac{f}{f_c}\right)^q\right]$$

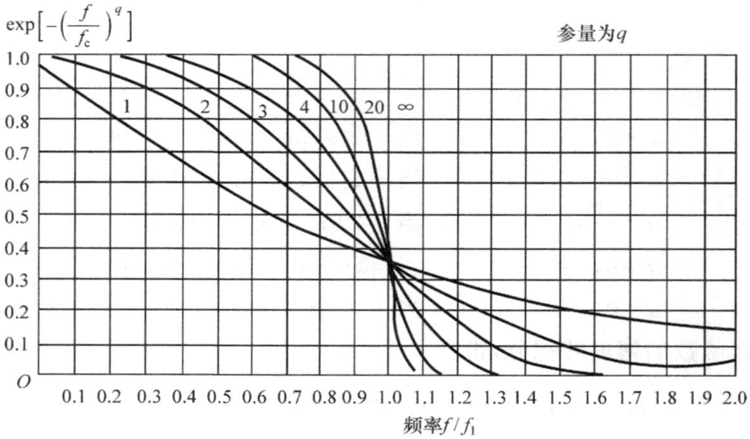

图 9－19

在参量 q 取不同值时所绘制的曲线簇. 这些曲线代表可能表示大地吸收谱的频带. 图中曲线表明，当 q 增大时，吸收频带边缘陡度增大，而当 q 无限增大时，则所有低于 f_1 的频率均自由透过，而所有高于 f_1 的频率均完全被吸收. 图 9－19 所示谱线是由图 9－18 脉冲通过一部分地层后的吸收谱曲线(其中，q 具有某种确定的然而是未知的值)，若假设属于构成该波形的所有单频分量均以恒定速度 v 传播，则在 x_1 距离上观测到的扰动由下式给出：

$$u_q = -\frac{2b}{\pi}\int_0^{\infty}\exp\left[-\left(\frac{f}{f_c}\right)^q\frac{x_1}{x_c}\right]\left[\left(\frac{2\pi a}{v}\right)^2\frac{f}{2!}-\left(\frac{2\pi a}{v}\right)^4\frac{f^3}{4!}\right.$$
$$\left.+\left(\frac{2\pi a}{v}\right)^6\frac{f^5}{6!}-\cdots\right]\sin 2\pi f\left(t-\frac{x_1}{v}\right)\mathrm{d}f$$

令

$$\xi^q = \left(\frac{f}{f_c}\right)^q \frac{x_1}{x_c}$$

$$\Xi = 2\pi f_c \frac{t - \dfrac{x_1}{v}}{\left(\dfrac{x_1}{x_c}\right)^{1/q}}$$

于是

$$u_q = -\frac{2b}{\pi}\int_0^\infty \exp(-\xi^q)\left[\left(\frac{2\pi f_c a}{v x_c^{1/q} x^{1/q}}\right)^2 \frac{\xi}{2!} - \left(\frac{2\pi f_c a}{v x_c^{1/q} x_1^{1/q}}\right)^4 \frac{\xi^3}{4!} + \cdots\right]\sin\xi\Xi \mathrm{d}\xi$$

令

$$H^q(\Xi) = -\int_0^\infty \xi\exp(-\xi^q)\sin\xi\Xi\mathrm{d}\xi$$

$$H_q'(\Xi) = \frac{\mathrm{d}}{\mathrm{d}\Xi}H^q(\Xi),\quad H_q''(\Xi) = \frac{\mathrm{d}^2}{\mathrm{d}\Xi^2}H^q(\Xi),\cdots$$

则

$$u^q = \frac{2b}{\pi}\left[\left(\frac{2\pi f_c a}{v x_c^{-1/q} x_1^{1/q}}\right)^2 \frac{1}{2!}H^q(\Xi) + \left(\frac{2\pi f_c a}{v x_c^{1/q} x_1^{1/q}}\right)^4 \frac{1}{4!}H''(\Xi) + \left(\frac{2\pi f_c a}{v x_c^{1/q} x_1^{1/q}}\right)^6 \frac{1}{6!}H''''(\Xi) + \cdots\right]$$

由上式可看出，需要考虑的只是第一项，其余各项可用第一项的导数表示，如果原始震源脉冲形状不同于图 9－18，仅是类似，则形成的表达式也是类似的，当然第一项及各阶导数前面的系数有一点差别．如果原始波形非常尖锐以至于 a 值是小值时，则除第一项之外，所有项均可忽略不计．于是可得下列扰动：

$$u_q = -\frac{4\pi f_c}{v^2}\frac{a^2 b}{x_c^{-2/q} x_1^{2/q}}\int_0^\infty \xi\exp(-\xi^q)\sin\xi\Xi\mathrm{d}\xi \tag{9.52}$$

式(9.52)给出的波形将随传播距离的增加按 $x^{-2/q}$ 的规律衰减．

令

$$G_q(\Xi) = \int_0^\infty \exp(-\xi^q)\cos\xi\Xi\mathrm{d}\xi \tag{9.53a}$$

则有

$$u_q = \frac{4\pi f_c^2}{v^2}\frac{a^2 b}{\left(\dfrac{x_1}{x_c}\right)^{2/4}}\frac{\mathrm{d}}{\mathrm{d}\Xi}G_q(\Xi)$$

式(9.53a)可写为

$$\begin{aligned}&\int_0^\infty \exp(-\xi^q)\cos\xi\Xi\mathrm{d}\xi \\ &= \int_0^\infty \exp(-\xi^q)\left(1 - \frac{\Xi^2}{2!}\xi^2 + \frac{\Xi^4}{4!}\xi^4 - \frac{\Xi^6}{6!}\xi^6 + \cdots\right)\mathrm{d}\xi\end{aligned}$$

因为

$$\int_0^\infty \xi^p\exp(-\xi^q)\mathrm{d}\xi = \frac{1}{q}\Gamma\left(\frac{p+1}{q}\right)$$

故有

$$\int_0^{\infty} \exp(-\xi^q)\cos\xi\Xi \mathrm{d}\xi = \frac{1}{q}\left[\Gamma\left(\frac{1}{q}\right) - \Gamma\left(\frac{3}{q}\right)\frac{\Xi^2}{2!} + \Gamma\left(\frac{5}{q}\right)\frac{\Xi^4}{4!}\cdots\right] \tag{9.53b}$$

这样积分被表示成变量 Ξ 的幂级数,其系数为 $(2n+1)/q$ 阶的伽玛函数. 式(9.52)可改写成

$$u_q = \frac{a^2 b}{\pi v^2}\left[\frac{2\pi f_c}{\left(\frac{x_1}{x_c}\right)^{1/q}}\right]^2 \frac{\mathrm{d}}{\mathrm{d}\Xi}\int_0^{\infty} \exp(-\xi^q)\cos\xi\Xi \mathrm{d}\xi$$

因为

$$\frac{\partial}{\partial t} = \frac{\partial \Xi}{\partial t}\left(\frac{\partial}{\partial \Xi}\right)$$

则

$$\text{位移} = \frac{a^2 b}{\pi v^2}\left[\frac{2\pi f_c}{\left(\frac{x_1}{x_c}\right)^{1/q}}\right]^2 \frac{\mathrm{d}}{\mathrm{d}\Xi}\int_0^{\infty} \exp(-\xi^q)\cos\xi\Xi \mathrm{d}\xi$$

$$\text{速度} = \frac{a^2 b}{\pi v^2}\left[\frac{2\pi f_c}{\left(\frac{x_1}{x_c}\right)^{1/q}}\right]^3 \frac{\mathrm{d}^2}{\mathrm{d}\Xi^2}\int_0^{\infty} \exp(-\xi^q)\cos\xi\Xi \mathrm{d}\xi$$

$$\text{加速度} = \frac{a^2 b}{\pi v^2}\left[\frac{2\pi f_c}{\left(\frac{x_1}{x_c}\right)^{1/q}}\right]^4 \frac{\mathrm{d}^3}{\mathrm{d}\Xi^3}\int_0^{\infty} \exp(-\xi^q)\cos\xi\Xi \mathrm{d}\xi$$

我们可以利用式(9.53b)把由上述公式表达的扰动改写为用伽玛函数表达的形式. 进一步在取定 q 值时,得到用 Ξ 表示的位移、速度和加速度波形. 瑞克在美国 Verdigris 河地区用小炸药量作震源所得到的记录与 $q=2$ 时的速度型子波波形一致. 这基本证明了瑞克提出的子波函数的合理性.

9.12 完整的斯托克斯波动方程

本节我们得到沿 x_1 轴方向传播的平面波完整的斯托克斯波动方程,该方程含有切向黏滞与体积黏滞两种黏滞的影响.

非完全弹性体对地震波的衰减吸收表现与流体介质的黏滞性表现可以类比.

设在垂直于 x_2 轴的两平面间为黏滞性介质层(图 9-20),上平面相对下平面沿 x_1 方向有一速度差 $\Delta\dot{u}_1$,则介质对上平面作一阻力,其方向和上平面运动方向相反,其值和面积 $\Delta x_1 \cdot \Delta x_3$ 成正比,和 $\Delta\dot{u}_1$ 成正比,并与间距 Δx_2 成反比.

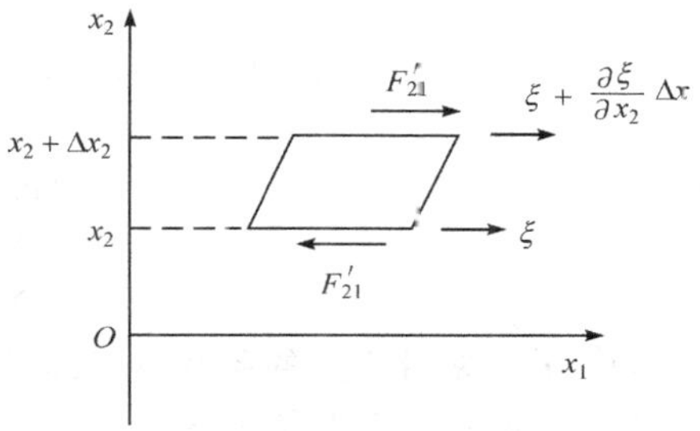

图 9-20

根据黏滞性系数定义,黏滞力为

$$F_{21} = -\mu' \frac{\Delta\dot{u}_1}{\Delta x_2}\Delta x_1 \Delta x_3 \qquad (9.54)$$

上平面对介质的作用力为

$$F'_{21} = F_{21} = \mu' \frac{\Delta\dot{u}_1}{\Delta x_2}\Delta x_1 \Delta x_3$$

式中,μ' 为流体介质的黏滞性系数.

设想介质层取自介质内部,上下平面为层与上下方介质的交界面,下界面速度为 $\dot{X}_1$,上界面速度为 $\dot{X}_1 + \Delta\dot{X}$,则在此片介质与它上面的介质之间就有一内作用力—黏滞力. 由式(9.54)可得上面介质对片介质的单位面积作用力

$$f_{21} = \mu' \frac{\Delta\dot{u}}{\Delta x_2}$$

当介质中速度沿 x_2 方向是连续分布时,则取层厚 $\Delta x_2 \to 0$ 时的极限定义为介质作用在 x_2 平面上的黏滞性应力

$$f'_{21} = \mu \frac{\partial\dot{u}_1}{\partial x_2}$$

这里,下角标的前一字母表示力所在面,后一字母表示力的方向.

现在把上式的结果推广到声波作用的介质中. 由于介质中位移 u_1 是空间坐标和时间的连续函数,当振幅很小时,$\frac{\mathrm{d}u_1}{\mathrm{d}t} \approx \frac{\partial u_1}{\partial t}$,则

$$f_{21} = \mu' \frac{\partial\dot{u}_1}{\partial x_2} = \mu' \frac{\partial}{\partial t}\left(\frac{\partial u_1}{\partial x_2}\right)$$

由于 $\frac{\partial u_1}{\partial x_2}$ 反映介质的切形变,所以上式表明黏滞应力与切应变成正比,f_{21} 称为切变黏滞性应力,系数 μ' 称为切变黏滞性系数.

在小形变情况,黏滞应力和形变速度成线性关系. 把黏滞应力和应变速度的关系类比弹性体中应力和应变关系,则可写成

$$\begin{aligned}
&\sigma_{11} = -p_{11} + \lambda'\dot{\theta} + 2\mu'\dot{e}_{11}, \quad \sigma_{22} = -p_{22} + \lambda'\dot{\theta} + 2\mu'\dot{e}_{22} \\
&\sigma_{33} = -p_{33} + \lambda'\dot{\theta} + 2\mu'\dot{e}_{33}, \quad \sigma_{21} = \sigma_{12} = 2\mu'\dot{e}_{12} \\
&\sigma_{32} = \sigma_{23} = 2\mu'\dot{e}_{23}, \quad \sigma_{13} = \sigma_{31} = 2\mu'\dot{e}_{31}
\end{aligned} \qquad (9.55)$$

也可写成

$$\sigma_{ji}=(-p_{ji}+\lambda\dot{\theta})\delta_{ji}+2\mu'\dot{e}_{ji},\quad i,j=1,2,3$$

式中

$$\theta=e_{11}+e_{22}+e_{33}$$

$$e_{ji}=\frac{1}{2}\left(\frac{\partial u_i}{\partial x_j}+\frac{\partial u_j}{\partial x_i}\right)$$

式中，λ'、μ'为黏滞应力的系数，μ'为前述的切变黏滞性系数. 常数λ'又称为第二黏滞系数. 下面引入体积黏滞系数μ''：

考虑一均匀介质团，各方施以均匀张力，其强度为T，即

$$T=\sigma_{11}=\sigma_{22}=\sigma_{33},\quad p_{11}=p_{22}=p_{33}$$

代入式(9.55)中的前三项，然后三式相加，并利用关系式

$$\theta=\frac{\partial u_1}{\partial x_1}+\frac{\partial u_2}{\partial x_2}+\frac{\partial u_3}{\partial x_3}$$

则有

$$T=-P+\left(\lambda'+\frac{2}{3}\mu'\right)\dot{\theta}$$

此式表明，当介质体积形变变化时，由于介质黏滞性作用产生的阻力与体积形变的速度成正比. 实际上引起介质形变的力P并不等于外作用力T，而等于外作用力与黏滞性作用产生的阻力之差. 由于这种黏滞力仅和体积形变的速度成正比，所以体积黏滞应力为

$$f=\left(\lambda'+\frac{2}{3}\mu'\right)\dot{\theta}=\mu''\dot{\theta}$$

$$\mu''=\lambda'+\frac{2}{3}\mu'$$

式中，μ''为体积黏滞性系数. 所以

$$\lambda'=\mu''-\frac{2}{3}\mu'$$

把上式代入式(9.55)中，即得黏滞性流体中应力和应变的基本关系式

$$\begin{aligned}
\sigma_{11}&=-p_{11}+\left(\mu''-\frac{2}{3}\mu'\right)\dot{\theta}+2\mu'\dot{e}_{11}\\
\sigma_{22}&=-p_{22}+\left(\mu''-\frac{2}{3}\mu'\right)\dot{\theta}+2\mu'\dot{e}_{22}\\
\sigma_{33}&=-p_{33}+\left(\mu''-\frac{2}{3}\mu'\right)\dot{\theta}+2\mu'\dot{e}_{33}\\
\sigma_{12}&=\sigma_{21}=2\mu'\dot{e}_{12}\\
\sigma_{23}&=\sigma_{32}=2\mu'\dot{e}_{23}\\
\sigma_{13}&=\sigma_{31}=2\mu'\dot{e}_{31}
\end{aligned}\tag{9.56}$$

或者

$$\sigma_{ji}=\left[-p_{ji}+\left(\mu''-\frac{2}{3}\mu'\right)\dot{\theta}\right]\delta_{ji}+2\mu'\dot{e}_{ji}$$

下面考虑沿 x_1 方向传播的平面声波.这时介质在 x_1 方向产生压缩和伸张形变,设质点位移

$$u_1=u_1(x_1,t),\quad u_2=u_3=0$$

于是式(9.56)简化为

$$\sigma_{11}=-p+\left(\mu''+\frac{4}{3}\mu'\right)\frac{\partial^2 u_1}{\partial x_1\partial t} \tag{9.57}$$

$$\sigma_{12}=\sigma_{23}=\sigma_{31}=0$$

在图 9-21 中绘出(x_1,x_2,x_3)点邻近一小立方体 $\Delta V=\Delta x_1\Delta x_2\Delta x_3$,同时标出它的六面受力情况.当 $\Delta x_1,\Delta x_2,\Delta x_3$ 取得足够小时,可以认为每个面上的力为均匀分布.由式(9.57)可见,u_1 只是 x_1 的函数,所以 $\sigma_{11},\sigma_{22},\sigma_{33}$ 皆是 x_1 的函数,与 x_2、x_3 无关.而作用在 x_2 和 x_3 方向两对面上的力大小相等方向相反.即在沿着 x_1 方向传播的平面波作用下,小质团受 x_2 和 x_3 两方向的合力为零.而在 x_1 方向的两对面上,由于靠近两面处的介质形变不等,同时形变速度也不等,因此面上声压和黏滞力都不等.于是该受力单元体的运动方程为

$$\rho\frac{\partial^2 u_1}{\partial t^2}=\frac{\partial\sigma_{11}}{\partial x_1}=-\frac{\partial p}{\partial x_1}+\left(\mu''+\frac{4}{3}\mu'\right)\frac{\partial^3 u_1}{\partial x_1^2\partial t} \tag{9.58}$$

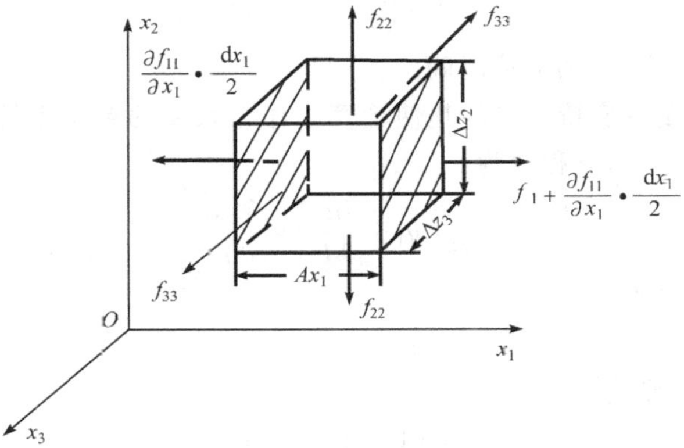

图 9-21

因为

$$\frac{\partial u_2}{\partial x_2}=\frac{\partial u_3}{\partial x_3}=0$$

所以

$$\frac{\mathrm{d}V}{V}=0=\frac{\partial u_1}{\partial x_1}$$

声压可由绝热过程状态方程

$$p=\rho v^2\ \frac{\mathrm{d}\rho}{\rho_0}=-\rho v^2\ \frac{\Delta V}{V}=-\rho v^2\ \frac{\partial u_1}{\partial x_1} \tag{9.59}$$

给出.

把式(9.58)代入式(9.57)中,即得黏弹性介质中平面纵波的完整方程

$$\frac{\partial^2}{\partial x_1^2}\left(u_1+\frac{\mu''+\frac{4}{3}\mu'}{\rho v^3}\frac{\partial u_1}{\partial t}\right)=\frac{1}{v^2}\frac{\partial^2 u_1}{\partial t^2} \tag{9.60}$$

该式即为完整的斯托克斯方程.

9.13 斯托克斯方程的瑞克解法

对于方程式(9.60),令$\left(\mu''+\frac{3}{4}\mu'\right)/\rho v^2\equiv\frac{1}{\omega_0}$,则该方程变为

$$\frac{\partial^2}{\partial x_1^2}\left(u_1+\frac{1}{\omega_0}\frac{\partial u_1}{\partial t}\right)=\frac{1}{v^2}\frac{\partial^2 u_1}{\partial t^2}$$

现定义下列无量纲量:

$$K\equiv\frac{\omega_0 x_1}{v},\quad T=\omega_0 t$$

式中,K 为数值距离,T 为数值时间.

引入这些无量纲变量的目的是使计算工作与采用的单位系统无关,此外也可简化偏微分方程,上面方程变为

$$\frac{\partial^2}{\partial k^2}\left(u_1+\frac{\partial u_1}{\partial T}\right)=\frac{\partial^2 u_1}{\partial T^2} \tag{9.61}$$

设此方程解的形式为

$$u_1=\mathrm{e}^{-\alpha k}\,\mathrm{e}^{\mathrm{i}\beta T} \tag{9.62}$$

式中,α、β 是常数,则有

$$\alpha^2(1+\mathrm{i}\beta)=-\beta^2$$

即

$$\alpha=\frac{\mathrm{i}\beta}{\sqrt{r+\mathrm{i}\beta}}$$

将其展开成级数形式有

$$\alpha=\mathrm{i}\beta+\frac{1}{2}\beta^2-\mathrm{i}\,\frac{1\cdot 3}{2\cdot 4}\beta^3-\frac{1\cdot 3\cdot 5}{2\cdot 4\cdot 6}\beta^4+\mathrm{i}\,\frac{1\cdot 3\cdot 5\cdot 7}{2\cdot 4\cdot 6\cdot 8}\beta^5+\cdots$$

于是方程(9.62)式可变为

$$u_1=e^{-\frac{\beta^2}{2}k}\cdot e^{i\beta(T-k)}\cdot e^{\left(i\frac{1\cdot 3}{2\cdot 4}\beta^3+\frac{1\cdot 3\cdot 5}{2\cdot 4\cdot 6}\beta^4-i\frac{1\cdot 3\cdot 5\cdot 7}{2\cdot 4\cdot 6\cdot 8}\beta^5+\cdots\right)k}$$

令

$$\alpha_3=\frac{1\cdot 3}{2\cdot 4},\quad \alpha_4=\frac{1\cdot 3\cdot 5}{2\cdot 4\cdot 6},\quad \alpha_5=\frac{1\cdot 3\cdot 5\cdot 7}{2\cdot 4\cdot 6\cdot 8}$$

$$\alpha_6=\frac{1\cdot 3\cdot 5\cdot 7\cdot 9}{2\cdot 4\cdot 6\cdot 8\cdot 10},\quad \alpha_7=\frac{1\cdot 3\cdot 5\cdot 7\cdot 9\cdot 11}{2\cdot 4\cdot 6\cdot 8\cdot 10\cdot 12}\cdots$$

则有

$$u_1=e^{-\frac{\beta^2}{2}k}\cdot e^{i\beta(T-k)}\cdot e^{(i\alpha_3\beta^3+\alpha_4\beta^4-i\alpha_5\beta^5-\alpha_6\beta^6+\cdots)k} \tag{9.63}$$

此式可写为

$$\begin{aligned}u_1&=e^{-\frac{\beta^2}{2}k}\cdot e^{i\beta(T-k)}[f_0(k,\beta)+if_1(k,\beta)]\\&=e^{-\frac{\beta}{2}k}[f_0\cos\beta(T-k)-f\sin\beta(T-k)]\\&\quad+ie^{-\frac{\xi^2}{3}k}[f_0\sin\beta(T-k)+f_1\cos\beta(T-k)]\end{aligned}$$

在此仅讨论 u_1 的虚部. 由于 u_1 的虚部是方程式(9.61)的一种解,故有

$$u_1=e^{-\frac{\beta^2}{2}k}[f_0\sin\beta(T-k)+f_1\cos\beta(T-k)]$$

而积分

$$\int_0^\infty \beta e^{-\frac{\beta^2}{2}k}[f_0\sin\beta(T-k)+f_1\cos\beta(T-k)]d\beta$$

也是方程式(9.61)的解,故此有

$$u_1=\int_0^\infty \beta e^{-\frac{\beta^2}{2}k}[f_0\sin\beta(T-k)+f_1(T-k)]d\beta$$

设

$$k\frac{\beta^2}{2}\equiv\xi^2$$

则

$$\beta=\left(\frac{2}{k}\right)^{1/2}\xi$$

$$d\beta=\left(\frac{2}{k}\right)^{1/2}d\xi$$

所以

$$u_1=\left(\frac{2}{k}\right)^{2/2}\int_0^\infty[\xi e^{-\xi^2}f_0\sin\xi\Xi+\xi e^{-\xi^2}\cos\xi\Xi]d\xi$$

式中

$$\Xi=\frac{T-k}{\left(\frac{k}{2}\right)^{1/2}}$$

令

$$U(\Xi/k)=\int_0^{\infty}\xi e^{-\xi^2}[f_0\sin\xi\Xi+f_1\cos\xi\Xi]d\xi$$

则

$$u_1\left(\frac{\Xi}{k}\right)=\left(\frac{2}{k}\right)^{2/2}U\left(\frac{\Xi}{k}\right) \tag{9.64}$$

由于

$$\begin{aligned}f_0+if_1&=\exp[(i\alpha_3\beta^3+\alpha_4\beta^4-i\alpha_5\beta^5-\alpha_6\beta^6+\cdots)k]\\&=\exp\left[\left(i\alpha_3\left(\frac{2}{k}\right)^{3/2}\xi^3+\alpha_4\left(\frac{2}{k}\right)^{4/2}\xi^4-i\alpha_5\left(\frac{2}{k}\right)^{5/2}\xi^5\cdots\right)k\right]\end{aligned}$$

所以

$$\begin{aligned}f_0=1&+\left(\frac{2}{k}\right)^{2/2}\left[2\alpha_4\xi^4-\frac{4\alpha_3^2}{2!}\xi^6\right]\\&+\left(\frac{2}{k}\right)^{4/2}\left[-2\alpha_6\xi^6+\frac{2^2}{2!}(\alpha_4^2+2\alpha_3\alpha_5)\xi^8-\frac{2^3}{3!}\alpha_3^2\alpha_4\xi^{10}+\frac{2^4}{4!}\alpha_3^4\xi^{12}\right]\\&+\left(\frac{2}{k}\right)^{6/2}\left[2\alpha_8\xi^8-\frac{2^2}{2!}(\alpha_5^2+2\alpha_4\alpha_6+2\alpha_6\alpha_7)\xi^{10}\right.\\&\left.+\frac{2^3}{3!}(\alpha_4^3+3\alpha_3^2\alpha_6+6\alpha_3\alpha_4\alpha_5)\xi^{12}-\frac{2^4}{4!}(4\alpha_3^3\alpha_5+6\alpha_3^2\alpha_4^2)\xi^{14}+\frac{2^5}{5!}5\alpha_3^4\alpha_4\xi^{16}-\frac{2^6}{6!}\alpha_3^6\xi^{18}\right]+\cdots\end{aligned}$$

$$\begin{aligned}f_1=&\left(\frac{2}{k}\right)^{1/2}2\alpha_3\xi^3+\left(\frac{2}{k}\right)^{3/2}\left[-2\alpha_5\xi^5+\frac{2^2}{2!}2\alpha_3\alpha_4\xi^7-\frac{2^3}{3!}\alpha_3^3\xi^9\right]\\&+\left(\frac{2}{k}\right)^{5/2}\left[2\alpha_7\xi^7-\frac{2^2}{2!}\left(2\alpha_3\alpha_6+2\alpha_4\alpha_5\right)\xi^9\right]\\&+\frac{2^3}{3!}(3\alpha_3^2\alpha_5+3\alpha_3\alpha_4^2)\xi^{11}-\frac{2^4}{4!}4\alpha_3^3\alpha_4\xi^{13}+\frac{2^5}{5!}\alpha_3^5\xi^{15}\\&+\left(\frac{2}{k}\right)^{7/2}\left[-2\alpha_9\xi^9+\frac{2^2}{2!}(2\alpha_3\alpha_4+2\alpha_4\alpha_7+2\alpha_5\alpha_6)\xi^{11}\right.\\&-\frac{2^3}{3!}(3\alpha_3\alpha_5^2+3\alpha_3^2\alpha_7+6\alpha_3\alpha_4\alpha_6+3\alpha_4^2\alpha_5)\xi^{13}\\&+\frac{2^4}{4!}(4\alpha_3^3\alpha_6+4\alpha_3\alpha_4^3+12\alpha_3^2\alpha_4\alpha_5)-\frac{2^5}{5!}(5\alpha_3^4+10\alpha_3^3\alpha_4^2)\xi^{17}\\&\left.+\frac{2^6}{6!}6\alpha_3^5\alpha_4\xi^{19}-\frac{2^7}{7!}\alpha_3^7\xi^{21}\right]+\cdots\end{aligned}$$

定义

$$G_0(\Xi) \equiv \int_0^\infty e^{-\xi^2}\cos\xi\Xi\,d\xi = \frac{\sqrt{\pi}}{2}e^{-\frac{\Xi^2}{4}}$$

与

$$G_n(\Xi) \equiv \frac{d^n}{d\Xi^n}G_0(\Xi)$$

因为

$$\int_0^\infty \xi^{2n}e^{-\xi^2}\cos\xi\Xi\,d\xi = (-1)^n G_{2n}(\Xi)$$

$$\int_0^\infty \xi^{2n+1}e^{-\xi^2}\sin\xi\Xi\,d\xi = (-1)^{n+1}G_{2n+1}[\Xi]$$

故有

$$U(\Xi|k) = p_0(\Xi) + \left(\frac{2}{k}\right)p_1(\Xi) + \left(\frac{2}{k}\right)p_2(\Xi) - \left(\frac{2}{k}\right)p_3(\Xi) + \cdots$$

式中

$$p_0(\Xi) = -G_1(\Xi)$$

$$p_1(\Xi) = \frac{3}{4}G_4(\Xi)$$

$$p_2(\Xi) = -\left[\frac{9}{32}G_7(\Xi) + \frac{5}{8}G_5(\Xi)\right]$$

$$p_3(\Xi) = \left[\frac{9}{128}G_{16}(\Xi) + \frac{15}{32}G_8(\Xi) + \frac{35}{64}G_6(\Xi)\right]$$

$$p_4(\Xi) = -\left[\frac{27}{2048}G_{13}(\Xi) + \frac{45}{256}G_{11}(\Xi) + \frac{155}{256}G_9(\Xi) + \frac{63}{128}G_7(\Xi)\right]$$

$$p_5(\Xi) = \frac{81}{40960}G_{16}(\Xi) + \frac{45}{1024}G_{14}(\Xi) + \frac{615}{2048}G_{12}(\Xi) + \frac{91}{128}G_{10}(\Xi) + \frac{231}{512}G_8(\Xi)$$

$$p_6(\Xi) = -\left[\frac{81}{327680}G_{19}(\Xi) + \frac{135}{16384}G_{17}(\Xi) + \frac{765}{8192}G_{15}(\Xi) + \frac{5351}{12288}G_{13}(\Xi) + \frac{6517}{8192}G_{11}(\Xi) + \frac{429}{1024}G_9(\Xi)\right]$$

$$p_7(\Xi) = \left[\frac{243}{9175040}G_{22}(\Xi) + \frac{81}{65536}G_{20}(\Xi) + \frac{2745}{131072}G_{18}(\Xi)\right.$$

$$+\frac{1321}{8192}G_{16}(\Xi)+\frac{18893}{32768}G_{14}(\Xi)+\frac{7089}{8192}G_{12}(\Xi)+\frac{6435}{16384}G_{10}(\Xi)\Bigg]$$

注意到式(9.64),有

$$u_1 = \sum_{n=0}^{\infty}\left(\frac{2}{k}\right)^{\frac{n+2}{2}}P_n(\Xi)$$

式中

$$\Xi=\frac{T-k}{(k/2)^{1/2}}$$

上式即为瑞克提出的对方程(9.59)的级数解.

令

$$V(\Xi|k)=\frac{\mathrm{d}}{\mathrm{d}T}U(\Xi|k)$$

$$W(\Xi|k)=\frac{\mathrm{d}^2}{\mathrm{d}T^2}U(\Xi|k)$$

则

$$\dot{u}_1(\Xi|k)=\left(\frac{2}{k}\right)^{3/2}V(\Xi|k)$$

$$\ddot{u}_1(\Xi|k)=\left(\frac{2}{k}\right)^{4/2}W(\Xi|k)$$

分别为速度函数与加速度函数,我们通常把 $u_1(\Xi|k)$、$\dot{u}_1(\Xi|k)$、$\ddot{u}_1(\Xi|k)$分别称为位移型、速度型、加速度型子波函数.

瑞克又引进母函数

$$\Psi_n(\Xi) = \int P_n(\Xi)\mathrm{d}T$$

提出级数解可由 $\Psi_n(\Xi)$表达,进而得出母函数的一系列关系式.

如果所传播的波是球面波,则上述解的公式中 k 将变为传播距离 r 相应的数值,径向距离 $R=\frac{\omega_0 r}{v}$. 其解为

$$u_1 = \sum_{n=0}^{\infty}\left(\frac{2}{R}\right)^{(n+4)/2}\Psi'_n(\Xi)$$

$$u_2 = \sum_{n=0}^{\infty}\left(\frac{2}{R}\right)^{(n+5)/2}\Psi_n^2(\Xi)$$

$$\dot{u}_1 = \sum_{n=0}^{\infty}\left(\frac{2}{R}\right)^{(n+6)/2}\Psi_n^3(\Xi)$$

式中

$$\Xi=\frac{T-R}{(R/2)^{1/2}}$$

上式结果图示于图 9 - 22,该图上的四项分别为母函数、位移子波函数、速度子波函数和加速度子波函数.

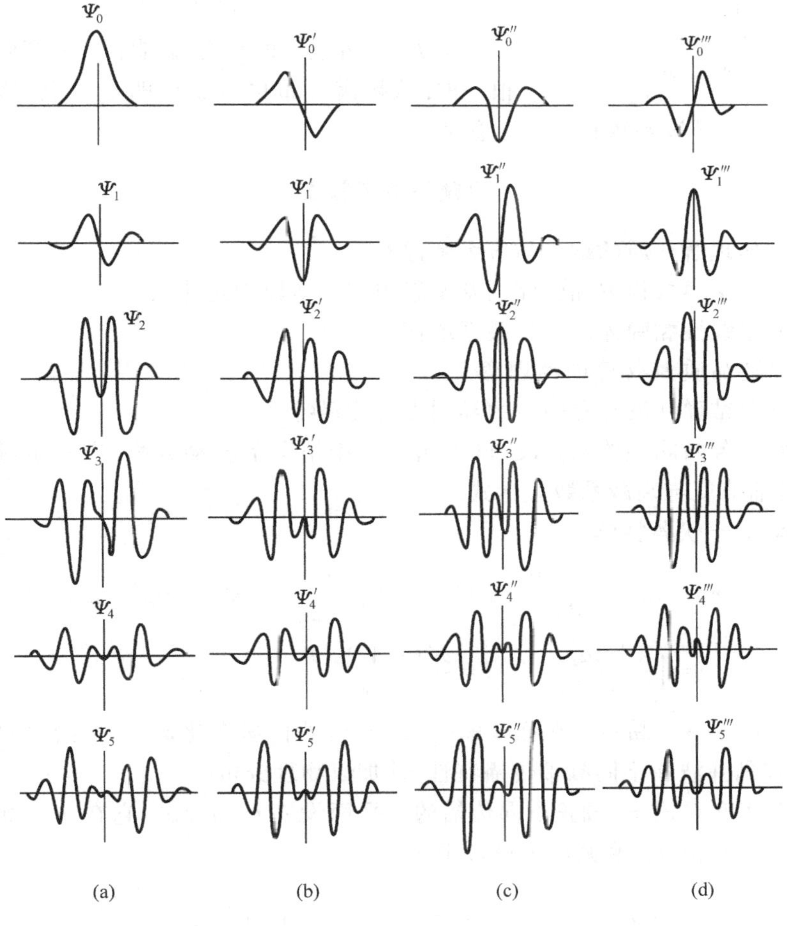

图 9 - 22

1947 年,美国实验地震队在科罗拉多州(Colorado)的莱蒙(Limon)地区作了井中观测上述级数解与实际地震子波比较的实验.这里仅举该实验的一个结果作比较.这个实测记录是在井下 250.71m 处得到的,地面震源深度为 76.25m,偏移距 15.25m.参见图 9 - 23,这是一个速度型子波记录.其中实线为实际子波记录,

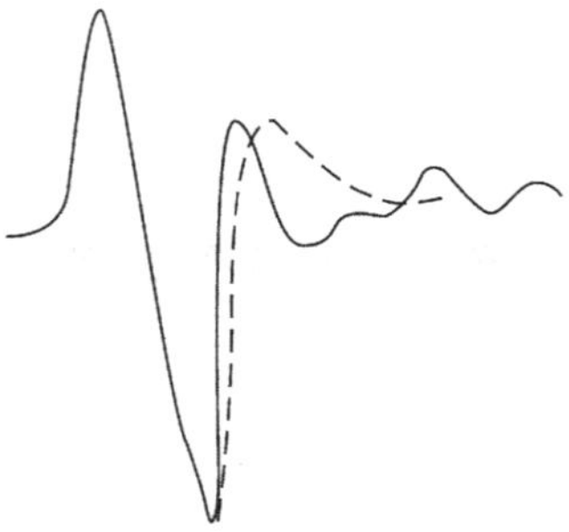

图 9 - 23

虚线为 $V(u|25)$ 子波波形. 即径向数值距 R 取 25，由公式

$$\dot{u}_1=\left(\frac{2}{R}\right)^{5/2}V(\Xi|R)$$

式中

$$\Xi=\frac{T-R}{(R/2)^{1/2}}$$

可见，两者之间的拟合直到第二个弯曲点都是很好的. 从频谱分布也可以证明这一点. 这表明瑞克理论得到的子波函数具有实际意义.

习题与参考答案

1. 如何理解介质的蠕变与应力弛豫?

2. 用力学模式描述黏弹体的基本思想与基本原则是什么?

3. 简单线性黏弹体的本构关系如何?

4. 试述品质因数 Q 的物理意义.

5. 试总结弹性波与黏弹波的异同点与传播特性.

6. 对于各向同性的黏弹波，试导出在一维情况下波动方程. 进一步对平面纵波导出传播速度与衰减系数表达式.

答案：对于伏各特体

$$\rho\ddot{u}_i=(\lambda+\mu)\frac{\partial^2 u_j}{\partial u_i\partial u_j}+(\lambda'+\mu')\frac{\partial^2 u_j}{\partial x_i\partial x_j}+\mu\,\nabla'^2u_i+\mu'\nabla^2\dot{u}_i,$$

$$v=\left(\frac{\lambda+2\mu}{\rho}\right)^{1/2},\quad r=\frac{\omega^2(\lambda'+2\mu')}{2\rho v^3}$$

7. 本章列举了黏弹波在低频(0～80Hz)带的传播变化资料. 请给出它的物理解释. 比较黏弹波在不同频带传播特性，并加以物理分析.

8. 以速度 C 沿 x_1 轴正方向传播的一平面设 $\delta(t-x_1/v)$，它在 $x_1=0$ 进入一衰减介质. 在距离 x_1，衰减波的脉冲形态为

$$p(x_1,t)=\frac{1}{2\pi}\int_{-\infty}^{\infty}\exp\left[\frac{-|\omega|x_1}{2CQ}\right]\exp\left[\mathrm{i}\omega\left(\frac{x_1}{C}-\mathrm{i}\right)\right]\mathrm{d}\omega$$

试在 Q 为常数的情况，讨论 $p(x_1,t)$ 的形状. 又若 Q 为偶函数，即 $Q(-\omega)=Q(\omega)$，但无频散，再讨论 $p(x_1,t)$ 的形状.

9. 试说明 N. H. Ricker 的研究黏弹性介质中的地震波的方法.

主要参考文献

艾龙根 A C,舒华毕 E S. 1984. 弹性动力学. 戈革译. 北京:石油工业出版社

巴特 M. 1976. 地震学的数学问题. 郑治真译. 北京:科学出版社

布列霍夫斯基赫 Л M. 1960. 分层介质中的波. 杨训仁译. 北京:科学出版社

郭自强. 固体中的波. 1982. 北京:地震出版社

国家地震局地震地质大队. 1989. 地应力测量的原理和应用. 北京:地质出版社

何祚镛,赵玉芳. 1981. 声学理论基础. 北京:国防工业出版社

考尔斯基 H. 1958. 固体中的应力波. 王仁等译. 北京:科学技术出版社

朗道 Л Д,栗弗席兹 E M. 连续介质力学. 第一册. 彭旭麟译. 北京:高等教育出版社

力武常次,秋原幸男. 1980. 物理地学. 郑建中译. 北京:地震出版社

牟永光. 1981. 有限单元法弹性波偏移. 地球物理学报,27(3):268~277

瑞克 N H. 1981. 黏弹性介质中的地震波. 许云译. 北京:地质出版社

苏恺之. 1985. 地应力测量方法. 北京:地震出版社

王龙甫. 1979. 弹性理论. 北京:科学出版社

王仁,丁中一等. 1979. 固体力学基础. 北京:地质出版社

王维佳. 1984. 黏性可压缩流体中的波. 地球物理学报,27(1):84~93

徐果明,周惠兰. 1982. 地震学原理. 北京:科学出版社

杨宝俊等. 1990. 弹性波理论. 长春:东北师范大学出版社

伊文 W 等. 1966. 层状介质中的弹性波. 刘光鼎译. 北京:科学出版社

Attewell P B,Ramana Y V. 1966. Wave attenuation and internal friction as function of frequency in rocks. Geophysics,31:1049~1056

Born W T. 1941. Attenuation constant of earth materials. Geophysics,6:13~148

Kustor G T,Toksoz M N. 1974. Velocity and atlenuation of seismic waves in two-phase media. Geophysics,39:587~606

Toksöz M N,Cheng C H,Timur A. 1976. Velocities of seismic waves in porous rocks. Geophysics,41:621~645

附　　录

F.1　通用符号对照表

位置矢量分量		位移矢量分量		坐标单位矢量		方向余弦	
(一)	(二)	(一)	(二)	(一)	(二)	(一)	(二)
x	x_1	u	u_1	i	i_1	l	n_1
y	x_2	v	u_2	j	i_2	m	n_2
z	x_3	ω	u_3	k	i_3	n	n_3

应力分量			应变分量			体力分量	
(一)	(二)	(三)	(一)	(二)	(三)	(一)	(二)
σ_x	σ_{11}	X_x	ε_x	e_{11}	e_{xx}	X	f_1
σ_y	σ_{22}	Y_y	ε_y	e_{22}	e_{yy}		
σ_z	σ_{33}	Z_z	ε_z	e_{33}	e_{zz}	Y	f_2
τ_{xy}	σ_{12}	X_y	γ_{xy}	e_{12}	e_{xy}		
τ_{yz}	σ_{23}	Y_z	γ_{yz}	e_{23}	e_{yz}	Z	f_3
τ_{zx}	σ_{31}	Z_x	γ_{xz}	e_{31}	e_{xz}		

注：$\gamma_{xy}=\left(\dfrac{\partial u}{\partial y}+\dfrac{\partial v}{\partial x}\right)$，$e_{12}=\left(\dfrac{\partial u_1}{\partial x_2}+\dfrac{\partial u_2}{\partial x_1}\right)$

F.2　张量简介

在物理中，为了表示空间某点的物理状态和性质，常常引入标量和矢量. 标量是只有数值大小而无方向的量，并只有一个分量，如温度、密度等. 矢量是有大小和方向的量，如速度、加速度、电场强度等. 矢量有 3 个分量. 然而在实际问题中发现，只用标量、矢量还不足以描述某些物理量的特征，如连续体的内应力，它是面力. 任一面上的力，不仅与面积的大小有关，而且与面积的取向有关. 这样一种性质的力用矢量就不能完全表示它的性质. 诸如此类，就迫使人们扩大原来标量、矢量的概念，引入一个新的量——张量来描述某些量的性质. 引入张量的概念需要注意以下两点：首先，应使它保持原有标量和矢量的主要性质；其次，应把标量和矢量包括在新定义的范围之内.

矢量的一个重要性质是当坐标轴旋转时矢量的长度保持不变. 为了将这一性质表达成数学形式,我们需要研究坐标轴旋转时空间一点的坐标变换关系,并从矢量长度不变性去得出这种变换满足的条件. 在此基础上将矢量定义加以推广,就得到张量定义. 本书定义的张量限于直角坐标系,相应的张量称为笛卡儿张量.

F. 2. 1　坐标变换

设两个直角坐标系具有相同原点. 空间一点 P,在两个坐标系中的位置分别为 (x_1, x_2, x_3) 和 $(x_1', x_2' x_3')$. $x_i'(i=1,2,3)$ 坐标系可看成是由 x_j 坐标系旋转而成. 设 $\alpha_{ij}=\cos(x_i', x_j)$ 表示 x_i' 轴与 x_j 轴夹角的方向余弦. 则新旧坐标的变换关系为

$$x_i'=\alpha_{ij}x_j,\quad i,j=1,2,3 \tag{F. 1}$$

或者

$$\begin{aligned} x_1'&=\alpha_{11}x_1+\alpha_{12}x_2+\alpha_{13}x_3\\ x_2'&=\alpha_{21}x_1+\alpha_{22}x_2+\alpha_{23}x_3\\ x_3'&=\alpha_{31}x_1+\alpha_{32}x_2+\alpha_{33}x_3 \end{aligned} \tag{F. 2}$$

它的矩阵形式为

$$\begin{bmatrix} x_1' \\ x_2' \\ x_3' \end{bmatrix}=\begin{bmatrix} \alpha_{11} & \alpha_{12} & \alpha_{13} \\ \alpha_{21} & \alpha_{22} & \alpha_{23} \\ \alpha_{31} & \alpha_{32} & \alpha_{33} \end{bmatrix}\begin{bmatrix} x_1 \\ x_2 \\ x_3 \end{bmatrix} \tag{F. 3}$$

式(F. 3)的反变换可写成

$$x_i=\alpha_{ji}x_j',\quad i,j=1,2,3 \tag{F. 4}$$

从长度不变性 $x_ix_i=x_j'x_j'=x_i'x_i'=x_jx_j$ 可得 α_{ij} 的下述性质,即

$$\begin{aligned} \alpha_{ij}\alpha_{ik}&=\delta_{jk}\\ \alpha_{ji}\alpha_{ki}&=\delta_{jk} \end{aligned} \tag{F. 5}$$

具有这种性质的变换称为线性正交变换.

F. 2. 2　定义

零阶张量:一量 φ,它只有 1 个分量,当坐标按照式(F. 1)变换时,它保持恒定,则 φ 称为标量或零阶张量.

一阶张量:设量 A 有 3 个分量 $A_i(i=1,2,3)$,当坐标按式(F. 1)变换时,它按下式变换:

$$A_i'=\alpha_{ji}A_j \tag{F. 6}$$

则 A_i 称为一阶张量或矢量.

二阶张量:设有一量 B,它有 9 个分量 $B_{ij}(i,j=1,2,3)$ 当坐标按式(F. 1)变换,B_{ij} 按下式变换:

$$B'_{ij}=\alpha_{il}\alpha_{jm}B_{lm} \tag{F. 7}$$

则 B_{ij} 称为二阶张量.

三阶张量:设有一量 c,它有 $3^3=27$ 个分量 $c_{ijk}=(i,j,k=1,2,3)$,当坐标按式(F. 1)变换时,它按下式变换:

$$c_{ijk}=\alpha_{ir}\alpha_{je}\alpha_{kl}c_{rel} \tag{F. 8}$$

则 c_{ijk} 称为三阶张量.

n 阶张量:设一量有 3^n 个分量,当坐标按式(F. 1)变换时,它按下式变换:

$$e_{ijkl\cdots n}=\alpha_{ir}\alpha_{je}\alpha_{ki}\cdots\alpha_{ny}e_{rki\cdots y} \tag{F. 9}$$

则 $e_{ijkl\cdots n}$ 称为 n 阶张量.

F. 2. 3 性质

从张量定义可得张量的如下性质:

(1) 两个阶数相同的张量可以相加或相减,所得结果与原张量同阶. 设 d_{ij} 和 b_{ij} 为二阶张量,则

$$c_{ij}=d_{ij}+b_{ij} \tag{F. 10}$$

(2) 两个一阶张量 d_i 和 d_j,它的乘积定义为

$$c_{ij}=d_ib_j \tag{F. 11}$$

由于

$$c'_{ij}=d'_ib'_j=\alpha_{li}\alpha_{jm}d_lb_m \tag{F. 12}$$

可见两个一阶张量相乘,结果为二阶张量. 同样,一阶张量与二阶张量的积为三阶张量. 推而广之,乘积后张量阶数等于相乘张量阶数相加.

(3) 对称张量及反对称张量:设张量 d_{ij},当 i,j 互换后相等,即 $d_{ij}=d_{ji}$,则此张量称为对称张量. 当 $d_{ij}=-d_{ji}$,则 d_{ij} 称为反对称张量. 写成矩阵形式,对称张量 T_{ij} 可表示为

$$\boldsymbol{T}=\begin{bmatrix} T_{11} & T_{12} & T_{13} \\ T_{12} & T_{22} & T_{23} \\ T_{13} & T_{23} & T_{33} \end{bmatrix} \tag{F. 13}$$

反对称张量 T_{ij} 可表示为

$$\boldsymbol{T}=\begin{bmatrix} T_{11} & T_{12} & T_{13} \\ -T_{12} & T_{22} & T_{23} \\ -T_{13} & -T_{23} & T_{33} \end{bmatrix} \tag{F. 14}$$

任一二阶张量可以表示成对称张量与反对称张量之和. 例如,

$$T_{ij}=\frac{1}{2}[T_{ij}+T_{ji}]+\frac{1}{2}[T_{ij}-T_{ji}]=A_{ij}+B_{ij} \tag{F. 15}$$

式中，$A_{ij}=\frac{1}{2}(T_{ij}+T_{ji})$为对称张量，$B_{ij}=\frac{1}{2}[T_{ij}-T_{ji}]$为反对称张量.

(4) 张量的缩阶：三阶张量 d_{ijk}，令其中两个指标相等，称为张量缩阶. 缩阶后张量为 d_{ikk}，它是一阶张量. 任一张量缩阶后阶数减少二阶.

(5) 张量不变量：任一二阶张量 T_{ij}，有 3 个不变量 T_{ii}，$T_{ij}T_{ji}$，$T_{ij}T_{jk}T_{ki}$. 即在坐标按式(F.1)变换时它们保持恒定，或者写成

$$\begin{aligned} T_{ii} &= T'_{ii} \\ T_{ij}T_{ji} &= T'_{ij}T'_{ji} \\ T_{ij}T_{jk}T_{ki} &= T'_{ij}T'_{jk}T'_{ki} \end{aligned} \tag{F.16}$$

F.2.4　张量判别定理

定理 1　设有 A_j、B_i 是一阶张量，假如 T_{ij} 与 A_j 的积满足下列关系：

$$B_i=T_{ij}A_j \tag{F.17}$$

则 T_{ij} 是二阶张量. 其证明如下：

因为

$$B'_i=T'_{ij}A'_j=\alpha_{ik}B_k=\alpha_{ik}T_{km}A_m$$

且

$$A_m=\alpha_{nm}A'_n$$

代入上式右端可得

$$T'_{ij}A'_j=\alpha_{ik}\alpha_{nm}T_{km}A'_n$$

此式左端重复指标 j 表示对它求和，故用 n 代换 j 不影响结果，于是有

$$(T'_{in}-\alpha_{ik}\alpha_{nm}T'_{km})A'_n=0$$

因 $A'\neq 0$，故此可得

$$T'_{in}=\alpha_{ik}\alpha_{nm}T_{km}$$

此式表示 T_{ij} 为二阶张量.

定理 2　设 A_i、B_j 是一阶张量. 若 $T_{ij}A_iB_j$ 是零阶张量，则 T_{ij} 是二阶张量. 证明从略.

从张量定义知替代符号 δ_{ij} 是二阶单位张量. 循环符号 δ_{ijk} 是三阶张量.

F.3　相似矩阵的特征值

设 $\boldsymbol{M}$ 表示一矩阵，$\boldsymbol{M}^{-1}$ 表示 $\boldsymbol{M}$ 的逆矩阵. 当矩阵 $\boldsymbol{A}$ 与矩阵 $\boldsymbol{D}$ 满足

$$\boldsymbol{D}=\boldsymbol{M}^{-1}\boldsymbol{A}\boldsymbol{M} \tag{F.18}$$

关系时，则称 $\boldsymbol{D}$ 与 $\boldsymbol{A}$ 是相似的.

若有一线性正交变换

$$(\boldsymbol{T})=\boldsymbol{A}(x) \tag{F.19}$$

这里用()号表示矢量，它的分量形式为

$$T_i=A_{ij}x_j, \quad i,j=1,2,3 \tag{F.20}$$

式(F.20)可以理解为变换算符作用在矢量 x_j 上，将矢量 x_j 变换成矢量 T_i. 现在我们寻找矢量 x_j 的某一方向，它在变换时保持方向恒定. 即变换后仍与原来方向平行. 在数学上表示为

$$(T)=\lambda(x)$$

或

$$A(x)=\lambda I(x) \tag{F.21}$$

式中，λ 为一常数，I 为单位张量. 式(F.21)还可写成如下形式：

$$(A-\lambda I)(x)=0 \tag{F.22}$$

式(F.22)是对于 $x_i(i=1,2,3)$ 的线性方程组，若使它有非零解. 其系数行列式应为零，即

$$\begin{vmatrix} \alpha_{11}-\lambda & \alpha_{12} & \alpha_{13} \\ \alpha_{21} & \alpha_{22}-\lambda & \alpha_{23} \\ \alpha_{31} & \alpha_{32} & \alpha_{33}-\lambda \end{vmatrix}=0$$

展开后得 λ 的三次方程

$$\lambda^3-I_1\lambda^2+I_2\lambda-I_3=0 \tag{F.23}$$

式中

$$I_1=\alpha_{11}+\alpha_{22}+\alpha_{33} \tag{F.24}$$

$$I_2=\begin{vmatrix} \alpha_{11} & \alpha_{12} \\ \alpha_{21} & \alpha_{22} \end{vmatrix}+\begin{vmatrix} \alpha_{22} & \alpha_{23} \\ \alpha_{32} & \alpha_{33} \end{vmatrix}+\begin{vmatrix} \alpha_{33} & \alpha_{31} \\ \alpha_{13} & \alpha_{11} \end{vmatrix} \tag{F.25}$$

$$I_3=\begin{vmatrix} \alpha_{11} & \alpha_{12} & \alpha_{13} \\ \alpha_{21} & \alpha_{22} & \alpha_{23} \\ \alpha_{31} & \alpha_{32} & \alpha_{33} \end{vmatrix} \tag{F.26}$$

在一般情况下，有 3 个根，即 λ_1、λ_2、λ_3 它们称为本征方程(F.23)的特征值. 对每一个 λ，代入方程(F.22)可得一组 x_i，它们相应于一个矢量，称特征矢量. 将每个矢量的分量作为矩阵 $\boldsymbol{M}$ 的行即得一方阵 $\boldsymbol{M}$(3 个矢量，每个矢量 3 个分量). 特征值 λ 构成一对角矩阵，即

$$\boldsymbol{D}=\begin{bmatrix} \lambda_1 & 0 & 0 \\ 0 & \lambda_2 & 0 \\ 0 & 0 & \lambda_3 \end{bmatrix} \tag{F.27}$$

利用对角矩阵可以把方程组写成矩阵方程，于是式(F.21)可写成

$$\boldsymbol{AM}=\boldsymbol{MD} \tag{F.28}$$

用 $\boldsymbol{M}^{-1}$左乘式(F. 28)得

$$\boldsymbol{M}^{-1}\boldsymbol{AM}=\boldsymbol{D} \tag{F.29}$$

方程(F. 29)说明 $\boldsymbol{D}$ 与 $\boldsymbol{M}^{-1}\boldsymbol{AM}$ 满足式(F. 18). 相似矩阵有一重要性质,就是它们的特征相同. 为了证明这点,将 $\boldsymbol{M}^{-1}\boldsymbol{AM}$ 代替方程(F. 22)中的 $\boldsymbol{A}$ 得

$$\begin{aligned}&|\boldsymbol{M}^{-1}\boldsymbol{AM}-\lambda\boldsymbol{I}|\\ =&|\boldsymbol{M}^{-1}||\boldsymbol{A}-\lambda\boldsymbol{I}||\boldsymbol{M}|\\ =&|\boldsymbol{A}-\lambda\boldsymbol{I}|\end{aligned} \tag{F.30}$$

可见 $\boldsymbol{M}^{-1}\boldsymbol{AM}$ 的特征方程与 $\boldsymbol{A}$ 的特征方程是相同的. 它的特征值也是相同的. 这说明 λ_1、λ_2、λ_3 不随线性变换而改变,即它是不变量.

由于 λ_1、λ_2、λ_3 是方程(F. 22)的 3 个根,应有

$$(\lambda-\lambda_1)(\lambda-\lambda_2)(\lambda-\lambda_3)=0 \tag{F.31}$$

将式(F. 31)展开并与式(F. 25)比较可得

$$I_1=\lambda_1+\lambda_2+\lambda_3 \tag{F.32}$$

$$I_2=\lambda_1\lambda_2+\lambda_2\lambda_3+\lambda_3\lambda_1 \tag{F.33}$$

$$I_3=\lambda_1\lambda_2\lambda_3 \tag{F.34}$$

既然 λ_1、λ_2、λ_3 为不变量,那么推知 I_1、I_2、I_3 也是不变量.

F. 4　曲线坐标中的运算公式

F. 4. 1　柱坐标系

$$\mathrm{grad}\varphi=\frac{\partial\varphi}{\partial r}e_r+\frac{1}{r}\frac{\partial\varphi}{\partial\theta}e_\theta+\frac{\partial\varphi}{\partial z}e_z \tag{F.35}$$

$$\mathrm{dlv}A=\frac{1}{r}\frac{\partial}{\partial r}\left(rA_r\right)+\frac{1}{r}\frac{\partial A_\theta}{\partial\theta}+\frac{\partial A}{\partial z} \tag{F.36}$$

$$\mathrm{rot}A=\left(\frac{1}{r}\frac{\partial A_z}{\partial\theta}-\frac{\partial A_\theta}{\partial z}\right)e_r+\left(\frac{\partial A_r}{\partial z}-\frac{\partial A_z}{\partial r}\right)e_\theta+\left[\frac{1}{r}\frac{\partial}{\partial r}\left(rA_\theta\right)-\frac{1}{r}\frac{\partial A_r}{\partial\theta}\right]e_z \tag{F.37}$$

$$\nabla^2\varphi=\frac{\partial^2\varphi}{\partial r^2}+\frac{1}{r}\frac{\partial\varphi}{\partial r}+\frac{1}{r^2}\frac{\partial^2\varphi}{\partial\theta^2}+\frac{\partial^2\varphi}{\partial z^2} \tag{F.38}$$

$$\nabla^2A=\left(\nabla^2A_r-\frac{A}{r^2}-\frac{2}{r^2}\frac{\partial A_\theta}{\partial\theta}\right)e_r+\left(\nabla^2A_\theta+\frac{A_\theta}{r^2}+\frac{2}{r^2}\frac{\partial A}{\partial\theta}\right)e_\theta+\nabla^2A_ze_z \tag{F.39}$$

应变分量

$$
\begin{aligned}
&e_{rr}=\frac{\partial u_r}{\partial r}, \quad e_{\theta\theta}=\frac{1}{r}\frac{\partial u_\theta}{\partial \theta}+\frac{u_r}{r}\\
&e_{zz}=\frac{\partial u_z}{\partial z}, \quad e_{r\theta}=\frac{1}{2}\left(\frac{1}{r}\frac{\partial u_r}{\partial \theta}+\frac{\partial u_\theta}{\partial r}-\frac{u_\theta}{r}\right)\\
&e_{zr}=\frac{1}{2}\left(\frac{\partial u_z}{\partial r}+\frac{\partial u_r}{\partial z}\right)\\
&e_{\theta z}=\frac{1}{2}\left(\frac{\partial u_\theta}{\partial z}+\frac{1}{r}\frac{\partial u_z}{\partial \theta}\right)
\end{aligned}
\tag{F.40}
$$

广义胡克定律

$$
\sigma_{ji}=\lambda e_{kk}\delta_{ji}+2\mu e_{ji} \tag{F.41}
$$

σ_{ji}、e_{ij} 角标 i、j 分别取 1、2、3 时各对应 r、θ、z.

应力分量

$$
\begin{aligned}
&\sigma_{rr}=\lambda\left(\frac{\partial u_r}{\partial r}+\frac{1}{r}\frac{\partial u_\theta}{\partial \theta}+\frac{u_r}{r}\right)+2\mu\frac{\partial u_r}{\partial r}\\
&\sigma_{\theta\theta}=\lambda\left(\frac{\partial u_r}{\partial r}+\frac{1}{r}\frac{\partial u_\theta}{\partial \theta}+\frac{u_r}{r}\right)+2\mu\left(\frac{1}{r}\frac{\partial u_\theta}{\partial \theta}+\frac{u_r}{r}\right)\\
&\sigma_{zz}=\lambda\left(\frac{\partial u_r}{\partial r}+\frac{1}{r}\frac{\partial u_\theta}{\partial \theta}+\frac{u_r}{r}\right)+2\mu\frac{\partial u_z}{\partial z}\\
&\sigma_{r\theta}=\mu\left(\frac{1}{r}\frac{\partial u_r}{\partial \theta}+\frac{\partial u_\theta}{\partial r}+\frac{u_\theta}{r}\right)\\
&\sigma_{zr}=\mu\left(\frac{\partial u_z}{\partial r}+\frac{\partial u_r}{\partial z}\right)\\
&\sigma_{\theta z}=\mu\left(\frac{\partial u_\theta}{\partial z}+\frac{1}{r}\frac{\partial u_z}{\partial \theta}\right)
\end{aligned}
\tag{F.42}
$$

F.4.2 球坐标系

$$
\mathrm{grad}\varphi=\frac{\partial \varphi}{\partial r}e_r+\frac{1}{r}\frac{\partial \varphi}{\partial \theta}e_\theta+\frac{1}{r\sin\theta}\frac{\partial \varphi}{\partial \alpha}e_\alpha \tag{F.43}
$$

$$
\mathrm{dlv}A=\frac{1}{r^2}\frac{\partial}{\partial r}(r^2A_r)+\frac{1}{r\sin\theta}\frac{\partial}{\partial \theta}(A_\theta\sin\theta)+\frac{1}{r\sin\theta}\frac{\partial A_\alpha}{\partial \alpha} \tag{F.44}
$$

$$
\begin{aligned}
\mathrm{rot}A=&\frac{1}{r\sin\theta}\left[\frac{\partial}{\partial \theta}(A_\alpha\sin\theta)-\frac{\partial A_\theta}{\partial \alpha}\right]e_r+\left[\frac{1}{r\sin\theta}\frac{\partial A_r}{\partial \alpha}-\frac{1}{r}\frac{\partial}{\partial r}(rA_\alpha)\right]e_\theta\\
&+\frac{1}{r}\left[\frac{\partial}{\partial r}(rA_\theta)-\frac{\partial A_r}{\partial \theta}\right]e_\alpha
\end{aligned}
\tag{F.45}
$$

$$
\nabla^2\varphi=\frac{1}{r^2}\frac{\partial}{\partial r}\left(r^2\frac{\partial \varphi}{\partial r}\right)+\frac{1}{r^2\sin\theta}\frac{\partial}{\partial \theta}\left(\sin\theta\frac{\partial \varphi}{\partial \theta}\right)+\frac{1}{r^2\sin^2\theta}\frac{\partial^2\varphi}{\partial \alpha^2} \tag{F.46}
$$

$$\nabla^2 A = \left[\nabla^2 A_r - \frac{2}{r^2}A_r - \frac{2}{r^2\sin\theta}\frac{\partial}{\partial\theta}\left(A_\theta\sin\theta\right) - \frac{2}{r^2\sin\theta}\frac{\partial A_c}{\partial\alpha}\right]e_r$$
$$+\left[\nabla^2 A_\theta - \frac{A_\theta}{r^2\sin\theta} + \frac{2}{r^2}\frac{\partial A}{\partial\theta} - \frac{2}{r^2}\frac{\cos\theta}{\sin^2\vartheta}\frac{\partial A_\alpha}{\partial\alpha}\right]e_\theta$$
$$+\left[\nabla^2 A_\alpha - \frac{A_\alpha}{r^2\sin^2\theta} + \frac{2}{r^2\sin\theta}\frac{\partial A_\alpha}{\partial\alpha} + \frac{2\cos\theta}{r^2\sin^2\theta}\frac{\partial A_\alpha}{\partial\alpha}\right]e_\alpha \qquad (F.47)$$

应变分量

$$e_{rr} = \frac{\partial u_r}{\partial r}, \quad e_{\theta\theta} = \frac{1}{r}\frac{\partial u_\theta}{\partial\theta} + \frac{u_r}{r}$$
$$e_{\alpha\alpha} = \frac{1}{r\sin\vartheta}\frac{\partial u_\alpha}{\partial\alpha} + \frac{u_r}{r} + \frac{u_\theta}{r}\cot\theta$$
$$e_{r\alpha} = \frac{1}{2}\left(\frac{1}{r\sin\theta}\frac{\partial u_r}{\partial\alpha} - \frac{u_\alpha}{r} + \frac{\partial u_\alpha}{\partial r}\right) \qquad (F.48)$$
$$e_{r\theta} = \frac{1}{2}\left(\frac{1}{r}\frac{\partial u_r}{\partial\theta} - \frac{u_\theta}{r} + \frac{\partial u_\theta}{\partial r}\right)$$
$$e_{\alpha\theta} = \frac{1}{2}\left(\frac{1}{r}\frac{\partial u_\alpha}{\partial\theta} - \frac{u_\alpha}{r}\cot\theta + \frac{1}{r\sin\alpha}\frac{\partial u_\theta}{\partial\alpha}\right)$$

广义胡克定律

$$\sigma_{ji} = \lambda e_{kk}\delta_{ji} + 2\mu e_{ji}$$

σ_{ji}、e_{ji} 中 $i,j=1,2,3$ 时，相应角标对应 r,θ,α.

应力张量分量

$$\sigma_{rr} = \lambda\left(\frac{\partial u_r}{\partial r} + \frac{1}{r}\frac{\partial u_\theta}{\partial\theta} + \frac{2u_r}{r} + \frac{1}{r\sin\theta}\frac{\partial u_\alpha}{\partial\alpha} + \frac{u_\theta}{r}\cot\theta\right) + 2\mu\frac{\partial u_r}{\partial r}$$
$$\sigma_{\theta\theta} = \lambda\left(\frac{\partial u_r}{\partial r} + \frac{1}{r}\frac{\partial u_\theta}{\partial\theta} + \frac{2u_r}{r} + \frac{1}{r\sin\theta}\frac{\partial u_\alpha}{\partial\alpha} + \frac{u_\theta}{r}\cot\vartheta\right) + 2\mu\left(\frac{1}{r}\frac{\partial u_\theta}{\partial\theta} + \frac{u_r}{r}\right)$$
$$\sigma_{\theta\alpha} = \lambda\left(\frac{\partial u_r}{\partial r} + \frac{1}{r}\frac{\partial u_\theta}{\partial\theta} + \frac{2u_r}{r} + \frac{1}{r\sin\theta}\frac{\partial u_\alpha}{\partial\alpha} + \frac{u_\theta}{r}\cot\theta\right)$$
$$+2\mu\left(\frac{1}{r\sin\theta}\frac{\partial u_\alpha}{\partial\alpha} + \frac{u_r}{r} + \frac{u_\theta}{r}\cot\theta\right) \qquad (F.49)$$
$$\sigma_{r\alpha} = \mu\left(\frac{1}{r\sin\theta}\frac{\partial u_r}{\partial\alpha} - \frac{u_\alpha}{r} + \frac{\partial u_\alpha}{\partial r}\right)$$
$$\sigma_{r\theta} = \mu\left(\frac{1}{r}\frac{\partial u_r}{\partial\theta} - \frac{u_\theta}{r} + \frac{\partial u_\theta}{\partial r}\right)$$
$$\sigma_{\alpha\theta} = \mu\left(\frac{1}{r}\frac{\partial u_\alpha}{\partial\theta} - \frac{u_\alpha}{r}\cot\vartheta + \frac{1}{r\sin\theta}\frac{\partial u_\theta}{\partial\alpha}\right)$$

说明：曲线坐标系下的应变张量及应力张量公式之导出，过程繁冗，故此处仅给出其结果.